SERU 在中国：
聚焦大学本科生学习与发展

常桐善 龚放 陆根书 徐丹 吕林海 著

南京大学出版社

图书在版编目(CIP)数据

SERU 在中国:聚焦大学本科生学习与发展 / 常桐善等著. —南京:南京大学出版社,2022.4
ISBN 978-7-305-23977-9

Ⅰ.①S… Ⅱ.①常… Ⅲ.①大学生－学生－研究 ②大学生－发展－研究 Ⅳ.①G645.5

中国版本图书馆 CIP 数据核字(2020)第 227262 号

出版发行	南京大学出版社		
社　　址	南京市汉口路 22 号	邮　编	210093
出 版 人	金鑫荣		

书　　名　SERU 在中国:聚焦大学本科生学习与发展
著　　者　常桐善　龚　放　陆根书　徐　丹　吕林海
责任编辑　郭艳娟

照　　排　南京紫藤制版印务中心
印　　刷　南京人民印刷厂有限责任公司
开　　本　787×1092　1/16　印张 25.25　字数 399 千
版　　次　2022 年 4 月第 1 版　2022 年 4 月第 1 次印刷
ISBN　978-7-305-23977-9
定　　价　98.00 元

网　　址　http://www.njupco.com
官方微博　http://weibo.com/njupco
官方微信　njupress
销售热线　(025)83594756

* 版权所有,侵权必究
* 凡购买南大版图书,如有印装质量问题,请与所购
　图书销售部门联系调换

序

"办好我国高校,办出世界一流大学,人才培养是本,本科教育是根。"这是2018年教育部颁发的《教育部关于加快建设高水平本科教育全面提高人才培养能力的意见》对本科教育重要性的定位。我认为,这个定位是非常准确的。本科教育是高端人才培养的重要阶段,不仅包含专业知识的传授和学习,也浸透着思维的锤炼、精神的熏陶和家国情怀的养成。西南联大的办学正是基于这样的理念,才取得了备受人们推崇的杰出成就,培养了无数具有爱国情怀、造福国家、勇于创新探索的科学家、社会活动家以及高层次领导人。这样的经验在世界高等教育发展史上更是不胜枚举。牛津大学和剑桥大学的书院制办学模式历史悠久,非常重视学生的养成教育和学生的交际能力培养,可以说是英国高端人才培养之源。具有长远影响意义的《耶鲁报告》就是针对加强博雅教育所发出的振聋发聩的声音,强调本科教育的目标不仅仅是完成课程教学任务,更重要的是要完善学生的知识体系和心灵塑造。这也是美国为什么一直重视学生的人文教育和批判性思维能力培养。哈佛大学在过去一个多世纪以来,本科教育改革从未间断,1945年颁布的《自由社会的通识教育》被称为通识教育发展的经典著作,不仅为美国,也为全球许多国家通识教育的发展提供了思路和发展方向。哈佛大学在2007年重新构建通识教育课程体系,由美学、文化和信仰、实证与数学推理、道德推理、生命系统科学、物理宇宙科学、世界社会、美国与世界等八个模块组成。这个课程体系催生了美国顶尖大学本科课程改革运动,斯坦福、伯克利相继出台了新世纪的课程改革计划。在工程教育方面，二十世纪八十年代，美国就提出了"回归工程"的口号；最近几年相继颁发了科学、技术、工程、数学（STEM）领域的诸多改革方案，试图重建 STEM 教育的社会生态系统，培养那些在变化的环境中能起领导作用的工程师、管理者和科学家。我想所有这些改革的目的只有一个，就是及时调整本科教育方向，确保本科教育满足社会需求，满足高端人才培养的要求。

目前，我国正处在"双一流"（世界一流大学和一流学科）的建设阶段。2018 年教育部发文强调，建设"双一流"要"瞄准世界一流，吸收世界上先进的办学治学经验，遵循教育教学规律，积极参与国际合作交流，有效扩大国际影响，实现跨越发展、超越引领"。事实上，改革开放以来，我国的高校已经与国外大学开展了多边交流与合作，也确实将国外的部分先进理念和办学经验融入了我们大学的管理和教学之中，取得的成就也是有目共睹的。但我们还需要结合我国国情和高等教育育情，正确理解"立德树人"的真正内涵和意义，并不断推进"立德树人"实践，回归"育人"的大学办学初心。我们也必须清醒地知道，我们的本科教育和教学方面还面临许多挑战，缺乏扎根中国大地办好世界一流大学的系统理念，相当一部分教师未能把精力投入教学工作中，学生批判性思维能力的培养、创新能力的培养仍然是我们的短板。为此，我们仍需要通过与国外大学的实质性合作，了解他们本科教育的质量内涵，继续总结经验教训、取长补短，形成符合中国高等教育的发展规律。回归大学之道、全面提升高等教育质量，特别是切实改进本科教育教学是大学之责，也是我们每一位大学人之责。

早在 2005 年，我担任南京大学校长时，就明确提出了"南京大学要办中国最好的本科教育"的设想。2011 年时任南京大学高教所所长的龚放教授与我商谈参加加州大学伯克利分校倡导和组建的"研究型大学就读经历调研国际联盟"的事宜。我认为，与伯克利进行这样深层次合作为我们提供了深入了解世界顶级大学本科教育的理念以及实践经验的机会，特别是利用同样的工具调研本科学生的学习经历，通过比较，对我们认识本科教育的现状是有帮助的。所以我当时是非常支持南京大学参加这个合作项目的，过去十年的经验也证明这样的合作是有效的。通过加入这样的国际联盟，我们体会到像加州大学伯克利分校这样的名校极为重视本科教育，他们将本科教育质量视为大学发展之标、立足之本。其本科教育非常细化和具体，把握从"入口"到"出口"这个完整教育过程中的每一个环节，为学生的成长和发展提供学习和参与机会，让学生将知识和实践相结合，将从课堂内外以及日常生活中所获取的通识知识、专业技能、情感经验和生活阅历融会贯通，以达到"全人"教育的目的。除人才培养的理念外，其本科生管理机制、课程体系和教学改革等方面的实践经验和教训都值得我们思考，对我国建设二十一世纪的高质量本科教育，特别是对"双一流"大学的建设，都有极为重要的研究价值与现实意义。后来欣闻西安交大、湖南大学等多所大学也参加了这个国际联盟，并进行了多次调研；最近几年北京大学、大连理工大学也签约参加，并积极准备调研。我认为这是非常明智的决定。我们只有与全球顶级大学比较才能看到我们的优势和存在的问题，才能找准中国本科教育质量的国际定位，才能有目的地制定改革方案。

参加联盟的高等教育研究学者利用收集到的数据进行了多方位的比较分析和研究，也为本科教育水平审核、学科评估等提供了非常有用的数据。研究结果显示，与美国顶尖的公立研究型大学相比，我们的学生除了在学习上花费的时间、完成课前阅读材料和课后作业等个别方面展示出了优越性外，在课堂学习深度研讨、同伴合作与互动、全球化经历、批判性推理、创新思维、自我挑战等方面的参与程度和能力还都比较差。虽然作为一线教学人员和大学管理人员，我们对这些问题是有所了解的，当然也是有所担心的，但比较分析结果证明：我们过去的担心不是没有道理的。

更重要的是,参加联盟的大学都是我们国内最优秀的大学,结果尚且如此,那么其他大学的情况究竟如何呢?我们的大学领导需要反思,有勇气"亮剑"无可厚非,但要亮出存在的问题需要更大的勇气。

我相信,这本文集的出版可以帮助我们拓展审视本科教育的视野,剖析本科教育的质量内涵,为我们践行"双一流"建设的"内涵发展"提供参考和借鉴。我也相信,在国家正确方向的指引下,在大学教学和管理人员的共同努力下,通过教学改革给学生提供更多的参与和学习机会,我们的本科教育一定能够以崭新的面貌和杰出的成就迎接未来全球高等教育发展的挑战,满足国家对人才培养的需求。

是为序。

陈　骏

中国高等教育学会副会长

南京大学原校长

2020 年 8 月

目 录

第一篇 绪论 ……………………………………………………………… 1
 大学生学习参与的理论缘起、概念延展及测量方法争议 …………… 3
 研究型大学本科生就读经历调研项目概述 …………………………… 19
 大学生学习经历概念模型与基本特征 ………………………………… 33

第二篇 研究型大学本科生学习投入现状研究 ………………………… 51
 中美研究型大学本科生学习参与差异的研究 ………………………… 53
 中美本科课程学习期望与学生学习参与度比较研究 ………………… 73
 全球视野下中国一流大学本科生的学习参与：当前表现与努力方向 …… 94
 研究型大学转专业意向学生学习经历的实证研究 …………………… 104
 研究型大学学生类型及其学习效果 …………………………………… 118
 不同学科大学生学习经历差异分析 …………………………………… 134

第三篇 研究型大学本科生核心能力及其发展研究 …………………… 155
 中美研究型大学本科学生基本能力比较研究 ………………………… 157
 师生、同伴互动与大学生能力发展 …………………………………… 174
 大学生能力发展及其影响因素 ………………………………………… 189
 本科生的时间分配对学习成绩的影响 ………………………………… 207
 中美大学本科生全球化知识和经历比较研究 ………………………… 224
 研究型大学本科生国际化经历与全球及跨文化能力关系研究 ……… 242
 服务学习与学生发展 …………………………………………………… 262

第四篇　研究型大学本科生学习经历影响因素研究 …………………… 287

研究型大学本科生学习投入及其影响因素的学科差异 ……………… 289
求知旨趣：影响一流大学本科生学习经历质量的深层动力 …………… 306
研究型大学本科生深层学习及其影响因素的中美比较 ………………… 324
常规和在线学习情景下学生投入特征及类型研究 ……………………… 349

第五篇　调查研究结果应用案例 ………………………………………… 367

本科生就读经历调查结果应用：湖南大学的探索与实践 ……………… 369
南京大学 SERU 调查的应用与实践简介 ………………………………… 375
西安交通大学 SERU 调查的应用与实践简介 …………………………… 377
加州大学在学科评估中应用调研结果的案例 …………………………… 381

第一篇/绪 论

大学生学习参与的理论缘起、概念延展及测量方法争议

吕林海

内容提要:"大学生学习参与"正成为中国高教界的热点主题,但对学习参与理论本身的历史、内涵及方法等的探讨却明显不足。本文的研究表明,学习参与理论是"过程性指标"的提出与大学质量的话语争论之两股潮流汇流的结果。同时,泰勒、佩斯、阿斯汀、汀托、帕斯卡雷拉、齐克林和库等都对学习参与概念的内涵拓展做出了贡献。在学习参与测量的内容和效度等方面,学术界仍存争议,但持续的探讨推动了理解的深化和实践的完善。中国高等教育界可从观念的建立、内涵的理解、本质的把握和本土的探索四个方面获得启示。

随着中国高等教育逐渐进入后大众化发展阶段,教育质量问题备受瞩目。围绕大学生学习参与而展开的相关研究,正逐渐成为中国高教界的热点主题。根据笔者的不完全统计,从 2009 年开始,以学习参与(或学习投入)为篇名的核心期刊论文数呈年均快速递增的态势,即 2009 年一篇,2010 年六篇,2011 年十四篇,2012 年十六篇,2013 年三十篇,2014 年四十六篇。与此同时,围绕大学生学习参与(或学习投入)而展开的院校调查、地区调查乃至全国调查(如清华大学的 NSSE 调查、南京大学的 SERU 调查、北京大学的首都高校学生发展状况调查等),也在近几年迅速铺开,且影响日渐增大。但反思之下可以发现,国内的相关调查和探讨大都基于对缘起于西方的大学生学习参与概念与理论的直接借用,常遵循指标生成、数据搜集、模型解释、建议提出的实证路径加以展开,但对"学习参与"这个时髦的概念本身以及相关的理论内涵却缺乏必要的审视,对调

查方法背后的深层特质亦无必要的考量,这恰如学习参与领域的著名学者、美国印第安纳大学麦克考米克(McCormick)教授所言,"'学习参与'是一个时尚,这个术语广泛渗透到包括管理者、学者等各个群体之中,且与公民参与、参与的学术、社会参与、参与度等概念彼此交织、相互混用,使用者似乎并不明晰它的确定内涵和方法特征……如果要促进这一领域的更深入发展,需对这一概念本身的内涵及其调查方法等做更清晰的梳理以及更深入的探讨"[1]。

近年来,围绕大学生学习参与而展开的概念辨析和方法反思在西方学术界形成潮流。影响最大的莫过于《高等教育评论》杂志(*Review of Higher Education*)于2011年第1期上发表的一组专辑论文,专门围绕大学生学习参与的理论来源、产生背景、测量特点等进行了颇具深度的争鸣和探讨,在国际学术界产生了较大的影响。[2] 此外,包括麦克考米克、帕斯卡雷拉(E. T. Pascarella)、帕克(G. R. Pike)等学习参与研究领域的著名学者,近年来也不断发文,对"学习参与"进行本体解读。国际学术界的这一发展动向值得关注。在当前有关大学生学习参与的实证研究不断增多的背景下,中国学者应当转过头来,回到学习参与的理论本身进行追根溯源式的探讨,这种本体论式的梳理和解析,无疑有助于中国高教界更加清晰和有效地运用和发展这一理论,生成更多有价值的理论洞见和实践启示。

另外,《SERU在中国》这本书所收集的文章都是利用研究型大学就读经历调查问卷(Student Experience in the Research University,SERU)搜集到的数据,并基于学习参与理论开展对本科学生学术和社会活动参与及其对学业和核心能力提升影响的研究。读者对学习参与理论的缘起、概念延展以及测量方法的了解无疑会有助于解读和思考这些研究的成果以及对中国本科教育质量改进的意义。

一、理论缘起:两股潮流的汇合

学习参与的提法产生于二十世纪九十年代。尽管对高等教育界而言,这一

---

[1] McCormick, A, Kinzie J, Gonyea R, "Student Engagement: Bridging Research and Practice to Improve the Quality of Undergraduate Education," Paulsen M, *Higher Education: Handbook of Theory and Research*, New York: Springer Science, 2013, 47-92.

[2] (For example). Olivas M, "If You Build it, They Will Assess It (or, an open letter to George Kuh, with love and respect)," *Review of Higher Education*, 2011, 35(1), 1-15.

概念在当时尚属新颖,但其所内蕴的思想已存在了好几十年。学习参与的概念和理论的产生过程,本质上就是学习参与作为一个理解、诊断和促进本科教育质量和效果的框架之生成过程。具体而言,这一过程体现为如下两股潮流之不断汇合,即过程性指标的提出和大学质量的话语争论。在此进程中,赫赫有名的美国全国学生参与调查问卷(National Survey of Student Engagement,NSSE)、社区学院学生参与调查问卷调查(Community College Survey of Student Engagement,CCSSE)、SERU 等也相伴而生。

(一)"过程性指标"的提出

大学生学习参与理论的一个重要产生背景是"过程性指标"的兴起和运用,这与美国在二十世纪末期对于教育质量的热切关注息息相关。1989 年,为了促进全美教育改革的深度发展,提升教育公平和教育质量,总统乔治·布什(Bush)及五十个州的州长明确提出了美国八大教育目标体系,该体系随后于 1994 年经克林顿总统签署而批准成为赫赫有名的《目标 2000:美国教育法案》。尽管该法案主要面向基础教育,但其中一个归属于"成年人素养和终身学习"的目标明确指出,"应当大幅度提高大学毕业生中能够具有批判性思考、有效交流和解决问题等高阶能力的人员比例"[①]。该目标随后引起了美国高教界持续的、广泛的热议,并逐渐形成了一个共识性的需求,即,如何对大学毕业生达成上述成就的过程性状况进行监控。与此相关,佩特·艾威尔(Ewell)在描述 NSSE 的缘起时也表达了类似的意思:"开发一个测量指标来跟踪这些难以捉摸的质量(elusive qualities)的达成状况……这一潜在的共识激发了如下的思考,即,可以通过检视大学为了促进质量达成究竟做了什么,来对质量进行间接的检验(indirectly examination)。"[②] 随后,艾威尔与全美高等教育管理系统中心(National Center for Higher Education Management System,NCHEMS)的同

---

① Goals 2000:Educate America Act. (2015 - 8 - 12),http://www2.ed.gov/legislation/GOALS2000/TheAct/index.html.

② Ewell, P, "The US National Survey of Student Engagement (NSSE)," Dill D, Beerkens M, *Public Policy for Academic Quality: Analysis of Innovative Policy Instruments*, New York: Springer Science, 2010.

事们合作发表的一系列论文和报告都明晰地昭示着,通过开发和使用优异的实践指标或过程性指标,可以避免劳民伤财、遥不可及地去开发对结果性目标(全国教育目标)的直接测量。艾威尔还指出,这种过程性测量也可以为结果信息的评估赋予更多的情境化、实践性的内涵。他认为,"如果缺乏核心的过程信息,所搜集的结果信息并不具备政策意义","仅仅具备结果信息而没有核心经历的过程信息,这些结果信息实际上是无法解释的,也无法转化为政策指南"[①]。的确,与本科教育的优质实践(good practice)相联系的过程性指标是具有实践价值的,这源于其能够为实践改进提供具体的行动指导。

正是在过程性指标的指引下,全美的院校研究合作项目(the Cooperative Institutional Research Program,CIRP)的调查问卷和大学生就读经历的调查问卷(the College Student Experience Questionnaire,CSEQ)被公认为体现了"优质教学实践"的诸多维度。这里需要特别提及CSEQ调查项目。库(Kuh)、佩斯和威斯培(Vesper)使用了齐克林(Chickering)提出的"本科教育的七个优质实践原则"来创建调查指标,他们进而测量了这些指标与学生通识教育中的学习收获、智慧技能、个人及社交发展等方面的关系。他们发现,CSEQ的题项能够联合起来生成本科教育优质实践的指标,并且,这些指标显示出与学生自我汇报的学习结果的正向和一致性的关系。尽管"学习参与"的概念在当时尚未被明确提出,但是已有的研究提供了过程性指标在跟踪教育质量上的有效性的证据,并且预示着有关本科教育优质实践的过程性测量是大学生调查的重要发展方向。

(二)大学质量的话语争论

另一股对大学生学习参与理论具有生成性影响的潮流来自有关大学质量的话语争论。从传统的主流观点来看,大学质量的评估一直与声望、资源等输入性指标有关,而缺乏对学习和教学的严肃关注。比如,从二十世纪八十年代开始,美国新闻和世界报道(U.S. News & World Report)就开始发布每年的"全美最

[①] Ewell, P & Jones D, "Action Matters: The Case for Indirect Measures in Assessing Higher Education's Progress on the National Education Goals," *The Journal of General Education*, 1993, 42(2), 123-148.

佳大学"排名。尽管该排名已经对原初的强调声望的设计理念进行了改进,融入了其他的评价标准,但实质上,"这个排名还是在复制着传统的思想,即最精英的大学仍然是最好的大学"[①]。以声望和资源所主导的诸多排行榜,对各个大学及其内部的治理过程产生了极大的辐射效应。那些能够带来更多研究合同和研究资金的院系往往更易得到大学管理层的关注和支持,这进一步加剧了院系乃至大学之间的资源卡位战和排名争夺战。在偏狭的大学质量观和大学发展观的影响下,学习和教学的边缘化趋势愈加明显。为了扭转偏执一端的大学质量话语,促使大学回归育人之本,皮尤信托基金会(Pew Charitable Trusts)资助展开了大规模的 NSSE 项目的开发,旨在开发一系列的过程性指标来评估学士学位授予大学和社区大学的教育质量和效果。NSSE 的设计原则就是,调查指标应当集中于那些已经被证明与期望的大学结果有关的行为因素和环境因素。在此原则的指引下,NSSE 的奠基者乔治·库(George D. Kuh)提出了学习参与的概念。由此可见,学习参与理论及 NSSE 调查项目从产生之初,就与院校教育质量的诊断和改进相联系,也与扭转公众的大学质量观、建立新的大学质量话语之努力相伴相随。

二、概念内涵:从"个体投入"到"个体投入+院校环境"的发展

学习参与的概念融汇了来自大学生学习研究、大学影响力研究等的诸多成果。根据乔治·库的定义,学习参与是指学生参与到有效教育活动中的程度以及学生对那些支持学习和发展的院校环境的感知程度;参与的核心是一系列的活动(个体投入)和体验(环境感知),它们被证明为与预期的大学结果相互联系。[②] 由此可见,学习参与的理论核心是两个成分,即个体的投入程度和个体对有益的院校环境的感知程度。围绕"个体投入+院校环境"这两个维度,不同的学者分别做出了相应的贡献。

[①] Thompson, N, "Playing with Number: How U. S. News Mismeasures Higher Education and What We Can Do about It," *The Wahington Monthly*, 2000,32(9),16 - 23.

[②] Kuh,G, "The National Survey of Student Engagement: Conceptual and Empirical Foundation," *New Directions for Institutional Research*, 2009, 141,5 - 20.

早期的三位学者(即泰勒、佩斯和阿斯汀)的主要关注点是学习参与中的"个体投入"成分。美国著名教育心理学家拉尔夫·泰勒(Tyler)被认为是学习参与概念的源头。他在主持美国教育史上赫赫有名的"八年研究"(1934—1942)的过程中,提出了"学习时间的投入是预测学习成效的重要因子"的观点。由此,"时间投入"这个成分被确定为学习参与的重要内容。泰勒的工作对佩斯(Pace)产生了直接的影响,他拓宽了泰勒对学习时间这一因素的关注,并于二十世纪八十年代提出了"努力的质量"这一包容面更宽的概念。在他的眼中,努力的质量是一个过程性变量,它强调了学生在获得学业成功中的能动作用。在"努力的质量"的概念基础上,佩斯开发了 CSEQ 调查工具并加以应用。他发现,学生在具有教育目的的任务上(如研习、与同伴或老师就实质性内容进行互动、把所学到的知识应用到具体情境中等)付出的努力越多,其收获也越大。[1] 亚历山大·阿斯汀(Astin)是学习参与理论另一位重要的学术奠基者。他认为,大学的卓越不仅取决于资源、声望等输入性因素,更应落脚在"才智增值"这一人的发展性因素上。在构建"才智增值"的实现路径之过程中,阿斯汀提出了大学生的"学习投入"(learning involvement)的概念,即"学生投入到学术经历中的身体能量和心理能量的总和"[2]。学习投入既包含学术性的投入,也包含社会性投入和课外活动的投入。阿斯汀认为,不仅仅是学习的时间,也不仅仅是学习的努力,学生的各种社会交往、课外活动等学习投入行为,也应当是学习参与的重要构成成分。

从二十世纪七八十年代开始,一些学者逐渐把"院校环境"这个因素融入学习参与的概念之中,他们的总体观点是,学习参与不仅仅包括个体的投入状况,而且包括学习者对院校环境的感知。汀托(Tinto)是大学生学习参与领域的颇具影响的学者。他在二十世纪七十年代提出了学习参与的"交往理论"。他指出,学习参与的概念既包含了师生交往、生生交往、与资源的交往等多种个体投入的因素,也包含了对院校的环境是否支持自己的交往、自己对各种交往因素的

---

[1] Pace, C, "Recollections and Reflections," Smart, J, *Higher Education: Handbook of Theory and Research*, New York: Springer Science, 1998, 1-34.

[2] Astin, A, "Student Involvement: A Development Theory for Higher Education," *Journal of College Student Personnel*, 1984, 25, 297-308.

感受和体验等感知因素。美国著名学者帕斯卡雷拉以撰写了《大学如何影响学生:三十年的研究》(How College Affect Students: A Third Decade Research)这一经典著作而闻名于世。在这本著作中,帕斯卡雷拉构建了一个"评估不同院校环境对于学习和认知发展效果的一般因果模型"(简称"一般因果模型"),并对有益于学生发展的互动环境、课堂环境、课外环境等做了详细的梳理。由此可见,他在"院校环境"这个维度上推进了学习参与的理论内涵的发展。还应提及的是美国印第安纳大学的教授乔治·库,他同时也是NSSE项目(关于学习参与的国际重大项目)的奠基者和创始者。他重点研究了"什么样的院校环境对于学生的发展最重要"这个课题,并提出了著名的"高影响力实践"(high-impact practices)的思想。他把高影响力实践的内容概括为:新生研讨课和经验;共通的学识经验;学习共同体;写作强化课程;合作性任务和项目;本科生研究;差异性/全球性学习;服务学习/基于社区的学习;实习;顶峰课程和项目。[①] 他特别强调,之所以称作"高影响力",是因为这些实践活动依托于院校的高质量环境,它们被证明为对学生的能力发展和深度学习都具有显著的影响作用。毫无疑问,库的高影响力实践思想对于齐克林和加姆森(Gamson)的"七个优质学与教的原则"(即为一种院校环境)产生了重要的思想影响。[②]

三、测量方法:争议与释疑

在前期的概念完善和理论建构的基础上,起始于 2000 年的 NSSE 调查、2001 年的 CCSSE 调查(Community College Survey of Student Engagement)以及 2002 年的 SERU 调查(Student Engagement in Research University)等都致力于对学生的学习参与进行定量化的测量。这些大规模的院校调查项目在全美乃至全球都产生了很大的影响。依循前述的概念延拓,这些调查项目都从学习投入行为(learning behavior)和院校环境感知(environmental perception)两个

[①] Kuh, G, *High-Impact Educational Practices: What They are, Who has Access to Them, and Why They Matter*, Washington: AAC & U, 2008, 15 - 17.

[②] Chickering, A. & Gamson, Z, "Seven Principles for Good Practice in Undergraduate Education," *AAHE Bulletin*, 1987, (3), 3 - 7.

方面来进行问卷设计和数据搜集。尽管学术界对测量方法仍然存在着内容、效度等方面的争论,但这些争议推动了人们对学习参与理论的进一步发展和理解。接下来,笔者试图梳理和呈现国际学术界在此方面的最新研究进展。

(一) 争议一:能否排除参与倾向对学习结果的影响?

各种学习参与调查所面临的一个共同追问就是,所测量的学习参与对于学习结果的影响,能否排除其中的参与倾向(predispostion of engagement)的可能作用?或可言之,如果排除了参与倾向的干扰效应,实际的参与行为是否仍然保持对学习结果的显著影响?这其实就是在追问,学生在大学就读期间的学习参与行为,是否有可能掺杂了他们进入大学之初自身所携带的学习参与倾向的影响成分?如果剥离出先有的参与倾向之后,大学就读期间的实际参与行为是否还能成为影响学习结果的有效指标?这也即是在质疑,学习参与作为表征院校质量的"过程性指标",是否具有内容效度及效标效度?从方法本身而言,传统的横截面调查无法回答上述的问题。美国的大学新生学习参与调查项目(the Beginning College Survey of Student Engagement,BCSSE)通过纵向调查的方式对这一争议做出了解答。具体而言,BCSSE 于 2008 年向即将入学的大学新生询问其高中阶段的学术经历和课外经历,同时调查他们对大学一年级的学习参与所持有的期望,研究者通过高中阶段的参与行为和一年级的参与期望这两个变量来生成学生的学习参与倾向变量(表明学生在大学期间的学习参与的可能性和倾向性);随后,在这批学生入学后,BCSSE 对其再次进行了调查,了解他们在第一年的实际学习参与状况和第二年继续在大学就读的预期(intent)。数据结果表明,参与倾向与实际参与存在相关关系,但是对于预测第二年继续在大学就读的预期而言,实际参与变量比参与倾向变量有更强的预测力。最为关键的是,如果排除掉(即统计学中的"控制")学生入学前参与倾向的影响,学生在第一学年的挑战性工作的参与、合作学习的参与、与教师互动的参与等实际参与变量,都显著地与学生第二年继续就读的预期有正向关联。这就说明,尽管学习参与行为与初始参与倾向存在一定的关联,但剥离了初始参与倾向的影响后,实际的参与行为仍然可以独立地预测实际的学业表现,由此,学习参与调查的内容效度和效标效度是可以得到保证的。

（二）争议二：调查估计的准确性？

学习参与问卷会调查学生在各种行为投入项（如课堂提问的频率）和时间投入项（打电子游戏的时间）上的情况，但所给的选项往往采用模糊计数（vague quantifier）的方式（如以行为的频率、时间投入的时间段来进行测量），这就带来一个挑战，即，模糊计数是否会降低学生在各个调查项上的自我估计的准确性？或者说，这种调查是否因过于强调模糊而使结果失之于走样？这正如波特（Port）等学者所质疑的，各种学习参与的调查有可能具备较低的测量效度。①

学习参与理论和测量的支持者们则认为，波特更加强调的是标准效度（即强调测量与真实世界的标准一致），这种效度要求既显得过于狭窄，也与学习参与的本源性特质并不相容。第一，效度的评判标准并不是测量本身，而是测量对后续使用的适当性。美国教育测试中心的麦西克（Messik）把效度定义为"综合性地判断由测试得分或其他评估方法所获得的经验证据及理论框架，对后续的推断或行动的支持程度"②。凯恩（Kane）也支持麦西克的观点："指向效度的证据必然地取决于所提出的使用要求。因此，效度的检验需要一个有关解释和使用的清晰说明。"③ 由此可见，一种测量的效度是与该测量所投入的使用不可避免地交织在一起的。第二，基于上述的效度内涵，学习参与的本源性特质是比较和改进，即"学习参与的调查是为了向管理者和院系成员提供一种工具，来检测和比较在其校园中和不同学生群体中的有效教育实践的普及程度，为后续的改进打下基础"④。所以，学习参与调查不同于测试（test），测试更强调准确性（accuracy），学习参与调查更强调不同组学生之间的相关比较（relative comparison）。测试的目的是区分和鉴别，它特别关注测量的精确性，即测量结

---

① Porter, S, "Do College Student Surveys have any Validity?" *Review of Higher Education*, 2011, 35(1), 45-76.

② Messick, S, "Validity," Linn R, *Educational Measurement*, New York: Macmillan, 1989, 13-10.

③ Kane, M, "Validation," Brennan R, *Educational Measurement*, New York: Macmillan, 2006, 17-64.

④ Kuh, G, "The National Survey of Student Engagement: Conceptual and Empirical Foundation," *New Directions for Institutional Research*, 2009, 141, 5-20.

果完全不能有误差;而学习参与调查的目的是群体比较,"这决定了不是去测量学生究竟准确地写了多少篇论文,而是某一群体的学生是否比其他群体的学生写了更多的论文。这同样适用于学习参与调查中的行为频率题项"[1]。进一步的,帕克(Pike)于1995年的研究更是证明,面向群体之间比较所展开的学习参与测量,在与各种学习结果的相关分析上,产生了与客观调查数据一致的效果。[2] 这再一次表明,基于比较与实践指向的学习参与调查具有适合自身特点的良好效度。第三,心理学家万克(Wanke)和莱特(Wright)都曾指出过,在行为频率调查中,精确数量回应法(precise enumerated response)要比模糊计数法更容易出现错误。[3][4] 同时,这些学者也通过实证的方法发现,当采用模糊计数法时,回答者被调用的心理过程是不同于精确计数法的,他们不是采用单纯的回忆和计算的心理程序,而是采用各种不同的比较方法来使他们的回答更适合问题的情境(situate their response)。克尔(Cole)和内尔森(Nelson)等学者通过运用NSSE 和 BCSSE 的数据所做的分析也表明,模糊计数法并没有阻碍数据的使用,相比于精确计数法,其测量的效度可以得到更好的保证。[5][6]

(三)争议三:过分关注表面效度而忽视结构效度?

学术界对以 NSSE 和 CCSSE 为首的学习参与调查的一个质疑就是,调查题

---

[1] McCcormick, A, Kinzie J, & Gonyea R, "Student Engagement: Bridging Research and Practice to Improve the Quality of Undergraduate Education," Paulsen M, *Higher Education: Handbook of Theory and Research*, New York: Springer Science, 2013, 47-92.

[2] Pike, G, "The Relationship between Self Reports of College Experiences and Achievement Test Scores," *Research in Higher Education*, 1995, 36, 1-22.

[3] Wanke, M, "Conversational Norms and the Interpretation of Vague Quantifiers," *Applied Cognitive Psychology*, 2002, 16, 301-307.

[4] Wright, D. & Gaskell G, "How Much is 'Quite a Bit?' Mapping between Numerical Values and Vague Quantifiers," *Applied Cognitive Psychology*, 1994, 8, 479-496.

[5] Cole, J. & Korkmaze, A, "Estimating College Student Behavior Frequencies: Do Vague and Enumerated Estimation Strategies Yield Similar Results?" Paper presented at the annual meeting of the Association for Institutional Research, Toronto, 2011.

[6] Nelson, T., Korkmaz A. & Chen P, "How often is 'often' Revisited: The Meaning and Linearity of Vague Quantifies Used on the National Survey of Student Engagement," Paper presented at the annual meeting of the American Educational Research Association, San Diego, 2009.

项是否过分关注表面效度（face validity），而忽视了结构效度（construct validity）？诸多学者对此问题做出了深刻且准确的回应和释疑。

笔者首先对上述两个效度概念的内涵进行剖析。表面效度就是指，一个测量主观上被认为支持其测量的构念（construct）的程度，这个主观性是由专家判断（expert judgement）所保证的。与之相对，结构效度就是指一个测量客观地测出其构念的程度，这个客观性是由调查数据驱动的（driven by survey data）。保证结构效度的通常统计方法是，通过因子分析（factor analysis）以构建潜变量（latent variable）或因子（即构念）。坎贝尔（Campbell）等指出，NSSE 调查所构建的有效教育实践的五大基准（five benchmarks of effective educational practice）明显不符合结构效度的判断标准，即五大基准不能成为满足结构效度的五大潜变量。比如，在"丰富的教育经历"这个基准中，测量的题项包括"参与出国学习的频率"、"使用电子媒体的频率"、"完成独立学习或自我设计的专业的情况"等。很明显，这几个显变量之间的相关系数并不足以大到使其聚合到一个潜变量中。[①]

马迪（Marti）等人采用因子分析的方法对 CCSSE 的五大基准进行了结构效度的检验。他们发现，因子分析产生了九个因子（即九个潜变量），而不是五个因子。[②] 安吉尔（Angell）和诺拉（A.Nora）的分析结果也分别产生了五个以上的因子。[③][④] 对上述的质疑，NSSE 团队的领袖乔治·库指出了 NSSE 五大基准设计的背后深意，即 NSSE 和 CCSSE 的五大基准并不是潜变量，它是通过两个步骤得以产生的。"第一步是通过因子分析产生数据驱动的潜在构念（即潜变量），第

[①] Campbell, C. & Cabrera A, "How Sound is NSSE? Investigating the Psychometric Properties of NSSE at a Public, Research-extensive Institution," *Review of Higher Education*, 2011, 35(1), 77 – 103.

[②] Marti, C, "Dimension of Student Engagement in American Community Colleges: Using the Community College Student Report in Research and Practice," *Community College Journal of Research and Practice*, 2009, 33(1), 1 – 24.

[③] Angell, L, "Construct Validity of the Community College Survey of Student Engagement," *Community College Journal of Research and Practice*, 2009, 33(4), 564 – 570.

[④] Nora, A., Grisp, G. & Matthews, C, "A Reconceptualization of CCSSE's Benchmarks of Student Engagement," *Review of Higher Education*, 2011, 35(1), 105 – 130.

二步是调查研究专家的评估和行动,即他们会综合考虑先前的因子分析、信度检验以及相关理论,把相关指标合并和指派到基准之中。他们的目的就是产生可信的、有用的和直觉上对大学教育者有吸引力的基准。"①

由此可见,学习参与的调查量表并非不考虑结构效度,而是更看重表面效度。之所以如此,其根源仍然在于学习参与调查所指向的特定目的和受众(audience)。第一,学习参与调查的根本目的并不在于纯学术发展或纯理论构建,而是促进院校实践的改进,即"生成一个可操作的、易消化的结果综述,它提供了有关学习参与的一些重要方面的清晰展现"②,"调查结果激发了大学对如下方面的讨论,即本科教育的特点、与其他高校所做的努力相比究竟怎样、哪里做得不错、哪些仍需改进,等等"③。第二,学习参与调查结果的受众并不是期刊的学术读者,而主要包括校长、主任、教师、学生事务管理者等实践成员。对他们而言,"清晰、简洁、表面效度应当是重要的方面"④。由此可见,学习参与调查的根本目的是"可交流性"(communicative purpose),强调的是一种"结果性效度"(consequential validity),即呈现具有实际意义及可行动(actionable)的数据,它们要能在决策上有用。麦克考米克指出,"学习参与的调查旨在把研究结果转变为一系列资源,它们可以帮助实践者解决自身面对的实际问题"⑤,"对表面效度的质疑其实在深层意义上反映了学术研究者的价值观和院系领导者及政策制定

---

① Marti, C, "Dimension of Student Engagement in American Community Colleges: Using the Community College Student Report in Research and Practice," *Community College Journal of Research and Practice*, 2009, 33(1), 1-24.

② Marti, C, "Dimension of Student Engagement in American Community Colleges: Using the Community College Student Report in Research and Practice," *Community College Journal of Research and Practice*, 2009, 33(1), 1-24.

③ McCormick, A. & McClenney, K, "Will theses Trees Ever Bear Fruit? A Response to the Special Issue on Student Engagement," *The Review of Higher Education*, 2012, 35(2), 307-333.

④ McCormick, A. & McClenney, K, "Will theses Trees Ever Bear Fruit? A Response to the Special Issue on Student Engagement," *The Review of Higher Education*, 2012, 35(2), 307-333.

⑤ McCormick, A. & McClenney, K, "Will theses Trees Ever Bear Fruit? A Response to the Special Issue on Student Engagement," *The Review of Higher Education*, 2012, 35(2), 307-333.

者的需求之间的危险鸿沟"①。

四、结论及启示

本文获得了如下的研究结论。第一,有关学习参与的理论探讨正在成为国外高教界的一个热点话题,其关注点主要集中于理论缘起、概念内涵、方法争论等方面。相比之下,国内的探讨明显不足。第二,学习参与理论是在"过程性指标"的提出和大学质量的话语争论这两股潮流的影响下逐步生成的。第三,学习参与的概念内涵融合了泰勒、佩斯、阿斯汀、汀托、帕斯卡雷拉、齐克林和库等著名学者的贡献,并逐渐形成了两个主要的维度,即学习投入行为和院校环境感知。第四,有关学习参与的测量方法,存在着内容和效度等方面的争论,后续的探讨和思辨推动了理解的深化和实践的完善。

本文的结论对中国高教界具有如下几点建设性启示。第一,应着力构建以学生的学习和发展为核心的观念环境和证据文化。学习参与的理念产生于对高等教育质量问题的审思和争论,它在思想深处认同学生作为高教环境的要素主体,其学习的质量决定着大学的绩效。乔治·库明确指出:"评估一所大学质量好坏的最有意义的标准就是它在促进学生的学习上做得如何。"②关注学生、聆听学生、发展学生,是大学发展的核心使命,这也意味着,来自学生学习过程的数据信息是高教质量评判的基准和改进的基石。NSSE调查项目的行动目的和实践哲学其实就鲜明体现了这一观点,即"通过院校的改进、记录优秀的教育实践以及向公众宣传和汇报的三方面循环……以'过程性指标'为核心,不断指明和促进学生和院校绩效的改进,最终形成一种以学生发展为核心的'证据文化'"③。加州大学伯克利分校领衔展开的 SERU 调查项目也同样强调,"通过搜集学生学习参与

---

① Kezar, A,"Understanding the Research-to-practice Gap: A National Study of Researchers' and Practitioner's Perspectives," *New Directions for Higher Education*, 2000, 110, 9 – 19.

② Kuh, G, "What We are Learning about Student Engagement from NSSE: Benchmarks for Effective Educational Practices," *Change*, 2003, 35(2), 24 – 32.

③ Kuh, G, "The National Survey of Student Engagement: Conceptual and Empirical Foundation," *New Directions for Institutional Research*, 2009, 141, 5 – 20.

的数据,了解各校学生经验和学术项目的真实状况,并将其转变到学校政策的制定中去,最终为学校提供自我改进的路径,形成基于证据的管理文化,这是SERU 项目的根本目的和行动哲学"①。

  第二,应进一步明晰学习参与内涵的构成和实质。前文的分析表明,学习参与的内涵包含"学习投入"和"院校环境"两个方面。这意味着,学习参与不仅仅是个体自身的学习行为,而且也反映了院校的措施和努力。学生浸润在院校的整体情境之中,他们通过与情境的互动持续地、动态地建构着学习的意义乃至人生的追求。由此,院校的环境建构深层地影响着学生对环境的主观感知,进而预示乃至决定着个体客观的学习投入的质与量。恰如比恩和伊顿(Bean & Eaton)所言:"信念和态度是行为的重要前项,因此,对院校环境的感知是评估学生对于学习接受程度和主动积极程度的关键因子。"②综上可见,推动学生学习参与质量的提升,是院校和学生双向交互、彼此促进的结果。进一步的,笔者深切地感受到,对上述的学习参与内涵和实质的准确理解和把握,特别有助于我们更好地解决中国高教界目前存在的"'学习参与'与'学习投入'谁为正统,谁更准确"的无谓争论。沃尔夫(Wolf)和沃德(Ward)等一针见血地指出,"学习投入和学习参与都反映了如下的观念,即学生在不同活动中所投入的精力,以及这种投入与大学经验的数量和质量成正比"③。作为学习参与概念的重要奠基者之一的阿斯汀也直接点明,"在参与和投入的概念之间没有本质的差异"④;乔治·库也认为,两者之间存在着相当大的内涵重叠。其实,在帕斯卡雷拉和特伦兹尼

---

① Student Experience in the Research University. SERU mission(2015 - 8 - 11), http://www.cshe.berkeley.edu/SERU/seru-mission.

② McCcormick, A, Kinzie J, Gonyea R, "Student Engagement: Bridging Research and Practice to Improve the Quality of Undergraduate Education," Paulsen M, *Higher Education: Handbook of Theory and Research*, New York: Springer Science, 2013, 47 - 92.

③ Wendel, L., Ward, K. & Kinzie, J, "A Tangled Web of Term: The Overlap and Unique Contribution of Involvement, Engagement, and Integration to Understanding College Student Success," *Journal of College Student Development*, 2009, 50(4), 407 - 428.

④ Wendel, L., Ward, K. & Kinzie, J, "A Tangled Web of Term: The Overlap and Unique Contribution of Involvement, Engagement, and Integration to Understanding College Student Success," *Journal of College Student Development*, 2009, 50(4), 407 - 428.

(Terenzini)于2005年出版的经典著作《大学如何影响学生》中,两个概念在整本著作中也几乎交替使用、彼此不分。笔者认为,抛弃浮躁的、唯名式的、无关痛痒的名词争论,"淡化形式、注重实质",精准把握学习参与的理论内涵,才是当前中国高教界在此方面深入拓进的正路。

第三,应深刻理解学习参与研究所具有的"基于学术的实践指向特征"。从美国教育界对过程性指标的提出到在教育质量的话语上展开争论,学习参与的理念从一开始就打上了明显的实践烙印。概念内涵的延拓进程亦表明,"学习参与的概念产生于把一系列基于研究的优质实践和彼此相关但又不尽相同的理论传统所做的融合"[1]。在学习参与的众多研究者心中,"目的更加重要",即"通过搭建学术研究和实践应用之间的桥梁,为大学和学院提供情境诊断和实践操作的数据"[2]。学习参与研究领域的著名学者特伦兹尼曾引用前卡内基基金会主席欧内斯特·博耶(Ernest Boyer)的"应用的学术"(scholarship of application)之思想对高等教育的学术取向做出了如下的深刻反思,"那种普遍的偏离行动、实践、政策的研究趋势应当使我们警醒……我们应当将研究的关注点导向实践者和政策制定者所面对的问题"[3]。包括特伦兹尼在内的众多学者将学习参与的研究扎根在高等教育的实践土壤之中,他们试图通过学习参与的调查、分析和理解,"启动校园内的对话,磨砺对当前教育实践的解析,决定教育质量的改进对策,构建持续的数据支撑(data-informed)、而非数据驱动(data-driven)的学校质量改进的环境"[4]。本文的前述分析也表明,深刻理解学习参与研究的"实践导向"之本质,有助于中国学者更好地把握学习参与调查的效度、维度等特征,更自

---

[1] McCcormick, A, Kinzie J, Gonyea R, "Student Engagement: Bridging Research and Practice to Improve the Quality of Undergraduate Education," Paulsen M, *Higher Education: Handbook of Theory and Research*, New York: Springer Science, 2013, 47 – 92.

[2] McCormick, A. & McClenney, K, "Will theses Trees Ever Bear Fruit? A Response to the Special Issue on Student Engagement," *The Review of Higher Education*, 2012, 35(2), 307 – 333.

[3] Terenzini, P, "Rediscovering Roots: Public Policy and Higher Education Research," *Review of Higher Education*, 1996, 20(1), 5 – 13.

[4] Kuh, G, "The National Survey of Student Engagement: Conceptual and Empirical Foundation," *New Directions for Institutional Research*, 2009, 141, 5 – 20.

如、更正确、更有信心地运用调查数据来指导教育实践的改善。

第四,应尽快推动中国本土学习参与研究的深化。中国独特的教育场域为学习参与研究的推进提供了肥沃的土壤。对学习参与的主体因素——学生而言,东方文化浸润下的中国学生,在学习方法、思维特征、学习动机、学习观念等方面都迥异于西方学生。过往以西方学生为参照的量表题项和测量内容,需要在纳入中国学生独有特征的基础上进行修订和完善,对调查的数据结果也需要做更精细的审思。比如,中国学生的师生互动行为究竟具有什么样的特征?学习习惯中的内在主动成分和外在服从成分究竟该如何剥离和表征?内部学习动机和外部学习动机究竟会对学习结果各产生什么样的影响?学生的中庸性格是否会调节各种学习参与行为对学习结果的影响?这些方面值得深入探究。从学习参与的环境因素——院校实践而言,处于深刻社会转型发展背景中的中国高校正面临着独特的时代挑战,也正展开独特的开拓性探索。比如,研究型大学着力培养拔尖创新人才,行业高校以卓越型行业人才为办学目标,高职院校在分流背景下强调以实践为核心的培养指向;各个高校在质量为重的思想指引下,也各自构建符合自身传统和目标定位的人才培养模式(如南京大学的"三三制"、北京大学的"元培模式"等)。差异性的大学定位和大学举措,为学生提供了个性化的高校环境,也为学生带来了独特的感知和体验。超越普遍性和共通性、立足于具体教育环境的学生参与调查,将为各个高校后续的实践改进提供坚实的基础,更为学术研究带来新颖的空间。恰如麦克考米克对学习参与研究的未来展望:"差异性和精细度是学习参与研究的未来方向,那些更加微观的环境、更加微小的群体、更加细小的课程类型、更加独特的教学模式等,都会抽取出崭新的学习参与主题并值得做细节化的研究,这可以通过定量调查、定性分析以及两者的综合来展开。"[①]

---

① McCormick, A. & McClenney, K, "Will theses Trees Ever Bear Fruit? A Response to the Special Issue on Student Engagement," *The Review of Higher Education*, 2012, 35 (2), 307-333.

研究型大学本科生就读
经历调研项目概述

常桐善

内容提要：本文概括介绍了研究型大学本科生就读经历调研项目（SERU）的发展过程，包括 SERU 项目的兴起、SERU 北美联盟的成立、项目宗旨、问卷的基本理论框架和结果、SERU 的数据整合和应用、SERU 国际联盟的成立、中国大学加入 SERU 的情况。

"研究型大学本科生就读经历"调研项目的英文全称是"Student Experience in the Research University"，简称为 SERU。在中国发表的相关文章也翻译为"就读经验""学情"等。根据调查问卷所包含的内容，用这样的翻译也不完全错误。另外，英语名称中并没有明确强调调查对象是本科生，但从内容以及项目的具体实施情况来说，调查对象只包括本科生，而且在最初的调查问卷的名称中也确实包括了"本科生"（undergraduate），所以我们在翻译时，用了"本科生"，这样更加明确了调查对象，同时也避免与类似的研究生调查项目混淆。本书第一篇文章已经介绍了参与理论等为学生就读经历调查所提供的理论基础，这一篇主要介绍 SERU 调研项目，包括项目的兴起、SERU 北美联盟的成立、项目宗旨、问卷的基本理论框架和结果、SERU 的数据整合和应用、SERU 国际联盟的成立、中国大学加入 SERU 的情况。

一、SERU 项目的兴起以及 SERU 北美联盟的成立

SERU 调查项目及其调查问卷的基础是加州大学本科生就读经历调查项目和问卷（The University of California Undergraduate Experience Survey，

UCUES)。UCUES 是由加州大学高等教育研究中心于二十世纪九十年代末期开始开发的,与美国全国学生投入性调查问卷(National Survey of Student Engagement, NSSE)开发的时间基本上同步。事实上,从二十世纪七十年代开始,加州大学就采取多种方法对学生的就读经历和成长发展进行测量、评价和评估。例如,加州大学洛杉矶分校的罗伯特·佩斯(Pace)在1979年就编制了《大学学生就读经历问卷》(College Student Experiences Questionnaire, CSEQ),加州大学圣塔芭芭拉分校社会学教授理查德·弗兰克(Richard Flacks)等从1996年就开始采用"日记—日记—访谈"(diary-diary-interview)方法,收集该校学生就读期间的生活状况、精神状态、校园评价和主观态度等数据,以便学校更加全面地了解学生的想法和学习状况。这些活动的宗旨都是大学通过倾听学生声音,希望利用学生的观点、反馈信息,来剖析大学教育以及学生生活、学习和发展等方面存在的问题。但由于各分校相互之间缺乏协调与合作,并且没有统一的理论框架和调查模式,而且这些调查问卷也不能全面反映研究型大学学生的学习特征,所以调查结果的应用存在很多局限性。九十年代末期,随着加州大学进入了一个招生增长和财政经费制约的新时代,许多学者以及管理人员认为,加州大学很有必要开发能够收集研究型大学学生就读经历数据的调查工具。根据 SERU 网站介绍[①],1999 年,加州大学伯克利高等教育研究中心(The Center for Studies in Higher Education at the University of California-Berkeley, CSHE)的道格拉斯博士(John Douglass)和圣塔芭芭拉分校的弗兰克教授等首次提出了构建这项调查工具的设想。这一提议得到了加州大学教师和总校校长办公室的大力支持,以及各分校的广泛关注和重视。在道格拉斯博士的领导下,加州大学各分校的三十多位教师和院校研究人员齐聚一堂共商调研工具的内容和理论框架,并积极投入了调研工具的开发工作。2001 年,道格拉斯博士提出了开发 SERU 项目的正式建议书,其主要目的和任务是开发 UCUES 工具。鉴于此,加州大学的八所分校(当时加州大学有九所分校,但旧金山分校只有研究

---

① Center for Studies in Higher Education. Student Experience in the Research University. https://cshe.berkeley.edu/seru/about-seru/seru-history.

生,所以没有参与这个项目)学生事务管理部门共同资助这个项目的开发。经过两年的积极准备,2002年春季UCUES进行了首次网络调查试测,并获得成功。2004年正式启动全校性的本科学生调查。自此,加州大学每两年对所有本科学生进行一次调研,持续至今。

在2008年,也就是在加州大学的UCUES初次测试成功之后的第六年,CSHE将调研项目延伸至美国大学协会(Association of American Universities, AAU)的部分公立大学,并成立了SERU北美联盟(SERU North America Consortium)。CSHE成立联盟的目的是通过联盟成员之间的数据分享,致力于帮助参与大学做到:(1)更加全面了解学生,包括学生的家庭背景、文化认知、学业状况、未来发展设想等;(2)更加全面掌握研究型大学的教育和管理理念及其实践对本科学生的学习行为、发展期待和自我满意度的影响,以及他们的行为和兴趣是如何影响大学学术环境的营造;(3)通过分析数据、总结经验、凝聚智慧、鉴别本科教育的优劣势,并利用调研结果指导大学的决策过程和相关研究。其最终目标是为会员大学探讨本科教育发展所面临的问题提供一个平台,为决策者充分利用循证决策模式提供足够的信息,帮助会员大学改进本科教育质量。联盟实现这一目标的途径包括:(1)利用调查问卷收集有关学生就读经验方面的最新、最根本的,且具有比较性、长效性的数据;(2)促进联盟成员使用搜集到的数据进行实证性的政策和学术方面的院校研究工作,提高会员大学对本校的自我认知程度以及催化院校教育质量的自我提升;(3)方便联盟成员之间分享最佳实践经验、数据以及经验教训信息,并协调会员之间在确定大学教育评价参照指标和提升质量等方面的合作。

迄今为止,有二十八所研究型大学先后加入SERU北美联盟,包括加州大学的九所分校,密西根、明尼苏达、德州奥斯汀等美国顶尖公立大学。虽然在加州大学系统这个项目一致沿用UCUES的名称,但在加入SERU北美联盟的其他大学,这个项目统一称为SERU,而且是由CSHE具体负责项目实施工作。2012年起,加州大学的UCUES项目由加州大学总校管理部门的院校研究与学术规划办公室具体负责实施,但其仍然是SERU北美联盟的成员,而且UCUES所使用的调查工具也与SERU调查工具一致。

二、SERU 调研项目的宗旨：倾听学生声音

SERU 调研项目的宗旨是"倾听学生声音"（Everyone's Voice Is Heard）。与美国大学普遍采纳的调研项目一样，SERU 调研项目宗旨的发展背景可以追溯到二十世纪中期高等教育理念的转变以及七十年代美国高等教育大众化及其对学生管理和教育质量所产生的影响。从二十世纪中期开始，美国大学开始重视学生心理素质的提高和认知能力的发展。换言之，如何充分调动学生的学习积极性并通过课内外学习活动来加强学生的元认知能力，被视作培养学生全面发展的关键组成部分。事实上，在二十世纪初期，许多心理学家就开始对学生的学习以及全面发展提出了新的观点。例如，杜威于 1916 在《民主与教育》中提出了教学应以学生自我指导为主的教育理念。[①] 他强调学生应通过参加实践活动来完成学习，积极倡导教育要融入社会各个阶层，构建多元综合评估体系。这一理念为美国二十世纪中期大学教育评估，特别是为通识教育评估的改革和多元化发展奠定了理论基础。1933—1947 年，芝加哥大学与"通识教育合作研究课题组"合作开展的"通识教育学习评估研究"倡议，将"思维能力"、"学习过程"以及"个人发展"等内容贯穿于通识教育的综合评估之中。[②] 为了提高评估学生学习成就以及学生健康成长的效果，课题组编制了"人生目标"、"对社会的理解"等调查问卷，旨在通过"倾听学生声音"来补充和完善传统的考试评估方法所不能反映的学生生活、学习和发展方面的情况。

第二次世界大战后，美国成百万的退役军人进入大学深造，使高校入学人数剧增，给大学管理带来很多挑战。最为突出的问题之一是师生比以及管理人员与学生的比例都大幅度缩小，从而使原先学校通过教师、管理人员与学生的直接交流了解学生心声、帮助学生发展的教育管理模式受到了挑战，甚至遭遇

[①] Dewey, J. *Democracy and Education*, New York: Macmilan Publishing Company, 1916.

[②] Shavelson, R. J, *A Brief History of Student Learning Assessment: How We Got Where We Are and a Proposal for Where to Go Next* (Association of American Colleges and Universities, 2007).

了挫折。学生事务部门也因此承受了极大的学生管理压力,其管理效果遭到了学生谴责和社会的诟病。为此,大学一直在探索一种新的"倾听学生声音"的重要途径。大学生问卷调查最终在二十世纪七八十年代作为一种搜集学生管理与学生评估相关数据的有效工具,迅速成为美国高校提升学生管理效果的重要辅助手段。

二十世纪八十年代前后,大学教学质量的下滑再次刺激了对大学生就读经历的调查研究。大众化进程中的质量问题引发了美国公众对高等教育的信任危机,政府和社会明确向耗资巨大的大学提出了问责,要求大学提供令人信服的质量证据以证明其办学效益。为回应社会问责,众多高校(特别是公立高校)迅速投身于校内质量评估,尤其是学生学习成果的评估(learning outcomes assessment)。大学试图通过"学生声音"来解释影响学习成果的因素,比如教学环境、学生的学习投入、学生对课程教学的满意度等。

院校研究组织机构以及快速发展的教育技术为美国大学开展调查研究工作提供了组织资源和数据分析等方面的支撑条件。美国院校研究兴起于二十世纪五六十年代,其宗旨是开展校本研究,也就是通过实证性研究为大学决策提供依据,而且教学质量研究是最重要的组成部分。到二十世纪八九十年代,院校研究的组织结构、职能以及研究范式已经基本成熟,有能力承担相关的大型调研工作,包括数据搜集、分析以及为学校提供有关质量改进建议等。调查研究也成为院校研究的重要研究方法之一。院校研究人员将通过考试等直接评估方式获取的数据与通过调查等间接评估方式听取的"学生声音"结合起来,有效地回答了学生学习成果"如何"和学习成败原因"何在"的问题,在提升学校教育质量方面发挥了前所未有的作用。

在学生调查项目发展时期,具有代表性的问卷包括 CSEQ 和 1987 年奇克林与盖姆森编制的《优秀本科教育七项实践原则》(Seven Principles for Good Practice in Undergraduate Education)。CSEQ 调查的信息包括学生参加活动的情况、阅读和写作能力、对大学经历的满意程度、大学环境、知识和技能的获得程度等。而《优秀本科教育七项实践原则》是从生师互动、学生之间的合作、学习的积极性、信息反馈、学习时间、学习期待以及对多元化学习方法等七个方面对本科教学进行调查研究,以提高教育质量。二十世纪末期,学生调查问卷的研发在美国再掀高潮。"学生入校调查"、"学习过程调查"、"学生离校调查"和"知识输出调查"等形式的问卷层出不穷。当然,从总体上说,学生的就读经历、行为活动、学习投入、校园服务满意度等仍然是调查的主题。NSSE 和 SERU 是具代表性和影响力的项目。

三、SERU 调查问卷的基本理论框架、结构和内容

SERU 调查问卷的基本理论框架是阿斯汀提出的"输入—环境—输出"模型(Input-Environment-Output Model,I-E-O)[①]。如图 1 所示,I-E-O 模型中的"输入"主要是指学生在进入大学之前的个人背景、学习成绩以及人口统计学特征等;"环境"因素主要包括学生在大学期间的就读经历以及学生的人际交往等,其中就读经历包括学生在学习相关活动中投入的时间及精力等情况,人际交往主要是学生在课内外学习相关活动中与教师及同伴之间的交往情况;"输出"因素主要是指学生的学习成果以及学生在技能、情感、态度及价值观等方面的发展变化。I-E-O 模型将学生在进入大学之前的背景与学生进入大学之后的就读经历划分开来,能够使学校清晰地认识学生在不同阶段的特征。学校通过对学生"输入"、"环境"及"输出"的相关问题的调查,可以获得学生在进入大学前、就读过程中及进入大学学习之后的信息以及学生的发展变化,并且可以分析学生的个人背景与校园环境的相互作用,以及二者对学生的学习和发展产生的影响。尤其是在控制学生"输入"这一综合性因素的条件下,通过分析学生的就读经历对学生的学习与发展的影响,学校能够清晰地认识大学为学生提供的教育、环境和服务等究竟对学生的成长起到什么作用。在教育、环境及服务之中,有哪些实践是有利于学生发展的,哪些实践还存在不足。通过分析教育优点和不足,学校能够及时调整教育模式,最终达到提升教育质量的目的。

---

① The SERU Consortium. SERU Survey Concept Map. https://cshe.berkeley.edu/seru/about-seru/ugseru-survey-design.

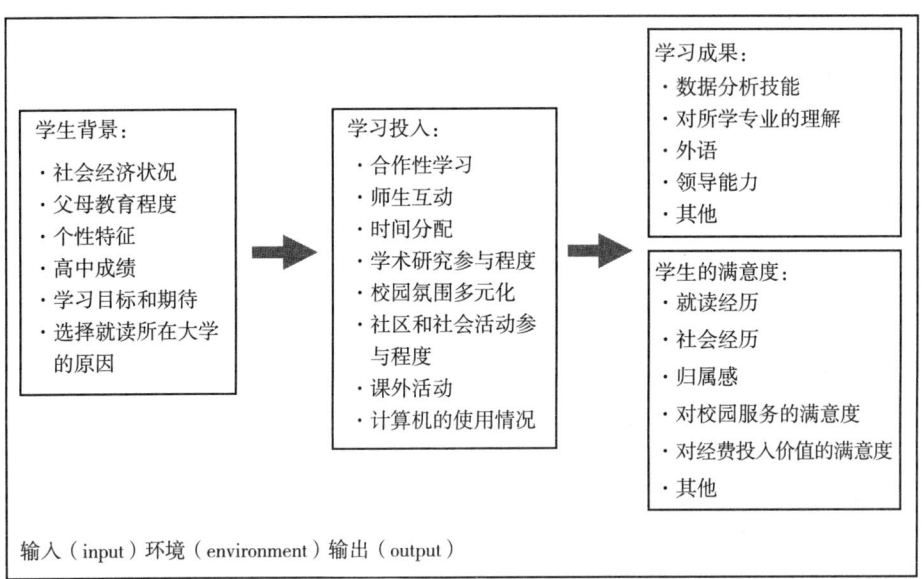

图 1　SERU 调查问卷"输入—环境—输出"理论框架模型

SERU 问卷内容丰富,采纳了"模块"式的设计思路。以最早的问卷为例,SERU 包括五个模块(图 2)。核心模块包括时间分配、学术与个人发展、校园氛围、校园多元化、学术参与、专业评价、满意度、个人及家庭背景等问题。四个独立的模块分别是:学习参与与全球化经验模块,包括课堂参与、学术活动参与、学习障碍等问题;学生生活与发展模块,包括目标与志向、观念与校园氛围、身心健康、校园服务满意度等问题;社会活动参与性模块,包括各种课外活动、社区服务、学生组织、政治活动等的参与程度;校园热点问题调查模块。核心模块与前三个模块包括所有 SERU 成员共同关心的问题,而校园热点问题调查模块是参与大学自己制定的个性化模块,用于各分校调查各自学生所关注的校园热点问题,例如,2007 年伯克利分校的关注问题是"校园氛围多元化"。

SERU 问卷采纳模块式设计的主要目的是确保问卷的回收率。SERU 是一个非常综合性的调查问卷,大约包括 400 个问题,如果让学生回答所有的问题,需要大约 45 分钟。SERU 联盟利用模块式设计结构,邀请所有学生回答核心模块中的问题,大约有 100 个问题,然后将学生随意分配成组,回答不同模块中的问题。如果大学没有校园热点问题模块,联盟将学生随意分配成三组,分别回答

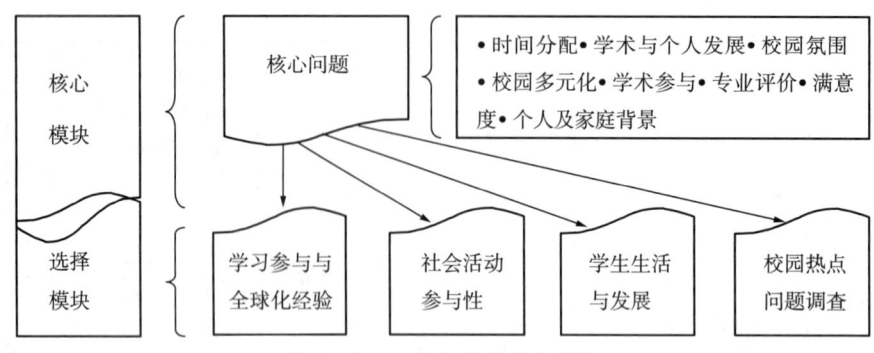

图 2　SERU 调查问卷基本结构

三个模块的问题;如果大学包括热点问题模块,联盟将学生随意分配成四个组,分别回答四个模块的问题。这样学生受邀回答的问题数量保持在 200 左右。加州大学各分校的回复率一直都比较高,持续在 35% 左右。[1] 需要说明的是,这种模块式设计只适用于规模较大的学校。如果大学的学生数量少,再把他们分配成小组回答不同模块的问题,可能出现样本不具代表性的问题。

　　调查研究中最重要的问题是如何确保搜集到的数据有效、可信,也就是问卷设计中常常需要解决的效度和信度问题。SERU 团队利用多种方法对问卷的效度进行持续性的检验。例如,在问卷开发初期,伯克利中心就召集加州大学的三十多位长期从事相关研究的教师和学者多次召开会议,集思广益,对问卷的内容进行商讨,确保问卷的内容效度。SERU 联盟研究人员也利用搜集到的数据进行各类研究,确保每一个主题因子的完整性以及问题内部一致性。SERU 联盟每年召集学者和专家对问卷进行修改,包括问题的阐述、回答问题的选项,同时根据高等教育的发展需求,特别是本科教育质量的评估需求,不断增加相关内容。在过去二十年,随着本科教育的发展以及大学管理模式的变化,SERU 联盟和加州大学共同对 SERU 问卷进行了多次大幅度的修改,加州大学总校院校研究与学术规划办公室的网站展示了从 2008 年以来使用过的所有 SERU 问卷。[2]

---

[1] Completion and Response Rates of UC Surveys. https://www.universityofcalifornia.edu/infocenter/completion-and-response-rates-uc-surveys.

[2] The University of California Undergraduate Experience Survey. https://www.ucop.edu/institutional-research-academic-planning//services/survey-services/UCUES.html.

如全球化学习和经验调查问题就是近几年为了适应高等教育全球化的评估要求而新增加的。

四、SERU 调研数据的收集、整合、共享和使用

SERU 数据的收集均通过网络完成。为了保障联盟成员共享数据的有效性,所有成员大学的数据收集程序基本一致。如图 3 所示,SERU 数据收集和整合包括五个步骤:(1)大学提供学生的基本情况数据(seed file),例如学号、专业、电子邮件、性别等。(2)联盟通过随意性样本抽取方法,根据大学的"模块"分配比例确定学生需要回答的模块。例如,大学 A 希望各 20% 的学生分别回答学习参与与全球化经验模块、社会活动参与性模块以及学生生活与发展模块,其余 40% 的学生回答校园热点问题模块。数据收集管理部门将根据这些比例将学生随意分成四组。每组学生通过学号和密码进入网络问卷系统后只会看到分配给他们的模块。(3)数据收集管理部门通过邮件和其他方式邀请和鼓励学生

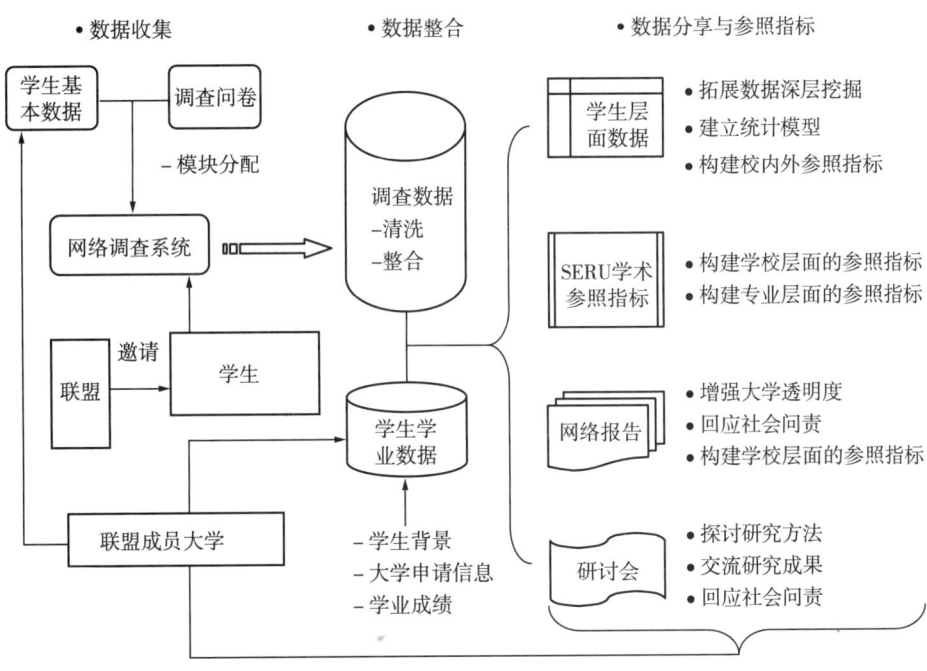

图 3　SERU 数据收集、整合与分享流程图

参加调查活动；(4)及时通过网络报告数据收集的进展情况，例如回收率、基本的数据分析报告等；(5)关闭调查系统，清洗、整合数据。

SERU参与大学的数据分享是多元化的。如图3右面的"数据分享与参照指标"部分所示，最基本的数据分享方法是联盟向各成员大学提供上面提到的"整合"后的学生层面的数据。这也是SERU项目与其他所有调研项目的主要区别之一。包括NSSE在内的其他项目仅仅为参与大学提供本校学生回复问卷的数据，参与大学成员之间不分享学生层面的数据。但所有参与SERU项目的大学，可以互相分享学生层面的数据。这样的数据分享有利于大学开展深层挖掘、构建统计数据模型（如回归方程等）等。大学也可以利用学生层面的数据进行学校之间的比较研究，包括大学层面、不同大学相同专业以及不同大学相同学生群体（如种族、弱势群体等）之间的比较，进而构建不同层面的参照指标。当然，为了保护学生的隐私，SERU联盟也有非常严格的数据公布规定。另外，SERU联盟也通过学术参照指标、网络报告以及年度研讨会分享研究成果以及提高本科教育质量的实践经验。

SERU调研数据的使用范围非常广(图4)。校内利用它讨论本科教育的反战优势、取得的成就以及存在的问题，开展学科评估和校园服务项目评价，开发个性化教育项目，调整学生资助政策，分配资源等。大学也利用调研数据为校外

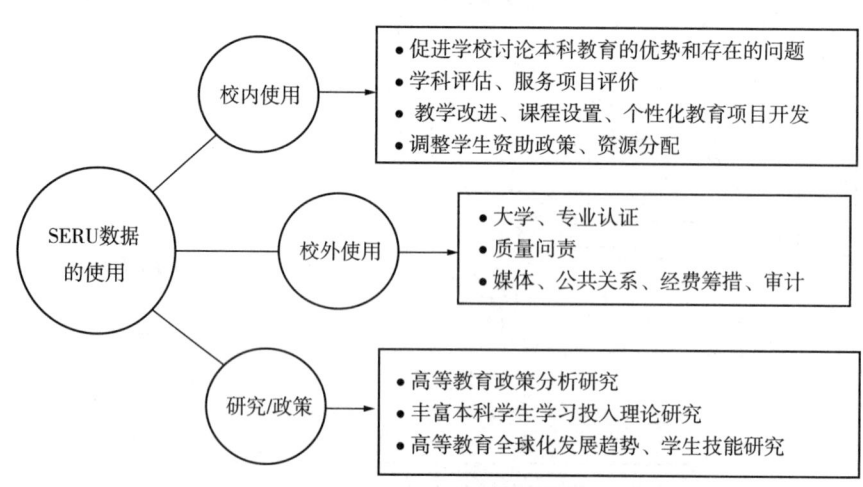

图4 SERU数据的使用范围

开展的活动提供信息,例如大学层面和专业层面的认证,政府和社会开展的问责活动,媒体对学校发展的关注和报道,经费筹措以及州政府和投资机构对学校的审计活动。另外,SERU 联盟以及大学研究人员也利用数据开展政策评价和相关学术研究工作,例如强化学生学习投入的理论研究、大学环境因素对学生发展的影响研究、大学就读经历与学生职业发展的相关性研究等。

五、SERU 国际联盟的成立以及中国大学的加入

SERU 北美联盟于 2008 年成立后,John Douglass 于 2009 年左右开始考虑成立"研究型大学本科生就读经历调研国际联盟"(Student Experience in the Research University International Consortium,SERU-I)的计划。后来,道格拉斯博士与我就国际联盟的事情进行了多次交流。我提出了先向中国大学介绍这个项目的想法。当时提出这个想法有几方面的原因:一是当时中国大学的发展非常快,包括规模的拓展等,需要有一种更好的途径了解学生的学习动态;二是中国大学非常希望了解世界一流大学的发展经验,伯克利以及美国其他顶尖公立大学的成功经验值得中国大学借鉴;三是中国大学的办学理念逐步向国际化发展,而且开放程度也在不断加大,所以参加这样的数据分享联盟是存在可能性的;四是在开展大学生学习调查方面,国内已经有了一定基础,北京师范大学的周作宇教授已于 2005 年将 CSEQ 翻译成中文,并在部分大学进行了调研,清华大学的史静寰教授、罗燕教授也已经把 NSSE 翻译成中文,在部分学校进行了调研;五是,对我来说也是最重要的原因,我希望中国的大学有机会与伯克利合作,在推动真正意义上的"以学生为中心"的大学办学理念和实践方面有实质性的交流,特别是通过数据比较,找到自己在本科教育方面的优势和存在的问题。道格拉斯博士欣然接受我的建议,当然,也许是别无选择的接受吧!

2009 年,上海师范大学的黄海涛教授陪同其夫人来加州大学伯克利访学。当时,黄海涛是南京师范大学的高等教育学博士生,他的硕士导师是龚放教授。黄海涛向我推荐了龚老师,并告诉我南京大学非常重视本科教育。当时,龚老师任南京大学高教所所长。我让黄海涛与龚老师通过电子邮件联系,并向龚老师汇报了我的想法。龚老师收到邮件时正在加拿大访问,并已经计划从加拿大来

美国旧金山湾区。所以很快就答应了来旧金山时与道格拉斯博士和我见面,并商谈南京大学加入国际联盟的事宜。也许这就是一种机缘吧!我们与龚老师的会谈非常有成效,龚老师对这个项目予以高度评价,并表示非常感兴趣。

为了进一步向中国大学介绍 SERU,并促进南京大学的参与,在我的再三提议下,道格拉斯博士同意在南京大学召开 SERU 南京会议。为了准备这次会议,我于会议前半年自费去南京大学,并为南京大学教育科学院以及学校层面的有关管理人员介绍了 SERU 项目,特别是加州大学利用调研结果改进本科教育质量的实践经验。也与龚老师一起拜访了当时主管本科教育工作的谈哲敏副校长。在这次交流中,南京大学对本科教育的重视给我留下了很深刻的印象,也更加确定了我在中国大学推荐 SERU 项目的信心,当然也让我进一步认识到在南京大学召开这次 SERU 会议的必要性和重要意义。在会议前不久,曾经在 NSSE 任职的赵春梅博士加入伯克利 SERU 团队。我们在 2011 年春暖花开的季节,与道格拉斯博士怀抱极大的信心赴南京组织和参加 SERU 会议。

SERU 南京会议也邀请了国内二十多所"985"大学的高教所所长、研究人员以及部分主管本科教育的处长、副校长参加。会议争论非常激烈,绝大多数参会人员对加入 SERU 联盟持反对态度。最主要的原因有三个方面:一是数据安全问题,这是大家最担心的问题,认为由国外大学收集数据,等于把数据直接提供给国外机构,违反国家安全规定,也有可能带来学生隐私泄漏等方面的大问题;二是对调查问卷的信效度有疑虑,主要是怀疑美国的本科调查问卷是否适合中国的国情;三是费用太贵,大多数参会人员认为 SERU 联盟不应该收取费用,当然,这主要是由于大家还不习惯这种合作模式,认为参加大学提供数据供学者研究,已经是很大的贡献了,再收取费用好像是不合理的事情。由于这些原因,这次会议的结果基本上是对 SERU 项目的全盘否定。但非常高兴的是,这次会议也进一步坚定了南京大学,尤其是龚老师参加这个项目的意愿。后来龚老师多次给我提到,南京大学的时任校长陈骏院士对本科教育的重视是促成南京大学参加 SERU 项目的真正动力。当然,无论如何,龚老师的卓识远见以及对南京大学本科教育质量改进的努力对促成中国大学加入 SERU-I 国际联盟功不可没。南京大学的加入标志着 SERU-I 国际联盟的正式成立。

在南京大学加入SERU-I联盟之后,我又利用回国探亲的机会访问了很多"985"高校,也包括后来加入联盟的西安交通大学、湖南大学和同济大学,以及最近加入联盟的北京大学和大连理工大学。虽然我做的这些工作都是服务性的,CSHE和SERU联盟从未给我支付任何报酬,但能够促成这样实质性的国际合作,我深感荣幸!后来,CSHE也邀请这些学校的学者来中心进行访学或者参加会议,例如湖南大学的徐丹教授、同济大学的郭强教授先后来中心访学一年。西安交通大学的陆根书教授也曾获邀来伯克利参加SERU研讨会议。所有这些访问和交流在促成中国大学加入SERU-I联盟方面发挥了重要作用。

加入SERU-I联盟的中国大学,在问卷的使用过程中,也对问卷的信度和效度进行了持续性的检测。例如,龚放教授及其团队成员利用南京大学和美国一所大学(以下简称"美国A大学")的数据进行了因子分析[1],结果显示,南京大学和伯克利的样本数据具有相同的五个主成分因子(表1),矩阵结构中因子的负荷聚合情况非常清晰和一致。这五个主成分因子分别是课堂参与与创新、同伴合作与互动、学业学习习惯、批判性推理与创新思维、与教师的互动及研讨。而且每一个维度的内部一致性检测结果也非常相似,这说明中英文问卷具有同样的信度。这些分析结果足以打消十年前参加SERU南京会议的学者对问卷信效度的疑虑。

表1 在五个可比维度上的内部信度(Cronbach's Alpha Standardized)

五个可比维度	低年级信度 南大	低年级信度 美国A大学	高年级信度 南大	高年级信度 美国A大学	总体信度 南大	总体信度 美国A大学
课堂参与与创新(CEI)	0.783	0.879	0.816	0.901	0.809	0.890
同伴合作与互动(PCI)	0.768	0.849	0.778	0.822	0.774	0.830
学业学习习惯(ALH)	0.702	0.761	0.737	0.775	0.733	0.773
批判性推理与创新思维(CRSC)	0.857	0.887	0.861	0.887	0.863	0.886
与教师的互动及研讨(IST)	0.760	0.707	0.790	0.757	0.781	0.751

---

[1] 龚放、吕林海:《中美研究型大学本科生"学习参与"差异的研究:基于南京大学和美国A大学的问卷调查》,《高等教育研究》2012年第9期。

在过去几年里,参加联盟的中国大学利用收集到的数据撰写了众多研究报告,特别是在与世界一流大学成功经验比较的视角下,为学校改进本科教育质量提供了实证性研究依据。这也正是 SERU 项目的初心所在!除此之外,各学校从事高等教育研究的学者也利用收集到的数据撰写了众多研究论文,探讨中国研究型大学本科教育的成功经验和不足之处,为其他研究型大学改进本科教育质量提供了经验。另外,在这些大学就读高等教育专业的很多研究生也利用 SERU 数据撰写了毕业论文,加深了中国高等教育领域对本科生就读经验和学生学习参与的研究。这本论文集便是学者发表的部分研究成果以及利用调查结果改进本科教育质量的实践案例展示。

六、结语

如果计算立项和开发时间,SERU 项目已经度过了二十个春夏秋冬。这二十年来,参与大学不断增加,研究对决策的影响力持续提升。联盟参与大学也通过 SERU 数据见证了大学本科教育的发展变化和改革进程,并进一步认识到"学生声音"对本科教育发展的重要意义和价值。在我撰写这篇文章时,全球"新冠"疫情(COVID-19)爆发,学校随即将课程教学改为网络授课,问卷调查也似乎成为唯一能够全面了解疫情对学生生活、学习影响情况的方式。SERU 也及时开发了有关的专题调查问卷,加州大学在 UCUES 问卷中增加了疫情、网络教学学习效果的问题。

本科教育是大学教育的灵魂,学生就读经历调查是大学认知和解析这一灵魂的工具。相信 SERU 项目和其他学生调研项目一样,通过不断更新调查内容和提升研究效果,将会为大学开展基于学生参与的"以学生为中心"的真实教育获取更有效的"学生声音"。让我们拭目以待!

大学生学习经历概念模型与基本特征

陆根书　胡文静　闫　妮

内容提要：大学生的学习经历可以从学生投入学习与发展活动中的状况，以及学生感知的学校是如何支持和鼓励其积极投入到学习与发展活动中去的状况两个方面来进行分析，进而可以分解为学术参与、学习结果（包括学生的智慧能力发展、感知的教育经历满意度两个方面）和学习环境（包括课堂学习环境与校园氛围两个不同层次的学习环境）三个维度。本文运用2012年对西安交通大学本科生的调查数据，对大学生学习经历的具体内容进行了建构，并发现：大学生的学术参与水平较高；智慧能力发展状态较好，对自身的教育经历比较满意；感知的课堂学习环境和校园氛围较好；大学生学习经历这三个构成维度之间存在显著的联系。为优化大学生的学习经历，提高高校人才培养质量，应进一步增强师生互动，提高学术挑战水平，促进学生的学术参与；强化核心技能训练，使学生的智慧能力获得更好发展；优化大学生活，提高学生对教育经历的满意度；着力创造更优质的课堂学习环境；积极关注学生，营造良好的校园氛围。

一、优化大学生学习经历是提高高校人才培养质量的重要途径之一

质量是高等教育的生命线。二十世纪八十年代以来，世界各国纷纷强调高等教育的质量问题，使得提高高等教育质量成为世界高等教育改革与发展的重要主题之一。近年来，随着我国高等教育大众化的发展，高等教育的毛入学率已经由1999年的9.8%提高到了2011年的26.9%。在这种发展背景下，我国高等教育界及社会各界对高等教育质量问题也表现出了深切的关注。

我们认为,讨论如何提高高等教育质量的问题,需要回答两个基本问题:一是高等教育质量体现在哪里(或者应该用哪些指标来衡量)?二是高等教育质量受哪些因素影响?只有了解清楚其影响因素,才可能探索提高高等教育质量的举措。在过去,人们对第一个问题的回答,比较多的是从"教"的角度来理解的,用"教"的质量来衡量高等教育质量;在回答第二个问题时,也常常从宏观体制、学校、教师的层面探讨影响高等教育质量的因素,把提高高等教育质量的工作重点放在体制改革、强化学校管理以及教学资源和教学条件建设上,或站在教师的角度,从"教改"的角度来探讨提高高等教育质量的问题。但是,正如我国著名高等教育理论家潘懋元教授所说,长期以来人们忽视了对作为教育主体的大学生及其学习的研究,忽视了从教学的本源上去解决质量问题。[1] 高校人才培养的中心任务是学生的"学习与发展","教"的质量最终要体现在"学"的质量上,因此,高等教育质量的高低,最终应该用学生"学习与发展"的质量来衡量。而影响学生学习与发展的因素,既有学生自身的因素、教师的因素,师生互动构成的过程因素,又有教师和学生进行教与学活动的环境因素(包括微观、中观和宏观等不同层次)。所以,提高高等教育质量,一方面需要外部环境与高校相结合,另一方面,在高校内部,不仅要从"教"的角度入手,还要从人们经常忽视的"学"的视角出发,分析大学生的学习经历及其特点。只有把这两方面结合起来,才能比较全面地讨论如何提高高等教育质量,如何促进大学生学习与发展。[2][3]

基于上述认识,本研究应用对西安交通大学本科生学习经历的调查数据,探讨了大学生学习经历的结构及其特征,期望能够为从学生、学习的角度探索提高高等教育质量的途径与方法提供一些理论与实证基础,为提高我国高等教育质量探寻一个新的突破口。

---

[1] 潘懋元:《〈学习风格与大学生自主学习〉书评》,《西安交通大学学报(社会科学版)》2004年第4期。
[2] 陆根书、程光旭、杨兆芳:《大学课堂学习环境论》,西安交通大学出版社2010年版。
[3] 陆根书:《课堂学习环境、学习方式与大学生发展》,《复旦教育论坛》2012年第4期。

二、大学生学习经历：概念模型及其内容建构

大学生学习经历（learning experience）是当前西方国家高等教育政策议程中的一项重要内容。西方一些国家的政策制定者和高等教育管理机构，如苏格兰质量保障局（Quality Assurance Agency for Scotland）甚至把大学生学习经历作为最优先考虑的政策议题之一。

西方国家对大学生学习经历的兴趣，既与高校和高等教育系统的变革相关，又与更广泛的政治改革议题相关。在高等教育系统内部，自二十世纪六十年代以来，随着学生数量的扩展和提供高等教育的机构类型与数量的增加，大学生的构成和高校的格局发生了根本性的变化。高等教育由精英向大众化、普及化发展，使高校的课程、教学、学习发生了很大的变化。[1] 这些变化必然会影响到大学生的学习经历。从高校的角度看，随着高校经费筹措压力的增加和市场竞争的加剧，以及大学生个性发展的要求，高校越来越关注大学生接受高等教育的满意度。从更宏观的视角看，西方国家重视大学生的学习经历，与强调高等教育要促进经济社会发展、高等教育的市场化改革以及公共服务改革有关。这些改革要求高等教育具有更大的灵活性，强调质量保障、问责和学生对高等教育成本的分担。

上述有关考虑使得西方一些国家的高等教育政策和高校的关注点逐渐聚焦于大学生的学习经历。然而，在一些政策文件中，对大学生学习经历的概念常常缺乏清晰的界定。[2] 这种情况在学界也同样存在。例如，有的研究者认为，大学生的学习经历涉及校内外学习的方方面面，有的研究者则把它局限在正规的学术课程和高校课堂内的学习。在有关大学生学习经历的研究中，研究的传统、主题、分析的方法可谓纷繁复杂。例如，有比较多的研究者应用问卷调查学生的学

---

[1] Trow, M, "Reflections on the Transition from Elite to Mass to Universal Access: Forms and Phases of Higher Education in Modern Societies Since WWII," In J. Forest and P. Altbach (eds.), *International Handbook of Higher Education*, Dordrecht, The Netherlands: Springer, 2006, 243 – 280.

[2] Higher Education Academy, *Strategic Plan 2005 –2010*, York, UK: HEA, 2005, 3.

习方式(approaches to studying)、课程学习经历(course experience)、学习投入(learning engagement),或者综合应用不同的问卷进行调查研究;有的研究者采用行动研究或其他方法,探讨教学方式、课程与资源发展、学习环境和评价改革等对学生学习的影响;有的研究者则从学生对高等教育的期望及其准备、入学教育、从中学到大学要求的转变等探讨大学生的学习经历;有的研究者从不同组别、年级、学科的学生对学习的感知的角度研究学生的学习经历;有的研究者则从不同评价方式对学生学习的影响、学生对评价方式和反馈的感知等角度研究学习经历;还有的研究者把学生的学习经历作为高等教育质量的测量指标进行研究。这让有关大学生学习经历的研究变得非常庞杂、多样,而且充满争议。

在本文中,因为篇幅限制,我们难以对西方一些国家的学者和机构对大学生学习经历概念所做的界定进行系统的讨论,只是根据有关文献提出大学生学习经历的一个概念模型,并应用西安交通大学与美国加州大学伯克利分校高等教育研究中心合作开展的"研究型大学本科生学习经历调查"数据,对大学生学习经历的具体内容进行建构。

我们认为,大学生的学习经历可以从两个方面加以界定:首先是从学生自身的角度,这又可以从两个方面加以考察,即学生参与学习活动的情况,以及学生通过学习活动获得的认知与情感发展结果的情况。它表明了学生在学习或与学习相关的活动中所付出的努力以及个人发展的状况。二是从学生感知的学习环境的角度,即学生感知的学校是如何支持和鼓励学生积极投入到学习与发展活动中去的。学生自己投入学习与发展活动的状况及其感知的学习环境之间的相互作用,构成了学生整体的学习经历。在这种意义上理解的大学生学习经历,可以用图1表示。

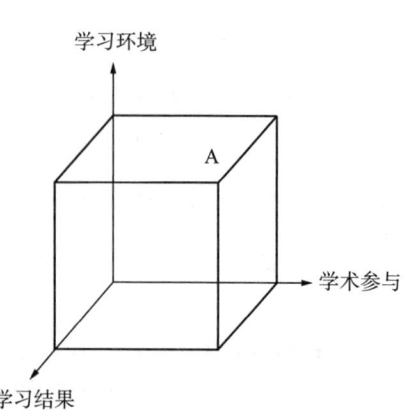

图1 大学生学习经历:一个概念模型

为了建构大学生学习经历的具体内容并分析其特征,西安交通大学于2012年4—6月面向本校全体本科生(共

14759 名学生,延长学制者及留学生除外),通过网络进行了大学生学习经历调查。调查采用的工具是"西安交通大学本科生就读经验调查问卷"。该问卷是在加州大学伯克利分校编制的 SERU-I 调查问卷的基础上制定的,共包括三个模块、六个部分:模块 A 是核心问题,包括学术参与、学生生活和目标、背景和个人特征三个部分;模块 B 是与科学研究相关的问题,包括技术的使用或全球化技能与认知;模块 C 是亚洲/国家/大学的专门问题,包括通识教育、课堂学习环境等。调查问卷中模块 A、B 是直接引用了 SERU-I 调查问卷的内容,在模块 C 中则增加了课堂学习环境的内容。调查共回收问卷 5188 份,回收率 35.15%;其中有效问卷 3946 份,有效率 76.06%。表 1 列出了样本的基本特征。

在该问卷中,测量学术参与的题目有 34 道。测量学习结果的题目分为两个部分:一是学生智慧能力发展状态,有 20 道题目(每道题目涉及刚入学时的状态及当前的状态两个方面),二是学生对学校教育经历的满意度,有 18 道题目。测量学习环境的题目也分为两个部分:一是课堂学习环境,共 54 题,二是校园氛围,共 9 题。

表 1　调查样本的基本特征

类别	频数	百分比(%)
性别		
男	2667	67.6
女	1279	32.4
合计	3946	100.0
学科		
工程技术	2311	58.6
自然科学	274	6.9
生命科学	639	16.2
社会科学	554	14.0
人文科学	131	3.3
艺术	37	1.0
合计	3946	100.0

续　表

类别	频数	百分比(%)
年级		
大一	1152	28.8
大二	969	24.6
大三	810	20.7
大四	1015	25.9
合计	3946	100.0

为了探索学术参与维度的结构,我们运用探索性因素分析方法(采用主成分分析方法抽取因子,并进行最大正交旋转)对该部分题目进行了分析,表2列出了因素分析的结果。从中可见,学术参与可以用八个因素加以测量:因素1包含的题目主要涉及学生在课堂内外与教师的互动,可称之为"师生互动";因素2包含的题目主要涉及学生在学习过程中的批判性思维,可称之为"批判思考";因素3包含的题目主要涉及学生完成具有挑战性任务的情况,可称之为"学术挑战";因素4包含的题目主要涉及学生课外在学习上的投入状况,可称之为"课外投入";因素5包含的题目主要涉及学生未能按时完成阅读任务或作业、迟到等情况,可称之为"缺乏投入";因素6包含的题目主要涉及学生对所学内容的理解应用情况,可称之为"理解分析";因素7包含的题目主要涉及学生完成较重的学习任务的情况,可称之为"学习负担1";因素8包含的题目主要涉及学生完成相对较轻的学习任务的情况,可称之为"学习负担2"。为了检验学术参与维度八个因子所包含题目的内部一致性,本文进行了信度分析(详见表2中最后一行)。从中可见,学术参与维度8个因子的信度系数介于0.620~0.849之间。

表2　学术参与维度因素分析及信度分析结果

因素	题目数	示例	特征值	解释的方差(%)	信度
因素1	6	和教师通过电子邮件或面对面进行交流	3.588	10.55	0.843
因素2	6	检查其他人是怎样收集、整合数据,并评价他们所得结论的合理性	3.567	10.49	0.849

续 表

因素	题目数	示例	特征值	解释的方差（%）	信度
因素3	5	在课堂上提出深刻的有见识的问题	2.811	8.27	0.767
因素4	5	由于某位任课教师高标准，提高自己的学习努力程度	2.421	7.12	0.769
因素5	4	上课前没有完成布置的阅读资料	2.359	6.99	0.750
因素6	3	解释方法、理念、概念，并利用他们解决问题	2.240	6.59	0.766
因素7	3	完成上交了20或20页以上的文章	2.018	5.94	0.702
因素8	2	完成上交了少于3页的文章	1.513	4.45	0.620

为了探索学习结果维度中智慧能力的结构，我们应用探索性因素分析方法对学生刚入学时和当前的状态两组数据分别进行了结构效度分析。分析所提取的因子及各因子所包含的题目相同。表3列出了对学生刚入学时智慧能力发展状况的因素分析结果。从中可见，智慧能力可以用三个因素加以测量：因素1包含的题目主要涉及学生表达、写作、思维、理解等能力，可称之为"核心技能"；因素2包含的题目主要涉及学生利用计算机、网络、图书馆等进行研究的能力，可称之为"研究技能"；因素3包含的题目主要涉及学生对自我的认知和对人文社会的欣赏、沟通，可称之为"自我认知和社会沟通"。对这三个因子所包含题目内部一致性进行信度分析的结果表明，智慧能力包含的三个因子的信度系数介于0.844~0.852之间。我们用学生当前的智慧能力发展状态的得分减去学生在刚入学时的智慧能力发展状态得分，建构了学校教育对学生智慧能力发展的增值价值（我们称之为智慧能力发展变量）。

表3 学生智慧能力发展状况因素分析及信度分析结果

因素	题目数	示例	特征值	解释的方差（%）	信度
因素1	8	清晰有效的写作能力	3.795	18.97	0.853
因素2	6	借助图书馆进行研究的技能	3.751	18.76	0.844
因素3	6	欣赏文化差异和全球差异的能力	3.589	17.94	0.852

对学习结果维度中学生感知的教育经历满意度进行因素分析的结果(详见表4)表明,学生感知的教育经历满意度可以用四个因素加以测量:因素1包含的题目主要涉及学生在学校期间对资助、图书馆、医疗、食宿、安全等的满意度,可称之为"环境支持";因素2包含的题目主要涉及学生在学校期间对开设课程、课时安排等的满意度,可称之为"课程质量";因素3包含的题目主要涉及学生在学校期间对整体的学术经历、社交经历等的满意度,可称之为"大学生活";因素4包含的题目主要涉及学生对学校是否有归属感,可称之为"学校归属"。对这四个因子所包含题目内部一致性进行信度分析的结果表明,学生感知的教育经历满意度包含的四个因子的信度系数介于0.746~0.847之间。

表4 学生感知的教育经历满意度因素分析和信度分析结果

因素	题目数	示例	特征值	解释的方差(%)	信度
因素1	7	资助	3.196	17.75	0.811
因素2	5	开设的课程	3.183	17.68	0.847
因素3	4	整体的学术经历	2.486	13.81	0.780
因素4	2	我对学校有一种归属感	1.776	9.87	0.746

对学习环境维度中学生感知的课堂学习环境进行因素分析的结果(详见表5)表明,学生感知的课堂学习环境可以用九个因素加以测量:因素1包含的题目主要涉及在课程学习过程中教师是如何激发学生兴趣、促进学生发展的,可称之为"智慧激发";因素2包含的题目主要涉及学生和教师之间的关系,可称之为"师生关系";因素3包含的题目主要涉及同学互相帮助、合作学习、分享信息等情况,可称之为"互助合作";因素4包含的题目主要涉及学生对课程或作业难度的感知,可称之为"学习难度";因素5包含的题目主要涉及教师组织课程等方面的情况,可称之为"课程组织";因素6包含的题目主要涉及教师是否给学生选择学习内容、学习方法和学习速度的权利,可称之为"自主选择";因素7包含的题目主要涉及教师教学的创新性以及是否鼓励学生创新等,可称之为"教学创新";因素8包含的题目主要涉及教师是否能在适当时候鼓励和表扬学生,可称之为"鼓励学生";因素9包含的题目主要涉及学生之间互相竞争的情况,可称之为

"同侪竞争"。对这九个因子进行信度分析的结果表明,这九个因子的信度系数介于 0.779 与 0.924 之间。

表 5　学生感知的课堂学习环境因素分析和信度分析结果

因素	题目数	示例	特征值	解释的方差（%）	信度
因素 1	10	我认为我在学校的学习经历促进了我的智慧发展	6.253	10.42	0.924
因素 2	7	我认为老师能够顾及我们的自尊心	5.785	9.642	0.921
因素 3	7	我能够与同学一起合作完成学习任务	4.844	8.073	0.882
因素 4	7	我认为学校开设的课程难度比较大	4.323	7.205	0.890
因素 5	8	我学习的课程内容是以系统的方式组织起来的	3.786	6.309	0.873
因素 6	4	我们可以按照自己的节奏或速度学习	3.204	5.341	0.839
因素 7	4	在学习过程中,老师会对学生的批判性思考或成果进行奖励	3.165	5.275	0.871
因素 8	3	老师经常和我交流、沟通	2.591	4.318	0.867
因素 9	4	我认为同学之间的竞争很激烈	2.471	4.118	0.779

对学习环境维度中学生感知的校园氛围进行因素分析的结果(详见表 6)表明,学生感知的校园氛围可以用三个因素加以测量:因素 1 包含的题目主要涉及学生感知的学校对学生及本科教育的重视状况,可称之为"关注学生";因素 2 包含的题目主要涉及学生感知的学生与同学的社交融合情况,可称之为"社会网络";因素 3 包含的题目主要涉及学生感知的学校是否重科研轻教学情况,可称之为"教学漂移"。对这三个因子进行信度分析的结果表明,这三个因子的信度系数介于 0.506~0.803 之间。

表 6　学生感知的校园氛围因素分析和信度分析结果

因素	题目数	示例	特征值	解释的方差（%）	信度
因素 1	5	大学对学生的意见非常重视	3.267	36.30	0.803
因素 2	2	就读研究型大学对我非常重要	1.241	13.79	0.535
因素 3	2	这所大学过于重视研究导致教学质量下滑	1.023	11.37	0.506

从对学术参与、学习结果和学习环境三个方面不同维度因素进行因素分析和信度分析后,本研究中设计的有关测量指标可以对大学生学习经历中这三个方面不同维度的因素进行科学、有效的测量。通过这些分析建构的大学生学习经历的具体结构可以用图2表示。

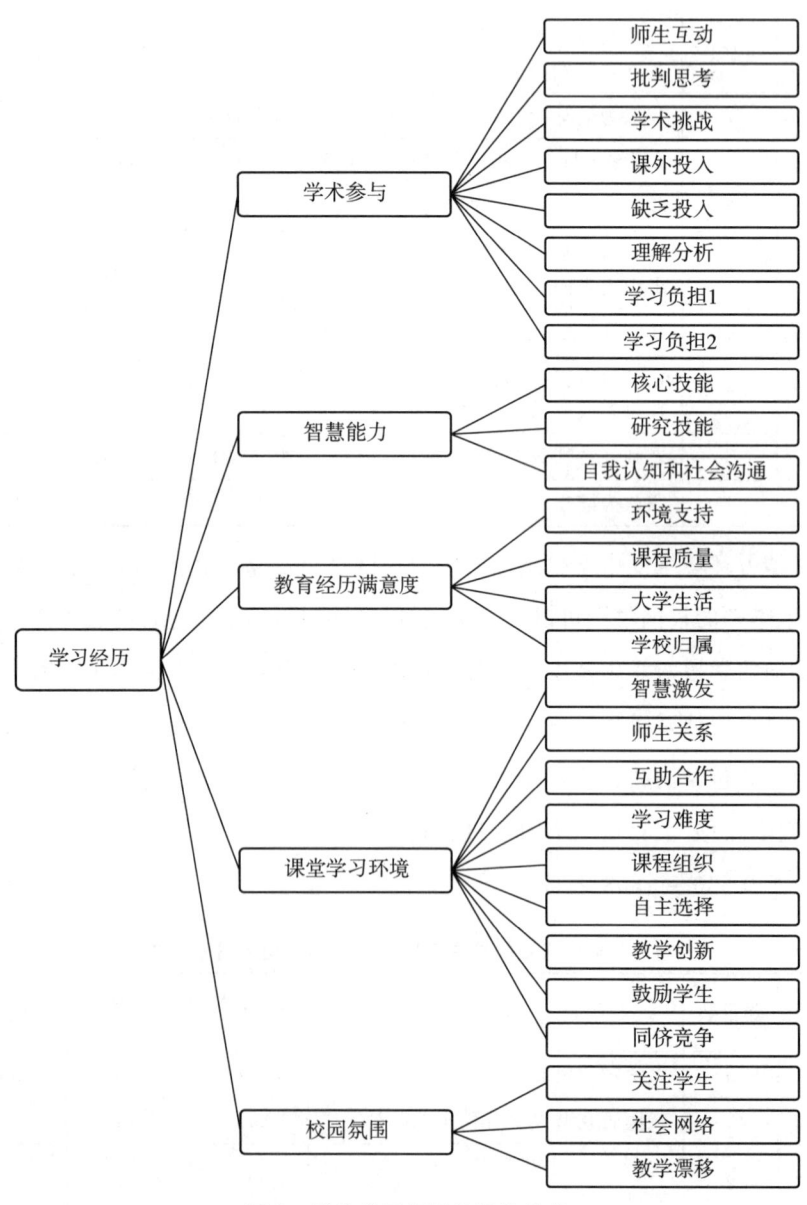

图2 学生学习经历的具体构成

三、大学生学习经历的基本特征分析

1. 学生学术参与的基本特征

表7列出了对学生学术参与特征进行分析的结果。学生对学术参与各题目的赞同程度分为"从不"、"难得"、"有时"、"稍多"、"经常"、"频繁"六个等级,学生对这些选项的选择分别赋值1~6分;每个因子的得分是其所包含的所有题目得分的平均值。从表7可知,课外投入、理解分析、学习负担2的平均得分介于3.5~3.7之间,即学生选择更倾向于"稍多";师生互动、批判思考、学术挑战、学习负担1的平均得分介于2.7~3.4之间,即学生选择更倾向于"有时";缺乏投入的得分为2.44,说明学生的选择倾向于"难得"。这一结果表明,学生学术参与的情况总体而言是比较好的。他们的课外投入、理解分析活动较多,对较重的学习任务也有较多参与,对师生互动、批判思考、学术挑战和较轻的学习负担的参与有一定参与,学习中缺乏投入的现象较少。

表7 学生学术参与的基本特征

维度	人数	平均数	方差
师生互动	3946	2.76	0.74
批判思考	3946	3.40	0.71
学术挑战	3946	3.07	0.58
课外投入	3946	3.63	0.71
缺乏投入	3946	2.44	0.57
理解分析	3946	3.64	0.80
学习负担1	3946	2.75	0.95
学习负担2	3946	3.57	1.39

2. 学生智慧能力发展的基本特征

表8列出了对学生智慧能力发展特征进行分析的结果。学生就自己刚入学时和目前在一些领域的智慧能力发展水平进行评价,评价分为"非常差"、"差"、"一般"、"好"、"很好"、"优秀"六个等级,学生对这些选项的选择分别赋值1~6分;每个因子的得分是其所包含的所有题目得分的平均值。从表8可见,学生刚

入学时在智慧能力的三个因子上的平均得分介于 2.5～3.3 之间,即学生选择更倾向于"一般";学生目前在智慧能力三个因子上的平均得分介于 3.6～4.1 之间,即学生选择更倾向于"好"。从学生智慧能力发展的增值看,学生在这三个因子上均有不同程度的能力增长,其中研究技能增长最快。T 检验的结果也表明,学生刚入学时的核心技能、研究能力、自我认知和社会沟通能力与目前的发展状态存在显著差异。

表 8　学生智慧能力发展的基本特征

维度	刚入学时 平均数	刚入学时 方差	目前 平均数	目前 方差	增值 平均数	增值 方差
核心技能	3.13	0.44	3.69	0.42	0.56	0.46
研究技能	2.54	0.43	3.72	0.45	1.17	0.51
自我认知和社会沟通技能	3.25	0.51	4.04	0.48	0.80	0.44

3. 学生感知的教育经历满意度的基本特征

表 9 列出了对学生感知的教育经历满意度基本特征进行分析的结果。学生对教育经历满意度各测量题目的满意程度分为"很不满意"、"不满意"、"较不满意"、"较满意"、"满意"、"非常满意"六个等级,学生对这些选项的选择分别赋值 1～6 分;每个因子的得分是其所包含的所有题目得分的平均值。从表 9 可以看出,学生感知的环境支持、学校归属的平均得分均大于 4,即学生对环境支持、学校归属处于"较满意"以上的水平;学生感知的课程质量、大学生活的平均得分介于 3.6～3.9 之间,即学生倾向于选择"较满意"。这一结果表明,学生对其教育经历总体而言是比较满意的。

表 9　学生感知的教育经历满意度的基本特征

维度	人数	平均数	方差
环境支持	3946	4.09	0.48
课程质量	3946	3.87	0.56
大学生活	3946	3.62	0.64
学校归属	3946	4.09	1.20

4. 学生感知的课堂学习环境的基本特征

表 10 列出了对学生感知的课堂学习环境基本特征进行分析的结果。学生对课堂学习环境各测量题目的赞同程度分为"非常不同意"、"不同意"、"较不同意"、"较同意"、"同意"、"非常同意"六个等级,学生对这些选项的选择分别赋值 1~6 分;每个因子的得分是其所包含的所有题目得分的平均值。从表 10 可见,学生感知的师生关系、互助合作、智慧激发、同侪竞争因子的平均得分介于 4.0~4.5 之间,即学生的选择处于"较同意"以上的水平;学生感知的课程组织、教学创新、鼓励学生、自主选择的平均得分介于 3.5~3.9 之间,即学生的选择倾向于"较同意";学生感知的学习难度的平均得分 3.44,即学生选择更倾向于"较不同意"。这一结果表明,学生感知的课堂学习环境整体较好。他们在课程学习中较好地掌握了知识、发展了能力并学以致用;他们得到了教师的尊重和帮助,与教师建立了良好的关系;他们较好地与同学合作、分享,获得帮助并帮助其他同学;他们认为课程难度不大,负担也不重,可以理解课堂内容并完成作业;他们认为课程组织比较合理,能够满足个人发展需求;他们基本可以自主选择学习内容、学习速度;在教学过程中教师能够在一定程度上采用具有创新性的教学方法,并鼓励学生的创新和批判性思考;教师能够在一定程度上鼓励学生;同学之间竞争较多。

表 10 学生感知的课堂学习环境的基本特征

维度	人数	平均数	方差
智慧激发	3946	4.22	0.54
师生关系	3946	4.49	0.54
互助合作	3946	4.46	0.41
学习难度	3946	3.44	0.60
课程组织	3946	3.79	0.51
自主选择	3946	3.53	0.85
教学创新	3946	3.75	0.69
鼓励学生	3946	3.72	0.90
同侪竞争	3946	4.02	0.59

5. 学生感知的校园氛围的基本特征

表11列出了对学生感知的校园氛围的基本特征进行分析的结果。学生对校园氛围各测量题目的赞同程度分为"非常不同意"、"不同意"、"较不同意"、"较同意"、"同意"、"非常同意"六个等级,学生对这些选项的选择分别赋值1~6分;每个因子的得分是其所包含的所有题目得分的平均值。从表11可见,学生感知的社会网络因子的平均得分是4.45,即学生的选择处于"较同意"以上的水平;学生感知的关注学生因子的平均得分是4.08,即学生的选择倾向于"较同意";学生感知的教学漂移因子的平均得分是2.73,即学生的选择倾向于"较不同意"。这一结果表明,学生感知的校园氛围较好。学生在校园中学习生活时有较好的社交圈,能够较好地体验多元文化活动;学生认为学校对其比较重视与尊重;他们认为学校里重科研轻教学的现象不严重。

表11 学生感知的校园氛围的基本特征

维度	人数	平均数	方差
关注学生	3946	4.08	0.62
社会网络	3946	4.45	0.58
教学漂移	3946	2.73	0.68

6. 大学生学习经历的结构方程模型分析

为了分析大学生学习经历中学术参与、智慧能力发展、学生感知的教育经历满意度、学生感知的课堂学习环境和校园氛围之间的关系,本研究采用结构方程模型对它们之间的关系进行了分析,结果详见图3(图中显示的各条路径的回归系数的显著性水平都达到了$P<0.05$或更高水平)。该模型的拟合优度指数为:$\chi^2=77052.55$($df=314$,$P<0.001$,由于本研究的样本量很大[$N=3946$],χ^2很容易达到显著水平),RMSEA=0.074,TLI=0.830、CFI=0.848。从这些指标可以看出,该模型的拟合度较好。

从图3可见:(1) 大学生学术参与水平与其智慧能力发展成正相关关系,与其对教育经历的满意度成负相关关系。学生学术参与的水平越高,他们的智慧能力发展越好,对教育经历的满意度越低。这说明学术参与可以促进学生的智

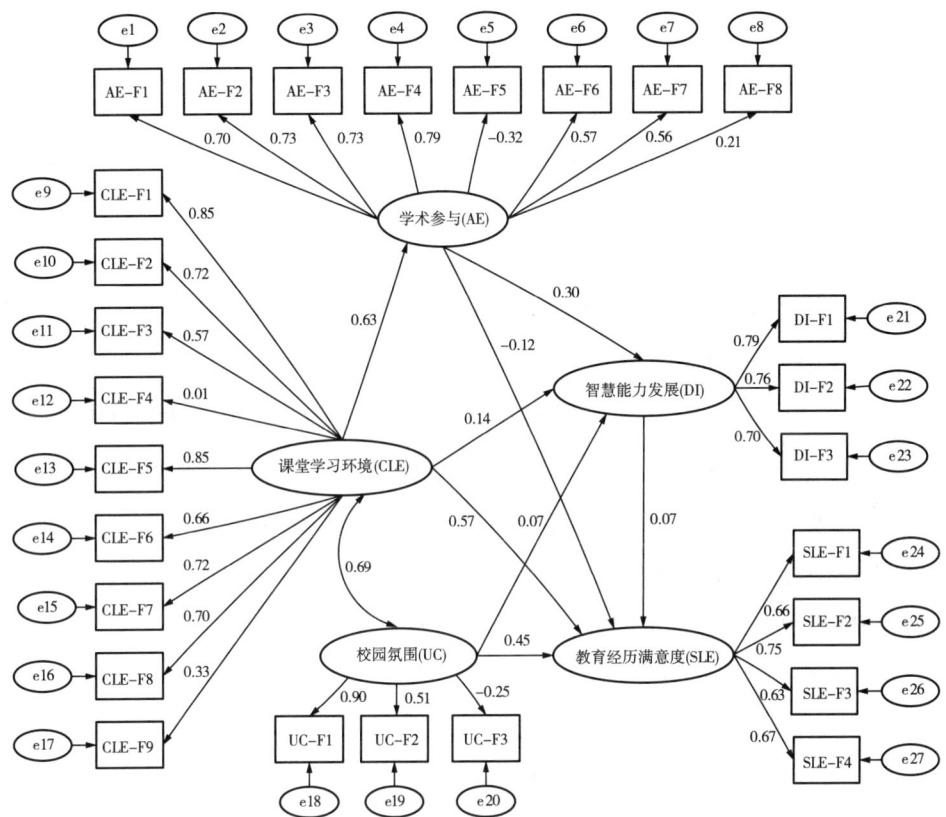

图 3 大学生学习经历构成要素的结构方程模型分析
(图中 F1~F9 是指各维度中相应的因子,因子前面的符号代表其所属的维度,如 AE 表示学术参与)

慧能力发展,但可能因此对学校教育有了更高的要求和期望,进而导致其对教育经历的满意度下降了。(2) 大学生的智慧能力发展与其对教育经历的满意度存在正相关关系。学生感知的智慧能力发展水平越好,他们对教育经历的满意度越高。(3) 大学生感知的学习环境与其学术参与水平,以及与其智慧能力发展和感知的教育经历满意度成正相关关系。学生感知的学习环境越好,他们的学术参与水平越高,其智慧能力发展水平越高,对教育经历的满意度也越高。学生感知的学习环境因素中,学生感知的校园氛围与其感知的课堂学习环境之间存在正相关关系。学生感知的校园氛围越好,他们感知的课堂学习环境越好;反之亦然。但通过比较学生感知的课堂学习环境和校园氛围的影响可知,较之学生感知的校园氛围因素,学生感知的课堂学习环境对其学术参与水平,以及智慧能力发展和对教育经历满意度具有更大的直接影响。

四、结论和政策建议

优化大学生学习经历是提高高校人才培养质量的重要途径之一。为此,本文对大学生学习经历的内涵及其结构进行了分析,并应用对西安交通大学本科的调查数据,对大学生学习经历的具体构成进行了界定。在此基础上,进一步分析了大学生学习经历的基本特征。

本文认为,大学生的学习经历可以从学生投入学习与发展活动中的状况,以及学生感知的学校是如何支持和鼓励其积极投入到学习与发展活动中去的状况两个方面来进行分析。这两个方面又可以分解为学术参与、学习结果(包括学生的智慧能力发展、感知的教育经历满意度两个维度)、学习环境(包括课堂学习环境与校园氛围两个不同层次的学习环境)三个方面。我们可以从这三个方面对大学生的学习经历进行整体的测量。

根据对西安交通大学本科生的调查,从大学生学习经历各个维度的平均得分看,就总体而言,西安交通大学大学生感知的学习经历处于较好的状态,表现出如下几方面的特点:(1)大学生学术参与的水平较高。(2)大学生智慧能力发展状态较好,从增值数量看,研究技能发展最好,其次是自我认知和社会沟通能力,核心技能的增值最少。(3)大学生对自身的教育经历比较满意,学生对环境支持、学校归属的满意度最高,对课程质量的满意度次之,对大学生活的满意度则有待提高。(4)大学生感知的课堂学习环境和校园氛围较好。在课堂学习环境中,学生感知的师生关系、互助合作、智慧激发最好,同侪竞争、课程组织、教学创新、鼓励学生较好,自主选择、学习难度则有待提高。在校园氛围中,学生感知的社会网络因子水平最高,他们感知的学校关注学生的水平也较高,而且不太赞同学校存在教学漂移现象。(5)大学生学习经历三个方面的构成要素之间存在显著的联系。大学生学术参与水平与其智慧能力发展水平成正相关关系,与其对教育经历的满意度成负相关关系;大学生的智慧能力发展与其对教育经历的满意度之间存在正相关关系;大学生感知的学习环境与其学术参与水平,以及与其智慧能力发展和感知的教育经历满意度之间成正相关关系,两个层次的学习环境之间也存在正相关关系,但就其对学生学术参与、智慧能力发展及对教育经历满意度的影响力而言,课堂学习环境较校园氛围具有更大的直接影响。

根据上述分析结果,就优化学生的学习经历,提高高校人才培养质量提出如下对策建议:

(1) 要进一步增强师生互动,提高学术挑战水平,促进学生的学术参与。从分析结果可以看到,学术参与中师生互动、学术挑战水平有待进一步提高,学生的学习负担也应该适度增加。

(2) 强化核心技能训练,使学生的智慧能力获得更好发展。促进学生智慧能力发展是学校教育的重要目标。从学生感知的水平看,在学期间,学生研究技能的发展最好,其次是自我认知和社会沟通技能,表达、写作、思维、理解等核心技能的增值最小。这是学校在人才培养过程中需要着力加以改善的。

(3) 优化大学生活,提高学生对教育经历的满意度。对学生感知的教育经历满意度进行分析可以看到,学生对大学生活因子的满意度有待提高。大学生对学校环境、开设课程都比较满意,而且对学校有一定的归属感,但大学生对其在校期间整体的学术经历、社交经历、相对学费所获得的收益并不是很满意。进一步的研究发现,学生对教育经历的满意度主要受课堂学习环境中的智慧激发和校园氛围中的关注学生两个因子的影响,因此我们可以重点从这两个方面入手提高学生对教育经历的满意度:设置课程时应注重激发学生学习兴趣,为学生奠定宽广的知识基础,理论与实践相结合;尊重学生并重视来自学生的意见;重视多元化的发展。

(4) 着力创造更优质的课堂学习环境。与校园氛围相比,课堂学习环境和学生学习、生活的关系更加紧密,对学生智慧能力发展、教育经历满意度的影响更大。因此我们应着力创造优质的课堂学习环境,以促进学生的学习与发展。对课堂学习环境的分析表明,课堂学习环境中学生自主选择、学习难度因子的水平有待提高;同时课堂学习环境中智慧激发因子对学生的学术参与和学习结果都有重要影响,因此课堂教学中应注重智慧激发、给予学生更多的自主选择权、适当提高学习难度,以营造更优秀的课堂学习环境。

（5）积极关注学生，营造良好的校园氛围。校园氛围对学生学术参与、智慧能力发展和教育经历满意度的影响虽然不如课堂学习环境，但仍然是显著的。在校园氛围因素中，关注学生因子的水平有待提高，而且它对学生的教育经历满意度具有重要影响。因此我们应该从增加对学生的关注入手，积极营造更好的校园氛围。

（原载《高等教育研究》2013年第8期，原文题目为"大学生学习经历：概念模型与基本特征——基于西安交通大学本科生学习经历的调查分析"）

第二篇/研究型大学本科生学习投入现状研究

中美研究型大学本科生学习参与差异的研究

龚　放　吕林海

内容提要：大学生参与学习的情况与本科教育质量紧密相关。SERU 和 NSSE 是全球范围内本科生学习参与调查的两个重要工具。南京大学于 2011 年加入 SERU 国际调查联盟,并于 2011 年底完成了本科生学习参与的普查。在对南京大学和美国一所顶尖公立大学的样本数据进行因子分析的基础上,可抽取两校都具有的五个学习参与的比较因子。进一步的比较结论是,在"课堂参与与创新"、"同伴合作与互动"、"批判性推理与创新思维"这三个维度上,南京大学的学生都明显弱于美国大学的学生,但差异的规模并不大。在"学业学习习惯"这个维度上,南京大学学生则显著地强于美国大学学生。在"与教师的互动及研讨"这个维度上,南大的低年级学生表现更好,而两校的高年级学生则没有显著差异。在比较的基础上,我们认为,比较的目的在于寻找中国本科教育质量的基本国际定位,比较的结论启示我们应着力促进本科生的学习方式的深度变革,比较的范围可拓展到更加丰富的本科生学习经历之中。

一、引言

在我国社会经济文化飞速发展的大背景下,大学所承载的使命与应发挥的作用日益突显。除了为国家的科技发展和文化创新提供卓越的学术成果和高水平的智力支持外,培养大批适应社会需要的、高质量的创新人才,是现代大学更为紧迫亦更为根本的一项任务。胡锦涛总书记在清华大学百年校庆会上的重要讲话,教育部连续出台的《国家中长期教育改革发展纲要》、《教育部关于全面提高高等教育质量的若干意见》等政策文件中都强调了"育人为本"和"质量为重"的思想。而从全球范围来看,在高等教育大众化不断推进的背景下,回归大学之道、全面提升高等教育质量,特别是切实改进本科教育教学,逐渐成为国际高等教育界的共识。恰如 OECD 在 2010 年出版的一份重要工作报告《作为政治过程的高等教育质量保障》开宗明义所阐述的那样:"质量的保障和提升是当前全世界的主要问题和现象……它已经渗透和影响到全球高等教育的方方面面。"[1]

二十世纪九十年代末和二十一世纪初,美国的一些研究型大学开始反思过于注重科学研究而忽视、削弱本科人才培养的弊端,其中最有代表性也最引人注目的文献当数卡内基教学促进会1998年的研究报告《重构研究型大学的本科教育》,以及哈佛大学哈佛学院院长哈瑞·刘易斯的《失去灵魂的卓越——哈佛是如何忘记教育的宗旨的》,哈佛大学前任校长德里克·博克的《回归大学之道——对美国大学本科教育的反思与展望》等。志在跻身世界一流大学行列的中国著名高校,也将提升本科教育质量视为"创建世界一流大学"的"题中应有之义"。原南京大学党委书记洪银兴在 2005 年就强调,"一流大学应当有一流的本科教育",原校长陈骏明确提出"南京大学要办中国最好的本科教育"的设想;天津大学原校长龚克则呼吁"坚守'育人为本'才是大学正道","一个不务本的大学,永远也不会成为一流大学";[2]中山大学原校长许宁生上任伊始就放言:"大学不在'学'字上下功夫,将丢失其存在的意义!"他认为"中国高校想要与世界一流大学看齐,必须重视解决本科教育中的育人问题"[3]。这些"985 高校"校长、书记的主张、设想表明:中国的研究型大学已经将提升本科教育质量提上创建世界一流大学的议事日程。

要真正回归大学之道,贯彻"育人为本"、"质量为重",我们首先需要辨明"究竟什么才是本科教育——尤其是研究型大学本科教育——的高质量"。对此,美国高等教育领域著名学者 A.W.阿斯汀(Astin)在二十世纪八十年代就已经给出

---

[1] Skolnik, M, "Quality Assurance in Higher Education as a Political Process," *Higher Education Management and Policy*, OECD, 2010(1), 1-20.
[2] 龚克:《坚守"育人为本"才是大学正道》,《中国科学报》,2012 年 5 月 9 日。
[3] 许宁生:《大学要在"学"字上下功夫》,《中国科学报》,2012 年 5 月 16 日。

了毫不含糊的回答:"大学的卓越"、"本科教育的高质量"应当直接地以教育对本科生所产生的影响作为根本的评判标尺,传统的"基于声望的质量观"、"基于资源的质量关"、"基于结果的质量观"、"基于教育内容的质量观"等,其实既偏离了大学的核心目标——追求学生的发展和培养——同时也难以对大学质量的改进做出真正有价值的贡献。[①] 在此基础上,阿斯汀提出了"基于才智发展的质量观"(quality as talent development),该观点特别强调,大学的卓越在于使学生通过大学学习,在知识、技能和个人发展上产生"最大的增值"(add the most value)。这一主张因为既凸显了本科教育特别是本科学生的进步在大学发展中的基础性位置,又纠正了大学排行榜对大学质量评估的偏差,在国际学术界和高等教育界受到广泛支持,影响深远。

"才智增值"的复杂性和难以测量性一直困扰着包括阿斯汀在内的高等教育研究者。但是在随后多年的研究进程中,高等教育评估研究者逐渐发现,"虽然学生的增值难以确定,但学生的学习行为、学习参与是相对容易把握的,而且这些中介变量可以很好地预测增值结果"[②]。在此思想的引领下,一方面,有关大学生学习规律的理论及实证研究从二十世纪八十年代开始逐渐成为国际高等教育学术界的热点论题,其中以欧洲和澳洲的学者为代表,以大学生的学习方法为核心的研究所取得的进展,尤其引人关注[③];另一方面,以院校质量的实践改进为指向的有关本科生学习参与、学习经历的院校调查研究,也在近十年来方兴未艾,且在美国、加拿大等北美地区蔚然成风。不论怎样,大学生的学习体验、学习过程、学习方法、学习成就等有关"学习"的各个方面已经开始成为衡量大学卓越与否、教育质量高低的重要指针,并越来越呈现出主导国际高等教育质量评估领域的研究和实践走向的趋势。恰如一些有识之士所指出的:"衡量本科教育质量

---

① Astin, A, *Achieving Educational Excellence*, San Francisco: Jossey-Bass Publishers, 1985, p.58-59.
② 陈琼琼:《大学生参与度评价:高教质量评估的新视角——美国"全国学生参与度调查"解析》,《高教发展与评估》2009年第1期。
③ 吕林海:《大学学习研究的方法取向、主要观点和发展趋势》,《教育发展研究》2011年第9期。

高低的标准应当着眼于学生的成长与发展……其中最关键、最重要的一条是学生'投身学习''参与学习'的意愿和行动,只有学生投入了、经历了、参与了、体验了,才是收获、才是绩效、才是质量,其余都是浮云!"[1] 这一思想正与国际著名学者帕斯卡雷拉(Pascarella)、特伦兹尼(Terenzini)在《大学怎样影响学生的发展》中所阐明的核心理念相一致,"大学的质量高低、大学对学生所产生的影响在很大程度上是由学生个体的学习努力程度和学习参与程度所决定的,卓越的大学应当把政策、管理、资源配置等落脚和围绕在鼓励学生更好地参与到学习中来"[2]。

当前,在以学生的学习参与(learning engagement)、学习投入(learning involvement)为着眼点的问卷调查项目中,美国的全美学生参与调查(National Survey of Student Engagement,NSSE)和研究型大学学生参与调查(Student Engagement in Research University,SERU)是最引人关注的两个代表。从2009年开始,中国的一些著名大学开始陆续加入这两个调查的国际联盟,并从国际比较的视野进行本科生学习参与、学习过程等的相关实证研究。其中,清华大学成功地参与了NSSE联盟,并获得了诸多非常有价值的清华大学本科生年度学情状况的实证数据与结论[3][4][5]。而在2011年,南京大学加入SERU国际调查联盟,并于2011年下半年开始进行全校性的本科生学习经历的普查。本文试图在对南京大学与美国顶尖公立大学(以下简称"美国A大学")进行数据分析和比较的基础上,定位中国研究型大学本科生学习的基本状况,并为提升我国本科教育质量提供初步的思路与启示。

---

[1] 龚放:《聚焦本科教育质量:重视"学生满意度"调查》,《江苏高教》2012年第1期。
[2] Pascarella, E. & Terenzini, P, *How College Affects Students: A Third Decade of Research*, San Francisco: Jossey-Bass Publishers,2005,p. 602.
[3] 罗燕、史静寰、涂冬波:《清华大学本科教育学情调查报告2009——与美国顶尖研究型大学的比较》,《清华大学教育研究》2009年第5期。
[4] 史静寰、文雯:《清华大学本科教育学情调查报告2010》,《清华大学教育研究》2012年第1期。
[5] 史静寰、涂冬波等:《基于学习过程的本科教育学情调查报告2009》,《清华大学教育研究》2011年第8期。

二、研究方法

1. SERU 简介

SERU 国际联盟的前身是由美国加州大学伯克利分校所主持开发的加州大学系统内的 UCUES(University of California Undergraduate Experience Survey)调查,它的初衷是在加州大学系统内部进行九所分校的本科生学习质量的比较。该调查始于 2002 年,迄今已有十年。随着时间的推移,UCUES 的影响日益增大,除了加州大学伯克利、洛杉矶、戴维斯等有本科教育的九所分校全部参加之外,密歇根大学等七所公立研究型大学也加入该调查联盟,因而成为在全美范围内可与 NSSE 相媲美而且别具一格的本科生教学研究项目。UCUES 与 NSSE 的核心区别在于调查工具和调查对象,即 UCUES 只以研究型大学为调查对象,由此所开发的调查工具也更多地体现研究型大学的基本特征(如学术参与、全球视野、国际理解等)。[1]

从 2010 年开始,UCUES 开始从美国向其他国家拓展。到目前为止,美国已有十六所研究型大学加入 SERU 联盟,包括加州大学的九所分校、密歇根大学、明尼苏达大学、佛罗里达大学、德州大学、匹兹堡大学、罗格斯大学和俄勒冈大学。其中有十三所是声誉卓著的美国大学协会(American Association of Universities,AAU)成员。此外,荷兰、巴西、澳大利亚等国的一些著名研究型大学也陆续加入该联盟。除了南京大学之外,中国的西安交大、湖南大学也已经正式加入该联盟。

2. 调查过程与策略

本次调查采取全球同步调查的方法展开。南京大学从 2011 年 5 月开始着手进行调查工作,共分为三个主要阶段。第一阶段主要进行理论讨论、问卷翻译。SERU 中国联盟第一次会议在南京大学召开,来自加州大学、南京大学、西安交大、湖南大学的代表充分研讨 SERU 调查的基本理念和注意事项。同时,

---

[1] 程明明、常桐善、黄海涛:《美国加州大学本科生就读经验调查项目解析》,《清华大学教育研究》2009 年第 6 期。

南大课题组在充分研讨的基础上,将调查问卷初步翻译成中文版。第二阶段进行问卷的反复试测和修正。南大课题组共进行了四次学生试测,每次试测的人数在七人至四十人不等。课题组通过试测了解学生们对问卷的长度、问题项的文化适应性等方面的基本感知状况,并在此基础上多次修正、完善问卷。第三阶段为正式调查阶段。南大课题组在校长、主管教学的副校长、教务处长、学工处长以及各院系的大力支持下,历时一个月时间,完成问卷调查工作。

SERU 调查采取的是普查的方法。因此,调查成功的关键是提高答题者的认真程度和参与率,保证调查的效果和质量。南大课题组采取了如下几个针对性措施:一是进行大力的宣传。课题组在南京大学校报开专版介绍 SERU 调查的基本状况,强调本次学情调查对于南京大学的未来决策和发展有重要的指导意义,也与每位学生的个人发展、切身利益相关联。同时,课题组多次组织成员赴两个校区发放印有关于 SERU 调查的小纪念品,创建了南京大学 SERU 调查的宣传网站,在南京大学小百合 BBS 主页的显著位置上多次展开跟踪性、阶段性的宣传。二是通过奖励的方式来激发答题者的积极性。根据加州大学多年进行 SERU 调查的经验,设置抽奖活动是一个效果颇佳的激励策略。因此,南大课题组也在充分了解当前本科生的兴趣爱好的基础上,设置了不同等级的奖品,每周进行一次抽奖活动,保证获奖率在 20% 左右,并通过网络等各种媒体来公布获奖情况,总体效果相当好。三是建立较为完备的跟踪和改进的机制。本次调查是网络调查,课题组建立了一个网络跟踪平台,可以实时地监控到参与调查的人数信息(包括完成答题的人数和正在答题的人数)。课题组据此可以调整宣传的方式和力度,推动参与率和答题率。此外,由于网络答题的实时性,课题组还可以第一时间获得问卷数据,并进行样本数据的初步筛选。对那些缺漏太多、测谎项不通过的低质量样本,课题组可以考虑第一时间内将其删除。

3. 调查的对象及基本状况

南京大学和美国 A 大学的数据均为 2011 年度的数据,在调查的核心模块和问题项上,两校的调查问卷完全相同。南京大学的调查开始于 2011 年 11 月份,考虑到一年级的学生入学时间太短,课题组决定将调查的对象限定在全校二、三、四年级的所有本科生。因为美国 A 大学的调查起始于上半年,所以该校的调查对象为全校各年级的所有本科生。

南京大学大二至大四学生共9565人,此次调查共获得4722个有效样本,占调查全体的42.7%。其中男生占47.9%,女生占52.1%。大二年级人数占32.6%,大三年级人数占35.1%,大四年级人数占31.6%。家庭背景来自农村的学生比例为30.8%,来自县城的学生比例为28.0%,来自地级以上城市的比例为41.2%。从学生专业背景看,人文学科占18.5%,社会学科占20.3%,自然科学占29.7%,工程技术占28.0%,医学和农林占3.5%。

美国A大学,大一至大四学生共计23368人,此次调查获得9404个有效样本,占调查全体的40.2%。其中男生占41.4%,女生占58.6%。大一年级人数占16.7%,大二年级占22.2%,大三年级占26.9%,大四年级占34.2%。就专业背景来说,人文学科占23.5%,社会学科占15.7%,自然科学占26.6%,工程技术占29.4%,医学和农林占4.8%。

4. 研究的问题

SERU调查的内容主要包括学习参与(或称学术投入、学术参与、学业参与,academic engagement)、学生生活和目标、校园氛围、技术的使用、全球化技能与认知、个人背景及课程满意度等多个维度。限于篇幅,本文着重就"学习参与"这个与本科教育质量最密切相关的维度,进行南京大学和美国A大学的比较,具体将研究如下两个问题:

➢ 在"学习参与"这个一级维度上,南大和美国A大学的样本是否存在着共通的分维度?如果存在,这些分维度可分为哪几个方面?

➢ 在学习参与的各个分维度上,南大与美国A大学的本科生是否存在着差异?差异有多大?造成差异的原因可能是什么?

三、研究结果

1. "学习参与"的共通分维度之梳理与确定

(1) 主成分因子的分析

SERU问卷的第一部分"学习参与"共有34个调查项,均要求答题者回答各种学习参与经历的频繁程度(6点量表,依次为"从不"、"难得"、"有时"、"稍多"、

"经常"、"频繁"),如"参加课堂讨论"、"在课堂上提出深刻的有见识的问题"、"在课外和其他同学一起进行小组学习"等。我们采用方差最大化正交旋转法来进行两个学校共通因子的提取和分析,分析的结果与加州大学伯克利分校高等教育中心的查特曼(Chatman)教授对加州大学系统九校全部样本的"学习参与"维度的因子分析结果是基本一致的。①

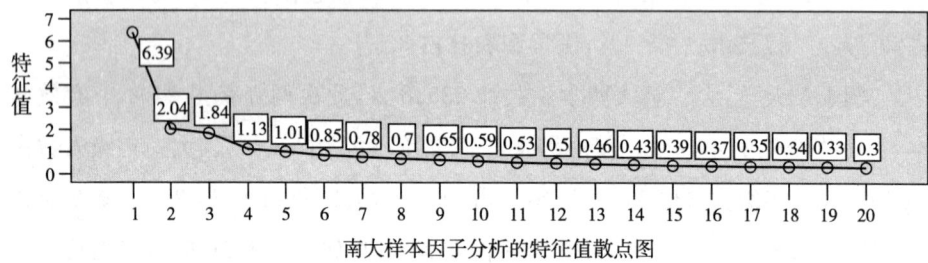

南大样本因子分析的特征值散点图

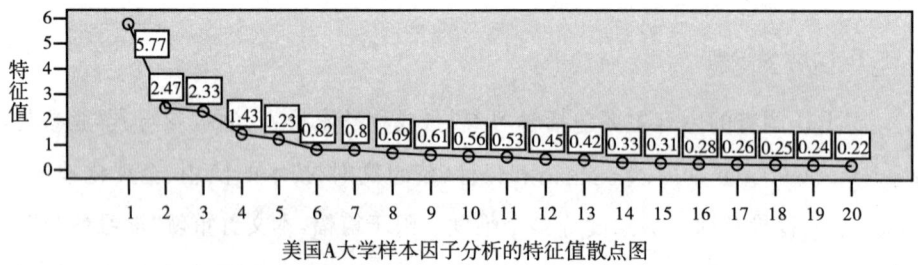

美国A大学样本因子分析的特征值散点图

图1 南大和美国A大学的因子分析的特征值散点图

经过多轮的探索和反复剔除在各个因子维度上负荷都不高的调查项,我们提取了对中国和美国都具有共通性的因子结构,且因子维度的信度、效度都满足了各个适合性指标。

对南京大学的样本数据做探索性因子分析表明,KMO统计量为0.885,Bartlett球形假设检验的统计量为31838.025(df=190),P=0.000,即Bartlett球形假设被拒绝,说明南京大学的样本适合进行探索性因子分析。对美国A大学的样本数据做探索性因子分析表明,KMO统计量为0.846,Bartlett球形假设检验的统计量为60407.945(df=190),P=0.000,即Bartlett球形假设被拒绝,说明

---

① Chatman, S, "Factor Structure and Reliability of the 2011 SERU/UCUES Questionnaire Core," Working Paper, CSHE, University of California, Berkeley, 2011.

美国 A 大学的样本适合进行探索性因子分析。进一步,从图 1 的碎石分布图就可以清晰地看到,南京大学和美国 A 大学都可抽取出五个因子,也就是说,两个学校的样本数据都有五个因子的特征值大于 1。那么,接下来就需要进一步辨析,这五个因子是否具有结构的共通性,即两校所抽取的五个因子是否包含相同的调查项? 如果具有,这五个因子是什么? 如何来命名?

表 1 南京大学样本的方差最大化正交旋转后的因子结构矩阵

因子	1	2	3	4	5
Q1.1a 参加课堂讨论	0.174	0.198	0.800	−0.108	0.110
Q1.1b 将其他课程所学的理念融入课堂讨论中	0.276	0.119	0.763	−0.042	0.162
Q1.1c 在课堂上提出深刻的有见识的问题	0.196	0.300	0.752	−0.050	0.130
Q1.1n 在课外和其他同学一起进行小组学习	0.236	0.169	0.164	−0.085	0.840
Q1.1o 和其他同学一起学习时,帮他们更好地理解课程	0.244	0.237	0.218	−0.103	0.780
Q1.2a 迟交作业	−0.041	0.083	0.029	0.712	−0.125
Q1.2b 上课前没有完成布置的阅读资料	−0.038	−0.161	0.013	0.786	0.041
Q1.2c 课前没有做好准备	−0.113	−0.172	−0.150	0.773	−0.002
Q1.2d 缺课	−0.085	0.016	−0.092	0.663	−0.073
Q1.3c 将整体材料划分成各个组成部分,或将论据划分成假设来了解不同结果及结论形成的基础	0.693	0.154	0.081	−0.066	0.051
Q1.3d 根据数据来源、方法和推理的合理性来判断信息、观点、行动、结论的价值	0.785	0.126	0.065	−0.082	0.033
Q1.3e 创造或产生新的观点、产品或理解的方法	0.710	0.166	0.135	−0.041	0.067
Q1.3f 利用事实和实例支持你的观点	0.716	0.055	0.194	−0.079	0.058
Q1.3g 完成作业时能融入从不同课程学到的理念或概念	0.689	0.129	0.165	−0.068	0.143
Q1.3h 检查其他人是如何搜集、整合数据的,并评价他们所得结论的合理性	0.709	0.158	0.057	−0.032	0.168

续　表

因子	1	2	3	4	5
Q1.3i 在评估了其他人的观点后,你对自己的观点进行了重新考虑	0.674	0.058	0.164	−0.049	0.164
Q1.4a 参加了老师组织的小型学术研讨课	0.224	0.674	0.130	−0.041	0.178
Q1.4b 和教师通过电子邮件或面对面进行交流	0.154	0.703	0.265	−0.102	0.069
Q1.4c 和授课教师在课后讨论课程问题和概念	0.165	0.662	0.380	−0.086	0.081
Q1.4e 除了课程学习外,还和老师共同进行研究活动	0.143	0.805	0.020	−0.015	0.109
特征值(Eigenalues)	3.951	2.441	2.249	2.244	1.534
解释的方差(%)	19.753	12.205	11.247	11.219	7.672
累积解释的方差(%)	19.753	31.958	43.205	54.424	62.095

表2　美国A大学样本的方差最大化正交旋转后的因子结构矩阵

因子	1	2	3	4	5
Q1.1a 参加课堂讨论	0.136	0.881	−0.083	0.119	0.085
Q1.1b 将其他课程所学的理念融入课堂讨论中	0.224	0.836	−0.028	0.200	0.093
Q1.1c 在课堂上提出深刻的有见识的问题	0.160	0.834	−0.055	0.247	0.076
Q1.1n 在课外和其他同学一起进行小组学习	0.121	0.067	0.101	0.092	0.910
Q1.1o 和其他同学一起学习时,帮他们更好地理解课程	0.164	0.172	−0.031	0.113	0.879
Q1.2a 迟交作业	−0.061	0.024	0.599	0.265	−0.086
Q1.2b 上课前没有完成布置的阅读资料	−0.023	−0.027	0.831	−0.132	0.032
Q1.2c 课前没有做好准备	−0.031	−0.065	0.874	−0.081	0.013
Q1.2d 缺课	−0.042	−0.090	0.745	−0.029	0.006
Q1.3c 将整体材料划分成各个组成部分,或将论据划分成假设来了解不同结果及结论形成的基础	0.760	0.011	−0.037	0.018	0.060

续 表

因子	1	2	3	4	5
Q1.3d 根据数据来源、方法和推理的合理性来判断信息、观点、行动、结论的价值	0.826	0.048	−0.051	−0.057	0.028
Q1.3e 创造或产生新的观点、产品或理解的方法	0.754	0.031	−0.060	0.146	0.054
Q1.3f 利用事实和实例支持你的观点	0.685	0.245	−0.054	−0.056	0.047
Q1.3g 完成作业时能融入从不同课程学到的理念或概念	0.717	0.206	−0.010	0.124	0.102
Q1.3h 检查其他人是如何搜集、整合数据的,并评价他们所得结论的合理性	0.805	0.105	−0.010	0.144	0.077
Q1.3i 在评估了其他人的观点后,你对自己的观点进行了重新考虑	0.734	0.127	−0.002	0.106	0.082
Q1.4a 参加了老师组织的小型学术研讨课	0.065	0.076	0.016	0.748	−0.044
Q1.4b 和教师通过电子邮件或面对面进行交流	0.183	0.364	−0.055	0.616	0.168
Q1.4c 和授课教师在课后讨论课程问题和概念	0.169	0.411	−0.086	0.655	0.159
Q1.4e 除了课程学习外,还和老师共同进行研究活动	0.079	0.075	0.031	0.736	0.088
特征值(Eigenalues)	4.216	2.664	2.403	2.216	1.726
解释的方差(%)	21.078	13.318	12.103	11.079	8.631
累积解释的方差(%)	21.078	34.396	46.409	57.488	66.119

表1和表2的统计结果表明,南京大学和美国A大学的样本数据具有相同的五个主成分因子,矩阵结构中因子的负荷聚合情况非常清晰和一致。这五个因子分别能解释62.095%(南京大学)和66.119%(美国A大学)的总变异情况。我们在参考了查特曼博士所做的因子命名的基础上,对南京大学和美国A大学这五个共通因子做如下的命名:课堂参与与创新(Q1.1a、Q1.1b、Q1.1c);同伴合作与互动(Q1.1n、Q1.1o);学业学习习惯(Q1.2a、Q1.2b、Q1.2c、Q1.2d);批判性推理与创新思维(Q1.3c、Q1.3d、Q1.3e、Q1.3f、Q1.3g、Q1.3h、Q1.3i);与教师的互动及研讨(Q1.4a、Q1.4b、Q1.4c、Q1.4e)。那么,这五个指标在具有很好的结

构效度的同时,其作为测量工具的信度究竟如何呢?

(2) 信度的检验

表 3　在五个可比维度上的内部信度(Cronbach's Alpha Standardized)

五个可比维度	低年级信度 南大	低年级信度 美国 A 大学	高年级信度 南大	高年级信度 美国 A 大学	总体信度 南大	总体信度 美国 A 大学
课堂参与与创新(CEI)	0.783	0.879	0.816	0.901	0.809	0.890
同伴合作与互动(PCI)	0.768	0.849	0.778	0.822	0.774	0.830
学业学习习惯(ALH)	0.702	0.761	0.737	0.775	0.733	0.773
批判性推理与创新思维(CRSC)	0.857	0.887	0.861	0.887	0.863	0.886
与教师的互动及研讨(IST)	0.760	0.707	0.790	0.757	0.781	0.751

从表 3 可以看到,在五个可比较的维度上,南京大学和美国 A 大学的样本数据的信度全都超过了 0.7,其中近一半的信度指标超过了 0.8。这说明,由这五个可比维度所构成的"学习参与"的测量工具具有很好的信度。

2. 在"学习参与"的各个分维度上的比较

本研究将对"学习参与"的五个可比维度进行南大和美国 A 大学的比较。我们主要使用 T 检验的方法进行比较。但考虑到两校的样本数据都非常大,统计检验很容易达到显著性,所以我们同时做了效应量(η^2)的检验(effect size)。效应量关注的是这个差异究竟有多大。按照 Cohen 所提出的标准,0—0.2 为差异较小,0.2—0.5 为差异中等,0.5—1 为差异较大。我们将从显著性检验和效应量检验两个方面,来进行两校在五个可比维度上的差异比较。

(1) 南大和美国 A 大学本科生"课堂参与与创新(CEI)"的比较

表 4　南大与美国 A 大学本科生在"课堂参与与创新(CEI)"上的比较

比较的范围	南京大学 均值(M)	南京大学 标准差(SD)	美国 A 大学 均值(M)	美国 A 大学 标准差(SD)	T 值	η^2
低年级	2.99	0.84	3.56	1.14	−15.616***	0.070
高年级	3.06	0.90	3.67	1.21	−25.096***	0.068

续　表

比较的范围	南京大学 均值(M)	南京大学 标准差(SD)	美国 A 大学 均值(M)	美国 A 大学 标准差(SD)	T 值	η^2
全体学生	3.02	0.88	3.63	1.18	−32.587***	0.070

* P<0.05，** P<0.01，*** P<0.001

从表 4 可以看出,在"课程参与与创新"这个维度上,无论是低年级还是高年级,南京大学的本科生都显著地弱于美国 A 大学的本科生。η^2 都不是很大,说明差异是存在的,但差距并不是很大。具体来说,只有 14.1％的南大本科生"经常"或"频繁"地参加课堂讨论,而美国 A 大学却达到了 37.6％。在南大的本科生中,能够"经常"或"频繁"地将其他课程所学的理念或者概念融入课堂讨论之中的比例为 15.9％,而美国 A 大学的比例则达到了 24.1％。只有 5.1％的南大本科生认为会"经常"或"频繁"地在课堂上提出深刻的、有见识的问题,而美国 A 大学的比例则为 20.9％。这些数据差异充分地表明,在课堂参与的积极程度、创新程度等方面,南大与美国 A 大学相比还是存在一定的差距的。

(2) 南大和美国 A 大学本科生在"同伴合作与互动(PCI)"的比较

表 5　南大与美国 A 大学本科生"同伴合作与互动(PCI)"的比较

比较的范围	南京大学 均值(M)	南京大学 标准差(SD)	美国 A 大学 均值(M)	美国 A 大学 标准差(SD)	T 值	η^2
低年级	3.46	1.13	3.86	1.26	−9.183***	0.026
高年级	3.50	1.13	3.78	1.27	−9.766***	0.012
全体学生	3.47	1.13	3.81	1.26	−15.329***	0.018

* P<0.05，** P<0.01，*** P<0.001

表 5 比较了两校在"同伴合作与互动"这个维度上的差异。南大与美国 A 大学相比,无论在低年级还是高年级上,都存在着显著的差异。但高年级的差异性略微缩小。南大只有 25.5％的学生会"频繁"或"经常"地在课外和其他同学一起进行小组学习,而美国 A 大学的比例则为 34.7％。尽管各个 η^2 都不是很大,但总体来看,南大的本科生还是在合作性程度上略低一些,协作性、互助性、小组研讨性的学习方式还运用得不够充分,个人单打独斗的方式仍然是课后学习的主流。

(3) 南大和美国 A 大学本科生"学业学习习惯（ALH）"的比较

表 6　南大与美国 A 大学本科生"学业学习习惯（ALH）"的比较

比较的范围	南京大学 均值（M）	南京大学 标准差（SD）	美国 A 大学 均值（M）	美国 A 大学 标准差（SD）	T 值	η^2
低年级	2.32	0.71	2.68	0.87	−12.703***	0.049
高年级	2.38	0.73	2.70	0.90	−16.396***	0.032
全体学生	2.38	0.74	2.67	0.89	−19.383***	0.027

* $P<0.05$，** $P<0.01$，*** $P<0.001$

在"学业学习习惯"这个指标（反向赋值）上，南大的表现要优于美国 A 大学。两校的均值都不高，说明两校的本科生都具有比较好的学习习惯，但南大的本科生表现得更加优异一些。我们认为，这是符合中国教育的现实状况的。一方面，经过高考的历练，能够进入南京大学这样的中国顶尖高校的青年，在之前的中学学业阶段中，大都是勤奋刻苦、态度认真、学习习惯良好的学生，这些学习习惯自然会延续到他们的大学学习生活中。另一方面，相比较于美国，中国研究型大学的本科生更加重视自己的学业成绩，也比较在意教师对自己的看法，一般不会缺课、翘课。

(4) 南大和美国 A 大学本科生"批判性推理与创新思维（CRSC）"的比较

表 7　南大与美国 A 大学本科生"批判性推理与创新思维（CRSC）"的比较

比较的范围	南京大学 均值（M）	南京大学 标准差（SD）	美国 A 大学 均值（M）	美国 A 大学 标准差（SD）	T 值	η^2
低年级	3.52	0.85	4.44	0.95	−26.663***	0.20
高年级	3.56	0.84	4.52	0.96	−44.072***	0.21
全体学生	3.54	0.85	4.48	0.95	−54.168***	0.20

* $P<0.05$，** $P<0.01$，*** $P<0.001$

据二十一世纪初美国一项全国范围的调查，"超过 90％的大学教师认为，培养批判性思维能力是本科教育最重要的目标"[①]。对于研究型大学而言，对学生

---

① 德里克·博克：《回归大学之道：对美国研究型大学本科教育的反思与展望》，侯定凯译，华东师范大学出版社 2008 年版，第 40 页。

的批判性思维、学术性思维的培养就显得更有价值和更为紧迫。SERU的调查表明,美国A大学要明显强于南大。η^2也比较大,超过了其他各个分维度上的差异效应和规模。这说明,在这个分维度上,南大与美国A大学的差异是更为突出的。在低年级和高年级这两个层次上,两校之间的差异没有太大的变化。为什么在这个有关思维、创新、学术批判等的维度上,两校的差异会比较大?这个结论似乎并不令人惊奇,但需要从课堂模式,甚至是教育传统等多个方面更深入、更系统地去探讨和分析。

(5) 南大和美国A大学本科生"与教师的互动及研讨(IST)"的比较

表8 南大与美国A大学本科生"与教师的互动及研讨(IST)"的比较

比较的范围	南京大学 均值(M)	南京大学 标准差(SD)	美国A大学 均值(M)	美国A大学 标准差(SD)	T值	η^2
低年级	2.64	0.88	2.52	0.96	3.576***	0.004
高年级	2.88	0.95	2.88	1.12	0.046	0.000
全体学生	2.79	0.93	2.74	1.08	2.991**	0.001

* $P<0.05$, ** $P<0.01$, *** $P<0.001$

从整体上看,南大的本科生要比美国A大学的本科生更多地、更频繁地与教师进行互动、研讨和交流,但两校之间的显著性差异仅存在于低年级学生身上,高年级的学生之间几乎没有差异。这是否表明,美国A大学的本科生从大一到大四逐步学会了、加强了、增多了与教师的交流?这个现象颇为有趣。在与美国A大学高等教育研究中心的道格拉斯教授的访谈及与多名美国A大学的本科生接触过程中,我们找到了一个合理的解释。原来,在美国A大学,本科低年级的课程大都属于基础性课程,采用的授课模式大多是大课讲授加小班研讨。在主讲教授大课讲授之后,几位TA(Teaching Assistant,往往是由优秀的硕士生或博士生担任)会分别给各个小班同学进行研讨答疑。所以,学生与主讲教师的互动并不是直接展开的,而是由研究生助教分担了。这就容易导致美国A大学低年级学生与教师的互动交流比较少。但这种互动模式却相应提高了教授的工作效率,增加了每个学生获得学业帮助的机会。这种TA制度(即研究生担任助教制度)起到了分层、增效的作用。到了高年级阶段,基础性课程会逐渐减少,更多的小型顶峰课程、研究探索课程、荣誉课程得以开设,这些课程都更多地强调与教授的研究相结合、与学术前沿相贴近,且都具有小班化的特点,这就必然形成学生与教授的互动,特别是面对面交流和个性化指导更加频繁。所以,笔者认为,正是因为美国 A 大学在低年级基础性课程学习上的一种 TA 制度,带来了两校之间的差异变化的产生。

四、讨论与建议

尽管本研究仅以南大和美国 A 大学这两所中美研究型大学作为案例进行比较分析,但所获结论在一定程度上亦能反映出我国高等教育当前普遍存在的问题。

1. 比较的目的:把握中国研究型大学本科教育质量现状,探寻革新之策

比较本身不是目的,比较是为了寻找中国本科生学习质量的基本定位,探寻中国本科教育改革的未来发展之路。由此,当"质量"已经成为国际高等教育发展的主旋律时,中国的高等教育需要在由"外延扩展"和"快速增长"转向"内涵提升"和"质量为重"的同时,认真地反思高等教育质量观,特别是领悟"以学习为中心的质量内涵观"的真正价值与意蕴。在此基础上,我们应该更进一步地确立"基于学习质量证据的教育决策观",而这恰恰是 SERU、NESS 研究的初衷,即"通过调查,了解本科生的学习情况,并以真实的数据作为院校自我改进(self improvement)决策的证据基础"[1]。其实,我们不仅看到北美学者所开发的 NSSE 和 SERU 正引领着这一领域的发展,而且了解到欧洲的 OECD 正试图借鉴美国的这两个调查项目的精髓,开发出更科学、更完整、更具涵盖性的学习结果比较工具。目前,以 AHELO(Assessment of Higher Education Learning Outcomes)命名的课题,正处于可行性研究(feasibility study)的阶段,其目标是"在各国政府和各个大学的支持下,在 2012 年底之前,确定高等教育学习结果的

---

[1] Douglass, J., Thomson, G. & Zhao, C, "The Learning Outcomes Race: the Value of Self-Reported Gains in Large Research Universities," *Higher Education*, 2012, (1), 16 – 32.

国际比较和评估是科学的和实践可行的"①。这个有着全球十六个国家共二百三十所大学参与的试点性研究,正吸引着全世界高等教育界的关注目光,其研究进展将进一步推动本科生学情比较的国际最新发展。我们看到,随着清华大学参与 NESS 研究,南京大学、西安交大和湖南大学参与 SERU 研究并努力探索"本土化路径",我们正在顺应当代本科生学习结果研究的最新发展并努力接近前沿。更重要的是,通过本科生学习经历与体验的调查以及与美国公立研究型大学的比照分析,我们能够把握我国研究型大学本科教育的质量现状,进而探寻变革、创新之策。我们期望有更多的高等院校能够加入。

2. 比较的结论:中国研究型大学亟待推进深度学习的方式变革

基于南京大学和美国 A 大学的 SERU 调查数据分析表明,中国的研究型大学本科生似乎有着更好的学习纪律性与学习自觉性,但在学术创新、批判性思维、合作技能等方面逊于美国研究型大学的本科生。这或许是一个并不令人意外的结论,可当实证性数据真实呈现在面前时,还是值得我们警醒和反思。笔者认为,着力变革学生的学习方式,努力促进深度学习和深度发展的产生,可能是改变这种状况的重要切入点。国际上有关本科生学习方式的大量研究都已经证明,"大学生所采用的学习方式的类型,会强烈地影响学生的学习结果和整体发展",具体来说,"采用深度学习方式的学生(如探究、讨论、发现等方式)要比采用浅层学习方式(如听讲、记笔记、埋头苦学而不进行深度反思等方式)的学生,更有可能获得整体思维能力、学术能力和学习成绩的成功"②。美国国家研究协会(National Research Council)在其 2000 年出版的名著《人是如何学习的》中也一针见血地指出:"当学生积极活跃地投入学习的过程(如讨论、质疑、小组合作、批判等),而不是被动地坐在一边听讲时,他们更有可能避免死记硬背而走向更高

---

① Coates, H. & Richardson, S, "An International Assessment of Bachelor Degree Graduates' Learning Outcomes," *Higher Education Management and Policy*, OECD, 2011(3),51-68.

② 吕林海、龚放:《大学学习方法研究:缘起、观点及发展趋势》,《高等教育研究》2012 年第 2 期。

层次的理解和更多的整体发展。"① 具体来说,如下两个方面的改进措施是值得考量的。第一,在大学的范围内,通过教师理念的变化、课堂教学模式的改变、学习评价方式的改进,甚至学习环境的完善等各个方面的协同并进,来鼓励、推进本科生学习方式的深刻转型。笔者认为,当前中国各个大学所着力展开的本科教育改革,不能仅仅停留在课程门数的增多、课程类型的丰富、课程结构的调整、教学手段资源的完善等表层的方面,而应直接而勇敢地触及学生学习方式的转变这一深层次问题。具体而言,我们应当打破定势,转换一个思路,即以学生学习方式的变革为基点,重新思考课程与教学的方方面面的调整和革新,核心的目的只有一个,就是要让学生真正地卷入、参与到学习活动中去,在深度学习参与中获得深刻的体验和整体的发展。第二,应当从中国教育体系的整体变革的视角来考虑大学本科教育质量提升及创新人才培养问题。应试教育的指挥棒从基础教育,甚至是幼儿教育阶段就开始发挥着导向作用。步入大学的青年学子,其实在十几年的教育经历中,已经形塑了传统的学习观念、学习方式、学习目标和学习习惯。如果不从中小学阶段就改弦更张,仅靠大学阶段的努力,是难以改变积习的。但值得欣慰的是,从 2000 年开始推进的基础教育新课程改革,核心的指导思想就是"引导学生学会学习","倡导学生主动参与、乐于探究、勤于动手,培养学生搜集和处理信息的能力、获取新知识的能力、分析和解决问题的能力以及合作与交流的能力","摆脱应试教育的惯性和影响,扎实推进素质教育"。② 这些理念无疑已经直接触碰到传统教育的硬核,尽管在实践中还存在着诸多问题,但我们认为,改革的方向无疑是正确的,改革的效果也是可以预期的。

3. 比较的拓展:着眼更丰富的本科学习经历与体验的研究

本文仅从更强调课堂与课后的课业学习情况的"学习参与"维度进行比较,

---

① 弗兰克·纽曼等:《高等教育的未来:浮言、现实与市场风险》,李沁译,北京大学出版社 2012 年版,第 147 页。
② 钟启泉主编:《为了中华民族的复兴、为了每位学生的发展——〈基础教育课程改革纲要〉解读》,华东师范大学出版社 2001 年版,第 3—13 页。

但实际上,学生的学习经历和体验是丰富的、多样的、复杂的,且相互促进、彼此影响,这就需要我们从更广的视野、更多的方面去进行关联性分析和深层次探讨。总体而言,大学的目的是造就高素质的创新人才,是最大限度地成就学生、发展学生。大学生的各种经历构建成了一个完整的教育环境,结成了一张彼此联系之网,并对学生的成长时刻产生着影响。各种课程的学习、课外活动、实习经历、社区服务经历、与同伴的交往、娱乐与体育活动等,都是本科教育成功与否的重要变量和元素。恰如阿斯汀在1940年实证研究的基础上所给出的一个总体性结论:"学生通过很多、很多方式(many, many ways)受其教育经历的影响,各种不同的课程、教师、同伴小组、大学环境等,都会影响着学生。作为教育研究者,我真实地通过数据发现了,原来大学对学生本科教育成功的影响是如此丰富、如此复杂。"[1] 正是基于这种考虑,南京大学参与的 SERU 调查除了设计"学习参与"这个维度之外,还设计了学习目标、学校生活、各种服务满意度、技术的使用、全球化技能与认知等多个维度,试图从更加完整、更加丰富、更加全面的视角最真实地揭示本科生所受到的教育经历,还原出本科生学习质量的真实状况。SERU项目负责人道格拉斯教授(Douglass)把探寻真实的本科生学习结果与学习状态形象地比喻为"寻找圣洁之杯"(searching for the holy grail);他还认为,在这场追求圣洁之杯的竞赛中,传统的标准化测试(如 CLA)因为忽略甚至无视学生丰富的学习经验而并没有赢得先机。道格拉斯教授还强调:"高等教育真正需要知道的是,在复杂、多样化的大学情境中,所提供的各种经历究竟如何,并在此基础上施加各种可行动化的改进措施(actionable improvement measures)。"[2] 由此,中国的研究型大学应当清醒地认识到,提高本科教育质量、创建一流大学所需要的真正的卓越,不仅仅是课程、教学领域的变革与调整,还应包括学生在大学期间所能体验、所能获得的各种经历,这些经历在悄然而又深

---

[1] Astin, A, *What Matters in College?-Four Critical Years Revisited*, San Francisco: Jossey-Bass Publishers, 1985, xiv.

[2] Douglass, J., Thomson, G. & Zhao, C, "Searching for the Holy Grail of Learning Outcomes," Working Paper, CSHE, University of California, Berkeley, 2012.

刻地改变着每个身处其中的学生,改变着他们的旨趣、学识、情感和气质。总之,高质量的一流的本科教育需要回归"学生",以学生为本,以学生的成长与发展为本,这是中国大学追求一流、实现卓越的必由之路!

(原载《高等教育研究》2012年第9期,原文题目为"中美研究型大学本科生学习参与差异的研究——基于南京大学和加州大学伯克利分校的问卷调查")

中美本科课程学习期望与
学生学习参与度比较研究

常桐善

内容提要：利用调查数据对中美研究型大学对本科课程学习的期望以及学生的课程学习投入度进行比较研究。调查数据显示，中美研究型大学对学生课程学习的要求以及学生个人对课程学习的投入度都处于中等略偏上的状况；中国研究型大学对学生的课程学习要求显著低于美国大学，中国学生对高难度课程学习的自我挑战度、课堂参与、完成作业以及在课外与同学开展小组学习方面的投入度都显著低于美国学生；但中国学生在课前准备测量维度上的表现显著优于美国学生。将学生根据入学时的基本学习能力分成"很差/差"、"一般/好"、"很好/优秀"三组时，中美大学"很好/优秀"组学生的课程学习投入度都显著高于其他组的学生，但上面阐述的中美两国学生之间的学习投入度差异在三组学生中间仍然存在。研究建议，为了提升本科教学质量，大学须通过提升对学生课程学习的期望和采取促进学生课程学习投入度的措施向课程教学要质量。中国大学尤其需要在改进大学对学生的课程学习期望、学生对高难度课程学习的挑战度、学生的课堂参与、学生与教师的互动以及学生课外小组学习方面下更大的功夫。

一、研究背景

教育质量是衡量大学办学绩效的核心指标，而保障课程教学质量是保障教育质量的关键环节。但如何保障课程教学质量似乎没有一个固定不变的范式和实践捷径，因此这个问题也就成为教育工作者长久性探索和研究的话题。过去一个多世纪以来，无数学者为此付出了艰辛努力，并提出了许许多多教育学、心理学理论以及学习理论。例如,华生的行为主义学习理论强调教育是按照一定目标塑造人的行为,学习是建立并强化刺激与反应之间的联结(stimulus-response模式)的过程;皮亚杰的建构主义理论认为学习是以学习者为中心、主动进行意义建构的过程,因此,必须营造真实的教育情境,也就是要将教学与实践相结合;布鲁姆的教育认知目标分类包括从低阶思维到高阶思维的六个级别,即知识、领会、运用、分析、综合和评价,为教师在课程教学和评价中将知识教学和能力培养结合起来提供了理论依据。

在过去大约四十年,美国学者依据上面提到的理论提出了更加切实可行的提高教育教学质量的实践性措施和原则,如学习投入理论试图通过间接评估方法(indirect assessment methods)[①]来研究和探讨不同学生学习之间差异的原因,并为学校制定课程教学改革计划以及预算方案提供实证性研究依据。佩斯(Pace)在1979年开始实施的"大学生就读经验调查"(College Student Experience Questionnaire,简称CSEQ)项目是第一个全面关注学生学习投入程度的研究项目和调查工程。[②] 这份问卷除了调查学生的基本背景信息、图书馆的使用情况、计算机使用情况、与教师的互动和交流、参加社团活动的情况外,也专门开发了一部分关于课程学习的调查内容,包括作业完成情况,参加课堂讨论程度,解释、分析和使用课程学习知识的程度等。实际上这些问题所探讨的学生课程学习在一定程度上反映了上面阐述的布鲁姆的教育认知目标分类涉及的大部分内容。佩斯之所以开发这项研究,是因为他认为测评学生的努力质量对大学更好地了解学生的学习和发展有实质性的意义和帮助。阿斯汀(Astin)在佩斯对学习投入的研究基础上于1984年提出了"学生投入理论"(Student Involvement Theory)。这个理论强调教学应关注学生的学习投入、学习动机和学习行为(Astin,1984)。他强调了学生在心理和行为视角下的时间投入和努力程度对学

[①] 从评估的形式来说,学习成果评估可以划分为直接评估(direct assessment)和间接评估(indirect assessment)。直接评估是直接考核学生的知识和能力,如期末考试、作业等,而间接评估如调查问卷、焦点访谈(focus group)是考查学生的知识、情感和认知领域的学习投入度,从而为解释直接评估结果的优劣、差异等提供依据。

[②] College Student Experience Questionnaire,http://cseq.indiana.edu/pdf/cseq_whole.pdf

习质量的重要性。与此同时,齐克林(Chickering)和加姆森(Gamson)在1987年提出了提高本科教育质量的七项最佳实践原则,包括师生互动、学生之间的合作、积极学习的态度、教师提供及时性反馈、强调学习时间的投入、传达高层面的学习期待以及尊重多元化的才智和学习方法。与佩斯的调查相比较,齐克林和加姆森的这项调查和研究的突出点在于,他们认为教师对学生的学习期待越高,学生获得的知识和能力也会越多。以"七项最佳实践原则"为基础开发的调查问卷在二十世纪九十年代非常流行,美国很多大学利用这个问卷调查研究大学的本科教育实践成效,目前还有大学利用这个调查问卷对课程教学情况进行调查研究。

库(Kuh)于1993年接管佩斯开发的大学生就读经验调查项目后,进一步完善了学习投入理论,后来于世纪之交开发并实施了美国全国性学生参与调查问卷(National Survey of Student Engagement,简称NSSE)[①]。NSSE将学生参与定义为:"学生参与代表了大学学习质量的两个关键性特征。第一个是学生在他们学习和其他有目的的教育活动上投入的时间和精力;第二个是大学如何分配资源和组织课程教学以及其他教育机会,促使学生参加那些多年研究发现的,与学习关联的活动。"迄今为止,先后有1600多所大学参加全国性学情调查项目。调查结果为大学认证、教育质量问责、课程改革以及学习成果评估提供了实证性依据。几乎与此同时,加州大学伯克利高等教育中心牵头开发了加州大学本科生就读经验调查问卷(The University of California Undergraduate Experience Survey,简称UCUES),这个项目后来拓展到美国其他研究型大学,成立"美国研究型大学就读经验调研联盟"和"研究型大学就读经验调研国际联盟"(The Student Experience in the Research University International Consortium,以下简称SERU-I)[②]。SERU-I具体内容在本文研究设计一部分中介绍。

中国高等教育在恢复高考后的将近四十年中,无论是学生入学规模,还是办学模式都发生了巨大变化。伴随着规模的拓展,大学办学质量也越来越受到社

---

① National Survey of Student Engagement,http://nsse.indiana.edu/.

② The Student Experience in the Research University International Consortium,https://cshe.berkeley.edu/seru/seru-international.

会的质疑。2005年的"钱学森之问"("为什么我们的学校总是培养不出杰出的人才?")至今还没有明确的答案。近年来,国家提出了"双一流"大学建设的战略规划,本科教育质量问题再一次被推上了风口浪尖。为了摆正本科教育在"双一流"大学建设中的地位,林惠青[1]、钟秉林[2]等教育官员和专家撰文强调"一流大学要办好一流本科教育"、"一流本科教育是'双一流'建设的核心任务和主要基础"。他们强调,建设一流本科教育,要着力深化教学改革;要改革教学方法和手段,尊重学生选择权和兴趣特长发展。2016年瞿振元[3]呼吁本科教育要"向课堂教学要质量"。无独有偶,几乎在同时,邬大光[4]也在呼吁"向大学课堂要质量";他质问"今天的大学课堂教学令人满意吗?"他也坦承"许多课堂教学,学生是在陪听"。教育行政官员和学者的呼吁和担忧足见本科教育,特别是教学方面存在的问题的严重性以及亟须改进的必要性。

　　事实上,中国大学的高等教育研究学者在近十年对学生学习参与和投入度的话题也有相当高的关注程度。从研究方法和内容上来说,与上面提到的美国大学的研究基本是一致的,包括学生的课堂学习参与、课外活动参与、对大学就读经验的满意度等。从调查问卷的开发和利用上来说,除了学者为了完成个人的研究项目所开发的调查问卷外,比较有影响的调查问卷的开发和利用有三种形式:一是学者自己编纂问卷,规模较大的有北京大学鲍威等学者组织的"首都高等教育质量与学生发展监测"项目,厦门大学史秋衡负责组织的"大学生学习情况调查研究",还有如中山大学、华中科技大学等高校自己开发和实施的学情调查研究项目等;二是翻译和引进美国的相关调查问卷,如北京师范大学周作宇团队翻译的美国 CSEQ 问卷("大学生就读经验"),清华大学史静寰团队引进的美国全国性就读经验调查(NSSE)项目,并在实施这个项目的基础上开发了体现中国学生就读经验特色的"中国大学生学习与发展追踪研究"(NSSE-China);三

---

[1] 林惠青:《一流大学要办好一流本科教育》,《光明日报》,2016年5月17日。
[2] 钟秉林:《一流本科教育是"双一流"建设的核心任务和重要基础》.www.moe.gov.cn/jyb_xwfb/moe_2082/zl_2017n/2017_zl46/201709/t20170922_315079.html.
[3] 瞿振元:《向课堂教学要质量》,《人民日报》,2016年11月17日。
[4] 邬大光:《向大学课堂要质量》,《中国大学教育》,2016年8月27日。

是加入就读经验调研国际联盟,如湖南大学、南京大学、同济大学和西安交通大学加入了加州大学伯克利高等教育研究中心领导的"研究型大学就读经验调研国际联盟"(SERU-I),并与联盟成员大学共用调查问卷,共享调查数据,这也是这项研究的数据来源。这些调查研究已经形成了一定规模,调查结果为高校改进本科教育质量,特别是从参与理论的视角,为学校制定改进教学工作的策略提供了有力证据。但与美国常规性的调研活动相比,无论是大学领导的重视程度、参与大学的数量,还是数据分析的广度和深度、结果的应用范围都存在很大差距,有诸多不足之处。例如,截至2016年,累计参加大学最多的调研项目是"中国大学生学习与发展追踪研究",但也只有一百五十所高等院校。而美国参加NSSE的大学数已达到1600所,参加另一个社区大学调查项目的学校数接近1000所。

当然,中美高等教育体制和办学模式不尽相同,中美大学就读经验的比较结果在多大程度上能为中国大学本科教育质量的改进提供有用的依据,仍然需要大学根据其学生的特征和办学任务进行借鉴和参考。但依据两国普遍倡导和实践的教学原理和学习理论(如建构主义理论、学习参与理论等)来判断,中美两国大学在保障和提升教育质量,特别是课程教学质量方面所期待的实践模式应该是相似度大于差异度。另外,美国著名研究型大学的教育质量堪称世界之首,这些大学的课程教学经验也值得中国在建设"双一流"大学时思考和学习。因此,比较两国研究型大学对学生课程学习的要求以及学生课程学习的参与度,对中国了解教师的课程教学和学生的课程学习现状均有借鉴价值。这项研究利用中美两国大学所共用的调查问卷搜集到的数据从教师对学生课程学习的期待和要求、学生对高难度课程学习的自我挑战度、课前准备、课堂参与、课外小组课程学习以及完成课程作业程度等六个维度对中美大学本科学生的课程学习进行比较研究,并探讨中美两国在课程学习要求和学生课程学习投入度方面是否存在差异,希望研究结果为高校本科课程教学改革提供参考依据。当然,这样的比较除了受到大学办学模式差异的影响外,也在调查结果的可比性上被人提出了质疑,也就是学生文化差异可能会对学生判断调查问题以及做出相应的回复产生影响。这项研究在比较组的选取上对这个问题有所考虑,详细阐述见第二部分研究设计。

二、研究设计

（一）数据来源、调查问卷以及研究维度界定

在此项研究中,美国大学的数据来源于加州大学本科生就读经验调研项目（UCUES）。UCUES 调查问卷[1]最早是由加州大学伯克利高等教育研究中心在 2000 年开发的,包括学生就读经验、学习参与、社会活动参与、全球知识、基本能力等模块。[2] 问卷开发研究人员于 2002 年在加州大学进行试测,从 2004 年起,每两年对加州大学所有年满十八周岁的本科学生进行一次调研。从 2012 年起,加州大学系统院校研究与规划办公室接手管理调研工作。包括试测在内,加州大学迄今已经圆满完成了八次调研工作。另外,在问卷的开发以及长期的实施过程中,高等教育研究中心的学者对调查问卷的信度和效度进行了持续性的研究,研究结果显示问卷具有很高的信度和效度[3][4][5]。

中国大学的数据来源是 SERU-I。SERU-I 联盟是在 UCUES 项目的基础上,由加州大学伯克利高等教育研究中心和笔者倡议于 2010 年成立的,旨在与世界各国的顶尖研究型大学共同协作调研本科学生的学习经验,并分享会员大学的本科教育优秀实践经验和讨论解决大家共同面临的问题和挑战。先后参与调研的包括美国、中国、英国、俄罗斯等十多个国家的近五十所大学。

UCUES 和 SERU-I 所用的调查问卷基本是一致的,但各大学也会根据各

---

[1] The University of California Undergraduate Experience Survey, http://www.ucop.edu/institutional-research-academic-planning/services/survey-services/index.html.

[2] 程明明、常桐善、黄海涛:《美国加州大学本科生就经验调查项目解析》,《清华大学教育研究》2009 年第 6 期。

[3] Chatman, S, "Measures of Nonresponse Bias Associated with the 2008 Administration of the University of California Undergraduate Experience Survey," SERU Project Technical Report, 2009.

[4] Chatman, S, "Factor Structure and Reliability of the 2011 SERU/UCUES Questionnaire Core," SERU Project Technical Report, 2011.

[5] Douglass, J Thomson, G. & Zhao, C, "The Learning Outcomes Race: The Value of Self-Reported Gains in Large Research Universities," *Higher Education*, Sept, 2012, 64(3), 317–335.

自感兴趣和关注的研讨议题增加相关问题。SERU-I 国际联盟成立后,伯克利高等教育研究中心与参与大学合作将问卷翻译成参与国家的语言,如中文、日文等。参与大学的研究人员通过焦点小组讨论等形式对翻译后的问卷进行了大量的信效度检验,以确保问卷的质量。由于 SERU-I 与所有参与大学分享学生层面的数据,参与大学的研究人员在搜集数据后,也对问卷的效度和信度进行研究。例如,在第一次数据搜集后,南京大学的龚放与吕林海利用因子分析等方式对问卷的结构性效度进行了比较研究,结果表明,南京大学与加州大学"学习参与"维度的因子分析结果是基本一致的。[1] 如前所述,美国类似的大学生就读经验的汉化问卷在中国的使用已经非常普及,而且学者也对两国的部分调查结果进行比较研究[2][3],结果也确实反映了学生参与度的实际情况。因此,利用这样的调查工具进行中美大学生学习参与度的比较研究在研究信度上是可以接受的。

课程教学质量和学生课程学习成果的提升受很多因素的影响,但由于数据来源的局限性,此项研究只包括教师对学生课程学习的要求、学生课程学习自我挑战度、学生课前准备、课堂参与、学生进行课外小组学习以及完成课程作业等六个维度(表1)。除第一个维度外,其余五个维度都属于学生的课程学习投入度维度。其中"挑战度"属于认知投入,而"课前准备"、"课堂参与"、"小组学习"和"完成作业"则属于行为投入。问卷中关于"课程学习要求"维度的问题是:"回想在过去一学年的课程学习中,老师要求你完成下列活动的频繁程度?(Thinking back over your coursework in your major this academic year, how often were you required to do the following?)"如表1所示,这个维度包含知识学习、领会/运用、分析、综合/评价以及创新等五个方面的内容。这五个方面的内容涵盖了布鲁姆在1956年提出的教育目标分类认知范畴[4],以及安德森等在

---

[1] 龚放、吕林海:《中美研究型大学本科生学习参与差异的研究——基于南京大学和加州大学伯克利分校的问卷调查》,《高等教育研究》2012年第9期。

[2] 史静寰、文雯:《2010清华大学本科教育学情调查报告》,《清华大学教育研究》2012年第1期。

[3] 周廷勇、周作宇:《高校学生发展影响因素的探索性研究》,《复旦教育论坛》2012年第3期。

[4] Bloom, B, *Taxonomy of Educational Objectives: The Classification of Educational Goals. Handbook I: Cognitive Domain*, New York: David McKay Company, 1965.

二十一世纪之交为了适应教育发展需要对这项分类目标更新后的所有内容[①]。"自我挑战度"主要是了解学生对高难度课程学习的欲望以及达到课程学习标准的努力程度,包括三个问题(表1)。"课前准备"包括课前准备情况和完成阅读资料的程度,这两个问题在问卷中以否定句形式出现,即"没有做好准备"、"没有完成布置的阅读资料"。"课堂参与"主要考察参与课堂讨论的频繁度和提出具有深刻见识问题的频繁度。"小组学习"是指在课外与其他同学共同学习课程内容以及帮助同学解答疑难问题。"完成作业"包括交作业以及修改课程论文的情况,其中"迟交作业"是否定句形式。每个问题的回答选项包括从不(Never)、难得(Rarely)、有时(Occasionally)、稍多(Somewhat Often)、经常(Often)、频繁(Very Often)六个等级。在数据分析时的赋值区间依次为1—6分,即"从不"得1分,"难得"得2分,以此类推,"频繁"得6分。三个否定句问题的赋值采纳逆向赋值方法,即"从不"得6分,"频繁"得1分。

表1 研究维度及其包含的调查问题

维度	调查问题
1. 课程学习要求	1) 识别或者回忆事实、术语和概念(知识/knowledge) 2) 解释方法、理念、概念,并利用它们解决问题(领会/comprehension、运用/application) 3) 将整体材料划分成各个组成部分,或者将论据划分成假设来了解不同的结果或者结论形成的基础(分析/analysis) 4) 根据数据来源、方法和推理的合理性来判断信息、观点、行动、结论的价值(综合/synthesis、评价/evaluation) 5) 创造或产生新的观点、产品或理解的方法(创新/creation)
2. 挑战度	1) 对某一门课非常感兴趣,以致完成了超额的工作 2) 尽管有可能降低你的成绩,但你还是选择了更具有挑战性的课程 3) 由于某位任课老师的高标准,你提高你自己的学习努力程度
3. 课前准备	1) 课前没有做好准备 2) 上课前没有完成布置的阅读资料
4. 课堂参与	1) 参加课堂讨论 2) 将其他课程所学的理念或者概念融入课堂讨论中 3) 在课堂上提出深刻的有见识的问题

---

① Anderson, L. & Krathwohl, D, *A Taxonomy for Learning, Teaching, and Assessing: A Revision of Bloom's Taxonomy of Educational Objectives*, Allyn and Bacon, 2001.

续 表

维度	调查问题
5. 小组学习	1) 在课外和其他同学一起进行小组学习 2) 和其他同学一起学习时，帮他们更好地理解课程资料
6. 完成作业	1) 迟交作业 2) 在上交课程论文之前，至少非常认真地修改过一次

（二）研究对象

中国的大学包括参加 SERU-I 的湖南大学、南京大学、西安交通大学和同济大学（表2）。这四所大学都是中国原来的"985"高校，且在 2017 年入选"双一流"大学建设高校名单。根据这些学校官方网站统计数据，四所大学的在校生人数大约分布在 3.1—4.1 万。从总体来看这四所学校的本科生和研究生的比例基本持平。在《中国大学评价》中的排名为前三十名，在几项世界排名中的位置都比较靠后。

美国的大学包括加州大学（The University of California，简称 UC）的九所本科院校，分别是伯克利（UC Berkeley）、戴维斯（UC Davis）、洛杉矶（UC Los Angeles）、莫赛德（UC Merced）、河滨（UC Riverside）、尔湾（UC Irvine）、圣地亚哥（UC San Diego）、圣塔芭芭拉（UC Santa Barbara）和圣塔克鲁兹（UC Cruz）（表2）。加州大学是一所公立大学，根据卡耐基 2015 年的大学分类[1]，除了莫赛德不属于"授予博士学位的、开展较高密度研究活动"的大学外，其他八所大学都是"授予博士学位的、开展高密度研究活动"的大学。在校学生数分布在 1.3—4.4 万，且每所学校入学学生中绝大多数学生是本科生，大约占所有学生的三分之二。[2] 加州大学的八所学校在《美国新闻与世界报道》中美国最佳大学排名的 21—124 名之间，在全球大学排名中的位置变化较大，其中伯克利、洛杉矶和圣地亚哥在所有三项排名中都属于世界百强高校；戴维斯、尔湾和圣塔芭芭拉在两项排名中属于世界百强高校。加州大学莫赛德分校成立于 2005 年，没有参与大学排名。

---

[1] The Carnegie Classification of Institutions of Higher Education，http://carnegieclassifications.iu.edu/lookup/lookup.php.

[2] UC Fall Enrollment at a Glance，https://www.universityofcalifornia.edu/infocenter/fall-enrollment-glance.

表 2 样本大学基本概况

大学	在校本科生数（万）	在校研究生数（万）	"双一流"/AAU	《中国大学评价》/《美国新闻与报道》	ARWU	QS 排名	THE
湖南大学	2.00	1.50	双一流	28	301—400	701—750	601—800
南京大学	1.32	1.82	双一流	6	201—300	114	132
同济大学	1.73	1.98	双一流	18	301—400	316	401—500
西安交通大学	1.92	1.89	双一流	15	201—300	344	501—600
伯克利	3.06	1.13	AAU	21	5	24	18
戴维斯	3.01	0.72	AAU	46	85	118	54
尔湾	2.93	0.59	AAU	41	64	164	99
洛杉矶	3.10	1.30	AAU	21	12	33	15
莫赛德	0.74	0.59	非 AAU	未参加	未参加	未参加	未参加
河滨	2.01	0.32	非 AAU	124	151—200	323	198
圣地亚哥	2.86	0.72	AAU	42	15	38	31
圣塔芭芭拉	2.22	0.29	AAU	37	45	134	53
圣塔克鲁兹	1.76	0.19	非 AAU	81	98	301	162

数据来源:1) 同济大学的学生数据没有包括 3523 外国留学生。2) 南京大学的数据没有包括 3153 名外国留学生。3) U.S News and World Report National University Rankings. 2017：www.usnews.com/best-colleges/rankings/national-universities。4) 世界大学学术排名：Academic Ranking of World Universities, 2017：www.shanghairanking.com/ARWU2017.html。5) QS World University Rankings, 2018：https: //www.topuniversities.com/university-rankings/world-university-rankings/2018。6) The Times Higher Education World University Rankings 2018：https://www.timeshighereducation.com/

· 82 ·

另外,所有入选的中美大学都是综合研究型大学,虽然不是所有的大学都涵盖文、理、工、医等学科,但从整体上说,中美大学都包涵了所有学科和专业。这些统计数据说明,选入此项研究的美国大学是基本可以代表美国授予博士学位,且可以开展高密度研究活动的公立研究型大学;而入选的中国大学可以代表原来的"985"高校,以及入选"双一流"建设的中国大学。因此,样本大学是具有代表性的,也是具有可比性的。

研究对象是参加研究大学 UCUES 和 SERU-I 调查项目的中美本科学生。考虑到中美学生的文化背景的差异可能对学生理解调查问题以及回答问题时的态度和倾向性所产生的影响,这项研究将研究对象分为三组(表3)。"中国大学的学生"包括从 2015—2017 年参加 SERU-I 调查的四所中国大学的学生,共计39057 名。"美国大学的中国学生"包括从中国高中毕业后直接到加州大学就读本科的,并参加了 2014 和 2016 年两次 UCUES 调查的所有中国学生,共计 2827人。这部分学生从其文化背景来说与"中国大学的学生"相似,作为"中国大学的学生"的比较组,可信度较高。第三组是"美国大学的本土学生",包括所有除国际学生以及从其他大学转学(只包括从高中直接升入加州大学的学生)以外的参加 2014 年和 2016 年两次 UCUES 调查的美国本土学生,共计 130208 人。另外,表3也显示了三组学生在不同专业领域以及根据基本能力分组的学生人数和百分比。这样分类的目的是考虑到这三组学生在专业选择以及基本能力方面存在差异[①],而这些差异可能会对学生的课程学习参与度产生影响。

表3 研究样本统计数据

	中国大学的学生（A）		美国大学的中国学生（B）		美国大学的本土学生（C）	
	样本数	百分比	样本数	百分比	样本数	百分比
科学/工程专业	14758	66.0%	1481	52.4%	59295	44.0%
人文及其他专业	7615	34.0%	1346	47.6%	75410	56.0%
非常差/差	1554	4.0%	127	4.5%	1815	1.4%

---

① 常桐善:《中美研究型大学本科生基本能力比较研究》,《中国高教研究》2018年第2期。

续　表

	中国大学的学生（A）		美国大学的中国学生（B）		美国大学的本土学生（C）	
	样本数	百分比	样本数	百分比	样本数	百分比
一般/好	34451	88.2%	2308	81.6%	87964	67.5%
很好/优秀	3052	7.8%	392	13.9%	40509	31.1%
所有学生	39057		2827		130208	

注：中国有一所SERU参与大学没有提供专业信息，所以在以专业统计样本数时，没有包括这所学校的学生。

（三）数据搜集过程与分析方法

UCUES和SERU-I的数据搜集分别由加州大学系统院校研究办公室和SERU-I联盟负责实施。两项调查均通过网络进行，且采用同样的数据搜集方法，即参与大学提供学生的邮件地址，两个部门分别发放邀请学生参加调查项目的信函。在第一次邀请信函发放两周后，再继续发放5—10次邀请函提醒学生参加。各参与大学的问卷回收率变化较大，主要是与学校的宣传力度和学生本身的参与意识有关。中国四所大学先后搜集数据近十次，问卷回收率在21%—47%之间，加州大学的各学校的有效回收率在20%—45%之间。

如前所述，由于中美文化差异以及大学体制和教学模式的不同，学生对问卷问题的理解程度、回答问题时的态度和倾向性可能会对结果的有效性产生影响。例如，中国学生可能更具中庸态度，所以回答问题时，倾向于选择中间的选项。为此，这项研究把美国学生分成中国高中毕业来美国就读加州大学的学生组与美国本土学生组，尽最大可能控制由于文化差异所引起的问题回复误差。但与此同时，可能又出现了另一个问题，即来美国就读加州大学的中国学生主要集中在几所好的院校，如伯克利、洛杉矶、圣地亚哥等，所以学生的学习参与度以及回答问题的态度可能对数据效度有潜在的影响。为此，这项研究除了分析总体的数据外，还根据学生入学时的基本能力，把所有研究对象分为"非常差"/"差"、"一般"/"好"和"很好"/"优秀"三组，对他们在研究维度上的均值进行比较。

此项研究的数据分析采用描述性统计方法计算中美学生在每个维度上得分的均值。然后，利用方差分析方法（ANOVA）计算三组学生之间在每个维度上的均值的差异,当显著性级别(P值)小于 0.05 时即视为三组学生之间在研究维度上存在显著性差异。然后利用后测试,对三组学生之间的均值差异进行分析和判断。除此以外,如果三组学生在某个维度上存在显著性差异,为进一步了解造成这种差异的原因,研究也对构成这个维度的子指标进行分析,了解三组学生在子指标上的差异。

(四) 研究的局限性

这项研究使用的是现存数据,所以仅仅包括了部分课程教学要求和学生课程学习的投入度,有许多非常重要的因素,如学生课程学习的情感投入、课程学习成果评估方法等。由于中美文化背景和教育理念的不同,学生入校后接受的新生入学指导以及教师教学理念的不同,中国大学的学生与美国大学的本土学生,甚至与美国大学的中国学生之间对调查问题的理解以及对自己能力的评判标准可能会存在差异,也因此会导致结果的误差。本文的研究采用描述性统计方法,也就是在数据分析时只控制部分无关变量,所以进一步探讨不同背景的亚群体学生之间在课程学习投入上的差异对学校提出更具有针对性的解决策略会有所助益。

三、研究结果

(一) 中美大学教师对课程学习的要求

中国大学的学生、美国大学的中国学生和美国大学的本土学生在"课程学习要求"维度上的均值分别是 3.82、4.48 和 4.72(图 1:1),方差分析显示三组学生在这个维度上呈现显著性差异($P<0.001$)。也就是说,中国大学的学生认为他们的老师要求他们进行这个维度涵盖学习活动的程度处于"有时"和"稍多"之间;而在另两组学生的眼里,他们的老师要求他们进行相关学习活动的频繁程度处于"稍多"和"经常"之间,如果按照 1—6 的级别计算,中美大学老师对学生的学习要求大约相差一个级别。而中美两国大学之间的这种差异在不同专业的学生、不同基本能力的学生之间依然存在(图 1:2—6)。不同的是,中国大学的人文和其他专业的学生认为,他们的教师对他们的课堂学习要求略高于科学和工程专业教师对学生课程学习要求,均值分别为 3.75 和 3.68。而美国大学科学和

工程专业的中国学生和本土学生则认为,他们专业老师对他们的课程学习要求要高于人文和其他专业学生的评价。当中美大学生的基本能力得以控制时,三组学生之间对课程学习要求的评价仍然存在显著性差异。

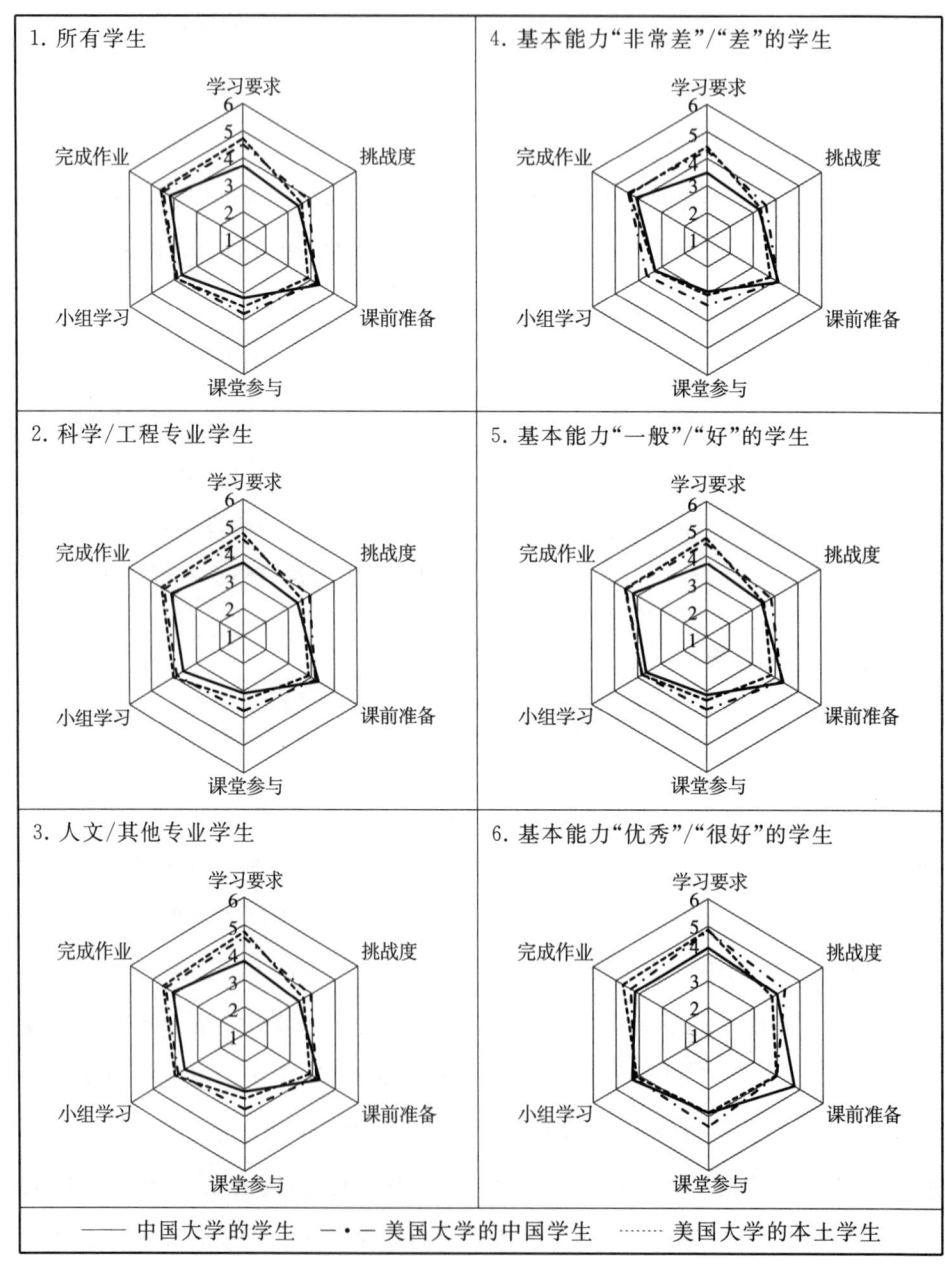

图1 中美大学课程学习要求与学生学习投入度

另外,对这一维度的子指标进行进一步分析得知,中美大学教师对学生知识学习(识别或者回忆事实、术语和概念)以及领会和运用(解释方法、理念、概念,并利用它们解决问题)两方面的要求最高,中国大学学生的评价均值在 4.00 左右,要求程度大约是"稍多",而美国大学的学生在 5.00 左右,达到了"经常"要求的程度。其次是对知识的分析(将整体材料划分成各个组成部分,或者将论据划分成假设来了解不同的结果或者结论形成的基础)、综合和评价(根据数据来源、方法和推理的合理性来判断信息、观点、行动、结论的价值),中国大学学生的评价均值都是在 3.75 左右,要求程度在"有时"和"稍多"之间偏上,而美国大学的学生在 4.50 左右,处于"稍多"和"经常"之间偏上。老师对学生课程学习要求最低的是创造或产生新的观点、产品或理解,中国学生的评价均值是 3.50,而美国学生的评价均值是 4.30。对科学/工程和人文/其他专业的学生分开分析,学生的评价结果基本是一致的。这些结果说明,无论在美国大学,还是在中国大学,老师对学生课程学习的要求更重视知识学习和理解,而对布鲁姆提出的高阶思维能力的培养要求比较低,特别是对知识创新的要求最低。

(二) 中美大学学生课程学习的自我挑战度

三组学生的"课程学习自我挑战度"显著不同(图 1:1),其中美国大学的中国学生挑战度最强(均值为 3.81),其次为美国大学的本土学生(均值为 3.59),二者均高于中位值(3.50),而中国大学的学生挑战度最差(均值为 3.24),低于中位值。在控制了学生就读专业和基本能力的情况下,三组学生之间的差异依然存在(图 1:2—6)。而无论是在美国大学,还是在中国大学,科学和工程专业与人文和其他专业学生之间在课程学习自我挑战度上的差异并不显著。例如,中国科学和工程专业的学生以及人文和其他专业学生在这个维度上的均值分别是 3.17 和 3.24,非常接近(图 1:2—3)。但中美大学基本能力不同的学生对课程学习的自我挑战度差异显著,基本能力好的学生挑战度显著高于基本能力差的学生,如美国大学基本能力"很好/优秀"的中国学生在这个维度上的均值是 4.23,而基本能力"差/非常差"的学生在这个维度上的均值只有 3.66,略高于中位值(3.50)。

进一步分析中美学生高难度课程学习挑战度的子指标发现,中国大学任课教师的高标准,对提高学生的课程学习挑战度最重要,学生在这项测量指标上("由于某位任课老师的高标准,你提高你自己的学习努力程度")的评价均值是3.70,而在其他两项指标("对某一门课非常感兴趣,以致完成了超额的工作";"尽管有可能降低你的成绩,但你还是选择了更具有挑战性的课程")上的均值都约为3.10左右。而美国大学的中国学生和本土学生的挑战度似乎更多是来自个人的学习动力,他们在"尽管有可能降低你的成绩,但你还是选择了更具有挑战性的课程"这个指标上的评价均值分别为4.10和3.90,远高于他们在其他两个测量指标上的均值,基本能力好的学生尤其如此。

(三) 中美大学学生课前准备

中国大学的学生在"课前准备"这个维度上的评价均值(4.36)显著高于美国大学的中国学生(4.23)和本土学生(3.87)(图1:1)。总体上说,中国大学的学生课前准备做得好,而美国大学本土学生在这方面的表现最弱。这种情况对不同专业、不同基本能力的学生来说都是一样的,也就是说无论什么专业、学生的基本能力如何,中国学生在这方面的表现都很强。但数据也显示中国大学人文和其他专业的学生以及美国大学的人文专业和其他专业的中国学生课前准备工作做得比工程专业的学生好(图1:2—3),而美国大学的不同专业的本土学生之间在课前准备这个维度上没有显著性差异。另外,中国大学基本能力越强的同学,课前准备也做得越好(图1:4—6)。

分别分析这个维度所包含的两项子指标得知,中国大学的学生在"课前完成阅读资料"这个子指标上的得分高于"做好课前准备"这个指标上的得分,差别大致为0.50分;而美国大学的中国学生和本土学生在这两个子指标上的得分比较接近。

(四) 中美大学学生课程参与度比较

中美大学生之间在"课堂参与度"这个维度上存在显著性差异。美国大学的中国学生参与度最高(3.77),其次是美国大学的本土学生(3.50),最差的是中国大学的学生(3.17)。在控制了专业以及学生的基本能力后,这种差异依然存在

(图1:2—6)。另外,数据也显示,无论是在中国大学,还是在美国大学,人文专业和其他专业学生的课堂参与度都显著高于科学和工程专业的学生;基本能力越好的学生,课堂参与度也越高。

从三个子指标分别考察中美大学学生的课堂参与度发现,在中美大学,学生的课堂讨论参与度都是最高的,得分接近或者高于4.00;而"在课堂上提出深刻的有见识的问题"的程度最低,美国大学学生的得分在3.30左右,中国大学的学生得分只有2.95,均低于3.50的中位值。

(五)中美大学学生课外小组学习比较

中美大学生在"课外小组学习"这个维度上的参与度也存在显著差异。从总体上看,美国大学的本土学生最倾向于进行课外小组学习(3.91),其次是美国大学的中国学生(3.86),排在最后的是中国大学的学生(3.66)。按照专业比较发现,与前面的同类分析不同的是,中美大学人文和其他专业的学生进行"小组学习"的程度几乎相同,而对科学和工程专业的学生来说,中美大学之间存在显著的差异,三组学生的均值分别是:3.58(中国大学的学生),3.87(美国大学的中国学生)和4.01(美国大学的本土学生)。另外,按照学生能力类别分析发现,中国"很好"/"优秀"学生进行小组学习的程度高于美国大学同一个类别的中国学生和本土学生,而中国大学基本能力"非常差"/"差"和"一般"/"好"的学生进行课外小组学习的程度都低于美国大学的同类学生。

分别分析这个维度的两个子指标发现,中国大学的学生在"课外和其他同学一起进行小组学习"上的得分(3.73)要高于"和其他同学一起学习时,帮他们更好地理解课程资料"上的得分(3.60);而美国大学的中国学生和本土学生在这两个子指标上的得分恰恰相反,二者在两个子指标上的得分分别是:3.69和4.02,3.87和3.95。

(六)中美大学学生作业完成情况比较

"完成作业"维度包括两个子指标,其中"迟交作业"是一个否定句式,为了计算维度得分,这个指标的赋值采取逆向赋值方法,即"从来没有"迟交作业,得6分,"频繁"迟交作业的1分,这样得分越高,完成作业情况越好。统计结果显示,美国大学的本土学生对自己完成作业的程度自我评价最高(4.58),其次是美国大学的中国学生(4.47),排在最后的是中国大学的学生(4.18)。与许多其他学生参与度的结果相似,控制了专业和学生的基本能力后,中美学生之间在完成作业维度上的差异仍然存在。另外,无论是在中国大学,还是在美国大学,人文和其他专业的学生完成作业的情况都优于科学和工程专业的学生。但非常有意思的是,中国大学和美国大学的基本能力"很好"/"优秀"的学生比具有中等能力的学生要差,而对美国大学的本土学生而言,基本能力越好,完成作业的情况也越好。

对两个子指标分别分析发现,中美两国学生迟交作业的问题相对来说并不十分严重,中国大学和美国大学的本土学生"经常"和"频繁"迟交作业的比例加在一起也只有大约2%,美国大学的中国学生的比例相对要高一些,大约是5%;但"在上交课程论文之前,至少非常认真地修改过一次"的情况比较差,两国"从不"和"难得"修改过一次的学生都占到20%左右。

四、结果讨论

学习不像搭积木,不是将每门课程所学到的知识叠加起来就可以形成丰富的知识体系,而是要建构课程知识和综合能力之间的连贯性。这种"连贯性"的建构要求教师给学生提供机会,当然也需要学生的学习投入。这项研究发现,中美大学在这两个方面仍然有提升的空间,中国大学需要提升的空间更大。

(一)教师对学生课程学习的要求

中美大学教师对学生课程学习的要求都有提升的空间,中国大学的教师对学生的课程学习要求需要提升的力度更大。这个结果至少说明了两个问题。一是中美大学教师在教学上的投入度都不够。大学教师重科研、轻教学是中美大学共同面临的问题。事实上,要完成这项研究所涉及的对学生课程学习的要求,教师本身是需要投入大量的时间和精力对课程教学进行精心设计的,包括教授内容,作业形式和内容,交叉课程教学内容,课程层面、专业层面以及本科教育层面的学习成果评估等。二是教师的教学能力还不强。无论是在美国大学还是在中国大学,绝大多数教师都没有接受正规的教学培训,对教学理论知之甚少,如这个研究维度所依据的布鲁姆的教育目标分类。如此状况,期待教师将布鲁姆倡导的思维能力培养融入课程教学中恐怕是不现实的。另外,第二个关于中国教师对学生课程学习的要求低于美国教师对学生的要求的结果与笔者的亲身体验也是基本吻合的。笔者二十多年前在美国大学修读本科课程时就感觉到老师布置的作业量很大,要求的知识面也很广,贯穿整个课程教学内容,需要对课程教学涉及的很多概念进行分析、理解、综合甚至创新才能完成一项作业。我想这种情况在过去二十多年已经有了进一步的加强。而笔者在中国读本科时,教师布置的作业都是以一堂课的教学内容为主,缺乏整体课程教学内容的连贯性和对知识的综合性。在过去几年参加了中国四所大学的本科教学审核工作也发现,学生的大多数课堂作业量不大,而且比较单一,仍然存在上面提到的问题。

(二)学生的学习挑战度

美国大学的本土学生和中国学生对高难度课程学习的挑战度都显著高于中国大学的学生。而且中美大学学生的挑战度动力不同,中国大学的学生选择高难度课程更多是由于教师的高要求和高标准,而美国大学的本土学生和中国学生更多是求知欲所致。产生这种差异的原因可能很多,如大学的教学理念、用人单位的人才录用评价标准等。

(三)课程学习的投入度

在这项研究包含的四个课程学习投入度的维度上,中美学生各有所长。美国学生在课堂参与、小组学习以及完成作业三个维度上占有优势,而中国学生在课前准备这个维度上占有优势。学习兴趣是激励学生学习动机和投入度的动力。[1] 美国大学的选课模式以及自由灵活的专业选择模式为学生找到自己喜欢的专业、喜欢的课程提供了很好的机会,也为学生提升学习兴趣奠定了基础。例如,在 2006 年,加州大学伯克利的学生只有 3% 所选的专业不是他们的第一专业,这个比例在 2016 年有所上升,但也没有超过 10%;相比之下,中国大学的学

---

[1] Renninger, K. & Hidi, S, *The Power of Interest for Motivation and Engagement*, Routledge, 2015.

生有相当一部分所选的专业都不是他们的第一专业。如此结果,很难提高学生的学习兴趣和动机。当然,这种情况最近几年有所改观。笔者在参加 2018 年西北工业大学本科教学质量工作评审时发现,该校目前完全实行了学分制和自由转专业的制度,但学生在选课时遇到了很多挑战,甚至不知道该如何选,学生在转专业时也不能够完全满足自己的要求。笔者的其他分析也发现,在加州大学至少转过一次专业的学生在六年内能够完成大学学习的比例比从来没有转过专业的学生六年完成大学教育的比例要高出大约十个百分点。

课程教学模式是影响学生课堂参与度的直接因素,也是最重要的因素。如果在课堂教学中,教师占用了所有时间,那么留给学生参与的时间就是零。这种现象在中美大学的课堂都很普遍。最近几年,笔者在参加中国本科教学质量审核时所听的课程基本上是沿用传统教学模式,教师很少用问题导向性和启发式教学,也从未提到其他课程教授的概念和理论,学生在课堂上参与讨论的机会很少,也没有机会提问题。这基本上与笔者三十年前上本科时的教学模式是一样的,甚至更差。

另外,学习空间和环境对教师的教学行为和学生的学习行为都存在显著的影响。[①] 小班教学、移动课桌椅设计、桌椅圆形摆放形式都是提升教学空间和学习环境质量的途径,在一定程度上也为有效实施"以学生为中心"的教育模式和"翻转"课堂教学提供了有利条件。美国大学的小班教学都占很大的比例,例如加州大学伯克利 2014—2015 学年本科班级中,十人规模以下的班级大约占三分之一,平均班级规模大约是二十五人。与美国大学的班级规模相比,中国大学的平均班级规模都在六十多人,几乎是美国大学的 2.5 倍。另外,中国大学的教室桌椅仍然是排排摆放,对教师教学管理以及学生互动讨论都很不利。

五、总结与实践建议

综上所述,虽然美国大学对课程学习的要求以及学生课程学习的投入度普

[①] Whiteside, A., Brooks, D. & Walker, J, "Making the Case for Space: Three Years of Empirical Research on Learning Environments," *Educause Review*, 2010.

遍优于中国大学和学生,但两国的现状都不容乐观,至少根据学生的自我评价结果来看各自存在相同或者不同的问题,因此仍然有很大的提升空间。另外,虽然不是这项研究的目的,但研究结果验证了利用同一套问卷对中美大学生进行学生参与度调查比较的可行性和可靠性,例如几乎在所有开展的三十六项比较中(图1),美国大学的中国学生和本土学生的反馈结果是非常接近的,而二者与中国大学学生的自我评价之间存在显著性差异。

鉴于此,两国大学的教师都应该提升对学生课程学习的要求,尤其是要加强实践性课程教学的强度,为学生提供知识创新实践的机会。其次,中国大学应构建灵活的专业选择和课程选修模式,提升学生的学习兴趣和课程学习的自我挑战度。第三,改进教学模式,构建"以学生为中心"的教学氛围,为学生课堂参与提供机会。第四,建立全面系统、多元化的课程学习成果评估机制,将直接评估与间接评估、过程评估与结果评估相结合,督促学生提升学习投入度。第五,建立长效性的学生课程学习投入度以及满意度的调查研究机制,并将质性研究和量化研究相结合,及时了解学生学习方面存在的问题,并为大学制定相应的补救和改进措施提供实证性研究依据。

(原载《中国高教研究》2019年第4期)

全球视野下中国一流大学本科生的学习参与:当前表现与努力方向

吕林海

内容提要:学习参与是检视一流大学本科教育质量的重要指标之一。通过与美国一流大学的三次比较,可以发现,中国一流大学本科生在课堂的深度研讨、课前做好学习准备、同伴互动、师生深度交流、基于兴趣的挑战性学习等"理智驱动的学习参与"上还有提升的空间;在一般学习习惯、遵从老师的高要求等"规范驱动的学习参与"上,中国学生表现较好。聚焦课堂变革、改进师生交流、优化教学管理就成为未来本科教学质量深度提升的重要方向。

一、引言

十九大报告明确指出,新时代高等教育的重要任务是实现内涵式发展。构建一流本科教育、全面提高人才培养质量是落实内涵式发展的题中应有之义。国内外高教界普遍认为,本科教育质量的关键落脚点是学生的学习质量,而对学习质量加以考察的重要指标之一就是学生的"学习参与"(learning engagement)。按照著名学者乔治·库的观点,学习参与是指大学生投入到课堂内外有效教育活动中的精力和时间。[①] 大量研究反复证明,学习参与显著影响了大学生的学习结果(既包括认知结果也包括非认知结果),学习参与的水平决定了学生的最

[①] 吕林海:《大学生学习参与的理论缘起、概念延展及测量方法争议》,《教育发展研究》2016年第21期。

终收获。① 正是基于学习参与所蕴含的教育增值价值(educational value added),国内外的很多研究机构和研究者都利用"学习参与"这个指标进行大学生学习质量的国际比较。其中,美国印第安纳大学主持展开的 NSSE 项目和由美国加州大学伯克利分校主持展开的 SERU 项目最受瞩目。基于 NSSE 和 SERU 项目(Student Experience in Research University,即"研究型大学本科生学习经历调查"项目)而展开的一系列国际比较研究,都得出了较为一致的结果,即在课堂讨论、师生互动、生生互动、挑战性学习等方面,中国大学生的表现弱于欧美大学生;但在遵守纪律、按时完成作业、不迟到等方面,中国大学生的表现强于欧美大学生。②③

近年来,随着中国高等教育改革步伐的加快和"双一流"建设的深入推进,越来越多的高校在变革教学模式、优化教学管理机制、激发学生学习活力上做出了不少的探索,问题探究式学习、大班授课—小班研讨模式、助教制度、优质课程建设等新举措、新制度不断涌现。它们是否起到了效果？学生的学习质量是否得到了提高？笔者认为,与世界发达国家的一流高校进行学习参与的比较,可为中国一流本科教育的后续建设指明方向、提供对策。

二、研究设计与方法

1. 比较的理论框架:理智驱动的学习参与 VS 规制驱动的学习参与

学习参与是学生学习活动的行为表现形式,其背后却蕴含着不同的驱动力量,这种驱动力量的重要成分就是学习取向(或学习观念)。美国布朗大学的李瑾教授在《文化溯源:东方与西方的学习理念》中提出了两种不同的学习取向,即

---

① McCcormick, A. Kinzie, J., & Gonyea, R, "Student Engagement: Bridging Research and Practice to Improve the Quality of Undergraduate Education," M. Paulsen, *Higher Education: Handbook of Theory and Research*, New York: Springer Science, 2013, 47-92.

② 罗燕等:《清华大学本科教育学情调查报告 2009——与美国研究型大学的比较》,《清华大学教育研究》2009 年第 5 期。

③ 龚放等:《中美研究型大学本科生学习参与差异的研究——基于南京大学和加州大学伯克利分校的问卷调查》,《高等教育研究》2012 年第 9 期。

"理智取向"与"美德取向"。她认为,学习的理智取向关注知识的取得,驱动学习的力量来自好奇、探索和理解;学习的美德取向关注"遵守道德、尊重老师、谨守规范",驱动学习的力量来自对外部规范与规训的遵从。① 李瑾进而指出,相比欧美学生,中国学生的学习驱力更多来自美德取向,即:来自对规范的遵从,较少来自"发自内心深处的纯粹的理智好奇"。笔者于2015年所做的一项全球大学生学习参与的比较研究,也证明了李瑾的这个学习驱力的两分观点和中国学生的美德主导的学习驱力特征。② 具体而言,"课堂讨论"、"师生互动"、"生生互动"、"挑战性学习"等是更偏向"理智驱动"的学习参与行为;"遵守纪律"、"按时完成作业"、"不迟到"等则是更偏向"美德驱动"(下文亦称为"规制驱动")的学习参与行为。中国学生在后者的表现上明显强于欧美名校学生,但笔者的后续一系列研究都证明,表现为遵守规范的一些美德取向的学习行为,如"不随便发言"、"为遵守课堂纪律而不随便提问"等,会负向影响学生的创新思维能力和深层思维的发展。③④

由上可见,随着中国进入"创新驱动发展"的新时代,改变中国学生课堂学习参与的基本样态,提升学生学习的理智内驱力,进而激发学生的创新能力发展,显得颇为紧迫和重要。因此,本文重点探究,在"课堂讨论与创新"、"同伴互动与合作"、"师生互动与交流"、"挑战性学习"等更偏向"理智驱动"的学习参与构成维度上,中国学生是否表现得有所进步?通过对构成维度中的下级指标的更加精细的分析,是否可以进一步甄别出中国学生"理智驱动"的学习参与究竟进步在哪里?哪些方面还有待进一步提升?只有深刻而精细地考察这些问题,才可能真正找到提升学生深层思维能力和创新能力的"教育之钥"。

---

① 李瑾:《文化溯源:东方与西方的学习理念》,张孝耘译,华东师范大学出版社2015年版,第1—5页。
② 吕林海等:《中国研究型大学本科生学习参与的特征分析——基于12所中外研究型大学调查资料的比较》,《教育研究》2015年第9期。
③ 吕林海等:《中国学生的保守课堂学习行为及其与中庸思维、批判性思维等的关系》,《远程教育杂志》2015年第5期。
④ 吕林海:《转向沉默的背后:中国学生课堂保守学习倾向及其影响机制》,《远程教育杂志》2016年第6期。

2. 数据来源、变量构成与样本情况

本研究的数据来自 SERU 项目的全球调查联盟数据库。SERU 项目是由加州大学伯克利分校组织发起的全球调查联盟项目,联盟成员包括牛津大学、加州大学伯克利分校、密西根大学等在内的全球 49 所著名研究型大学。中国有四所研究型大学参与其中。SERU 联盟成员共同就本科生学习经历的相关内容(如学习参与、深层学习、信息技术经历、全球化经历、学习进步等)开发调查工具,统一进行在线问卷调查,并联合展开数据分析和国际比较。

SERU 调查中的"学习参与"主要由五个因子构成,分别是:课堂讨论与创新、同伴互动与合作、不良学习习惯、师生互动与交流、挑战性学习。这五个因子的结构效度不仅在 SERU 联盟的前期测试中反复得到了验证,而且在笔者前期的多次研究中,也不断获得"跨文化的一致性结构效度"[①]。有关每个因子的具体含义及构成指标,可详见下文展示。本研究将对中国、美国、英国、日本四个国家的一流大学本科生进行比较研究。之所以选择美、英、日三国,是因为它们均在世界最发达的国家之列,他们的教育先进经验值得后发国家借鉴,这正体现了比较研究的"比照—借鉴"的根本特质。四国的样本构成情况为:美国为 25079 人,英国为 2352 人,中国为 5596 人,日本为 5662 人。

三、研究结果

1. "课堂讨论与创新"的全球比较

"课堂讨论与创新"强调了学生能否积极参与课堂讨论,能否在讨论中融入跨学科的见识并贡献自己的观点和智慧。细究可见,这个因子的内涵及三个构成题项,更体现出一种思维的主动参与状态,一种深度的理智追求,外部规制性的特征较少。表 1 的数据结果反映出如下的结论:第一,总体而言,中国大学生在课堂讨论及创新性发言上与欧美国家有差距,并且略逊于日本,这从中国学生的均值为最低即可看出。第二,中国大学生参加课堂讨论的机会偏少,"经常"参

[①] 吕林海等:《中国研究型大学本科生学习参与的特征分析——基于 12 所中外研究型大学调查资料的比较》,《教育研究》2015 年第 9 期。

加的百分比只有15.5%,"总是"的百分比为4.3%,都明显低于其他三国。第三,深度的、有创建的讨论更为不足,只有6%的学生能够经常或总是提出创新的见解,远低于美国的24.5%和英国的16%,也低于日本的9.3%。第四,学生的课堂讨论的视野也不够宽阔,不能融入其他知识来丰富课堂讨论,选择"经常"和"总是"的比例为9.4%,低于美国的28.2%、英国的20.5%、日本的18.8%。总之,无论是从课堂讨论的数量,还是从讨论的深度、创新度和广阔度上,中国大学生的表现都需要进一步提升。

表1 中美英日四国一流大学本科生在"课堂讨论与创新"因子上的比较

		中国	美国	英国	日本	统计量检验
因子1:课堂讨论与创新(均值)		2.86	3.73	3.36	2.93	$F(3,39906)=104.5, P<.001$
参加课堂讨论	有时	14.3%	21.5%	19.7%	18.7%	Pearson Chi-Square=3.841 df=20 P<.001
	经常	15.5%	24.4%	22.5%	16.7%	
	总是	4.3%	17.2%	13.7%	6.6%	
提出有创见的问题	有时	7.9%	21.3%	17.8%	10.8%	Pearson Chi-Square=5.428 df=20 P<.001
	经常	4.2%	16.2%	11.9%	6.7%	
	总是	1.8%	8.3%	4.1%	2.6%	
将其他课程所学的知识融入讨论	有时	9.7%	21.2%	19.0%	16.5%	Pearson Chi-Square=3.618 df=20 P<.001
	经常	6.2%	18.5%	14.7%	14.1%	
	总是	3.2%	9.7%	5.8%	4.7%	

2."同伴互动与合作"的全球比较

该因子的三个题项,更多地体现了一种深度的理智追求,较少体现规制性的特征。表2的均值分析表明,整体而言,在"同伴互动与合作"的维度上,中国学生的表现略逊于美国和英国,但好于日本。如果我们把选择"经常"和"总是"的比例相加计算,可以发现:(1)与同学一起完成课外项目的中国学生比例为21.4%,美国为33.6%,英国为38.1%,日本仅为13.9%,中国学生的表现优于日本,但明显弱于美国和英国;(2)在"和同学学习并一起理解课程资料"以及"和同学在课外进行小组学习"等方面,中国的表现基本上与日本持平,但明显弱于美国和英国。

表 2　中美英日四国一流大学本科生在"同伴互动与合作"因子上的比较

		中国	美国	英国	日本	统计量检验
因子 2:同伴互动与合作(均值)		3.35	3.69	3.74	2.87	F(3,39906)=459.4,P<.001
与同学一起完成课外项目	有时	18.0%	20.0%	19.3%	11.1%	Pearson Chi-Square=4576 df=20 P<.001
	经常	14.6%	18.3%	20.9%	9.1%	
	总是	6.8%	15.3%	17.2%	4.8%	
和同学一起学习,帮助他理解课程资料	有时	19.3%	23.6%	23.8%	16.6%	PearsonChi-Square=2031 df=20 P<.001
	经常	14.2%	19.9%	19.6%	13.6%	
	总是	5.8%	12.7%	12.7%	6.3%	
和同学在课外进行小组学习	有时	19.7%	19.1%	18.3%	16.4%	Pearson Chi-Square=3.841 df=20 P<.001
	经常	16.8%	17.2%	19.6%	16.2%	
	总是	8.5%	15.0%	16.0%	10.2%	

3."不良学习习惯"的全球比较

表 3 的均值分析表明,英国学生的学习习惯表现最好(均值最低),中国和美国几乎持平,日本学生的学习习惯表现最差。但仔细分析题项可以发现,中国大学生表现最好的方面是"迟交作业"和"缺课逃课",这两方面的表现都优于英美两国;而在"课前没有做好准备"方面,中国学生的表现明显弱于美国和英国。日本学生在各个具体方面都表现不佳。"迟交作业"和"缺课逃课"这两个题项更具刚性和规范的内涵,更偏向规制驱动特质;"课前没有做好准备"则更强调学生主动的阅读和预习,以及学生学习的理性自主性、学习深层性等内涵,因此更偏向于理智驱动特质。由此我们可以看到,在学习习惯中的理智驱动因素方面——如课前做好准备,中国学生仍然表现出短板现象。

表 3　中美英日四国一流大学本科生在"不良学习习惯"因子上的比较

		中国	美国	英国	日本	统计量检验
因子 3:不良学习习惯(均值)		2.31	2.33	2.05	2.56	F(3,39906)=459.4,P<.001
迟交作业	有时	2.6%	3.2%	1.4%	3.7%	Pearson Chi-Square=1846 df=20 P<.001
	经常	0.8%	1.6%	1.2%	2.9%	
	总是	0.4%	1.1%	0.5%	1.6%	

续表

		中国	美国	英国	日本	统计量检验
课前没有做好准备	有时	20.1%	10.1%	8.2%	15.5%	Pearson Chi-Square=5.369 df=20 P<.001
	经常	10.5%	4.4%	4.5%	19.6%	
	总是	4.0%	1.8%	1.8%	14.1%	
逃课缺课	有时	6.5%	8.7%	9.0%	9.4%	Pearson Chi-Square=2.326 df=20 P<.001
	经常	2.2%	4.4%	4.4%	8.9%	
	总是	1.1%	2.7%	2.5%	4.1%	

4. "师生互动与交流"的全球比较

表4的均值分析表明,中国学生的"师生互动交流"的得分与美国、英国的学生几乎持平,并且明显高于日本学生。在看到这个喜人结论的同时,我们需要进一步识别细节上的差异。从表4的三个具体题项来看,中国学生在"课后与教师讨论课堂上的概念或问题"、"需要的时候去寻求老师帮助"这两个题项上,其实表现并不佳。两个题项上选择"经常"和"总是"的百分比只有9.8%和16.7%,均低于美国、英国和日本。而细细体察可以看出,这两个题项更偏向理智驱动特质。而在"参加教师组织的小型研讨会(课)"上,中国学生的表现最佳。笔者将这个题项归属于规制驱动因素,原因在于,近年来,中国的很多研究型大学围绕课程的小班化、互动性做了大量的改革。比如参与本次调查的中国A大学,就提出了"小班研讨课"、"学生自主设计课程"、"DIY阅读"等缩小班级规模、推进师生互动的诸多改革举措,并通过必选必修等课程制度来进行强制的规范性实施。由此,这必然导致中国学生在本科教育改革政策的刚性驱动下,不断拥有更多的小班化学习的机遇。

表4 中美英日四国一流大学本科生在"师生互动与交流"因子上的比较

		中国	美国	英国	日本	统计量检验
因子4:师生互动与交流(均值)		2.52	2.47	2.45	2.08	F(3,38711)=301.7,P<.001
课后与教师讨论课堂上的概念或问题	有时	12.8%	19.0%	18.2%	11.9%	Pearson Chi-Square=1.846 df=20 P<.001
	经常	7.2%	13.6%	12.6%	9.5%	
	总是	2.6%	7.6%	5.0%	4.4%	

续 表

		中国	美国	英国	日本	统计量检验
参加教师组织的小型研讨会（课）	一次	23.0%	22.0%	16.8%	15.4%	Pearson Chi-Square=9.715 df=20 P<.001
	二次	12.7%	10.9%	6.9%	5.0%	
	三次及以上	18.1%	11.5%	7.0%	9.3%	
需要的时候,寻求老师的学术帮助	有时	19.6%	19.1%	22.4%	10.5%	Pearson Chi-Square=3.868 df=20 P<.001
	经常	12.6%	15.3%	20.1%	9.4%	
	总是	4.1%	9.4%	9.9%	4.5%	

5."挑战性学习"的全球比较

表5的因子均值结果表明,在挑战性学习上,中国学生的表现明显弱于美国和英国,但稍强于日本。具体题项的比较也呈现出颇为有趣的结果。对于"因为课程有趣而更加投入"、"即使降低GPA也会选择挑战性课程"这两个题项而言,它们其实更加考验学生对于知识的真实渴求,更表明学生追求知识、追求真理的决心和欲望,因此应被归于理智驱动因素。而在这两个题项上,中国学生的表现明显落后于美国和英国,与日本几乎持平。但"由于老师的高要求而提高自己的学习标准"明显体现了一种来自教师的压力,更体现了一种被要求的学习状态,所以应被归属于规制驱动因素。在这个题项上,中国学生的表现比较乐观,仅稍稍落后于美国,但与英国几乎持平,且好于日本。

表5 中美英日四国一流大学本科生在"挑战性学习"因子上的比较

		中国	美国	英国	日本	统计量检验
因子5:挑战性学习（均值）		2.84	3.47	3.18	2.69	F(3,38711)=1378,P<.001
因为课程有趣,所以在学习上付出更多的投入	有时	8.5%	19.8%	20.8%	16.8%	Pearson Chi-Square=1483 df=20 P<.001
	经常	4.0%	11.9%	11.9%	11.1%	
	总是	1.8%	6.3%	4.7%	5.1%	
可能情况下选择挑战性课程,即使可能降低GPA	一次	39.3%	12.7%	26.8%	30.1%	Pearson Chi-Square=13150 df=20 P<.001
	二次	23.0%	29.2%	28.5%	13.6%	
	三次及以上	16.0%	55.1%	29.6%	12.0%	

续　表

		中国	美国	英国	日本	统计量检验
由于老师的高要求，我提高自己的学习标准	有时	26.0%	28.0%	29.0%	17.1%	Pearson Chi-Square＝3.868 df＝20 P＜.001
	经常	21.2%	22.4%	18.9%	12.1%	
	总是	4.7%	8.4%	6.7%	4.5%	

四、讨论与建议

基于前文的研究结论，笔者试做如下几个方面的综合性讨论和建议。

第一，课堂教学方式的变革应是未来本科教育的重点努力方向。本研究发现，就理智驱动特质的最重要表征——"课堂的积极而深度的思维参与"而言，中国学生的表现还有待提高。课堂是本科教育的主阵地，课堂教学的水平是本科教育质量的命脉。笔者认为，未来课堂教学改革的重点，应落脚在改变中国大学课堂的灌输式、传递式教学的基本样态，打造一种基于对话的"思维激发式"的课堂教学形态。这对学校和教师提出了挑战。哈佛校长德里克·博克在其担任哈佛校长时始终致力于解决这个问题。他认为，教师们往往出于"自我保护"的本能，不愿意改革习以为常的"填鸭式"教学方法，这是可以理解的。但通过让教师不断接触"对话式教学方法"对学生思维能力发展有促进作用的科学研究成果，让教师展开基于校本的行动研究，并给予专业支持，教师就会逐渐愿意采用新教学方法，并使课堂逐渐活跃起来。[①] 中国的一流大学和教师可以从博克的建议中获得启示。

第二，增加师生互动，既要关注形式，更要走向实质。本研究发现，中国学生在规制性的师生互动（制度性的安排，如小班研讨课等）上表现优异，但在理智性的师生互动（自发性的互动，如与教师讨论学业问题等）上则表现不佳。这说明，未来的本科教育改革的重点应当从"师生互动"的形式上的设计，走向实质性的关注。所谓实质性的关注，就是要让学生出于内心的求知热望去与教师互动，要让师生的互动交流成为一种实质性的"心灵碰撞"。英国哲学家怀特海说，大学

[①] 德里克·博克：《回归大学之道》，侯定凯等译，华东师范大学出版社2008年版，第34，77—86页。

教育的最高境界是创建一种师生交流的"激动气氛",在这种气氛中,知识就被"赋予了一种不可名状的潜力"[①]。这其实意味着,相比于创建各种形式化的师生互动机遇或规范(如某种形式的小班研讨课),教师真正地投身教学、研究教学,将自己鲜活的研究成果和人生体验融入教学中,让学生体会到求知生活的激情与美好,才可能让"走心的师生交流"真正发生。

第三,要通过教学管理制度的深度优化,把学和教的活力真正激发出来。教学管理是一种教学要素、教学资源的配置方式,其目的不仅仅是解决形式上的教学规程安排问题,更是要激发出学校本科教育的活力。中国学生在理智驱动的学习参与上"尚有不足"的表现,说明中国一流大学的本科教学管理制度还有优化的空间。比如,通过教学评价的改革(如对教师指导学生学习并解其惑的关注),激活教师与学生互动的热情;通过课程设置的改革(如课程名目的精心筛选、课程内容的精心规范),激活学生选课的深层的挑战性意愿;通过学习评价的改革(如关注合作性的项目解决、关注学生综合性和表现性的学习结果),激活学生彼此研讨、互动的动机,促发学生深层学习的生成;通过教研制度的改革,让有针对性的教学研究真正发生,促使教师在反思教学、改进教学、创新教学的过程中实现"教师真我的回归"[②]!

(原载《教学研究》2018年第6期。原文题目为"全球视野下中国一流大学本科生的学习参与:当前表现与努力方向——基于中美三轮SERU调查数据之解析")

[①] 布鲁贝克:《高等教育哲学》,王承绪等译,浙江教育出版社1987年版,第14页。
[②] 帕尔默:《教学勇气:漫步教师心灵》,吴国珍等译,华东师范大学出版社2005年版,第13页。

研究型大学转专业意向学生学习经历的实证研究

熊艳青　徐　丹　刘声涛

内容提要：在教育资源有限的情况下，现有高校必然存在一定数量由于种种原因无法进入心仪专业的转专业意向大学生。本研究利用 H 大学本科生就读经历调查数据，比较转专业意向大学生与无转专业意向大学生的学习经历差异，发现来自农村、家庭属中低收入及以下阶层、父亲未接受过高等教育和从事社会地位较低的职业、就读理学学科的学生进入大学后更有可能产生转专业意向。这一学生群体无论在一般性学习投入和专业课程投入水平，还是在学习成绩、关键能力增长、对院校经历的满意度和归属感水平上均不如无转专业意向大学生群体，且部分指标差异达到中等程度。院校需要加大对转专业意向学生群体的关注，通过专业导论课程的教学加强学生专业归属感，推动跨学科人才培养，实现人才培养模式的根本变革。

一、研究缘起与研究问题

我国长期以来实行按照高考志愿选择专业的模式，由于高中生和大学、社会间的信息不对称，学生在填报志愿时具有很大盲目性，导致进入大学之后一部分学生对所学专业不满意。尽管我国高校一直以"转专业形式"允许一小部分有专长或出于身体原因不适宜在原专业就读的学生转专业，且 2005 年教育部正式公布新修订的《普通高等学校学生管理规定》，取消原《规定》中关于学生转专业的条件限制和规定，并在第十八条规定，学生可以按学校规定申请转专业，从而将改革权力下放至高校。但是，从对多所研究型大学学生管理制度的考察情况来看，绝大部分高校在制订本校学生管理规定时仍然保留着原国家教委颁布的规定中关于转专业的各种限制,其他高校则往往会出台诸多限制政策,比如对转专业人数比例、申请人的学业成绩、获奖纪录等做出规定。在本研究调查的 H 大学,申请转换专业的学生中大致只有六分之一的学生能成功转换到新专业。

十余年来国内许多高校都在探索并陆续实现从"按专业招生"到"按大类招生",推迟学生的专业选择行为,某种程度上降低了学生由于对专业缺乏了解而导致的专业不适应和不满意的可能性,但是,大类招生改革实际并未在高校中普遍展开。在目前的转专业制度下,也必然存在一个转专业需求无法得到满足的群体。这个群体的学生在研究型大学中规模如何?他们的学习过程和学习效果与其他学生群体是否存在差异?对这些问题的研究一方面有助于我们了解这一群体学生的基本特征,为促进这一群体学生的学习投入提供政策建议。另一方面,也可以为大类招生和转专业制度改革的完善提供信息支持。

二、研究设计

(一) 分析框架

研究以阿斯汀(Astin)的 I-E-O(Input-Environment-Output)模型为分析框架的理论基础。在 I-E-O 模型中,I 指个体的输入特征,本研究采用的变量包括学生进入大学前的个人与家庭背景特征及专业选择的影响因素;E 代表院校环境,研究中采用的变量包括学位目标期望、毕业后计划、学习障碍、校园感知及学生学习投入等过程变量;O 指学习效果,即学生通过大学教育所获得的认知技能和情感与价值观的变化。[1] 本研究采用平均绩点分、关键能力增长、满意度和归属感等变量(如图 1 所示)。

(二) 调查工具

本研究采用 2011 年 H 大学"研究型大学本科生就读经历调查"(Student

---

[1] Astin, A, *What Matters in College? Four Critical Years Revisited*, San Francisco: Jossey-Bass, 1993, 388.

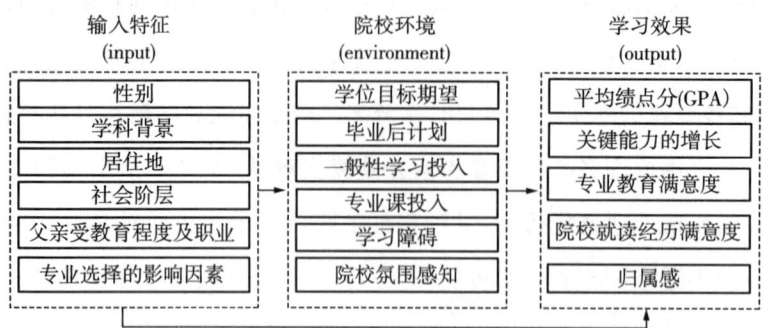

图 1　分析框架示意图(参考 Astin 的 I-E-O 模型①)

Experiment in the Research University,简称 SERU)数据。SERU 调查由加州大学伯克利分校高等教育研究中心发起,SERU 联盟成员包括加州大学的十所分校、明尼苏达大学、匹茨堡大学、北卡罗来纳大学等在内的十五所研究型大学以及中国、日本、巴西、荷兰等国的十五所卓越研究型大学。H 大学 2011 年加入 SERU 联盟,调查问卷由 H 大学研究团队与加州大学伯克利分校研究团队共同汉化与修订而成。问卷包括学生的学术参与与学生发展(包括学生的时间分配、师生互动、学生能力增长等)、学生的生活和目标(学生读大学的目标、对校园的感知、对学校服务的满意度等)、学生的背景、技术的使用、通识教育和专业教育的投入和满意度等。调查采用在线普查的方式进行。

(三) 样本分布

考虑到一年级学生的入学时间还比较短,调查仅针对在校二至五年级的学生,共收到 4853 个有效样本。其中男生 48.8%,女生 51.2%;二年级 41.6%、三年级 36.1%、四年级 22.2%、五年级 0.1%;理学 6.8%、人文社科 50.9%、工学 42.3%;居住地在地级及以上城市 32.5%、县城 24.2%、农村 43.3%。

我们在调查问卷中设置一个问题(你现在属于下列哪种情形?),为学生提供四个选项:(1)现在就读的是高考录取专业,没有转专业的意向;(2)现在就读的是高考录取专业,有转专业意向,但是没有提交申请;(3)现在就读的是高考录

---

① Astin, A, "The Methodology of Research on College Impact," Part One, *Sociology of Education*, 1970(3), 225.

取专业,提交过转专业申请,没有获批,且仍有转专业意向;(4)现在就读的不是高考录取专业,已经成功转入新专业。数据分析过程中将(1)(4)选项合并为一类,即无转专业意向群体,(2)(3)选项合并为一类,即转专业意向群体。初步的统计发现,在 H 大学中,转专业意向学生群体样本量为 1190 个,占整个学生群体的 1/4。

(四) 核心变量的解释与说明

一般性学习投入指的是学生的学业参与。在本调查问卷中,用于测量一般性学习投入的题项有 34 项,均要求被调查者回答各种学业参与经历的频繁程度,测量标准为李克特六点量表(1=从不,2=难得,3=有时,4=稍多,5=经常,6=频繁)。通过因子分析,对学生的一般性学习投入进行了降维处理,提取出了四个核心因子,分别命名为师生互动、学业挑战度、课程参与、消极学习行为。关键能力的增长采用入学时与目前的能力水平之间的差值为比较对象,在计算出差值的基础上,同样对二十组能力进行了因子分析,最后得到欣赏理解能力、学术研究能力、一般能力三个核心因子。欣赏理解能力主要测量学生的文化差异理解、艺术欣赏等能力;学术研究能力测量学生借助图书馆、计算机等进行研究的能力;一般能力则侧重于测量学生表达能力、写作能力、外语水平等一般能力。上述的样本数据均通过了 KMO 统计量与 Bartlett 球形假设检验,符合做因子分析的条件,事后的内部信度一致性检验系数均超过了 0.7,说明量表具有一定的可靠性,具体的特征值如表 1 所示。

院校氛围的感知指的是学生对学校重个人、重视本科教育这两类态度的认可度,采用的李克特六点量表测量(1=非常不同意,2=不同意,3=较不同意,4=较同意,5=同意,6=非常同意)。GPA 是基于学生 2010—2011 下学期和 2011—2012 年上学期的成绩计算得来。美国学者阿斯汀(Astin)曾指出学生学习经历满意度是学生对自身在学校所受教育情况的一种反馈,也是衡量学生学习效果的一个指标[①]。因此在本研究中,选取了专业教育满意度与大学生整体

---

① Astin,A.W, *Assessment for Excellence:The Philosophy and Practice of Assessment and Evaluation in Higher Education*,New York: Macmillan Publishing Company,1991,61 - 62.

生活满意度,这两项指标均采用李克特六点量表(1＝非常不同意,2＝不同意,3＝较不同意,4＝较同意,5＝同意,6＝非常同意)进行测量。

表1 整体学习投入与关键能力增长的因子分析及内部信度检验

因子	题项数	题项示例	特征根	解释方差(%)	信度系数(α)
一般性学习投入					
师生互动	6	和教师通过电子邮件或面对面进行交流	8.020	34.870	0.872
学业挑战度	6	创造或产生新的观点、产品或理解的方法	2.012	8.750	0.861
课程参与	7	参加课堂讨论	1.778	7.729	0.821
消极学习行为	4	上课前没有完成布置的阅读资料	1.237	5.378	0.740
关键能力增长					
欣赏理解能力	5	欣赏文化差异和全球差异的能力	5.832	38.882	0.838
学术研究能力	5	借助图书馆进行研究的技能	1.529	10.190	0.825
一般能力	5	清晰有效的表达能力	1.247	8.310	0.769

三、统计结果

(一)输入特征

1. 学生背景特征

统计结果显示,居住地在农村,中低收入阶层和低收入阶层,父亲未接受过高等教育、从事社会地位较低职业的学生,入学后产生转专业意向的可能性高于来自地级及以上城市和县城,家庭属于中等或以上收入阶层,父亲接受过高等教育和从事较高社会地位职业的学生,且上述差异具有统计学意义。男生转专业意向略高于女生,但两者差异不显著。

不同学科背景的学生产生转专业意向的可能性存在显著差异,来自理学学科的学生产生转专业意向的可能性明显高于人文社科和工学学生。

2. 专业选择的影响因素

为了探讨转专业意向大学生群体与无转专业意向大学生群体在高考填报志愿时选择专业的影响因素是否存在显著差异,本研究采用独立样本 T 检验。为了更好地了解差异的实际大小,引入差异尺度的测量方法——Cohen's d 来具体分析二者的差异情况,按照 Cohen 提出的测量标准,0.2 以下为较小差异,0.2—0.5 之间为中等差异,0.5 以上为较大差异。[①]

对于两类群体而言,选择专业时首要考虑的因素都包括"自己的兴趣"、"工作机会"、"自己的学术(科)能力"、"职业生涯发展的潜力"、"家长的影响与建议"、"师长的影响与建议",然而,两群体在"父母与家人的影响或建议"、"自己的兴趣"、"自己的学术能力"、"职业生涯发展的潜力"、"选校不选系"五项指标上具有显著差异。在前四项指标上,转专业意向大学生群体感知的重要性程度小于无转专业意向大学生群体,但在"选校不选系"这一因素上则相反,不过根据 Cohen 的判断标准,这些差异属于较小差异。

表2 转专业意向大学生与无转专业意向大学生专业选择影响因素比较

比较项	转专业意向 N	Mean	SD	无转专业意向 N	Mean	SD	T	Cohen's d
父母与家人的影响或建议	1188	3.81	1.31	3054	3.91	1.35	2.03*	0.06
自己的兴趣	1185	4.55	1.18	3046	4.69	1.14	3.40***	0.11
自己的学术(科)能力	1187	4.31	1.20	3036	4.44	1.18	3.24***	0.09
选校不选系	1184	3.32	1.42	3050	3.12	1.41	−4.12***	0.10
职业生涯发展潜力	1181	4.24	1.24	3050	4.34	1.26	2.37*	0.06
师长的影响或建议	1185	3.86	1.19	3043	3.82	1.24	−0.90	0.03
同辈的影响或建议	1187	3.43	1.17	3035	3.42	2.20	−0.18	0.00
奖学金	1185	3.02	1.29	3045	3.01	1.32	−0.18	0.00
工作机会	1187	4.53	1.17	3038	4.60	1.18	1.69	0.05

* $P<0.05$ ** $P<0.01$ *** $P<0.001$

---

① Cohen. J, *Statistical Power Analysis for the Behavior Sciences*, New York: Academic Press,1969,22 − 66.

(二) 学习过程

1. 目标与学习投入

转专业意向大学生群体与无转专业意向大学生群体在学位目标期望与毕业计划上存在显著差异。转专业意向大学生更倾向于获得多个学位,毕业后直接参与工作。

转专业意向大学生群体在一般性学习投入与专业课投入上的表现均逊色于无转专业意向大学生群体。具体而言,转专业意向大学生群体在"学业挑战度"、"课程参与"、"师生互动"的投入上均显著低于无转专业意向群体,但消极学习行为却显著高于无转专业意向大学生群体。根据 Cohen's d 的判断标准,"学业挑战度"、"消极学习行为"、"师生互动"的实际差异较小,但是"课程参与"的实际差异尤为明显,达到了中等程度。

在专业课程投入的五个方面,转专业意向大学生群体投入水平均显著地低于无转专业意向学生群体,而且在"专业课兴趣"的投入上,两者的实际差异达到了较大程度($d>0.5$)。另外,"专业课重要性认知"、"专业课程学习投入时间和精力"、"与教师互动交流的频度"的差异也达到了中等程度($0.2<d<0.5$)。从专业课程投入的内部结构看,转专业意向大学生认知投入("我认为专业课程学习的重要性")水平高于专业课程行为投入("参与科研活动"以及"与教师的交流互动")。

总体而言,转专业意向学生对院校环境的感知更为消极。转专业意向学生群体与无转专业意向大学生群体在"缺乏语言能力"、"学习环境差"、"缺乏研习能力"、"抑郁等情绪因素"上对学业成功的障碍的感知与同辈存在显著但较小的差异。转专业意向学生群体对学校重视个人、重视学生意见、重视本科教育的感知整体处于"较不同意"与"比较同意"之间,且与无转专业意向学生群体存在显著但较小的差异。

(三) 学习效果

转专业意向大学生群体平均绩点分显著低于无转专业意向大学生群体,且差异达到中等程度。

表3 转专业意向大学生与无转专业意向大学生学习投入比较

比较项	转专业意向 N	Mean	SD	无转专业意向 N	Mean	SD	T	Cohen's d
一般性学习投入									
学业挑战度	1159	3.43	0.82	2964	3.56	0.85	4.45***	0.18
课程参与	1155	3.48	0.78	2946	3.63	0.80	5.55***	0.24
师生互动	1141	2.75	0.86	2936	2.89	0.90	4.34***	0.18
消极学习行为	1178	2.39	0.72	3029	2.32	0.72	−2.92***	0.14
专业课投入									
专业课的兴趣	1179	3.43	0.85	3044	3.78	0.80	12.02***	0.53
专业课的重要性认知	1183	4.04	0.88	3044	4.20	0.82	5.62***	0.23
专业课投入时间和精力	1176	3.65	0.87	3045	3.89	0.80	8.15***	0.36
与教师互动交流的频度	1182	2.96	0.90	3037	3.19	0.90	7.56***	0.28
参与科研活动的程度	1182	2.48	1.05	3041	2.70	1.08	6.13***	0.19
学习障碍									
缺乏语言能力	1185	3.23	1.08	3050	3.31	1.05	2.22*	0.07
缺乏研习技能	1180	2.97	1.03	3044	3.06	1.01	2.58**	0.09
学习环境差	1184	3.03	1.00	3045	3.18	0.97	4.48***	0.16
抑郁等情绪因素	1185	3.08	1.01	3044	3.24	1.10	4.08***	0.14
院校氛围的感知									
我作为个人得到了应有的重视	1183	3.54	1.21	3054	3.74	1.18	4.96***	0.14
大学对学生的意见非常重视	1178	3.53	1.19	3042	3.72	1.15	4.74***	0.14
大学对本科教育非常重视	1184	3.85	1.12	3048	4.05	1.06	5.35***	0.17

* $P<0.05$ ** $P<0.01$ *** $P<0.001$

增值(value-add)评价法是通过对学生在整个大学就读期间或者某个阶段的学习过程、学习结果的分析来描述学生在学习上的进步或发展的增量。① 我们

---

① 章建石:《增值评价法——关注学生的实际进步》,《评鉴》2007年第8期。

的统计结果显示,转专业意向大学生在"文艺欣赏能力"、"学术研究能力"、"一般能力"上增值小于无转专业意向学生,且"一般能力"增值差异达到中等程度。

转专业意向学生群体专业教育满意度显著低于无转专业意向学生群体,其中在"专业课课程体系安排"、"在专业课学习上的收获"、"专业课质量整体评价"、"专业课教师的教学水平"上两群体差异达到中等水平。从满意度水平的维度来看,转专业意向学生对"教师的教学水平"以及"教师的投入程度"的满意度较高,对"专业课课程体系安排"、"在专业课学习上的收获"、"专业课质量整体评价"方面满意度低。

转专业意向学生群体在院校经历满意度和归属感各维度水平显著低于无转专业意向学生群体。其中在"整体的学术经历"、"相对于所交学费,你获得的收益(性价比)"方面的满意度,以及在两项归属感指标上,两群体差异达到了中等水平。

表4 转专业意向大学生与无转专业意向大学生学习效果比较

比较项	转专业意向 N	Mean	SD	无转专业意向 N	Mean	SD	T	Cohen's d
GPA								
平均绩点分	1190	2.60	0.56	3062	2.73	0.57	6.61***	0.40
专业满意度								
专业课课程体系安排	1189	3.54	1.07	3054	3.84	1.01	8.47***	0.30
专业课教师的教学水平	1189	4.00	1.03	3038	4.20	0.96	5.89***	0.20
专业课教师的投入程度	1182	4.06	1.03	3046	4.23	0.99	4.83***	0.17
在专业课学习上的收获	1185	3.74	1.07	3047	4.06	0.96	8.89***	0.33
专业课质量整体评价	1185	3.91	1.04	3042	4.17	0.95	8.05***	0.27
能力增长								
文艺欣赏能力	1114	0.73	0.77	2872	0.83	0.72	4.09***	0.19
学术研究能力	1103	1.04	0.76	2846	1.12	0.73	2.94**	0.15
一般能力	1116	0.3	0.79	2893	0.44	0.76	5.20***	0.24

续 表

比较项	转专业意向 N	Mean	SD	无转专业意向 N	Mean	SD	T	Cohen's d
院校就读经历满意度									
所获得的平均学分成绩	1189	3.32	1.13	3047	3.50	1.09	4.68***	0.15
整体的社交经历	1186	3.58	1.03	3037	3.68	1.00	3.13**	0.10
整体的学术经历	1181	3.29	1.01	3039	3.50	1.01	6.02***	0.21
相对于所交学费,你获得的利益	1186	3.09	1.12	3036	3.38	1.08	7.87***	0.24
院校归属感									
我对学校有一种院校归属感	1184	3.79	1.16	3047	4.10	1.11	7.86***	0.25
重新选择该校	1184	3.26	1.29	3045	3.72	1.27	10.46***	0.28

* $P<0.05$ ** $P<0.01$ *** $P<0.001$

四、分析与讨论

大量已有研究证实,当进入高等教育的机会增多时,读大学不再成为一种稀缺资源,人们争夺的焦点转变为进入重点大学,就读优势专业,而家庭资本对于争夺优质教育资源具有重要影响。布迪厄曾在1961至1962年对211879名在校大学生的家庭背景进行统计分析发现:不同社会阶层的大学生进入高等教育的入学机会以及选择专业的机会存在差异,从专业选择的机会来看,社会阶层越低的大学生,选择专业时受到的限制更多。[①] 而父母的社会经济和文化地位越高,越能够为子女提供正确可靠的信息,从而减少其选择专业时的盲目性。除了家庭资本外,地区分层也制约着大学生获取优质高等教育的机会。有学者曾对近十年2200名高校毕业生进行调研发现:家庭居住地为地市级城市和省会城市的子女在高等教育机会尤其是优质高等教育资源竞争中占据绝对优势,而农村

---

① P.布尔迪约、J.C.帕斯隆:《继承人——大学生与文化》,邢克超译,商务印书馆2002年版,第8页。

和小城镇子女在高等教育机会竞争中处于明显的劣势[①]，这一现象与我国长期存在的教育投资的城乡二元化体制导致的农村教育在师资、设备、资金等方面落后有关。

进入大学后，转专业意向学生更倾向于获得多个学位，这可能是由于转专业政策的名额有限，在转专业不成功的情况下，只能通过辅修第二学科，获取多个学位来进行调节。在毕业规划上，转专业意向学生更倾向于毕业后直接参与工作，笔者通过与部分转专业意向学生面对面的交流，发现家庭经济状况、学习成绩在一定程度上影响其毕业后的计划。生物技术专业的一位学生这样说："家里面经济状况不是很好，读个大学已经很不容易了，再加上下面还有个读高中的弟弟，毕业后还是直接工作吧，减轻点家里面的负担；而且即使不是工作，深造的话，无非就是考研，但是要成绩好，那个我已经无缘了。"

专业学习是大学生的主要活动，对专业学习的兴趣反映了大学生对所学专业的认同、喜爱以及愿意付出的努力和良好的行为表现。[②] 已有研究证明，专业兴趣对转专业倾向有着极其显著的反向预测作用，专业兴趣度越高，转专业倾向就越小。[③] 我们在与部分转专业意向学生的交流中发现：由于录取时被调剂到非意向专业或者非第一志愿专业，或者入学前对专业的理解有偏差，转专业意向学生群体在专业选择过程中感受到强烈的心理落差，影响了学习兴趣和投入水平。例如信息与计算科学的一位学生说："我的专业是信息与计算科学，选的时候我以为是学计算机的，结果大部分是学数学的，读高中的时候对数学就没太大的兴趣，结果大学又是挂着计算机的数学专业，瞬间就没什么兴趣了，也提不起什么兴趣去学。也怪自己选专业的时候看得不够仔细啊。"

就业前景不理想也是部分转专业意向学生对专业课提不起兴趣的原因之

[①] 陈新忠、未增阳：《社会分层视阈下高等教育机会公平研究》，《华中农业大学学报（社会科学版）》2013年第2期。

[②] 连榕、杨丽娴、吴兰花：《大学生的专业承诺、学习倦怠的关系与量表编制》，《心理学报》2005年第5期。

[③] 徐琳、唐晨、钱静、秦虎、孟慧：《大学生专业兴趣度与转专业倾向及行为的关系》，《心理研究》2011年第3期。

一。生物技术专业的一位学生提到:"开始的时候我对专业课还是不反感的,后来通过与学长学姐的交流发现,这个专业的就业前景不好,工资待遇很低,我就没有学习的欲望了,学习兴趣也提不起来了。"

即便转专业意向大学生群体基于自身的意愿选择到了心仪的专业,进入大学后个人的兴趣发生转变也是一种正常的现象。因为个人兴趣并非一成不变,而是随着年龄的增长、与环境的互动而不断变化。在初次选择专业时,学生大多处于17—18岁,正是青年早期,对自我的了解也还在探索阶段,上大学后,随着年龄增长以及与环境的互动,兴趣产生波动属于正常现象。[①] Milsom 和 Coughlin 运用扎根理论对十名美国东南部的研究型大学本科生进行研究后进一步发现:学生对专业课程内容和选修课内容的认识以及与教师或者其他本科生的交往互动是导致学生改变兴趣的重要因素。[②] 这一研究发现说明,学生入学后的学习经历也是塑造学生的专业认知、影响其专业兴趣的重要因素。

Pascarella 和 Terenzini 在追踪和总结了三十多年间有关大学生学习与发展的研究文献的基础上指出:大学的类型及环境对学生发展的影响是间接的,而真正直接的影响因素是大学生自身的投入。[③] 我们的研究显示:在一般性学习投入中,转专业意向大学生群体的表现不如无转专业意向大学生群体,集中体现在课程参与方面。课程不参与或者参与程度低反映出大学生对课程的消极反抗,不利于学生的发展。哈吉斯(Hughes)和佩斯(Pace)于 2002 年对洪堡州立大学的 169 名大学生进行研究发现:如果学生较少地参与学习,他们容易对大学生活失去兴趣或无法适应,进而产生中途放弃学业的行为。[④] 反之,个体对学业投入

[①] 陈国鹏:《心理测验与常用量表》,上海科学普及出版社 2005 年版,第 126—127 页。
[②] Milsom, A & Coughlin, J, "Satisfaction with College Major: A Grounded Theory Study," *Nevada Journal*, 2015, 35(2), 5 – 14.
[③] Pascarella, E. & Terenzini, P, *How College Affect Students: A Third Decade of Research*, San Francisco: Jossey-Bass Publisher, 2005, 68, 605, 37 – 45.
[④] Hughes, R & Pace. C, "Using the NSSE to Study Student Retention and Withdrawal," *Progress, Trends and Practices in Higher Education*, 2003(15), 13 – 15.

的时间和精力越多,越有可能对自己的学业收获感到满意[①],因此,不难理解两类群体在院校经历的满意度和归属感上的显著差异。

五、政策建议

(一)加大对转专业意向学生群体的关注

质量和公平是新形势下我国高等教育改革发展的两大主题,高质量高等教育公平是我国高等教育综合改革的内在追求。高等教育公平的核心内容包括权利的公平、机会公平和效果公平,这个演变的序列代表着教育公平水平在纵向上的尺度,大致分为"合格"、"良好"和"优秀"三种水平,高质量的高等教育公平最崇尚的是追求教育成功机会均等和教育效果相对均等。[②] 追求教育效果的相对均等意味着尽力去保障每个学生都能获得最大限度的发展。尽管转专业政策条件在逐渐放宽,大类招生改革也在持续推进中,高校在短时间内无法满足每个学生完全自由地选择专业依然是客观存在的问题,转专业意向学生群体也将在很长一段时间内继续存在。但遗憾的是,从现实情况来看,这部分群体还罕受关注,因此,应加大对转专业意向学生群体的关注,对影响其学习效果的行为进行适当干预。

(二)通过专业导论课程的教学加强学生专业归属感

我们的研究探讨了转专业意向学生群体的学习经历,但这一群体的专业认同度和专业归属感并非一成不变,也不是完全由学生个人主观选择过程决定。已有研究发现:专业的认知情况、学习氛围、专业地位、师资力量、教学效果、专业的未来就业率、工作岗位特性等特征对专业归属感有重要影响。[③][④] 其中,专业

[①] Kuh. G, "Assessing what really matters to student learning," *Change*, 2001, 33(3), 10-17.

[②] 张继平:《高质量高等教育公平的主要特点及实现机制》,《高等教育研究》2016年第2期。

[③] 陈培玲、贺荣繁:《大学生专业归属感研究》,《理论观察》2015年第2期。

[④] 王萍、王琳:《"大类招生,分流培养"模式下专业选择与专业认同关系的实证研究》,《浙江理工大学学报(社会科学版)》2017年第4期。

导论课的价值尤其值得重视和充分发挥。专业导论课程是通过介绍专业核心思想、结构、方法、历史、价值与发展方向等引导学生形成对专业的整体性认知的引导性课程,对引导学生认识专业、改善学习方法、树立专业信心、培养专业兴趣等能起到积极的作用①。专业导论课也是大类招生改革背景下专业吸引潜在生源的重要机会。加强专业导论课程建设是缓解学生专业选择问题的一条有效途径。

(三)推动跨学科人才培养,实现人才培养模式的根本变革

长期以来,我国以苏联模式为蓝本,有计划按比例培养各类专门人才,这在一定时期内提高了科学技术水平,保证了人才培养的质量。但是,在社会转型、产业升级、提倡创新的大背景下,大学生所学专业与就业职业的匹配度不断下降,新兴学科专业、交叉学科的强劲需求已经对传统培养模式提出挑战。其次,随着全球化进程的加剧,我们面临的很多问题更具复杂性,从环境问题到贫穷问题,从人权到健康医疗等,都不能靠单一的学科知识或技能来解决,而是需要整合的思维。推动跨学科人才培养有助于回应当代社会的复杂性,培养学生解决复杂问题、适应社会变化的能力。尽管我国部分高校在跨学科人才培养方面已进行了探索,如北京大学提倡的"厚基础、宽口径、高素质"复合型人才培养,按照不同年级开展学年学分制度,淡化专业,因材施教,充分调动了学生选课的热情;武汉大学以"充实内涵、重点突破、改革创新、超长发挥"为引导,形成创造、创新、创业三结合的多样化人才培养模式。② 但是整体而言,跨学科人才培养在理念、方式、配套制度等方面都面临着困境,借鉴欧美一流大学跨学科人才培养经验,结合自身情况建立具有本土特色的跨学科人才培养模式,是解决当前高校人才培养问题的根本方案。

(原载《当代教育论坛》2019 年第 1 期)

---

① 杨晓敏、李全意:《专业导论课程教学改革与实践》,《中国电力教育》2011 年第 2 期。
② 潘琰、郭飞君:《对高校跨学科人才培养的思考》,《教育与职业》2014 年第 6 期。

研究型大学学生类型及其学习效果

徐 丹 唐 园 刘声涛

内容提要:经过半个世纪的探索,美国高等教育界学生类型研究日趋成熟,但国内规范的实证研究仍然不多,在院校研究中的应用尤其不足。采用聚类分析方法,分析 2013 年 H 大学 8838 名本科生就读经历调查中学生投入行为数据,可以将学生分为懒惰型、传统型、全面发展型、游离型、社交型、自学型。研究发现,六类型学生在平均绩点分及分析与批判性思维能力、对所学专业的理解、社交技能、自我认知和理解、对个人社会责任的重要性的理解这五项能力的增值上均存在显著差异,但满意度和归属感无显著差异。大学应基于学生类型识别为各类型学生制定相应管理策略,引导懒惰型和游离型学生形成对大学教育功能和大学经历价值的充分认知,激励学生全面投入旨向教育目标的学习和社交活动。

高等教育大众化或普及化,不仅意味着学生数量的增加,还意味着更多不同类型的学生的出现,但当前高等教育管理主要基于学生同质性的假设,不利于充分利用院校资源培养人才。由于类型分析可以提供一种简易的方式以开启院校关于学生经历质量差别的对话,而且类型暗含关于重要学习效果的信息[1],基于学生学习经历质量的类型学研究,成为近年来院校研究中的新范式[2]。我国大

---

[1] Hu, S., and McCormick, A.C, "An Engagement-based Student Typology and its Relationship to College Outcomes," *Research in Higher Education*, 2012(53), 738–758.

[2] Shouping Hu, Lindsey Katherine, George D. Kuh, "Typological Research on College Students for Better Outcomes," Hu S, Li S, "Using Typological Approaches to Understand College Student Experiences and Outcomes," *New Directions for Institutional Research, Assessment Supplement 2011*, Hoboken, NJ: John Wiley & Sons, 2011, 6.

学尤其需要以院校为基础,运用学生行为的数据探讨可辨识的学生类型及其发展模式,从而服务于院校改进人才培养质量的决策。本研究运用院校学生学习经历调查数据,集中探讨基于学习投入度的学生类型以及不同类型学生在不同维度学习效果上的表现,为院校决策提供信息支持。

一、文献回顾与研究问题

作为学生发展理论研究领域的一个分支,大学生类型研究兴起于"二战"后的美国,最初由社会学家和社会心理学家发起并推动,基于如下基本假设:学生兴趣的结果(例如学生态度、经历和学习效果)及学生本身都可以采用有意义的方式进行分类,以反映出群内共性并预示群间差异。[①] 按照学生类型定义采用的方法差异,过去半个世纪大学生类型研究主要分为两类,分别以克拉克和特罗运用定性方法的研究和奥斯汀、库、胡寿平等学者运用聚类的定量方法的类型学为代表。

1966年伯顿·克拉克和马丁·特罗最早运用概念化的方法,采用院校合作研究项目(Cooperative Institutional Research Program)新生调查数据,从学生的大学认同度和参与度两个维度将学生分为学术型、社交型、职业型、不墨守成规型四组。[②] 霍洛威茨则运用历史方法研究十八世纪末以降本科生的亚文化,结果得出与克拉克和特罗一致的分类。[③] 东京大学金子元久教授选择的变量与克拉克和特罗部分相似,他用2007年日本全国大学生调查数据,从学生"是否对将来拥有明确的展望"和学生认为"将来的展望与大学教育的意图是否一致"两

[①] Shouping Hu, Shaoqing Li, "Typological Research on College Students for Better Outcomes," Hu S, Li S, "Using Typological Approaches to Understand College Student Experiences and Outcomes," *New Directions for Institutional Research, Assessment Supplement*, Hoboken, NJ: John Wiley & Sons, 2011, 84.

[②] Clark, B. R., and Trow, M, "The Organizational Context," T.M. Newcomb and E. k. Wilson (eds.) *College Peer Groups: Problems and Prospects for Research*. Chicago: Aldine, 1966, 17 - 70.

[③] Horowitz, H. L, *Campus Life: Undergraduate Cultures from the End of the Eighteenth Century to the Present*, New Uork: Knopf, 1987.

个维度,将大学生分为四类:高度匹配型、独立型、被动顺应型和排斥型。[1] 伯顿·克拉克、马丁·特罗和金子元久虽然都利用了调查问卷作为研究工具,但是他们在定义学生类型的时候采用了定性的方法。

  过去二十五年这一领域的主流是应用大规模学生调查中学生态度、行为及发展的数据,综合运用聚类的统计方法与概念抽象。奥斯丁(1993)根据学生价值观、自我意识、生活目标、行为、态度、期望六个方面的综合表现分类,将他们分为学习领导者、社会活动者、享乐主义者、艺术家、地位奋斗者、自由者。[2] 这七组的学生类型和之前研究描述的学生类型很相似。库恩、胡寿平和维斯帕等人(2000)使用大学生经验问卷(CSEQ)调查数据,选择了学生在有目的性的教育活动中的投入度和努力质量为分类依据,把学生分为十组即闲散型、娱乐型、社会型、社交型、科学家、个人主义者、艺术家、书虫型、知识分子、传统型。[3] 采用近似变量和方法的研究还有赵春梅、胡寿平、李莹莹、傅承哲、陆根书、陈雯雯的研究。由于学者们选择的调查工具、变量以及样本存在差异,不同研究采用聚类分析生成的研究结论并不一致。

  将近二十五年的研究与早期的研究对比,可以发现克拉克与特罗提出的学生类型具有参考性的作用,学生类型表现出一定稳定性。例如,库恩和胡寿平研究中的知识分子型、赵春梅等人研究中的全面发展型[4]的特点与克拉克和特罗研究中的学术型特点类似。奥斯丁等人研究中的社交型的特点与早期克拉克和特罗研究中的社交型学生特点相似。赵春梅等人研究中的学术型学生的特点与

---

[1] 窦心浩、金子元久、林未央:《解读当代日本大学生的学习行为与意识——简析 2007 年度日本全国大学生调查》,《复旦教育论坛》2011 年第 5 期。

[2] Astin, A, "An Empirical Typology of College Students," *Journal of College Student Development*, 1993b, 34(1), 36–46.

[3] Kuh, G., Hu, S., and Vesper, N, "They Shall be Known by What They Do: an Activities-based Typology of College Students," *Journal of College Students Development*, 2000, 41(2), 228–244.

[4] Zhao, C., Gonyea, R., & Kuh, G, "The Psychographic Typology: towards Higher Resolution Research on College Students," Paper presented at the annual forum of the Association for Institutional Research, Tampa, FL, 2003, 168.

奥斯丁研究中的学习领导者及克拉克和特罗研究中学术型学生特点类似。闲散型学生同时出现在了库恩、赵春梅、胡寿平、傅承哲[①]等人的研究中。而库恩和李莹莹[②]的研究中都出现了与奥斯丁研究中的享乐主义者类似的娱乐型。

从2000年开始至今,随着研究的纵深发展,学者趋向于探讨基于投入的不同类型学生的发展模式及其影响因素。研究发现,学生类型与学校的类型相关[③];不同类型学生的学习效果不同[④][⑤],学校资源投入对于不同类型学生的作用存在差异[⑥]。

总体而言,发展了半个世纪的学生类型研究逐步成熟。然而,相对西方半个世纪的逐步深入探索,国内规范的学生类型研究还不多,总体处于模仿阶段,学生类型研究在院校研究实践中的应用尤其不足。由于学生如何分配时间和精力对于学习的重要性比学生和院校特征大得多,基于学生行为,且与学习效果联系起来的类型学对于院校决策更有用[⑦]。本研究采用学生投入学习和其他活动的时间和质量划分学生类型,并探讨不同类型学生学习效果是否存在差异。

[①] 傅承哲、刘钰玲、屈琼斐、陈雯雯:《研究型大学学生学习状态的类型化分析及质量保障作用探析》,《复旦教育论坛》2017年第5期。

[②] 李莹莹:《基于学生参与度视角的大学生分类研究》,华中科技大学硕士论文,2013年。

[③] Zhao, C., Gonyea, R., & Kuh, G, "The Psychographic Typology: towards Higher Resolution Research on College Students," Paper presented at the annual forum of the Association for Institutional Research, Tampa, FL, 2003, 168.

[④] Hu, S., and McCormick, A.C, "An Engagement-based Student Typology and its Relationship to College Outcomes," *Research in Higher Education*, 2012(53), 738–758.

[⑤] 李丹、张俊超:《学生投入视角下学生类型对学习效果的影响研究——基于H大学本科生学习与发展调查》,《高等工程教育研究》2016年第4期。

[⑥] 傅承哲、刘钰玲、屈琼斐、陈雯雯:《研究型大学学生学习状态的类型化分析及质量保障作用探析》,《复旦教育论坛》2017年第5期。

[⑦] Kuh, G., Hu, S., and Vesper, N, "They Shall be Known by What They Do: an Activities-based Typology of College Students," *Journal of College Students Development*, 2000, 41(2), 228–244.

二、调查工具与核心变量

(一)调查工具与样本分布

研究采用2013年H大学本科生就读经历调查(Student Experience in the Research University,简称SERU)数据。该调查问卷由加州大学伯克利分校高等教育研究中心设计和开发,2002年开始在加州大学使用,2010年以后中国、荷兰、南非、巴西、日本、英国等国家的十多所卓越研究型大学逐渐加入SERU联盟。作为联盟成员,H大学调查问卷由SERU国际联盟研究团队和H大学研究人员共同修订完成,整个问卷包括学生投入(包括学生的时间分配、课程投入、师生互动等)和学生能力增长、学生的学习和生活目标、对院校环境的感知、对学校服务的满意度,以及学生的家庭背景特征等内容。调查采用在线普查的方式,每两年采集一次数据,H大学2013年11月—2014年1月进行的调查共回收8838个有效样本,回收率39.1%。其中男生55.5%;女生44.5%。一年级29.9%,二年级28.8%,三年级28%;四年级13.3%。工学59.8%,人文社科32.1%,理学8.1%,调查样本构成与H大学学生总体构成基本一致,不存在样本偏差。

(二)核心变量

1. 学生投入

七十年来,学生投入越来越成为理解和推动学生学习研究和高等教育的关注焦点。大量实证研究证明,学生投入是学生学习和个人发展的唯一最佳预测变量[1],院校对学生的影响主要由个体在学术和非学术活动上的努力质量和投入水平决定。[2] 本研究将调查问卷中涉及学生在学习和其他活动上的时间分配和体现投入内部结构的学术参与度纳入学生投入变量。研究运用探索性因素分

---

[1] Kuh, G, "What We're Learning about Student Engagement from NSSE," *Change*, 2003, 35(2), 24–32.

[2] Pascarella, E., & Terenzini, P, *How College Affects Students: Findings and Insights from 20 Years of Research*, San Francisco, CA: Jossey-Bass, 1991, 610.

析方法(采用主成分分析方法抽取因子,并进行最大正交旋转)对问卷中用于测量学生学术参与度的34个题项和测量学生时间分配的13个题项进行分析。剔除题目少于三个的因子并逐步删除因子载荷量小于0.41的题目,最终保留27道题目。保留因子的标准是特征根值大于1。将属于同一因子的所有题项的得分求和,并计算平均分,作为该因子的最后得分。学生投入由六个因子构成:因子1包含9个题项,涉及学生对不同层次认知目标的感知,命名为"学术挑战度";因子2包含6个题项,内容涉及不同形式不同场合的师生互动,命名为"师生互动";因子3的8个题项主要涉及课堂讨论及对课程知识的应用等活动,命名为"课程参与",因子4的4个题项主要涉及"消极学习行为"。上述四个因子包含的27个题项均采用李克特六点量表测量(1=从不、2=难得、3=有时、4=稍多、5=经常、6=频繁),其理论上的中等强度观测值是3.5。因子5包括学生"课外活动时间"的8个题项;因子6包含涉及学生"课内学习时间"的2个题项。这两个因子包含的10个题项采用李克特八点量表测量(1=0小时、2=1—5小时、3=6—10小时、4=11—15小时、5=16—20小时、6=21—25小时、7=26—30小时、8=30小时以上),其理论上的中等强度观测值为4.5。不同类型的学生整体投入由六个因子得分之和的平均分表示,六个因子的投入得分由每个维度的题目得分之和的平均分表示。

2. 学习效果

学习效果指学生以某种形式参与学习之后所获得的结果。奥斯丁将学习效果分为非认知和认知能力两个方面。认知方面变量包括平均绩点分(GPA)、分析与批判性思维、知识(专业知识的理解)、责任感等,非认知方面涵盖自我认知和理解、社交关系、社交技能、态度、价值观、归属感、对学校的满意度等。[①] 本研究选择学生的自报告在分析与批判性思维能力,对所学专业的理解,社交技能,自我认知和理解,对个人社会责任的重要性的理解的增值,对整体社交和学术经历的满意度,归属感,以及学生的累计绩点分作为学习效果变量。研究显示,自

---

① Astin, A, *What Matters in College? Four Critical Years Revisited*, San Francisco: Jossey-Bass,1993,388.

报告在满足下列五个条件的情形下可视为有效:(1)调查对象有能力回答所要求的信息;(2)问题的表述清晰无歧义;(3)问题涉及的是调查对象近期活动;(4)调查对象认为这些问题值得严肃认真对待;(5)回答问题不会对调查对象的隐私造成威胁、困扰或冒犯,或鼓励调查对象提供社会期许的答案。[1] 且已有研究证明,自报告学术能力增长与学生认知和态度前后测的结果高度相关。[2] 前述诸项能力增值采用学生对于这项能力在入学时和当前水平评价的差值,题项采用李克特氏六点量表测量(1=非常差、2=差、3=一般、4=好、5=很好、6=优秀)。满意度和归属感的题项也采用李克特氏六点量表测量(1=很不满意、2=不满意、3=较不满意、4=较满意、5=满意、6=非常满意),理论上,学生满意度及归属感的中等强度观测值是 3.5。GPA 采用学生 2011—2012 学年下学期和 2012—2013 学年上学期所修课程平均绩点分。

三、分析过程与统计结果

(一)学生类型:聚类分析的过程与结果

我们采用学生类型研究领域广泛运用的 K-means 聚类分析法,从学生众多的行为特点中把学生划分为不同类型。在使用 K-means 聚类分析法之前,先对六个分类变量即学术挑战度、课程参与、师生互动、消极学习行为、课外时间投入、课内学习时间的数值进行标准化处理,将原始分数转化为标准分数(Z 分数),凡大于平均数的原始分数 Z 值为正数,小于平均数的原始分数则 Z 值为负数,等于平均数的原始分数的 Z 值为零。K-means 分类法需要研究者首先基本预测类型数量,对多次聚类分析进行比较,并依据聚类中心间的距离[3]和聚类的表现特征,最终选择最合适的类型划分方式。本研究中聚类的表现特征是指每

---

[1] Kuh, G., Hayek, J., etc, *NSSE Technical and Norms Report*, Indiana University Center for Postsecondary Research and Planning, Bloomington, 2001, 9.

[2] Pohlmann, J, & Beggs, D., "A Study of the Validity of Self-reported Measures of Academic Growth," *Journal of Educational Measurement*, 1974, 11(2), 115 – 119.

[3] 作为典型的基于距离的聚类算法,K-means 聚类分析方法采用距离作为相似性评价指标。聚类中心间的距离越大,说明聚类间的相似性越小,差异性越大。合理的聚类应做到组间距离最大化,组内距离最小化。

种聚类类型在学术挑战度、课程参度、师生互动、消极学习行为、课外活动时间、课内学习时间上的具体表现特征。判断聚类是否合理,除了考虑聚类间距离外还要考虑聚类类型在组内特征上的相似性,组外特征上的差异性。

在使用 K-means 聚类分析法时,我们借鉴国内外文献中研究结论,尝试将学生投入行为聚成 3—8 种类型,结合统计意义和现实意义对不同聚类结果进行分析比较,并参考了胡寿平教授的学生类型研究成果,将 H 大学学生分为六大类型,即懒惰型、传统型、全面发展型、游离型、社交型和自学型。分析结果见下表:

表 1　学生投入聚类分析结果

	懒惰型	传统型	全面发展型	游离型	社交型	自学型
学术挑战度	−.23405	−.51020	.84084	−.57824	−.27880	.96068
师生互动	−.18836	−.27254	1.42802	.09442	.88549	−.61525
课程参与	−.33245	.97808	.51044	−.74412	−.16951	−.15373
消极学习行为	1.22467	−.18844	−.46039	−.61238	1.36380	−.22362
课外活动时间	−.23147	−.36194	1.20226	−.16023	2.16394	−.40643
课内学习时间	−.72204	.30122	.91148	.47654	−.52211	.45414
人数	1146	1509	714	1526	325	1466
百分比	17%	23%	11%	22%	5%	22%

我们的调查结果显示,占 H 大学学生总数 17% 的懒惰型学生中女生比例高于男生,且多为四年级、工学类学生,更可能出生在农村中低等收入、父亲文化程度不高的家庭。懒惰型学生各维度投入均低于平均水平,消极学习行为高于平均水平。他们在课程学习过程中对不同层次的认知目标感知迟钝,课内外不同形式和内容的师生互动都较少参与,课程参与水平低于同辈群体。懒惰型学生不仅对学习没有兴趣,对课外活动也不热衷。

传统型学生更可能是男生,二、三年级,人文社科类学生,通常出生在父亲学历较高、经济上处于中等或中低等收入的家庭中。这类学生课程参与水平较高,在上课、讨论、实验上投入时间高于平均值,但是其他各维度投入水平低于平均水平。H大学大约有23%的学生属于传统型,在六大类型中比重最大。

占学生总数11%的全面发展型学生各维度投入水平都在所有类型中最高。其女生比例高于男生,且多为大学一年级工学类新生。他们更可能出生在地级及以上城市、父亲受过高等教育、富裕或较富裕的家庭中。

游离型学生没有表现出明显的消极学习行为,但是除了偶尔在课堂上或课间与教师进行互动交流、参加教师组织的小型学术研讨课外,基本不把时间投入课程学习,对课程中不同层次的认知目标感知程度很低,课程参与水平低于中等水平,课外活动时间投入也不多,并没有表现出热爱社交活动的倾向。游离型学生中男女比例相差不大。四年级、理学类、父亲学历为高中或者中专以下、家庭收入水平为中等及中低等以下的学生更可能成为游离型学生。H大学中约有22%的学生属于这一类型。

社交型学生约占学生总体的5%,其特点是,师生互动和课程参与水平偏高,课外活动时间远高于其他类型学生,但消极学习行为频繁,对有挑战度的课程目标感知一般。社交型学生中女生比例大于男生,四年级、工学类、父亲学历为小学及以下或研究生以上、富裕或较富裕的家庭子女更可能成为社交型学生。

自学型学生课内学习时间投入和对不同层次认知目标的感知水平远高于其他类型学生,课内学习时间仅次于全面发展型学生,课程参与在六类学生中处于偏高水平,师生互动水平一般,消极学习行为不明显。就背景和个人特征而言,来自父亲文化程度较高、中等及中低收入家庭的一年级人文社科类男生更可能成为自学型学生。H大学中约有22%的学生属于自学型。

(二)不同类型学生的学习效果

不同类型学生学习效果比较结果(表2)显示,不同类型学生的平均绩点分(GPA)差异显著,从高到低依次是:传统型、自学型、游离型、全面发展型、懒惰型和社交型。在五项能力中,全面发展型、自学型、传统型学生分析与批判性思维能力和对所学专业理解能力增值均高于均值;在社交技能方面,全面发展型和社交型能力增值最显著,而游离型学生和懒惰型学生增值最不显著;在对个人社会责任重要性的理解方面,全面发展型和传统型学生增值显著,其他类型差别不大;在自我认知和理解能力上,增值从高到低依次为全面发展型、传统型、懒惰型、自学型、游离型和社交型,其中全面发展型和传统型高于均值。六类型学生在上述能力增值上均存在显著差异,然而,不同类型学生对社交经历和学术经历满意度及归属感 Sig 值均大于 0.05,差异不显著。

表 2 不同类型学生学习效果

	学生类型	均值	标准差	F 值	Sig
GPA	懒惰型	2.8119	.59947	61.348	0.000
	传统型	3.1262	.54439		
	全面发展型	3.0214	.54829		
	游离型	3.0294	.58076		
	社交型	2.7360	.57761		
	自学型	3.0746	.52016		
	均值	3.0090	.57203		
分析和批判性思维能力	懒惰型	0.5342	1.12035	40.956	0.000
	传统型	0.6839	0.96850		
	全面发展型	1.1629	1.28668		
	游离型	0.5404	0.97304		
	社交型	0.6603	1.32593		
	自学型	0.6895	0.88049		
	均值	0.6768	1.05207		
对所学专业的理解	懒惰型	1.2651	1.12094	42.074	0.000
	传统型	1.5009	1.06692		
	全面发展型	1.5906	1.27979		
	游离型	1.1351	1.05059		
	社交型	0.8213	1.39046		
	自学型	1.4514	1.02603		
	均值	1.3430	1.12284		

续　表

	学生类型	均值	标准差	F值	Sig
社交技能	懒惰型	0.6666	1.03319	28.692	0.000
	传统型	0.7147	0.98336		
	全面发展型	1.1331	1.18350		
	游离型	0.6176	0.93391		
	社交型	0.8365	1.40871		
	自学型	0.7041	0.91524		
	均值	0.7501	1.02462		
对个人社会责任的重要性的理解	懒惰型	0.6988	0.95767	15.635	0.000
	传统型	0.7969	0.92815		
	全面发展型	0.9971	1.17093		
	游离型	0.6333	0.87807		
	社交型	0.7142	1.23415		
	自学型	0.7142	0.85435		
	均值	0.7452	0.95761		
自我认知和理解	懒惰型	0.7423	1.07156	14.733	0.000
	传统型	0.8082	0.95144		
	全面发展型	1.0424	1.17546		
	游离型	0.6602	0.94538		
	社交型	0.7284	1.25819		
	自学型	0.7405	0.94603		
	均值	0.7694	1.01742		
整体社交经历满意度	懒惰型	3.7969	1.02177	1.043	0.3899
	传统型	3.7948	1.03479		
	全面发展型	3.7982	1.02934		
	游离型	3.8290	1.01999		
	社交型	3.8401	1.01999		
	自学型	3.8688	1.25819		
	均值	3.8217	1.02136		

续 表

	学生类型	均值	标准差	F 值	Sig
整体学术经历满意度	懒惰型	3.6342	1.03532	1.026	0.3998
	传统型	3.6545	1.06739		
	全面发展型	3.6559	1.04414		
	游离型	3.6858	1.03225		
	社交型	3.7115	1.02709		
	自学型	3.7146	1.00259		
	均值	3.6743	1.03551		
归属感	懒惰型	4.0731	1.17176	0.927	0.4621
	传统型	4.0007	1.20580		
	全面发展型	4.0195	1.21409		
	游离型	4.0310	1.18542		
	社交型	4.1335	1.08994		
	自学型	4.0426	1.13095		
	均值	4.0377	1.17459		

四、分析与讨论

近五年学生类型研究中新出现的懒惰型和自学型在本研究中得到验证。H大学懒惰型和自学型学生分别与傅承哲等人研究中的懒惰型和学习型学生特征一致。懒惰型如洛克笔下的闲散和游惰之人,"思维、欲望和意志飘忽不定,没有稳定的对象来充实",整日"无精打采,想入非非",沉溺于白日梦,毫无生机活力,什么都不想做,也不知道该做什么,为什么要做,迷迷糊糊、浑浑噩噩。[①] 类似的学生类型还有金子元久研究中的那些"既对将来不具有明确的展望,也不认为将来的展望与大学教育的意图一致"[②]的排斥型学生。高达17%的懒惰型学生出

---

① 渠敬东、王楠:《自由与教育:洛克和卢梭的教育哲学》,生活·读书·新知三联书店2012年版,第66页。

② 窦心浩、金子元久、林未央:《解读当代日本大学生的学习行为与意识——简析2007年度日本全国大学生调查》,《复旦教育论坛》2011年第5期。

现的原因可以从现有的高考制度和高等教育教学管理制度中得到部分解释。多年的应试教育对求知欲与好奇心的压抑,突然失去家长和教师的严格监管获得时间支配上的自由所导致的无所适从,整体并不严格的大学学业评价制度,这些因素都会促成懒惰型学生的产生。而且本研究显示,懒惰型学生比例随着年级上升而增加。占整体高达17%的懒惰型学生在学习成绩、分析与批判性思维能力、对所学专业的理解能力以及对个人社会责任的重要性理解上均显著低于其他类型学生,造成了人才资源的极大浪费。

自学型属于片面发展型。一方面,虽然仅在学术挑战度和课内学习时间两个维度的投入上高于均值,但自学型平均绩点分(GPA)仅次于传统型学生,分析与批判性思维能力增值仅次于全面发展型,对所学专业的理解有明显增值。另一方面,自学型学生课外活动投入明显低于均值,他们在社交技能、对个人和社会责任的重要性的理解、自我认知和理解的能力增值低于其他类型学生。随着信息社会的发展和教学改革的推进,大学需要更有计划地培养学生的学习技能以及提升学习技能的意识,自学型学生的学习需求需要得到更多关注。

传统型学生与库恩和胡寿平(2000)、赵春梅和库恩(2003)、胡寿平和麦考密克(2011)、李莹莹(2013)研究中的传统型学生相呼应。从学习行为特征看,传统型符合典型的东亚学习者刻板印象。这类学生最早出现在库恩与胡寿平(2000)的研究中,从各方面的表现来看,这类学生关注自己的学习表现,想方设法获得高分成绩,但对于高难度的学习任务又敬而远之。作为应试高手,传统型学生平均绩点分在六类学生中最高,对所学专业理解能力增值较大,社交技能增值低于大部分类型,其他几项技能增值平平。虽然差异不显著,但这类学生满意度和归属感总体低于其他几种类型,传统型学生并未实现预期的大学目标。

全面发展型学生的行为方式和特征与赵春梅和库恩(2003)、胡寿平和麦考密克(2011)、李莹莹(2013)研究中的全面发展型相呼应。在学生投入的五个维度(除了课外活动时间低于社交型学生之外),全面发展型学生的投入水平均高于其他类型且差异显著。虽然平均绩点分不是最高,但其能力增值在六种学生类型中最突出,尤其分析与批判性思维能力增值显著,相比于入学时能更冷静、客观地评判事物,在观察事物或者是看待问题的时候产生怀疑、进行反思、提出质问,弄清事情的来龙去脉后分析问题。这与胡寿平的研究结论一致。

社交型和游离型的共同点是,对不同层次认知目标感知水平及课程参与度低,但师生互动水平高于均值。这两类学生的区别在于规则性活动的投入水平差异,游离型在课内学习上投入时间量充足,未有明显的消极学习行为,但社交型课外活动时间远远多于其他类型,消极学习行为明显。这种差异的结果是,游离型平均绩点分(GPA)处于中等偏上水平,而社交型处于六类中最低值。然而,更值得注意的是,由于没有真正投入挑战性的学术活动,这两类学生都没有实现实质意义的技能增长。

五、研究结论与政策启示

基于H大学学生投入学习和其他活动的质和量,我们得出当前在H大学存在的六种主要的学生类型,并描述了H大学不同类型学生的构成及特征,与前人研究成果形成了一定程度的呼应。同时,由于学生投入和学习效果之间存在被广泛验证的关系,我们的研究假设不同类型学生学习效果的差异,结果显示,除了满意度和归属感,不同类型学生在GPA和各项能力增值上均差异显著。上述结论为观察和理解中国选择性程度较高的一流研究型大学本科生实际的学习状态提供了独特视角。

学生类型研究半个世纪以来持续推进的动力来自学者对大学促进学生能力发展的质疑,以及相应的,对院校采用更有效率的院校决策推动学生投入有意义的活动产出教育效果的期望。本研究对H大学的教育质量提升和学生管理的启示也是多方面的:

(一)参考学生基本特征识别学生类型,关注弱势学生群体的学习和发展状况

例如家庭收入处于富裕或较富裕阶层中,全面发展、传统型和自学型学生较多,家庭收入处于低等及低等以下的家庭中,懒惰型和游离型学生较多;四年级的学生投入度整体不足,懒惰型和游离型学生过半;工学类学生全面发展型比例较高,而人文社科类和理学类中懒惰型和游离型学生偏多。教师和管理者对不同类型学生外在特征的熟悉有助于他们形成类型识别的经验,以便后续的精准

管理。

(二) 根据不同类型学生行为差异,制定不同的管理策略

全面发展型学生适合作为班级学习的榜样,督促其他类型的学生提高自己的努力程度和时间的投入。传统型学生课外活动参与度低,应关注和激发他们对课外活动的兴趣,并多给予锻炼机会。自学型学生课堂参与度低,需要教师适当引导,提供适应其能力现状的学习任务。对于游离型的学生,最重要的是激发其学习的内在动机,提升其学习技能,促使其实质性投入水平的提升。对于社交型学生而言,师生互动是激励其投入学习的重要渠道;而对懒惰型学生而言,必要的规则约束是最基础的要求。总而言之,"了解不同类型学生内在的特点,有的放矢引导他们发挥自己的优势,弥补自己的不足"[①]是对不同类型学生因材施教的关键。

(三) 鼓励学生充分认识大学教育的价值,提升有意义活动的整体投入水平

研究结果发现 H 大学近四成学生(懒惰型和游离型)整体处于不投入状态,而这些学生对学术和社交经历的满意度和院校归属感水平与其他类型学生并不存在显著差异,说明不同类型学生对大学经历的预期并不一致。引导懒惰型和游离型学生形成对大学教育功能和大学经历价值的充分认知,鼓励其投入对实现教育目标有益的活动,是大学管理者面临的不可逃避的职责。

(四) 激励学生全面投入学习和社交活动,方能促进学习效果最大化

在六类学生中,唯有在各维度投入均呈现较高水平的全面发展型学生,在各能力增长上全面领先于其他类型,反之,仅在课程参与度上投入水平突出的传统型,仅积极投入深层学习的自学型,以及仅在课外活动和师生互动上投入水平高的社交型,都只是片面实现了部分能力的增长,或对院校经历并不满意。正如库恩所说,如果过于强调某一个活动,例如与同辈的社会交往,运动或者娱乐、艺术,或者是学习活动,其学习效果最多在中等之上。

[①] Yamazaki, Y, "Disciplinary Categories, Majors, and Undergraduate Academic Experiences: Rethinking Bok's 'underachieving colleges'," *Research in High Education*, 2012(53), 1 - 25.

尽管本研究在识别和指导不同类型学生上可以提供一些有价值信息,然而我们只探讨了静态的学生类型,没有考虑到"一些学生对类型的从属既是个体心理社会发展阶段的结果,也是院校经历的结果",后续研究应当更多关注院校环境对不同类型学生的影响,以及学生类型动态变化的过程和影响因素,为实施人才分类培养提供更有力的支持。

(原载《高教探索》2019年第3期,原文题目是"研究型大学学生类型及其学习效果——基于H大学本科生就读经历调查数据的实证分析")

不同学科大学生学习经历差异分析

陆根书　彭正霞　胡文静

内容提要：优化大学生的学习经历是提高高等教育质量的重要途径之一。本文应用针对西安交通大学和南京大学9374名大学生的调查数据，借鉴比彻（T.Becher）的学科分类方法，分析了不同学科学生学习经历的基本特征及其差异状况。研究发现，纯硬科学、纯软科学、应用硬科学和应用软科学四类学科的学生，在学术投入、人际投入、智慧能力发展和专业课程学习经历与体验等方面均存在显著差异。这种差异在一定程度上反映了不同学科在学科文化上的差异。为优化不同学科学生的学习经历，一方面，应该首先承认不同学科学生在学习经历上的差异，理解并尊重这种差异；另一方面，又需要在此基础上探讨促使不同学科学生学习经历融合的途径与方法，使他们获得更丰富的学习经历和体验，得到更好的发展。

一、引言

高等教育的质量问题一直以来都受到社会、家庭和学生的高度关注。有的学者认为，高等教育的质量首先是指学生学习的质量，它应该强调意义理解而不是知识再现。[1] 二十世纪八十年代以来，从学生学习的视角探讨高等教育质量逐渐成为国外高等教育界的一个重要趋势。有许多学者对此展开了研究，如阿

---

[1] Martens, E. & Prosser, M, "What Constitutes High Quality Teaching and Learning and How to Assure It," *Quality Assurance in Education*, 1998, 6(1), 28-36.

斯汀(Astin)[①]、帕斯卡瑞拉(Pascarella)[②]、库(Kuh)[③]、汀托(Tinto)[④]等学者提出了一系列有代表性的理论与模型,以解释学校环境与条件、学生个体背景与特征以及学生学习参与和努力等对学生学习与发展质量的影响。帕斯卡瑞拉(Pascarella)与特伦茨尼(Terenzini)总结了多年来大学教育对于大学生在学术与认知发展、心理社会发展、态度与价值观、生涯与经济能力等各方面发展影响的研究成果,发现无论是学校内研究还是跨校研究,均表明大学生的学习经历对其有关方面的改变具有影响。[⑤] 此外,随着拥有不同升学需求、升学方式、学术资质的学生群体进入大学,他们在大学期间的学习经历、学习行为和学业发展将不可避免地呈现出多样化趋势。在这种背景下,强调资源投入和科研产出,单一地聚焦高等教育供给行为的传统质量评估范式日益暴露出其局限性。[⑥] 高等教育质量评价与保障逐渐从"院校本位"向"学生本位"模式转化,转向关注学生参与、教育与学习的过程。[⑦]

学科作为一种"专门化组织方式",是大学的"一个独特和主要的特征",是"概括大学制度的更佳端点"。[⑧] 学科代表了大学组织内部一种差异的逻辑来

[①] Astin, A. W, "Student Involvement: A Developmental Theory for Higher Education," *Journal of College Student Personnel*, 1984, 25(4), 297-308.

[②] Pascarella, E. T, "College Environmental Influences on Learning and Cognitive Development: A Critical Review and Synthesis," *Higher Education: Handbook of Theory and Research*, 1985, 1(1), 1-61.

[③] Kuh, G.D., Kinzie, J., Bridges, B.K., et al, "Piecing Together the Student Success Puzzle: Research, Propositions and Recommendations," *ASHE Higher Education Report*, 2007, 32(5), 1-187.

[④] Tinto, V, *Leaving College: Rethinking the Causes and Cures of Student Attrition*, Chicago: University of Chicago Press, 1987.

[⑤] Pascarella, E.T., & Terenzini, P.T, *How College Affects Students*, San Francisco: Jossey-Bass, 2005.

[⑥] Kaneko, M, "Beyond the Politics of Competence. Balancing the Social Claim and the Core of Higher Education," Paper presented to the OECD-IMHE General Conference, 2008.

[⑦] Clark, B.R, "Development of the Sociology of Higher Education," *Sociology of Education*, 1973, 46(1), 2-14.

[⑧] 伯顿·R·克拉克:《高等教育系统——学术组织的跨国研究》,王承绪、徐辉等译,杭州大学出版社1994年版。

源,不同学科的教师和学生在学术取向、期望以及所感知的学术环境等方面都会存在显著差异。[1][2] 贝尔迪(R.F.Berdie)认为,在一所大学中,对学校的期望和感知并不同质,相应的,不同学科学生的学术能力和成就也会有所差异。[3] 但是,学术界有关学科对学生学习与发展之影响的研究结果并不完全一致。[4][5] 究其原因,一方面,可能是在于调查的局限性,许多关于大学生发展的研究所涉及的学科数量比较有限;另一方面,以前的研究中对学科的分类往往是根据学术机构中学科的组织特性或专业特性进行,而没有基于一定的学科理论基础[6],由于对学科分类的不同,研究结果有所偏颇也是可以理解的。

为了探讨学科因素对大学生学习与发展的影响,本研究根据2012年对西安交通大学和南京大学学生学习经历的调查数据,采用比彻(Becher)的学科分类体系[7][8],从纯硬科学、纯软科学、应用硬学科和应用软科学的学科分类视角出发,来探讨不同类型学科大学生学习经历的差异状况。

---

[1] Berdie, R. F, "A University Is a Many-Faceted Thing," *The Personnel and Guidance Journal*, 1967, 45(8), 768–775.

[2] Feldman, K. A., Smart, J., C. & Ethington, C. A, "Major Field and Person Environment Fit: Using Holland's Theory to Study Change and Stability of College Students," *Journal of Higher Education*, 1999, 70(6), 642–669.

[3] Berdie, R. F, "A University Is a Many-Faceted Thing," *The Personnel and Guidance Journal*, 1967, 45(8), 768–775.

[4] Feldman, K. A., & Newcomb, T, *The Impact of College on Students*, San Francisco: Jossey-Bass, 1969.

[5] Pascarella, E. T., & Terenzini, P. T, *How College Affects Students: Findings and Insights from Twenty Years of Research*, San Francisco: Jossey-Bass, 1991.

[6] Pike, G. R., & Killian, T. S, "Reported Gains in Student Learning: Do Academic Disciplines Make a Difference?" *Research in Higher Education*, 2001, 42(4), 429–454.

[7] Becher, T, "The Disciplinary Shaping of the Profession," *The Academic Profession*, 1987, 271–303.

[8] [英]托尼·比彻、保罗·特罗勒尔:《学术部落及其领地——知识探索与学科文化》,北京大学出版社2008年版,第2—3页。

二、文献综述

1. 关于大学生学习经历的研究

二十世纪七十年代左右,美国兴起了大学生学习投入问题的研究。这些研究认为,学生投入是提升大学教育质量最重要的因素。例如,阿斯汀的学生投入理论(Student Involvement Theory)指出,学生投入是指学生在与学业有关的活动上付出的生理与心理两方面的总能量。学生投入主要反映在荣誉项目的参与(Honors Programs)、学术参与(Academic Involvement)、师生互动(Student-Faculty Interaction)、运动参与(Athletic Involvement)、学生管理活动参与(Involvement in Student Government)等方面。[1] 帕斯卡瑞拉提出的大学生学习变革评估一般模型(General Model for Assessing Change)指出,学生的认知发展是直接受学生先前经验、与教师和同伴群体的交往以及个人的努力程度等影响的。大学的结构和组织特征并没有直接影响学生的发展,而是通过校园环境、师生关系、生生关系以及学生个体的努力间接地影响学生的发展。库(Kuh)等人提出的大学生发展影响因素模型指出,大学生发展受到大学生入学前的经验(如入学选择、学术准备、学习兴趣等)、大学生在校学习行为(如学习习惯、同伴关系、师生互动、学习兴趣等)和院校条件(如学术支持、学校环境、同伴支持和教学方法等)几方面因素的综合影响。[2] 汀托则提出影响学生持续就学的交互影响理论(Interactionalist Theory)主张,学生如果与学术或人际系统有满意的互动,则会与这些系统整合,通过与教师、同侪共享规范与态度而成为团体的成员,达到系统的要求。因此,当这种整合增强时,学生就能更好地达到个人与学校的目标,进而选择继续就学,相反,负面的互动则会提高学生选择辍学

---

[1] Astin, A. W, "Student Involvement: A Developmental Theory for Higher Education," *Journal of College Student Personnel*, 1984, 25(4), 297-308.

[2] Kuh, G.D., Kinzie, J., Bridges, B.K., et al, "Piecing Together the Student Success Puzzle: Research, Propositions and Recommendations," *ASHE Higher Education Report*, 2007, 32(5), 1-187.

的可能性。①

在有关大学生学习经历的研究中,研究的传统、主题、分析的方法可谓纷繁复杂。② 在本文中,因为篇幅限制,我们难以对西方一些国家的学者和机构对大学生学习经历概念所做的界定进行系统的讨论。但根据有关文献,我们认为,大学生的学习经历可以从两个方面加以界定:首先是从学生自身的角度,这又可以从两个方面加以考察,即学生参与学习活动的情况,以及学生通过学习活动获得的认知与情感发展结果的情况。它表明了学生在学习或与学习相关的活动中所付出的努力及其个人发展的状况。二是从学生感知的学习环境的角度,即学生感知的学校是如何支持和鼓励学生积极投入到学习与发展活动中去的(在本文中,我们主要从人际关系维度来考察学生感知的学习环境因素)。学生自己投入学习与发展活动的状况及其感知的学习环境之间的相互作用,构成了学生整体的学习经历。

2. 关于学科分类的研究

在有关学科分类的研究中,以下几种分类被广为采用:

一是根据库恩(Kuhn)提出的范式发展水平对学科进行的分类。对于学科而言,"范式"是用于界定学科文化的一系列观点和技术、信仰和价值体系。③ 高范式学科在理论体系、价值规范等方面达到较高的统一性,反映出一个学科的全体教师对该学科的相关理论、方法、技能等各种问题看法的一致性程度。生物、化学和物理就是高范式学科(即硬学科)的典型代表;而历史学、教育学、心理学、社会学等学科,其知识基础和研究问题的模式不统一,表现出学科的低范式发展水平(即软学科)。④

---

① Tinto, V, "Dropout from Higher Education: A Theoretical Synthesis of Recent Research," *Review of Educational Research*, 1975, 45(1), 89–125.

② Ertl, H., & Wright, S, "Reviewing the Literature on the Student Learning Experience in Higher Education," *London Review of Education*, 2008, 6(3), 195–210.

③ [英]托尼·比彻、保罗·特罗勒尔:《学术部落及其领地——知识探索与学科文化》,北京大学出版社 2008 年版,第 35 页。

④ Biglan, A, "The Characteristics of Subject Matter in Different Academic Areas," *Journal of Applied Psychology*, 1973.57(3), 195–203.

二是比格兰(A.Biglan)提出的学科分类方法。比格兰通过实证研究总结了学术领域划分的三个维度:学科范式(硬科学对软科学)、对应用程度的关注(纯科学对应用科学)、自然世界与人文社会之间的差异(生命科学对非生命科学)。[1] 比格兰用三个不同维度描述学科领域,有助于突出不同学科认识论特征的多样性。

三是科尔布(D.A.Kolb)提出的学科分类方法。他从抽象—具体、实践—反思两个维度对学习者的学习风格进行分类,进而对学科进行分类,提出了四种类型的学科:抽象——理论探讨(纯硬科学)、抽象——积极应用(应用硬科学)、具体——积极应用(应用软科学)和具体——理论研究(纯科学)。[2]

四是比彻(T.Becher)在比格兰和科尔布的学科分类的基础上提出的学科分类方法。他将学科分为纯硬科学、纯软科学、应用硬学科和应用软科学。纯硬科学指纯科学,以物理学为代表。这个领域的知识发展具有累积性和线性特征,知识结构类似晶体或树型;注重普遍性,用量化方法,注重简洁;强调客观,不受个人价值倾向的影响,有清晰的正误标准;对现在和未来所要解决的重大问题能够达成共识;成果表现为某种发现或解释。纯软科学指人文学科(如历史学)和纯社会科学(如人类学)。这个领域的知识发展具有重复性,知识结构呈现为有机与整体的结构;注重特殊性、性质和复杂性;具有个人色彩,价值观影响明显;知识的正误标准存在争议;对所要解决的重要问题缺乏共识;成果表现为理解或阐释。应用硬科学指技术学科,以机械工程为代表。这个领域的知识发展目的性强,注重实用性;注重对特质环境的把握;采用启发式探究法;定性与定量方法相结合;判断知识的标准具有目的性和功能性;成果以产品和技术的形式呈现。应用软科学指应用社会科学,以法学、教育学、行政管理学为代表。这个领域强调知识的功能性、功利性,通过软性知识获得技能;关注职业实践,大量使用案例研

---

[1] Biglan, A, "Relationships between Subject Matter Characteristics and the Structure and Output of University Departments," *Journal of Applied Psychology*, 1973, 57(3), 204-213.

[2] Kolb, D.A, "Learning Styles and Disciplinary Differences," *The Modern American College*, 1981, 232-255.

究和案例法则;成果的形式为条约草案或程序步骤。①

此外,还有学者将学科分为限制性学科和非限制性学科②;还有学者从学科文化的角度对学科进行划分,如英国学者斯诺(C.P.Snow)把学科文化分为两种:科学文化(the Scientific Culture)和人文文化(the Literary Culture)。科学文化主要指自然科学和一些其他知识领域的文化;人文文化主要指历史学、社会学、法律学等领域的文化。③

3. 关于学科对大学生学习经历影响的研究

一些研究表明,不同类型学科在认识论假设(Epistemological Assumptions)和教育目标上存在差异,会导致不同学科学生在学习经历上的差异。④ 下面我们主要从学生的学术投入、人际投入、课程学习体验等方面来考察不同学科学生学习经历的差异状况。

(1) 不同学科学生学术投入的差异。学术投入主要指学生在校园中投入学术活动中的努力程度,主要体现在学生在学业上的投入程度、用于学习的时间、对课程的兴趣以及学习习惯等方面。所谓高度投入,是指在学业上热情投入、留在校园时间较多、主动参与学生组织并常与教师及其他同学互动。⑤ 一些研究表明,虽然人文科学、社会科学和自然科学、工程科学处于同一校园环境中,但是自然科学、工程学科具有更大的挑战性,并非任何人都能胜任。学习这些学科的学生不仅需要掌握复杂的概念和定量分析方法,而且课程的评估也比人文社会

---

① [英]托尼·比彻、保罗·特罗勒尔:《学术部落及其领地——知识探索与学科文化》,北京大学出版社 2008 年版,第 2—3 页。

② Pantin, C.F. A, *Relations between Sciences*, Cambridge University Press, 2010.

③ Snow C P, *The Two Cultures and the Scientific Revolution*, Cambridge: University Press, 1960.

④ Brint, S., Cantwell, A. M., & Saxena, P, "Disciplinary Categories, Majors, and Undergraduate Academic Experiences: Rethinking Bok's 'Underachieving Colleges' Thesis," *Research in Higher Education*, 2012, 53(1), 1–25.

⑤ Astin, A. W, "Student Involvement: A Developmental Theory for Higher Education," *Journal of College Student Personnel*, 1984, 25(4), 297–308.

科学学科严格。① 之前的研究已表明压力选择、课程严谨、分级严格（Stringent Grading）和劳动力市场回报这四个因素结合在一起能够促进硬科学的学生学习更投入和学习态度更严谨、更认真。②③

布林特（Brint）等人对加州大学21014名大学生用于学习时间的研究发现，人文学科学生每周用于课内外学习的时间平均为24.4小时，工程学科学生平均时间为32.0小时；回归分析结果表明，物理、生命、工程学科的学生在学习上投入的时间要显著高于人文、社会科学学科的学生。④

就不同学科学生在批判性思维和理解分析方面的差异，不同研究结果存在一定的差异。有的研究显示，自然科学和工程学科的学生在批判性思维和解决问题的能力方面强于艺术、教育等人文社会科学学科的学生[5][6]；有的研究结果则与此相反，认为人文社会科学学科的学生，其批判性思维能力更强[7][8]。

---

① Gainen, J, "Barriers to Success in Quantitative Gatekeeper Courses," *New Directions for Teaching and Learning*, 1995, 1995(61), 5–14.

② Arcidiacono, P, "Ability Sorting and the Returns to College Major," *Journal of Econometrics*, 2004, 121(1), 343–375.

③ Brint, S., & Cantwell, A. M, "Undergraduate Time Use and Academic Outcomes: Results from the University of California Undergraduate Experience Survey 2006," *Teachers College Record*, 2010, 112(9), 2441–2470.

④ Brint, S., Cantwell, A. M., & Saxena, P, "Disciplinary Categories, Majors, and Undergraduate Academic Experiences: Rethinking Bok's 'Underachieving Colleges' Thesis," *Research in Higher Education*, 2012, 53(1), 1–25.

⑤ Simon, A., & Ward, L. O., "The Performance on the Watson-Glaser Critical Thinking Appraisal of University Students Classified According to Sex, Type of Course Pursued, and Personality Score Category," *Educational and Psychological Measurement*, 1974, 34(4), 957–960.

⑥ Astin, A. W, *What Matters in College? Four Critical Years Revisited*, San Francisco: Jossey-Bass, 1993.

⑦ Pike, G. R, "Using Mixed-Effect Structural Equation Models to Study Student Growth and Development," *Review of Higher Education* 1992, 15(2), 151–177.

⑧ King, P., Wood, P., & Mines, R, "Critical Thinking among College and Graduate Students," *Review of Higher Education*, 1990, 13(2), 167–186.

(2) 不同学科学生人际投入的差异。人际投入主要包括师生互动与同侪关系。①② 很明显,学生越满意校园中的人际关系,他们在学习方面与教师及同学的接触就越多,学生的认知和情感发展也越好。③④ 但是,研究发现,不同学科的教师和学生在人际投入方面均有不同的表现,较之硬科学的教师,软科学的教师更注重师生互动,鼓励学生积极主动学习,更倾向以学生为中心的学习模式,教师对学生报以更高的期望,赞成学生自我评价,并且展示出对多样化人才和知识更多的尊重。⑤⑥⑦ 在同侪关系方面,Melton 的研究发现,文科类学生比较喜欢选择感知性的独立学习风格,而理科生则更喜欢小组学习风格。⑧

(3) 不同学科学生专业课程体验的差异。比格兰认为学科之间的差异是深

---

① Pascarella, E.T., & Terenzini, P.T, *How College Affects Students*, San Francisco: Jossey-Bass, 2005.

② Miller, T. E., Bender, B. E., and Schub, J. H, *Promoting Reasonable Expectations: Aligning Student and Institutional Views of the College Experience*, San Francisco: Jossey-Bass, 2005.

③ Simon, A., & Ward, L. O, "The Performance on the Watson-Glaser Critical Thinking Appraisal of University Students Classified According to Sex, Type of Course Pursued, and Personality Score Category," *Educational and Psychological Measurement*, 1974, 34(4), 957 – 960.

④ Terenzini, P., Pascarella, E., & Blimling, G. S, "Students' Out-of-Class Experiences and Their Influence on Learning and Cognitive Development: A Literature Review," *Journal of College Student Development*, 1999, 40(5), 610 – 623.

⑤ Braxton, J.M, Olsen, D., & Simmons, A, "Affinity Disciplines and the Use of Principles of Good Practice for Undergraduate Education," *Research in Higher Education*, 1998, 39(3), 299 – 318.

⑥ Braxton, J. M., & Hargens, L. L, "Variation among Academic Disciplines: Analytical Frameworks and Research," In J. C. Smart (ed.), *Higher Education: Handbook of Theory and Research*, New York: Agathon Press, 1996, 1 – 46.

⑦ Braxton, J. M., "Disciplines with an Affinity for the Improvement of Undergraduate Education," In N. Hativa & M. Marincovich (Eds.) *Disciplinary Differences in Teaching and Learning: Implications for Practice*, San Francisco: Jossey-Bass, 1995, 59 – 64.

⑧ Melton, C. D, "Bridging the Cultural Gap: A study of Chinese Students' Learning Style Preferences," *RELC Journal*, 1990, 21(1), 29 – 54.

刻而广泛的。[1] 一些研究发现,硬科学的课程结构严谨,概念与理论联系紧密,课程内容与专业判断的一致性程度更高,课程内容更关注学生的职业发展,更强调向学生传授事实、原则和概念方面的知识,更注重培养学生应用知识、解决实际问题的能力;软科学的课程结构则更为开放,课程组织更为松散,更注重师生互动、以学生为中心的学习模式,更鼓励学生积极主动学习,教师对学生报以更高的期望,注重学生的个性发展,培养学生批判性思维、创造性思维、分析和综合能力,口头和书面表达能力的培养,赞成学生自我评价,并且展示出更多对多样化人才和知识的尊重。[2][3][4][5] 不同学科的教师在评估学生的学习结果时,其侧重点也有所不同。硬科学的教师倾向于考察学生对所学内容的记忆与应用能力,软科学的教师则更愿意考察学生对所学课程内容的分析与综合能力。[6][7] 基于软科学教师在教学实践方面的特点,有学者提出,软科学教师更具亲和力

---

[1] Braxton, J.M, Olsen, D., & Simmons, A, "Affinity Disciplines and the Use of Principles of Good Practice for Undergraduate Education," *Research in Higher Education*, 1998, 39(3), 299–318.

[2] Terenzini, P., Pascarella, E., & Blimling, G. S, "Students' Out-of-Class Experiences and Their Influence on Learning and Cognitive Development: A Literature Review," *Journal of College Student Development*, 1999, 40(5), 610–623.

[3] Braxton, J.M, Olsen, D., & Simmons, A, "Affinity Disciplines and the Use of Principles of Good Practice for Undergraduate Education," *Research in Higher Education*, 1998, 39(3), 299–318.

[4] Braxton, J. M., & Hargens, L. L, "Variation among Academic Disciplines: Analytical Frameworks and Research," In J. C. Smart (ed.), *Higher Education: Handbook of Theory and Research*, New York: Agathon Press, 1996, 1–46.

[5] Hativa, N, "Teaching in a Research University: Professors' Conceptions, Practics, and Disciplinary Differences," Paper presented at the Annual Meeting of Educational Research Association, Chicago, IL, 1997.

[6] Terenzini, P., Pascarella, E., & Blimling, G. S, "Students' Out-of-Class Experiences and Their Influence on Learning and Cognitive Development: A Literature Review," *Journal of College Student Development*, 1999, 40(5), 610–623.

[7] Hativa, N, "Teaching in a Research University: Professors' Conceptions, Practics, and Disciplinary Differences," Paper presented at the Annual Meeting of Educational Research Association, Chicago, IL, 1997.

(Affinity),这种亲和力有助于提升大学教学质量。[1]

三、研究设计

(一)研究样本

本研究采用的数据来自2012年面向西安交通大学和南京大学全体本科生进行的本科生就读经验调查。该次调查采用的问卷是在加州大学伯克利分校高等教育研究中心编制的"研究型大学本科生就读经历调查问卷"的基础上制定的,共包括三个模块:模块A包括学生学术参与、学生生活与目标、个人背景和特征等内容;模块B包括与科学研究相关的问题,如技术的使用或全球化技能与认知;模块C是各校关心的校本问题。两校学生中参与调查的共9374人,其中有效问卷7197份,有效率76.8%。表1列出了样本的基本特征。

表1 调查样本的基本特征

类别	频数	百分比(%)
性别		
男	4270	59.3
女	2704	37.6
缺失	223	3.1
合计	7197	100.0
学校		
西安交通大学	3997	55.5
南京大学	3200	44.5
合计	7197	100.0
学科		
纯硬科学	1066	14.8

---

[1] Braxton, J. M, "Disciplines with an Affinity for the Improvement of Undergraduate Education," In N. Hativa & M. Marincovich (Eds.), *Disciplinary Differences in Teaching and Learning: Implications for Practice*, San Francisco: Jossey-Bass,1995,59-64.

续　表

类别	频数	百分比(%)
纯软科学	493	6.9
应用硬学科	4126	57.3
应用软科学	1512	21.0
合计	7197	100.0
年级		
大一	1162	16.2
大二	1958	27.2
大三	1968	27.3
大四	2016	28.0
缺失	93	1.3
合计	7197	100.0

(二) 本科生学习经历测量

在该调查问卷中,用于测量学生学术投入和人际投入的题目有30道,用于测量学生学习结果中涉及智慧能力发展的题目有20道(每道题目涉及刚入学时的状态及当前的状态两个方面),用于测量学生专业课程学习经历与体验的题目有10道。

为了探索本科生学习经历中学术投入和人际投入维度的结构,我们运用探索性因素分析方法(采用主成分分析方法抽取因子,并进行最大正交旋转)对该部分题目进行了分析。表2和3列出了因素分析和信度分析的结果。

从表2可见,学生学术投入维度可以用5个因素加以测量:因素1包含的题目主要涉及学生在学习过程中的批判性思维,可称之为"批判思考";因素2包含的题目主要涉及学生完成具有挑战性任务的情况,可称之为"学术挑战";因素3包含的题目主要涉及学生未能按时完成阅读任务或作业、迟到等情况,可称之为"缺乏投入";因素4包含的题目主要涉及学生对所学内容的理解应用情况,可称之为"理解分析";因素5包含的题目主要涉及学生课外在学习上的投入状况,可称之为"课外投入"。信度分析的结果表明,学生学术投入5个因素的信度系数介于0.739—0.849之间。

表2 学生学术投入维度因素分析及信度分析结果

因素	题目数	示例	特征值	解释的方差(%)	信度系数(α系数)
批判思考	6	检查其他人是怎样搜集、整合数据的,并评价他们所得结论的合理性	3.399	15.45	0.849
学术挑战	5	在课堂上提出深刻的有见识的问题	2.842	12.92	0.776
缺乏投入	4	上课前没有完成布置的阅读资料	2.294	10.43	0.739
理解分析	3	解释方法、理念、概念,并利用它们解决问题	2.220	10.09	0.769
课外投入	4	在上交课程论文之前,至少非常认真地修改过一次	2.173	9.88	0.772

从表3可见,学生人际投入维度可以用两个因素加以测量:因素1包含的题目主要涉及学生在课堂内外与教师的互动,可称之为"师生互动";因素2包含的题目主要涉及同学之间的相互学习,可称之为"同侪关系"。信度分析的结果表明,学生人际投入两个因素的信度系数介于0.768—0.844之间。

表3 人际投入维度因素分析及信度分析结果

因素	题目数	示例	特征值	解释的方差(%)	信度系数(α系数)
师生互动	6	和教师通过电子邮件或面对面进行交流	3.276	40.95	0.844
同侪关系	2	在课外和其他同学一起进行小组学习	1.743	21.79	0.768

为了探索学习结果维度中智慧能力的结构,我们应用探索性因素分析方法对学生刚入学时和当前的状态两组数据分别进行了结构效度分析。分析所提取的因子及各因子所包含的题目相同。表4列出了对学生刚入学时智慧能力发展状况进行测量的因素分析和信度分析的结果。

表 4 学生智慧能力发展状况因素分析及信度分析结果

因素	题目数	示例	特征值	解释的方差(%)	信度系数(α系数)
核心技能	8	清晰有效的写作能力	3.790	18.95	0.849
自我认知和社会沟通	6	欣赏文化差异和全球差异的能力	3.696	18.48	0.856
研究技能	6	借助图书馆进行研究的技能	3.607	18.03	0.843

从表4可见,智慧能力可以用3个因素加以测量:因素1包含的题目主要涉及学生表达、写作、思维、理解等方面的能力,可称之为"核心技能";因素2包含的题目主要涉及学生对自我的认知和对人文社会的欣赏、沟通,可称之为"自我认知和社会沟通";因素3包含的题目主要涉及学生利用计算机、网络、图书馆等进行研究的能力,可称之为"研究技能"。对这3个因素所包含题目内部一致性进行信度分析的结果表明,智慧能力包含的3个因素的信度系数介于0.843—0.856之间。我们用学生当前的智慧能力发展状态的得分减去学生在刚入学时的智慧能力发展状态得分,来测量学校教育对学生智慧能力发展的增值价值。

对学生的专业课程学习经历与体验则主要用学生在专业课学习上的收获、对专业课质量的整体评价、对专业课程的学习兴趣、专业课程学习的重要性、在专业课程学习上实际投入的时间和精力,以及学生感知的专业课的课程体系安排、专业课教师的教学水平、专业课教师的投入程度、学生与专业课任课教师互动交流的频繁度、学生参与本专业教师科研活动的程度等10个题目加以测量。

(三)学科分类方法

在本研究中,我们采用比彻的学科分类体系,将学科分为纯硬科学、纯软科学、应用硬学科和应用软科学四个类别。其中纯硬科学主要包括自然科学方面的专业,参与调查的学生共1066人,占样本人数的14.8%;纯软科学主要包括人文科学方面的专业,参与调查的学生共493人,占样本人数的6.9%;应用硬科学主要包括工程技术、生命科学方面的专业,参与调查的学生共4126人,占样本人数的57.3%;应用软科学主要包括社会科学方面的专业,参与调查的学生共1512人,占样本人数的21.0%。

四、研究结果

(一) 不同学科学生学术投入的基本特征及差异分析

本研究通过因素分析得到学生的学术投入可从批判思考、学术挑战、缺乏投入、理解分析和课外投入五个维度进行测量。表5列出了不同学科学生学术投入的基本特征及差异状况。从表5可见,在批判思考、学术挑战和课外投入方面,纯软科学的学生得分最高,其后依次为应用软科学和纯硬科学,应用硬科学的学生得分最低;在缺乏投入方面,纯硬科学的学生得分最高,其后为应用硬科学、应用软科学,纯软科学的学生得分最低;在理解分析方面,纯硬科学的学生得分最高,其后为纯软科学、应用软科学和应用硬科学的学生。

表5 不同学科学生学术投入的基本特征及差异分析

因素	纯硬科学	纯软科学	应用硬科学	应用软科学	F
批判思考	3.43	3.65	3.42	3.57	11.57***
学术挑战	3.06	3.33	3.06	3.15	10.84***
缺乏投入	2.45	2.29	2.43	2.34	6.66***
理解分析	3.77	3.76	3.66	3.67	7.69***
课外投入	3.88	4.11	3.69	3.97	51.94***

*** $P<0.001$

单因素方差分析的结果表明,不同学科的学生在批判思考、学术挑战、缺乏投入、理解分析和课外投入五个维度上均存在显著差异。两两比较的结果表明:

1. 在批判思考维度,纯软科学和应用软科学学生的得分显著高于纯硬科学和应用硬科学学生;纯硬科学和应用硬科学学生的得分没有显著差异。

2. 在学术挑战维度,纯软科学学生的得分显著高于纯硬科学、应用硬科学和应用软科学学生;纯硬科学、应用硬科学和应用软科学学生的得分没有显著差异。

3. 在缺乏投入维度,纯硬科学和应用硬科学学生的得分显著高于纯软科学和应用软科学学生;纯硬科学与应用硬科学、纯软科学与应用软科学学生的得分没有显著差异。

4. 在理解分析维度,纯硬科学学生的得分显著高于应用硬科学和应用软科学的学生;纯软科学学生的得分显著高于应用硬科学学生;应用硬科学与应用软科学,以及纯软科学与应用软科学、纯硬科学学生的得分没有显著差异。

5. 在课外投入维度,不同学科学生的得分都具有显著差异,其中纯软科学学生的得分最高,其后依次是应用软科学、纯硬科学和应用硬科学的学生。

(二)不同学科学生人际投入的基本特征及差异分析

表6比较了不同学科学生人际投入的基本特征及差异情况,从中可见,在师生互动维度,纯软科学学生的得分最高,其后为纯硬科学、应用软科学学生,应用硬科学学生的得分最低;在同侪关系维度,应用软科学学生的得分最高,其后为纯软科学和应用硬科学学生,纯硬科学学生的得分最低。

表6 不同学科学生人际投入的基本特征及差异分析

因素	纯硬科学	纯软科学	应用硬科学	应用软科学	F
师生互动	2.86	3.07	2.78	2.82	23.101***
同侪关系	3.32	3.39	3.39	3.54	15.411***

*** $P<0.001$

单因素方差分析的结果表明,不同学科学生在师生互动和同侪关系等人际投入方面也存在明显差异。两两比较的结果表明:

1. 在师生互动维度,纯软科学学生的得分显著高于纯硬科学、应用硬科学和应用软科学学生,纯硬科学学生的得分显著高于应用硬科学学生;应用软科学与纯硬科学、应用硬科学学生的得分没有显著差异。

2. 在同侪关系维度,应用软科学学生的得分显著高于纯硬科学、纯软科学、应用硬科学学生;纯软科学、纯硬科学和应用硬科学学生的得分没有显著差异。

(三)不同学科学生智慧能力发展的基本特征及差异分析

表7列出了不同学科学生在智慧能力发展方面的基本特征及其差异分析结果,从中可见:

(1)在核心技能维度,纯硬科学学生在刚入学和当前的得分最高,应用硬科学学生的得分最低;应用软科学学生在核心技能增值上的得分最高,应用硬科学学生的得分最低。单因素方差分析的结果表明,不同学科学生在刚入学时的核心技能得分上没有显著差异,但经过大学学习后,不同学科学生在当前的核心技能及其增值得分上产生了显著差异。两两比较的结果表明,应用硬科学学生在当前的核心技能得分要显著低于纯硬科学、纯软科学和应用软科学学生,纯硬科学、纯软科学和应用软科学学生在当前的核心技能得分上没有显著差异;应用硬科学学生在核心技能增值得分显著低于纯硬科学和应用软科学学生,纯硬科学、纯软科学和应用软科学学生在核心技能增值得分上没有显著差异。

表7 不同学科学生的智慧能力发展的基本特征及差异的显著性

因素	时间	纯硬科学	纯软科学	应用硬科学	应用软科学	F
核心技能	刚入学	3.18	3.17	3.13	3.13	1.46
核心技能	当前	3.81	3.75	3.69	3.77	12.35***
核心技能	增值	0.63	0.59	0.56	0.64	7.71***
研究技能	刚入学	2.64	2.64	2.55	2.59	6.73***
研究技能	当前	3.91	3.81	3.78	3.84	11.49***
研究技能	增值	1.28	1.17	1.23	1.25	2.71*
自我认知和社会沟通	刚入学	3.33	3.43	3.25	3.34	12.33***
自我认知和社会沟通	当前	4.13	4.21	4.05	4.18	17.85***
自我认知和社会沟通	增值	0.80	0.79	0.80	0.84	2.09

* $P<0.05$,*** $P<0.001$

(2)在研究技能维度,纯硬科学学生在刚入学和当前的研究技能及其增值上的得分均最高,纯软科学学生在当前研究技能及其增值上的得分最低。单因素方差分析的结果表明,不同学科学生在刚入学、当前的研究技能及其增值得分上均具有显著差异。两两比较的结果表明,就刚入学的研究技能得分而言,应用硬科学学生的得分显著低于纯硬科学和纯软科学学生,其他学科学生的得分则没有显著差异;就当前的研究技能得分而言,纯硬科学学生的得分显著高于纯软科学、应用硬科学和应用软科学学生,应用软科学学生的得分显著高于应用硬科学学生;就研究技能增值得分而言,纯硬科学学生的得分显著高于纯软科学和应用硬科学学生,应用软科学学生的得分显著高于纯软科学学生。

(3) 在自我认知和社会沟通维度,纯软科学学生在刚入学与当前的自我认知和社会沟通上的得分均最高,其后依次为应用软科学、纯硬科学和应用硬科学学生。单因素方差分析的结果表明,不同学科学生在刚入学与当前自我认知和社会沟通上的得分均存在显著差异,但在自我认知和社会沟通能力的发展增值得分上则没有显著差异。两两比较的结果表明,就大学生刚入学时的自我认知和社会沟通能力得分而言,纯软科学学生的得分显著高于其他学科学生,应用硬科学学生的得分显著低于其他学科学生;纯硬科学和应用软科学学生的得分则没有显著差异。就大学生在当前的自我认知和社会沟通能力得分而言,纯软科学学生的得分显著高于纯硬科学和应用硬科学学生,应用硬科学学生的得分显著低于其他学科学生;应用软科学学生和纯硬科学、纯软科学学生在得分上没有显著差异。

(四)不同学科学生专业课程学习经历与体验的基本特征及差异分析

表 8 列出了不同学科学生专业课程学习经历与体验方面的基本特征及其差异。

表 8 不同学科学生专业课程学习经历与体验的基本特征及其差异分析

题目	纯硬科学	纯软科学	应用硬科学	应用软科学	F
1. 专业课学习上的收获	4.15	4.24	4.07	4.17	7.07***
2. 对专业课质量的整体评价	4.34	4.41	4.20	4.28	11.64***
3. 对专业课程的学习兴趣	3.67	3.78	3.65	3.70	4.70**
4. 专业课程学习的重要性	4.21	4.24	4.16	4.20	3.31*
5. 专业课程学习实际投入时间、精力	3.96	4.01	3.90	3.93	3.87*
6. 专业课的课程体系安排	4.01	4.02	3.95	3.99	1.74
7. 专业课教师的教学水平	4.40	4.58	4.28	4.34	16.94***
8. 专业课教师的投入程度	4.46	4.60	4.31	4.41	18.54***
9. 与专业课任课教师互动交流的频繁度	3.11	3.35	3.06	3.17	18.73***
10. 我参与本专业老师科研活动的程度	2.81	2.58	2.65	2.52	15.51***

* P<0.05, ** P<0.01, *** P<0.001

由表8可见:纯软科学学生在专业课学习的收获、兴趣、评价以及实际投入方面的得分均最高,应用硬科学的学生得分均最低;纯软科学学生对专业课的课程体系、教师教学水平、教师投入程度、师生互动四方面的评价最高,纯硬科学学生对于"参与专业教师科研活动程度"的评价最高。单因素方差分析的结果表明,不同学科学生在专业课学习的收获、兴趣、评价、实际投入,以及对专业课教师教学水平、教师投入程度、师生互动、参与科研活动程度的评价上具有显著差异。两两比较的结果表明,在专业课的学习收获、专业课程的重要性评价和课程整体质量评价上,应用硬科学学生的得分显著低于纯硬科学、纯软科学和应用软科学学生;在专业课程学习兴趣上,纯软科学学生的得分显著高于纯硬科学、应用硬科学和应用软科学学生;在专业课程学习实际投入的时间和精力上,纯软科学学生得分显著高于应用硬科学、应用软科学学生,与纯硬科学学生则没有显著差异;对于专业课教师的教学水平、投入程度、师生互动的感知,纯软科学学生的得分显著高于其他学科学生,应用硬科学学生的得分显著低于其他学科学生;对于参与教师科学活动的程度,纯硬科学学生的得分显著高于其他学科学生,应用硬科学学生的得分显著高于应用软科学学生。

五、研究结论与政策建议

正如贝尔迪所言,不同学科学生的学术能力和学术成就会有所差异,我们对西安交通大学和南京大学9374名分属纯硬科学、纯软科学、应用硬科学和应用软科学学生学习经历的调查分析结果表明,不同学科学生在学术投入、人际投入、智慧能力发展和专业课程学习经历与体验等学习经历维度上均存在显著差异。

1. 不同学科学生在学术投入维度上存在显著差异。例如,纯软科学学生在批判思考、学术挑战和课外投入等方面的得分要高于纯硬科学和应用硬科学学生;纯硬科学学生在理解分析方面的得分与纯软科学学生没有显著差异,但要显著高于应用软科学学生。就总体而言,硬科学学生的学术投入程度要低于软科学学生。

2. 不同学科学生在人际投入维度上存在显著差异。例如,纯软科学学生非常关注师生互动,在这方面的投入最高;应用软科学学生则更关注同侪关系,在这方面投入最高。就总体而言,硬科学学生在人际投入方面也不如软科学学生。

3. 不同学科学生在智慧能力发展维度上存在明显差异。例如,应用硬科学学生在当前的核心技能及其发展增值得分上均低于其他学科学生,纯硬科学学生在当前的研究技能及其发展增值得分上要高于其他学科学生,纯软科学学生在刚入学与当前的自我认知和社会沟通能力的得分上都高于其他学科学生。

4. 不同学科学生在专业课程学习经历与体验维度上也存在明显差异。例如,应用硬科学学生在专业课的学习收获、专业课程的重要性评价和课程整体质量评价上显著低于其他学科学生;纯软科学学生在专业课程学习兴趣、学习实际投入的时间和精力上要高于其他学科学生;纯软科学学生对专业课教师的教学水平、投入程度、师生互动的感知要显著高于其他学科学生;纯硬科学学生对参与教师科学活动程度的感知显著高于其他学科学生。

从上面的结果可以看到,不同学科学生的学习经历存在差异,这种差异在一定程度上反映了不同学科在学科文化上的差异。由于这种差异的存在,不同学科之间会有一定程度的互相冲突或互相吸引。例如,不同学科学生之间由于相互不了解而存在一定程度的隔绝、偏见和歧视,一些学生在从一个学科向另一个学科迁徙时可能会担心学习经历的不同而产生问题。当然,也可能因为不同学科学生在学习经历上存在的这种差异,而促使他们相互吸引、相互了解、相互尊重,通过取长补短、加强联系,促进交叉、融合。所以,我们首先要承认不同学科学生在学习经历上的差异,要理解、尊重这种差异和不同。其次,要在这个基础上探讨促使不同学科学生学习经历融合的途径与方法,如目前国内一些高校实施的书院制度,促使不同学科学生之间的融合,使他们获得更丰富的学习经历和体验,获得更好的发展。

[原载《苏州大学学报(教育科学版)》2014年第1期]

第三篇／研究型大学本科生核心能力及其发展研究

中美研究型大学本科学生基本能力比较研究

常桐善

内容提要：研究利用调查数据对中美研究型大学本科学生入学和调查时的15项基本能力进行了比较研究。分析结果显示，中国学生除了在入学和调查时的外语水平高于美国学生外，其他14项基本能力都显著低于美国学生；而且中国学生的批判性思维能力、清晰有效的写作能力等9项技能在调查时与美国学生的技能差距比入学时的差距有所拉大。研究从招生、课程设置、教学模式、国际化、教学环境、学习成果评估等方面对研究结果进行了讨论，并建议中国研究型大学在"双一流"建设中必须优先考虑本科教育，制定本科教育战略规划，有效地实施大学招生"综合评价"制度，重新审视"以学生为中心"的教育理念和面临的挑战，促进院校在学生发展方面的研究，积极支持和参与具有前瞻性的本科教育研究，建立大学驱动、数据驱动的内外部相结合的学生学习成果评估体系，为制定相关政策和开展及时的改革提供信息。

一、研究背景

提升大学生基本能力已不是一个新的话题，也不是要等到若干年后才付诸行动的理念。但在大学排名盛行、建设世界一流大学的呼声不断高涨的今天，教育工作者、大学以及行政管理部门更应该冷静思考大学的办学任务，尤其是教书育人的神圣职责和基本能力对学生的未来发展、培养他们全球胜任力以及强化一个国家人才领导竞争力的深远意义。

将近两百年前的《耶鲁报告》就倡导"心灵的修行和塑造"（the discipline and

the furniture of the mind)①的大学博雅教育理念,这个理念至今昌盛不衰。哈佛大学前任校长德里克·博克在2006年根据他担任大学校长的经历和观察得出这样的结论:虽然在课程设置上,大学教师有很多争议,但令人欣慰的是教师在将批判性思维能力作为本科教育的主要目标这个问题上没有异议。② 这足以说明,思维能力的培养一直是大学教育的重中之重,也是基本能力中的核心组成部分。其实早在两千多年前,孔夫子就提出了"学而不思则罔"的告诫。这个精辟阐述在当今信息泛滥的时代对我们应该具有更加深刻的启迪意义和实践价值。

当然,毕业生最终是要进入劳动力市场的,所以雇主对毕业生基本能力的期待在大学培养什么样的人才方面是有发言权的。美国全国学院与雇主协会③、美国学院与大学学会④以及经济学家智库⑤定期对雇主进行调查,了解他们对本科毕业生基本能力的期待。这些调查的结果都基本显示:批判性思维能力、团队合作能力、解决问题的能力、交流能力、职业道德、领导能力、主动决断行事的能力、社交能力等都是雇主期待本科生所掌握的基本能力。其实,这些技能既是提升工作竞争力的条件,也是增强个人生活力的要素。

或许正是这些原因,最近几年,美国大学对学生基本能力的培养予以前所未有的重视,诸多顶尖大学通过课程改革为学生提供基本能力的学习和实践机会。

---

① "The Yale Report of 1828: Liberal Education and College Life," http://collegiateway.org/reading/yale-report-1828/.

② Bok, D., *Our Underachieving Colleges: A Candid Look at How Much Students Learn and Why They Should Be Learning More*, Princeton, NJ: Princeton University Press, 2006, 109.

③ National Association of College and Employers. Job Outlook 2017 Survey. November 2016. http://www.naceweb.org/talent-acquisition/candidate-selection/the-attributes-employers-seek-on-a-candidates-resume/.

④ The Association of American College & University. Falling Short? College Learning and Career Success. Hart Research Associates. January, 2015. https://www.aacu.org/sites/default/files/files/LEAP/2015employerstudentsurvey.pdf.

⑤ The Economist Intelligence Unit. Closing the Skills: Companies and Colleges Collaborating for Change. 2014. https://www.luminafoundation.org/files/publications/Closing_the_skills_gap.pdf.

哈佛大学 2007 年重新构建通识教育课程,由美学、文化和信仰、实证与数学推理、道德推理、生命系统科学、物理宇宙科学、世界社会、美国与世界等八个模块组成。其改革目的是培养学生的公民参与意识,增强学生的自我认知能力,提升学生批判性和建设性地回应改革的能力,开发学生对自己言行道德范畴的理解和认识能力。[①] 斯坦福大学明确提出了"思维之道、行为之道"(Ways of Thinking, Ways of Doing)的通识教育理念,从课程设置、教学模式等方面进行了大幅度的改革,从而加强学生基本能力的发展和培养。[②] 加州大学伯克利分校从沟通交流、数据分析、创新探索等基本能力以及心胸开阔、世界性理念、参与意识和责任感等情态意识方面提出了与二十一世纪人才需求相契合的博雅教育理念和行动计划。[③]

美国大学为了有效地了解学生基本能力的实际情况,并为循证决策(evidence-based decision)提供依据,从二十世纪中期开始就通过直接评估和间接评估方式对非认知知识进行评价,内容包括解决问题的能力、评判性思维能力等。[④] 美国的认证机构也早已把基本能力纳入认证评价的指标体系中。例如,美国西部大学认证委员会的基本能力评价标准包括五项指标:写作技能、口头交流能力、量化推理技能、批判性思维能力以及信息素养(information literacy)等。[⑤] 近几年,美国学院与大学协会以及部分大学联合开发"本科教育学习有效评估"量规,简称为"价值"量规,评价指标基本涵盖了雇主所期待的所有技能。[⑥]

---

① "Report of the Task Force on General Education," http://projects.iq.harvard.edu/files/gened/files/genedtaskforcereport.pdf? m=1448033208.

② "Ways of Thinking, Ways of Doing," https://undergrad.stanford.edu/programs/ways/ways.

③ "The Undergraduate Initiative at University of California Berkeley," https://vcue.berkeley.edu/sites/default/files/competenciesshort.pdf.

④ Shavelson, R, *A Brief History of Student Learning Assessment: How We Got Where We Are and a Proposal Where to Go Next*, Association of American Colleges and Universities, 2007.

⑤ "The 2013 Handbook of WSCUS Accreditation," https://www.wscuc.org/resources/handbook-accreditation-2013.

⑥ "VALUE Rubric Development Project," https://www.aacu.org/value/rubrics.

另外,美国全国性大学就读经验调查问卷①和研究型大学调查问卷②都包括基本能力的问题,让学生自我评价其基本能力的程度。调查结果广泛应用于教育教学质量的评估和基本能力项目的开发以及教学绩效提升的政策制定上。

中国对基本能力的教育也有长久的历史和非常具体的要求,比如素质教育③、大学通识教育④、近几年实施的大学招生"综合素质评价"制度⑤等。这些政策和措施都与前面提到的基本能力的培养有直接的关联。但这些措施的实施状况如何,对学生基本能力的培养和提升究竟发挥了多大作用,似乎还需要开展更多的实证性研究来回答。这项研究利用调查数据对中美大学生基本能力进行比较,希望为我们了解中美大学生基本能力的差异提供一些参考性的证据。

二、研究设计

(一)数据来源、调查问卷以及基本能力概念界定

此项研究的数据来源是研究型大学本科生就读经验调研联盟(The Student Experience in the Research University International Consortium,以下简称SERU-I)⑥。SERU-I 是以加州大学本科学生就读经验调查项目为基础,由加州大学伯克利高等教育研究中心倡议于 2010 年建立的。其目的是与世界各国的顶尖研究型大学共同调研本科学生的学习经验,并分享会员的本科教育优秀实

---

① "National Survey of Student Experience," http://nsse.indiana.edu/pdf/survey_instruments/2017/NSSE17_Screenshot_US_English.pdf.

② "Student Experience in the Research University," http://www.ucop.edu/institutional-research-academic-planning/_files/survey-instruments/Instrument_UCUES_2016.pdf.

③ 中共中央、国务院:《关于深化教育改革,全面推进素质教育的决定》,1999 年 6 月 13 日发布,http://old.moe.gov.cn/publicfiles/business/htmlfiles/moe/moe_177/200407/2478.html。

④ 王洪才、谢德渤:《中国通识教育 20 年:进展、困境与出路》,《厦门大学学报(哲学社会科学版)》2015 年第 6 期。

⑤ 国务院:《关于深化考试招生制度改革的实施意见》,2014 年 9 月 4 日发布,http://www.gov.cn/zhengce/content/2014-09/04/content_9065.htm。

⑥ "The Student Experience in the Research University International Consortium," https://cshe.berkeley.edu/seru/seru-international.

践经验和讨论寻求解决大家共同面临的挑战的举措。先后参与调研的大学包括美国、中国、英国、俄罗斯等 10 多个国家的近 50 所大学。中国大学包括南京大学、西安交通大学、湖南大学和同济大学。此项研究的数据包括 SERU-I 从 2013—2016 年之间搜集到的数据。

调查问卷是由加州大学伯克利高等教育研究中心在 2000 年开发的[1]，并从 2002 年开始在加州大学试用。从 2004 年起，高等教育中心每两年对加州大学所有本科学生进行一次调研。中心对调查问卷的信度和效度进行了持续性的研究[2][3][4]，研究结果显示问卷具有很高的信度和效度。国际联盟成立后，中心与参与大学合作将问卷翻译成参与国家的语言，如中文、日文等。参与大学的研究人员通过焦点小组讨论等形式对翻译后的问卷进行了大量的信效度检验，以确保问卷的质量。在第一次数据搜集后，研究人员也利用因子分析等方式对问卷的结构性效度进行了比较研究。例如，龚放与吕林海的研究表明，南京大学与加州大学"学习参与"维度的因子分析结果是基本一致的。[5] 事实上，美国类似的大学生就读经验的汉化问卷在中国的使用已经非常普及，而且学者也对两国的部分调查结果进行了比较研究。[6][7]

基本能力的英语表达方式很多，常见的有"软技能"（softskills）、"核心技能"

---

[1] "The University of California Undergraduate Experience Survey," http://www.ucop.edu/institutional-research-academic-planning/services/survey-services/index.html.

[2] Chatman, S. (2009). Measures of Nonresponse Bias Associated with the 2008 Administration of the University of California Undergraduate Experience Survey. SERU Project Technical Report.

[3] Chatman, S. (2011). Factor Structure and Reliability of the 2011 SERU/UCUES Questionnaire Core. SERU Project Technical Report.

[4] Douglass, J., Thomson, G. & Zhao. C., "The Learning Outcomes Race: The Value of Self-Reported Gains in Large Research Universities," *Higher Education*, Sept, 64(3), 2012, 317-335.

[5] 龚放、吕林海：《中美研究型大学本科生学习参与与差异的研究：基于南京大学和加州大学伯克利分校的问卷调查》，《高等教育研究》2012 年第 9 期。

[6] 史静寰、文雯：《清华大学本科教育学情调查报告 2010》，《清华大学教育研究》2012 年第 1 期。

[7] 周廷勇、周作宇：《高校学生发展影响因素的探索性研究》，《复旦教育论坛》2012 年第 3 期。

(core competencies)、"学习成果"(learning outcomes)等。SERU-I 问卷包括了 20 个学业和个人发展(academic and personal development)的调查问题[①],这些问题与前面阐述的技能基本吻合。这项研究选取中美参与大学普遍使用的 15 个问题作为基本能力的测量指标。这些技能包括:(1) 分析和批判性思维能力;(2) 领导能力;(3) 社交技能;(4) 清晰有效的表达能力;(5) 清晰有效的写作能力;(6) 阅读和理解学术资料的能力;(7) 准备和进行报告的能力;(8) 量化分析能力;(9) 借助图书馆进行研究的技能;(10) 欣赏、忍受和理解种族差异的能力;(11) 艺术欣赏能力;(12) 欣赏文化和全球差异的能力;(13) 对国际事务的理解能力;(14) 外语水平;(15) 对所学专业的理解程度。

问卷对这些问题的数据搜集采纳"回顾式前测"(retrospective pretest)方式,即在调查时让学生通过回顾的方式回答入学时的基本能力水平。研究证明这种方式在测量学生学习技能的变化上有较高的效度。[②] 问卷同时也让学生回答"当前"这些技能的水平,即调查时的水平。每个问题的回答选项包括"非常差"(very poor)、"差"(poor)、"一般"(fair)、"好"(good)、"很好"(very good)和"优秀"(excellent)。在数据分析时的赋值区间依次为 1—6 分,即"非常差"得 1 分,"差"得 2 分,以此类推,"优秀"得 6 分。

(二) 研究对象

研究包括七所参加 SERU-I 联盟的美国大学和四所中国大学。美国大学分别是加州大学伯克利分校(University of California, Berkeley)、明尼苏达大学(University of Minnesota)、德州大学奥斯汀分校(University of Texas, Austin)、俄勒冈大学(University of Oregon)、华盛顿大学(University of Washington, Seattle)、弗吉尼亚大学(University of Virginia)以及德州农工大学(Texas A&M University)。这七所大学都是公立研究型大学,分别是加州、

[①] 参见加州大学调查问卷所包含的所有问题以及英语表达方式,http://www.ucop.edu/institutional-research-academic-planning/services/survey-services/index.html。

[②] Allen, J. & Nimon, K., "Retrospective Pretest: A Practical Technique for Professional Development Evaluation," *Journal of Industrial Teacher Education*, 2007, 44(04).

明尼苏达州、德州、俄勒冈、华盛顿以及弗吉尼亚州的"旗舰"大学。根据卡耐基2015年的大学分类①,这些大学都是"授予博士学位的、开展高密度研究活动"的大学。在校学生数在2.5—6.1万,且绝大多数学生是本科生,占所有学生的三分之二左右。在《美国新闻与世界报道》美国最佳大学排名中②,这些大学的排名分布在20、30、60、70和100名左右。中国大学包括南京大学、西安交通大学、湖南大学和同济大学。这四所大学都是中国原来的"985"高校,且在2017年入选"双一流"大学建设高校名单。根据这些学校官方网站统计数据,四所大学的在校生人数为3.1—3.5万。总体来看这四所学校的本科生和研究生的比例基本持平,其中南京大学的本科生少于研究生,大约占所有在校生的40%。另外,所有入选的中美大学都是综合研究型大学,虽然不是所有的大学都涵盖了文、理、工、医等学科,但从整体上说,中美大学都包涵了所有学科和专业。这些统计数据说明,选入此项研究的美国大学基本可以代表美国授予博士学位,且开展高密度研究活动的公立研究型大学;而入选的中国大学可以代表原来的"985"高校,以及入选"双一流"建设的中国大学。因此,样本大学是具有代表性的,也是具有可比性的。

另外,由于入选此项研究的美国大学普遍招收"专升本"转学学生,也就是完成两年社区大学的学生。例如,在加州大学伯克利分校2016年入学的8600多新生中,转学学生大约占30%。而中国大学接受的转学学生人数很少,或者几乎不接受两年制大学的转学学生。转学学生已接受至少两年的大学学习,入学时的基本能力从理论上讲应该比从高中毕业直接进入大学的学生要好,所以此项研究为了准确分析和比较中美两国大学生入学时的基本能力,美国大学生只包括从高中直接升入大学的学生;由于中国大学没有足够的信息判断学生的转学身份,而且转学学生数量小,不会对结果产生影响,所以中国大学包括所有回复问卷的学生。依据这些条件,研究最后包括的中美两国学生样本数分别是

---

① "The Carnegie Classification of Institutions of Higher Education," http://carnegieclassifications.iu.edu/lookup/lookup.php.

② "U.S News and World Report National University Rankings," https://www.usnews.com/best-colleges/rankings/national-universities.

4.26万和5.31万。其中中国大一到大四学生的比例分别是24%、33%、28%和15%;而美国大一到大四学生的比例分别是18%、23%、23%和36%。为了避免两国不同年级学生数之比的差异对研究产生的误差,所有数据分析以加权均值为基数。在下面数据分析一部分中,具体解释权重的计算方法。

(三) 数据搜集过程与分析方法

SERU-I的调查是通过网络进行的。为了确保数据的有效性和参与大学调查结果的可比性,所有大学采用同样的调查系统和方法采集数据。参与大学提供学生的邮件地址,SERU-I联盟发放邀请学生参加调查活动的信函。在第一次邀请信函发放两周后,再继续发放5—10次邀请函提醒学生参加。各参与大学的问卷回收率差别较大,主要是与学校的宣传力度和学生本身的参与意识有关。

如前所述,中美研究样本中各年级学生的比例存在显著差异。从理论上讲,高年级学生的技能应该高于低年级学生的技能。所以为了做到中美学生样本对不同年级的学生具有同样的代表性,从而合理比较两国学生的技能,此项研究根据中美各年级学生总数的比例计算出两国不同年级学生的权重,然后利用加权值进行相关的数据分析。加权后,两国样本从大一到大四学生的比例都是一致的,分别是21%、27%、25%和27%。

此项研究的数据分析采用描述性统计方法计算回复问卷学生入学时和调查时基本能力的加权平均值。然后,利用T检验计算中美学生在两个变量上加权均值的差异,当显著级别小于0.05时即视为两国学生之间在基本能力上存在显著性差异。同时,也利用效应值(Cohen's d effect size)判断差异量的大小程度。[1] Cohen认为当效应值等于0.2时,差异程度小;当效应值等于0.5时,差异程度是中等;当效应值等于0.8时,差异程度大。

(四) 研究的局限性

这项研究使用的是现存数据,所以仅仅包括了部分基本能力,有许多非常重

---

[1] Cohen, J, *Statistical power analysis for the behavioral sciences* (2nd ed.), Hillsdale, NJ: Lawrence Earlbaum Associates, 1988.

要的技能,如团队合作能力、解决问题的能力还需要进一步研究。由于中美文化背景和教育理念的不同,两国学生对调查问题的理解以及对自己能力的评判标准可能会存在差异,也因此会导致结果的误差。本文的研究采用描述性统计方法,也就是在数据分析时没有控制无关变量,如专业、学生背景等因素对基本能力的影响,所以进一步探讨不同专业、不同背景的亚群体学生之间在基本能力上的差异,对学校提出更具有针对性的解决策略会有所助益。

三、研究结果

表1 中美本科生基本能力的加权均值、标准差、T检验和效应值

基本能力	入学时 美国	入学时 中国	入学时 T检验	入学时 效应值	调查时 美国	调查时 中国	调查时 T检验	调查时 效应值
分析和批判性思维能力	3.81 (0.98)	3.25 (0.97)	84.14*	0.58	4.68 (0.83)	3.95 (0.91)	120.66*	0.84
领导能力	3.78 (1.11)	2.97 (0.98)	113.54*	0.77	4.48 (1.07)	3.64 (1.02)	116.24*	0.80
社交技能	3.95 (1.11)	3.19 (0.98)	106.49*	0.73	4.67 (1.01)	3.93 (0.97)	106.85*	0.74
清晰有效的表达能力	4.90 (1.11)	3.34 (1.04)	182.39*	1.45	5.20 (0.98)	3.95 (0.90)	166.42*	1.33
清晰有效的写作能力	3.82 (1.08)	3.35 (1.00)	65.89*	0.45	4.54 (0.92)	3.61 (0.96)	142.64*	0.99
阅读和理解学术资料的能力	3.79 (1.05)	3.10 (0.98)	98.77*	0.68	4.64 (0.89)	3.89 (0.90)	121.01*	0.84
准备和进行报告的能力	3.82 (1.02)	2.77 (0.96)	155.35*	1.06	4.51 (0.95)	3.83 (0.95)	103.05*	0.71
量化分析能力	3.74 (1.12)	3.09 (0.99)	89.86*	0.61	4.16 (1.14)	3.64 (0.99)	70.05*	0.48
借助图书馆进行研究的技能	3.29 (1.11)	2.60 (0.98)	95.65*	0.65	4.16 (1.06)	3.83 (0.97)	47.45*	0.33
欣赏、忍受和理解种族差异的能力	4.15 (1.14)	3.47 (1.07)	76.89*	0.61	4.84 (0.96)	4.07 (1.01)	98.09*	0.78

续 表

基本能力	入学时 美国	入学时 中国	入学时 T检验	入学时 效应值	调查时 美国	调查时 中国	调查时 T检验	调查时 效应值
艺术欣赏能力	4.10 (1.25)	3.26 (1.02)	92.09*	0.74	4.54 (1.18)	3.79 (1.04)	82.58*	0.66
欣赏文化和全球差异的能力	4.21 (1.12)	3.37 (0.98)	99.34*	0.79	4.82 (1.00)	3.97 (0.98)	107.23*	0.86
对国际事务的理解能力	3.55 (1.13)	2.97 (0.98)	80.09*	0.55	4.48 (1.03)	3.69 (0.99)	112.60*	0.78
外语水平	3.24 (1.29)	3.35 (1.02)	-11.77*	-0.09	3.37 (1.38)	3.41 (1.02)	-4.47*	-0.04
对所学专业的理解程度	3.08 (1.10)	2.51 (1.00)	79.20*	0.54	4.67 (0.99)	3.94 (0.93)	109.49*	0.75

注：1) 表中星号（*）表示 T 检验的显著性 P 值小于 0.001,也就是说从统计学的角度来看,中美学生在对应的基本能力指标上存在显著性差异,T 检验正值显示美国学生的基本能力比中国学生好;而负值则表示中国学生的技能比美国学生好。2) 括号内的数据是标准差。3) 效应值是 Cohen's d 值,显示中美学生基本能力的差异量的大小。

（一）中美学生入学时的基本能力

表 1 展示了中美本科学生基本能力的加权均值、标准差、T 检验和效应值。统计数据显示,美国学生入学时基本能力的均值都在 3.00 以上,方差在 1.00 左右;其中均值超过 4.00 的有四项,分别是"清晰有效的表达能力"、"欣赏文化和全球差异的能力"、"欣赏、忍受和理解种族差异的能力"以及"艺术欣赏能力";均值在 3.50 到 4.00 之间的技能有八项;在 3.00 到 3.50 之间的技能有"借助图书馆进行研究的技能"、"外语水平"和"对所学专业的理解程度"三项。根据前面阐述的答案选项赋值方法判断,美国学生入学时的基本能力除了最后三项处于"一般"或者略好于"一般"状态外,其他技能都处于"好"的程度上下,"清晰有效的表达能力"甚至接近"很好"的水平。

中国学生入学时在基本能力上的均值分布是 2.51("对所学专业的理解程度")到 3.47("欣赏、忍受和理解种族差异的能力")。其中有 10 项技能的平均值在 3.00 到 3.50 之间,也就是略高于"一般"水平的程度;其他五项技能的均值都低于 3.00,处于"差"和"一般"水平之间,从最差开始依次为"对所学专业的理解程度"、"借助图书馆进行研究的技能"、"准备和进行报告的技能"、"领导能力"以及"对国际事务的理解能力"。

显然,中美学生之间在入学时的基本能力上存在很大差距,中国学生除了外语水平高于美国学生外,其余14项基本能力都比美国学生差。T检验分析进一步证明了这个结果,也就是说从统计学的角度来判断,两国学生的基本能力差异是显著的($P<0.001$)。而且效应值也显示,中美学生14项技能差异量都处于中等或者大的情况。另外,中国学生在15项技能的均值标准差小于美国学生,表明中国学生之间在入学时的技能差异比美国学生略小。

(二)中美学生调查时的基本能力

经过几年的本科教育,中美学生的技能与入学时相比,都有很大程度的提升。美国学生在11项技能上的均值都接近5.00,也就是从入学时接近"好"的程度提升到接近"很好"的水平;其中最好的技能是"清晰有效的表达能力",均值为5.20,处于"很好"与"优秀"之间;最差的技能是"外语水平",仍然停留在"一般"和"好"之间,均值仅为3.37,与入学时的水平相比,几乎没有增加。另外,美国学生入学时到调查时除了"外语水平"和"借助图书馆进行研究的技能",其他各项技能的方差都有所下降,例如"批判性思维能力"的方差从入学时的0.98下降到调查时的0.83。这个结果表明,美国学生从入学时的技能程度更加离散的状态向调查时趋于聚集的方向过渡。

中国学生调查时的技能与入学时的技能相比大致也是增加了接近一个评价"级别",即从略高于"一般"提升到接近"好"的程度,也就是均值从入学时的3.00—3.50提升到了接近4.00。其中"欣赏、忍受和理解种族差异的能力"的均值最高,达到了4.07,超过了"好"的标准,其他在3.95以上的技能包括"分析和批判性思维能力"、"清晰有效的表达能力"以及"欣赏文化和全球差异的能力"。与美国学生一样,外语水平是所有技能中最差的,与入学时的水平相比,几乎没有增值。

另外,中美学生调查时的技能差别仍然保持在大约三分之二个评价"级别",也就是说中国学生各项技能的均值在3.80上下浮动,而美国学生的均值在4.50

上下浮动。当然,T 检验分析仍然显示这种差异是显著的,且 9 项指标的效应值也都非常接近或者超过了 0.8,表明差异是显而易见的。还需要强调的是,中国学生在六项技能上的方差大于美国学生,说明中国学生之间的差异在这些指标上与入学时相比距离在拉大。在 9 项技能上,中美学生比较的效应值与入学时相比有大幅度增加。例如在入学时,"分析与批判性思维能力"的效应值是 0.58,而在调查时这个值上升到了 0.84,增加了 45%,差异量从"中等"程度上升到了"大"的程度。又如在入学时,"清晰有效的写作能力"的效应值是 0.45,而在调查时这个值上升到了 0.99,翻了一番。这个结果表明,在调查时,中国学生在这几项技能上的自我评价结果与美国学生的自我评价结果之间的距离进一步拉大。其他除外语水平外的五项技能的效应值有所下降,说明中国学生与美国学生在这几项技能上的距离在调查时有所缩小,尤其明显的是在"准备和进行报告的能力"上的效应值从入学时的 1.06 下降到了 0.71,说明中国学生的这个技能提升是很快的,但需要强调的是,中国学生的这项技能与美国学生相比,仍然不乐观。

四、研究结果讨论:基于本科教育模式和教学环境

中美大学本科学生入学时和调查时的基本能力都存在显著差异,而且在几乎所有的评价指标上,中国学生的基本能力都显著低于美国学生的基本能力。除了前面阐述的研究局限性可能在一定程度上使这种差异有所突显,从两国教育模式和教学环境的角度对这种差异进行解读,或许有助于我们理解这种差异的原因,也甚或有助于我们为本科教育发展和教学改革提出一些针对性的策略。

(一)本科招生模式

中美大学招生模式的差异或许是导致两国学生入学时基本能力差异的直接原因。此项研究所包括的美国大学都是采用"综合评价"模式招收本科学生的,而中国大学的招生在调查时基本都是以高考成绩为主。以加州大学为例,本科招生指标包括学业成绩、个人成就以及对未来做出贡献的潜能等 10 多项一级指

标和100多项子指标。① 而很多指标都与基本能力有关,如领导能力、参与意识、对多元文化的理解能力等。这样的招生评价制度无疑对中小学基本素质和基本能力的养成有很大的影响,在这样的招生政策指引下所招收的学生拥有较强的基本能力也就不足为奇了。另外,加州大学在招生时非常重视学生是否通过先修课程等渠道完成了大学的一些基础课程,也因此在加州大学入学的高中毕业生中,有将近40%的学生平均完成了13个可以认可的学分,相当于大学一学期的学分。先不说这些课程的内容深度如何,单从其教学特征来分析,学生需要阅读大量的资料、查阅图书文献完成研究项目作业、撰写和汇报学期论文等。所有这一切活动对培养学生的分析和批判性思维能力、帮助他们了解专业课程方面的知识、掌握借助图书馆进行研究的能力、提升课堂汇报能力都有帮助。

(二) 课程设置以及学生的学习时间分配

中美大学的课程设置体系以及学生在课堂学习和课外活动上的时间分配都是不尽相同的。当然,这项研究不是探讨哪一个体制更好,但至少对二者的区别进行些许讨论对了解学生基本能力的差异是有助的。中国很多大学把本科四年的课程安排在三年或者三年半来完成。② 这样的课程设置体系导致学生每学期都必须要完成20多个学分。如果按照一门课两个学分计算,就是10多门课。可以想象,学生要学如此之多的课程,如何有足够的时间有效地完成与课程相关的学期论文、团队项目,如何可能静心深度思考,或者结合自己的生活和实践经验来批判性地思考课程教学问题。当然,如果课程教学忽视了这些教学活动,也就谈不上将培养学生的基本能力融入课程教学这个最好的过程中。而美国研究型大学的学生平均每学期所学的学分基本是均衡的,如加州大学伯克利的学生

---

① 常桐善:《美国加利福尼亚大学本科招生综合评定方法阐述》,《清华大学教育研究》2007年第6期。

② 过去几年笔者参加教育部组织的本科教育质量审核工作时,访谈了大约三所高校(两所"985"和一所"211"大学)八个文、理、工、商学院的200多名学生,访谈结果基本是一致的。其中一所大学的一位学生在访谈后发了一个帖子,他的原话是,"大一上学期我们有13门必修课,大一下学期有11门必修课,大二大三每个学期的必修课的数目也都稳定在10门左右"。这位学生同时也表示了对这种课程设置导致教学质量差以及学生难以参加课外活动的担忧。

前两年平均每学期完成的学分14.5个,后两年每学期完成的学分是13.5个。从课程学分完成情况来说,美国本科教学是扎扎实实的四年时间。这种情况也得到了SERU-I调查结果的证实:中国学生中有大约35%的学生每周花费30多个小时上课,也就是说每天至少花费6个小时上课;而美国只有3%的学生每周上课时间达到或者超过30个小时,大多数学生每周的上课时间在15个小时左右。与此相反,SERU-I调查结果也显示,大约一半的中国学生每周参加课外学习、社会实践活动和学术活动的时间少于5小时,而美国三分之二的学生每周花费10多个小时从事这些活动。这个结果至少说明,与美国学生相比,中国学生是缺乏通过参加课外活动来实现个人全面发展目标和基本能力提升的有效时间的。而诸多研究证明,参加课外活动与学生的个人发展和获取基本能力是呈正相关的。[1] 另外,从教学内容上来说,通识教育课程是与培养学生基本能力有直接关系的课程。众所周知,通识教育是美国本科课程的重要组成部分,通常占所有学分的三分之一。

（三）教学模式以及学生的学习参与

学生的发展是一个过程,也是获得综合性成果,包括认知知识与非认知技能的过程,而获取这些知识和技能需要时间和精力的投入,参与是重要的学习途径。[2][3] 也许是采用传统教学模式的缘故,中国学生的课堂学习参与程度显著低于美国学生。[4] SERU-I调查结果也显示,大约三分之二的美国学生参与课堂讨论,而参与课堂讨论的中国学生只有四分之一;美国学生有一半在课堂上提出具有深刻意义的问题,而10个中国学生中大约仅有一个学生能这样做。SERU-I的调

---

[1] Kuh, G., "The Other Curriculum: Out-of-Class Experiences Associated with Student Learning and Development," *The Journal of Higher Education*, 1995, 66(02).

[2] Kuh, G., Gonyea, R. & Rodriguez, D., "The Scholarly Assessment of Student Development," In Banta & Associates (Ed.), *Building Scholarship Assessment*, Jossey-Bass, San Francisco, 2002.

[3] 陆根书、胡文静、闫妮:《大学生学习经历:概念模型与基本特征》,《高等教育研究》2013年第8期。

[4] 龚放、吕林海:《中美研究型大学本科生学习参与与差异的研究:基于南京大学和加州大学伯克利分校的问卷调查》,《高等教育研究》2012年第9期。

查结果与笔者参加本科质量审核时通过听课观察和访谈得到的结果基本是一致的。虽然大学都在强调"抬头率",有的大学甚至在教室安装了摄像头,监测学生的课堂学习参与状况,但"抬头率"和参与率似乎不佳。另外,SERU-I调查结果也显示,在调查时,大约30%的美国学生已经辅助或者正在辅助教师从事研究工作,30%的学生已经或者正在从事一项创新研究工作。毋庸置疑,学生参加课堂讨论、教师的研究项目都有助于提升学生的交流表达能力、批判性思维能力、借助图书馆进行研究的能力。

(四)大学多元化与国际化学习环境

美国是一个移民国家,而且大学教职工和学生中有相当一部分来自其他国家或者拥有其他国家种族和文化背景。例如2016年加州大学的教师、职工、博士生、硕士生和本科生中非美国公民的比例分别是24%、10%、28%、50%和12%。[1] 这样的多元化环境给学生提供了直接接触多元文化的渠道和机会。另外,美国大学也非常重视本科生与其他国家大学的交流。例如2015—2016年,通过大学交流项目到国外进行交流的伯克利本科生数将近1000人,而且有一半学生都会在国外大学学习一年或者一年以上。[2] 这些因素显然有助于加强学生对多元化和全球化知识的学习。这或许也是为什么美国学生具有更强的欣赏、忍受和理解种族差异,欣赏文化和全球差异以及对国际事务的理解的能力。

(五)教学空间和环境

研究早已证明学习空间和环境对教师的教学行为和学生的学习行为都有显著的影响。[3] 小班教学、移动课桌椅设计、桌椅圆形摆放形式都是提升教学空间和学习环境质量的途径,在一定程度上也为有效地实施"以学生为中心"的教育模式和"翻转"课堂教学提供了有利条件。美国大学的小班教学都占很大的比

---

[1] "The University of California Accountability Report," http://accountability.universityofcalifornia.edu/2017/about.html.

[2] "The University of California Abroad Program," https://www.universityofcalifornia.edu/infocenter/uc-eap.

[3] Whiteside, A., Brooks, D. & Walker, J, "Making the Case for Space: Three Years of Empirical Research on Learning Environments," Educause Review, 2010.

例,例如加州大学伯克利 2014—2015 学年本科班级中,10 人规模以下的班级大约占三分之一,平均班级规模大约是 25 人。与美国大学的班级规模相比,笔者曾审核过的几所中国大学的平均班级规模都在 60 多人,几乎是美国大学的 2.5 倍。另外,中国大学的教室桌椅仍然是排排摆放,对教师教学管理以及学生互动讨论都很不利。

（六）学习成果评价

如前所述,美国大学从学生、课程、专业以及学校层面开展多元化的学习成果评估。以课程层面的评估来说,学习成果直接评估方式包括考试、作业、学期论文、团队合作项目、阅读评论、作品夹等;而间接评估包括课堂参与、问卷调查、焦点小组、自我评价、学生互评等。有的大学也明确要求专业和课程学习成果必须包括对基本能力的评估。例如,加州大学伯克利经济系专业评估模块就包括批判性思维技能、量化推理能力、解决问题的能力、终身学习技能、交流能力和专业知识。[①] 这种内部驱动的涵盖基本能力指标的学习成果评估行为对学生的基本能力提升有非常积极的促进作用。

五、总结与启示

本科教育,特别是学生发展和基本能力的培养是一种心智的养成,是学生通过一件件小事的学习和实践熏陶和塑造自我的过程。虽然前面阐述的中美大学生的比较研究仅仅包括了部分基本能力,但研究结果足以说明中国一流的研究型大学的本科教育在学生发展的培养方面与美国一流的公立研究型大学之间还存在明显的差距,与世界一流大学的差距可能更大。

要改变这种状况,我们需要从这个"心智的养成"过程中寻求改进的措施。首先,中国大学在"双一流"建设中,要把本科教育的建设摆在重要位置,要重视培养学生基本素质和技能的教育过程。其次,要加大大学招生的改革力度,将基本能力评价有效地纳入大学招生评价中。第三,制定切实可行、有利于提高本科

---

① "Learning Goals for Economics Majors," https://www.universityofcalifornia.edu/infocenter/uc-eap.

教育综合质量的具有持续性发展力的战略规划,比如,现在的班级规模是40人,要把这个规模压缩到25人,大学的发展规划如何,逐年在教职工聘用、教学实验室用房扩建等方面的额外投入如何解决等。第四,要深刻反思"以学生为中心"的教育理念以及在教育过程中实施这一理念所遇到的困境和挑战,如解决学生"抬头率"低、"参与意识"淡化的问题,教师如何在上课时通过"问题导向性"的教学方法给学生提供参与机会等。第五,要大力推动院校在学生发展方面的研究,敢于将研究结果与世界一流大学比较,做到"知己知彼"。第六,积极支持和参与具有前瞻性的与本科教育相关的理念与行动的研究,比如10年、20年后,社会对大学生的基本能力要求可能包括哪些?如果需要拓展,在哪些方面拓展?如何帮助教师将这些技能的培养嵌入课堂教学之中?第七,构建合理的包括基本能力在内的以大学内驱动为主的内外部相结合的学习成果评价机制,形成以人才培养为重任的、以评促教的校园文化氛围。

(原载《中国高教研究》2019年第4期)

师生、同伴互动与大学生能力发展

陆根书　胡文静

内容提要：本研究应用2012年对西安交通大学3937名本科生的调查数据，比较了第一代和非第一代大学生在师生互动、同伴互动及能力发展水平上的差异，以及两个组别的师生互动、同伴互动与学生能力发展关系模型的差异。研究表明：第一代和非第一代大学生在师生互动、同伴互动水平上存在显著差异；第一代与非第一代大学生在研究能力、自我认知和社会沟通能力发展上也存在显著差异；师生互动、同伴互动对大学生能力发展具有显著的积极影响，但师生互动、同伴互动与学生能力发展的关系，在第一代和非第一代大学生两个群组之间存在显著差异。根据第一代和非第一代大学生在师生互动和同伴方面的特点，采取有针对性的举措，提升他们的师生互动和同伴互动水平，对提高高校人才培养质量，促进学生能力发展和教育公平具有重要的意义。

一、引言

提高人才培养质量是当前中国高等教育需要解决的重大任务之一。但对于如何提高高等教育质量，以往许多讨论往往聚焦于宏观体制改革、教学资源条件建设、高校内部组织优化以及教学改革等方面，然而，正如哈佛大学前校长德里克·博克所指出的"真正影响教育品质的事发生在大学课堂、在师生互动的教学情景中"[①]，将研究视角深入到大学课堂之中，深入到由师生、生生互动而构成的

---

① Bok, D, *Our Underachieving Colleges: A Candid Look at How Much Students Learn and Why They Should Be Learning More*, Princeton University Press, 2006, 900-902.

教与学的活动及其变化上面,探讨这些活动对作为主体的大学生的发展的影响,是完善高等教育质量保障机制的应有之义。

师生、同伴互动是"显性"的人际交往行为,但它同时又具有"内隐"的文化特征,是大学发挥教育影响力的重要形式,也是影响大学生发展的重要因素。师生、同伴互动对学生发展的影响是教育研究领域中关注的一个重要主题,有关研究得出的一个较为一致的看法是:师生、同伴互动与大学生的学习和发展之间具有实质性的关联,积极的师生、同伴互动有助于促进学生的学习和发展。[①] 但在以往的研究中,常常把所有的学生样本作为一个整体来估计、解释师生、同伴互动对大学生发展的影响。有学者认为,这种估计可能存在偏差。[②] 也有学者指出,师生、同伴互动对大学生发展的影响是有条件的,同样的互动经历对不同学生群体的影响可能并不一致。[③] 因此,考察不同学生群体中师生、同伴互动对学生发展的影响,在学生类型日益多样化的今天,是不可或缺的。

此外,随着我国高等教育大众化的发展,越来越多的家庭中培养出了第一代大学生(家庭中的第一代大学生,是指父母都未曾接受高等教育的学生),他们不仅承载着一个家庭的期望,是促进社会阶层流动的重要力量,而且他们的发展也体现着高等教育的公平与质量。因此,关注第一代大学生的发展,对我国探寻提高高等教育质量与促进高等教育公平的举措具有重要意义。以往的研究对于第一代、非第一代大学生在师生互动、同伴互动的频率看法基本一致,相关的研究结论表明,第一代大学生表现出与教师和同伴的互动水平低[④],但对第一代大学生与非第一代大学生在师生、同伴互动中受益情况的研究,不同结果之间却有较

[①] Anaya, G., & Cole, D. G, "Latina/o Student Achievement: Exploring the Influence of Student-faculty Interactions on College Grades," *Journal of College Student Development*, 2001, 42(1), 3–14.

[②] Kuh, G. D., & Hu, S, "The Effects of Student-faculty Interaction in the 1990s," *The Review of Higher Education*, 2001, 24(3), 309–332.

[③] Kim, Y. K., & Sax, L. J, "Student-faculty Interaction in Research Universities: Differences by Student Gender, Race, Social Class, and First-generation Status," *Research in Higher Education*, 2009, 50(5), 437–459.

[④] Nunez, A. M., & Cuccaro-Alamin, S., "First-Generation Students: Undergraduates Whose Parents Never Enrolled in Postsecondary Education," Statistical Analysis Report. Postsecondary Education Descriptive Analysis Reports, 1998.

大差异。在中国大陆,由于数据的缺乏,对第一代大学生与非第一代大学生在师生、同伴互动及其和学生发展的关系上是否存在差异,研究还很少。为此,本研究希望重点探讨如下两个方面的问题:(1)第一代大学生与非第一代大学生在大学里与教师、同伴的互动是否存在差异?(2)第一代大学生与非第一代大学生与教师、同伴的互动,对其发展是否有不同影响?本研究利用2012年西安交通大学本科生学习体验调查的3973名学生的调查数据,对上述两个问题进行分析,期望能够通过这一研究,为改善大学师生、同伴互动,提高学生学习成绩,以及促进高等教育公平提供理论与实证支持。

二、文献回顾

探讨师生、同伴互动与大学生发展之间关系的研究是教育研究领域中由来已久的话题,随着理论研究的深入与教育实践的变革,研究者就这些关系的讨论也发生着一些趋势性的变化:就研究视角而言,研究者从仅仅关注"教"的结果转而关注学生"学"的结果,以及"教"与"学"的相互作用;就研究内容而言,从单纯着眼于教师与学生的个体行为到关注师生之间的社会性行为对学生发展的影响;就研究所采用的测量方法而言,操作化的指标不再局限于教师个人特质、行为方式和教师对学生的态度,也开始关注学生行为及他们的社会性认知(对师生互动过程的感知)对其发展的影响。从探讨师生、同伴互动和大学生发展关系的研究文献看,经验研究大致可以归纳为如下三类:

(一)关于师生、同伴互动对大学生发展影响的争论

师生互动、同伴互动是否为教与学的过程中影响学生发展的重要因素,受到了研究者的广泛关注。有的研究发现,师生互动、同伴互动对大学生认知能力发展具有显著的影响,而且同伴互动对大学生认知能力发展的预测能力要大于师生互动的预测能力[①];国内一些学者的研究也得出了相似的结论,认为生生互动

---

① Franklin, M, "The effects of differential college environments on academic learning and student perceptions of cognitive development," *Research in Higher Education*, 1995, 36 (2), 127–153.

对学生发展具有较大的影响力,甚至超过了生师互动对学生发展的解释能力[1];有的研究则认为,大学生围绕学术主题的同伴互动往往会对学生的发展产生有益的影响,但不如师生互动的影响大[2]。有的研究则发现,师生互动对柬埔寨大学生的认知发展有显著积极的影响,而同伴互动对大学生认知发展却没有直接影响。[3]

由上可见,师生、同伴互动对大学生发展的影响研究结果并不一致。有的研究者注意到,分析师生互动和同伴互动对大学生发展的影响,不仅要考虑互动频率的问题,还要考虑互动内容的本质差异。[4] 为此,一些研究者针对不同类别的师生、同伴互动对大学生发展的影响进行了分析。

(二) 关于不同类型师生互动、同伴互动对大学生发展影响的争论

探讨不同类型师生互动、同伴互动对大学生发展影响的研究,往往从寻找更有效的干预措施的角度,来讨论促进学生参与哪些类型的师生、同伴互动活动更加有利于学生的学习和发展。有的研究发现,正式、非正式的师生互动对学生的知识增长、自我发展都具有显著积极的影响,而非正式的师生互动对学生发展的影响力更大。[5] 有些学者对非正式师生互动的研究进行了综述,认为非正式师生互动对大学生的学习和认知发展有显著的积极净效应(net effect)。他们指出,虽然这种影响较弱,但非常稳定[6];国内一些学者应用大规模调查数据进行

---

[1] 李一飞、史静寰:《生师互动对大学生教育收获和教育满意度的影响》,《教育学术月刊》2014年第8期。

[2] Lundberg, C. A, "Peers and faculty as Predictors of Learning for Community College Students," *Community College Review*, 2014, 42(2), 79-98.

[3] Heng, K, "The Relationships between Student Engagement and the Academic Achievement of First-year University Students in Cambodia," *The Asia-Pacific Education Researcher*, 2014, 23(2), 179-189.

[4] Astin, A. W. *Four Critical Years: Effects of College on Beliefs, Attitudes, and Knowledge*, San Francisco: Jossey-Bass, 1977.

[5] Endo, J. J., & Harpel, R. L. "The Effect of Student-faculty Interaction on Students' Educational Outcomes," *Research in Higher Education*, 1982, 16(2), 115-138.

[6] Pascarella, E. T, "Student-faculty Informal Contact and College Outcomes," *Review of Educational Research*, 1980, 50(4), 545-595.

的分析也证实,学习性师生互动和社会性师生互动对学生学习收获存在显著的正相关[1]。还有一些学者对师生互动进行了分类,提出了五种不同类型,即不投入型、偶然接触型、功能性互动型、个人交往型、指导型,他们认为这些类型的师生互动对大学生的发展都有不同程度的影响,而互动发生的情景对可能产生的互动类型以及互动对发展的作用产生很大影响。[2]

除了师生互动,也有研究者关注了不同类型的同伴互动对大学生发展的影响。一些研究发现,围绕学术主题的同伴互动对大学生自陈智力和个人发展有显著的影响[3],或者可以促进大学生的学习和发展[4],或者对大学生智能发展有较大的影响[5];而非学术导向的同伴互动则可能会对大学生认知发展产生负面影响,但这种影响很微弱[6]。

在不同的教育情景下,不同类别的师生、同伴互动对大学生发展的影响可能会表现出不同的形态。因此,一些研究者改变了以往研究不考虑区分学生亚群体的策略,在探讨师生互动、同伴互动和学生发展之间的关系时,考虑了学生亚群体特征并获得了一些新的发现。

(三)关于不同亚群体中师生互动、同伴互动对大学生发展影响的争论

有些研究发现,有的组别的学生比其他组别的学生进行师生互动更频繁,但

---

[1] 史静寰、李一飞、许甜:《高校教师学术职业分化中的生师互动模式研究》,《教育研究》2012 年第 8 期。

[2] Cox, B. E., & Orehovec, E, "Faculty-student interaction outside the classroom: A typology from a residential college," *The Review of Higher Education*, 2007, 30(4), 343 - 362.

[3] Moran, E. T., & Gonyea, T. The influence of academically-focused peer interaction on college students' development. 2003.

[4] Lundberg, C. A., & Schreiner, L. A, "Quality and frequency of faculty-student interaction as predictors of learning: An analysis by student race/ethnicity," *Journal of College Student Development*, 2004, 45(5), 549 - 565.

[5] Franklin, M, "The effects of differential college environments on academic learning and student perceptions of cognitive development," *Research in Higher Education*, 1995, 36 (2), 127 - 153.

[6] Webb, N. M, "Peer interaction and learning in small groups," *International Journal of Educational Research*, 1989, 13(1), 21 - 39.

他们从互动经历中得到的收获并不多;有些学生进行师生互动的频率并不高,但他们从互动经历中获得的收获却很大。① 一些研究探讨了第一代大学生与非第一代大学生的师生互动、同伴互动对学生发展影响的差异,发现第一代大学生与教师和同伴的互动水平低,但就第一代大学生与非第一代大学生在师生、同伴互动中受益情况而言,研究却得出了不同的结果:有的研究发现第一代大学生投入师生互动等活动的频率低,他们在学习和智力发展上的收获也小②;有的研究指出,第一代大学生与教师在学习和研究方面的互动要显著低于非第一代大学生,但在师生互动对两类学生教育收获的影响没有显著差异;还有一些研究认为,由于第一代大学生所在的社会网络往往无法为他们提供一些大学学习和生活方面的程序性信息,他们的学术准备也相对较弱,但他们从与教师、同伴互动中收获更大。③④

从上述研究中,我们看到了一些不同甚至相悖的结论,究竟谁更接近事实?在中国内地,由于数据的缺乏,在这方面进行的实证研究还不多见。本研究希望探讨在中国高校中,师生、同伴互动将对大学生发展产生什么影响,在中国高校里,第一代和非第一代大学生的师生、同伴互动的水平是否存在差异,以及他们在师生、同伴互动中的受益是否会有所不同。根据上述讨论和对师生、同伴互动与大学生学习及发展关系的理解,我们提出了图1所示的师生互动、同伴互动和大学生能力发展之间关系的研究模型,以及如下研究假设:

H1:师生互动对大学生能力发展有显著积极的影响。

H2:同伴互动对大学生能力发展有显著积极的影响。

---

① Kuh, G. D., & Hu, S, "The Effects of Student-faculty Interaction in the 1990s," *The Review of Higher Education*, 2001, 24(3), 309-332.

② Pike, G. R., & Kuh, G. D., "First-and second-generation college students: A comparison of their engagement and intellectual development," *Journal of Higher Education*, 2005, 76(3), 276-300.

③ Lundberg, C. A, "Peers and faculty as predictors of learning for community college students," *Community College Review*, 2014, 42(2), 79-98.

④ Pascarella, E. T., Pierson, C. T., Wolniak, G. C., & Terenzini, P. T, "First-generation college students: Additional evidence on college experiences and outcomes," *Journal of Higher Education*, 2004, 75(3), 249-284.

H3：师生互动与同伴互动之间存在相关关系。

H4：第一代大学生与非第一代大学生在师生互动水平上存在差异。

H5：第一代大学生与非第一代大学生在同伴互动水平上存在差异。

H6：第一代大学生与非第一代大学生在能力发展上存在差异。

H7：第一代与非第一代大学生在师生、同伴互动与大学生能力发展的关系上存在显著差异。

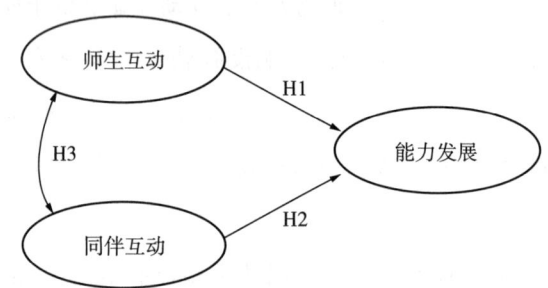

图 1　师生、同伴互动与大学生能力发展之间关系的研究模型

三、研究设计

（一）研究工具及样本分布特征

本研究采用的调查工具为《西安交通大学本科生就读经验调查问卷》。该问卷是在加州大学伯克利分校编制的研究型大学本科生学习经历调查问卷的基础上，经过汉化并增加课堂学习环境部分内容整合而成，共包括三个模块、六个部分：模块 A 是核心问题，包括学术参与、学生生活和目标、背景和个人特征三个部分；模块 B 是与科学研究相关的问题，包括技术的使用或全球化技能与认知；模块 C 是亚洲/国家/大学的专门问题，包括通识教育、课堂学习环境等。

本研究采用的调查数据是 2012 年面向西安交通大学全体本科生（共 14759 名学生，留学生除外），通过网络进行问卷调查采集的。调查由学生自愿参与，不强迫学生回答问卷。调查共回收问卷 5188 份，回收率 35.15%；其中完整填答的有效问卷共 3937 份，有效率 76.06%。表 1 列出了调查样本的基本特征。

表 1　调查样本的基本特征

类别	频数	百分比	第一代大学生 频数	第一代大学生 百分比	非第一代大学生 频数	非第一代大学生 百分比
性别						
男	2661	67.6	1723	43.8	938	23.8
女	1276	32.4	667	16.9	609	15.5
合计	3937	100.0	2390	60.7	1547	39.3
年级						
大一	1149	29.2	707	18.0	442	11.2
大二	958	24.3	579	14.7	379	9.6
大三	806	20.5	479	12.2	327	8.3
大四	1024	26.0	625	15.9	399	10.1
合计	3937	100.0	2390	60.8	1547	39.2

（二）研究变量及其测量

第一，是否第一代大学生变量的建构。通过学生对问卷中有关"父母受教育水平"题目的回答，同时满足父亲和母亲受教育水平均不高于高中水平的大学生，我们确定其为第一代大学生，在调查样本中共有 2390 名，占完整填答问卷的大学生总数的 60.7%；父母中有一人或两人接受过高等教育的大学生则为非第一代大学生，共有 1547 名，占完整填答问卷的大学生总数的 39.3%。

第二，师生、同伴互动变量的建构。在调查问卷中有 8 个题目用于测量大学生与教师和他们与同伴进行互动的水平。通过对这些题目进行主成分因素分析并进行最大正交旋转，这 8 个题目可以提取 2 个：第一个因素所包含的题目主要反映学生与教师在课内外互动的情况，因而将其命名为"师生互动"；第二个因素所包含的题目主要反映学生与同学共同学习的情况，因而将其命名为"同伴互动"。表 2 列出了因素分析和信度结果。结果表明，用这 2 个因素来测量学生的师生、同伴互动状态，效度和信度较好。

表 2　学生人际互动因素分析与信度分析结果

因素	项目数	题目示例	特征值	解释的方差（%）	信度系数
师生互动	6	在课堂上或课间与教师进行互动交流	3.241	40.52	0.843
同伴互动	2	在课外与其他同学一起进行小组学习	1.741	21.76	0.762

第三，能力发展变量的建构。为了操作化处理大学生的能力发展，本研究应用调查问卷中 20 道测量学生能力发展状态的题目来建构能力发展变量。调查问卷采用"追溯性前测"(retrospective design)设计(即要求学生回忆他们在刚入学时各项能力发展的状态，以及评估当前的水平，从而分析大学生在进入大学以后这些能力发展的情况)。我们对这 20 项能力增值变量进行了探索性因素分析(采用主成分分析并进行最大正交旋转)，在分析过程中，删除了在不同因素上因子载荷都大于 0.4 的题目(共 2 个题目，即国际理解能力与领导能力)。对余下的 18 个题目再进行因素分析，共提取了 3 个因素，其中第一个因素所包含的题目反映的主要是学生对自我的欣赏与社会沟通能力，因而称之为"自我认知与社会沟通能力"；第二个因素所包含的题目反映的主要是学生写作、阅读、口头表达等方面能力的发展状况，因而称之为"核心能力"；第三个因素所包含的题目反映的主要是学生借助图书馆、计算机进行研究的能力发展情况，因而将其命名为"研究能力"。信度分析的结果表明，描述学生能力发展的 3 个因素的信度系数 a 介于 0.80 到 0.84 之间。因素分析与信度分析的结果表明，本研究建构的学生能力发展指标具有较好的效度和信度。表 3 列出了因素分析和信度分析结果。

表 3　大学生能力发展指标的因素分析与信度分析结果

因素	题目数	题目示例	特征值	解释的方差（%）	信度系数
自我认知与沟通能力	6	欣赏文化差异和全球差异的能力	3.485	19.360	0.849
核心能力	6	清晰有效的写作能力	3.458	19.212	0.844
研究能力	6	借助图书馆进行研究的技能	3.436	19.090	0.804

从上述对大学生师生、同伴互动以及以学生能力发展增量等维度的因素分析和信度分析的结果可见,这些因素可以对大学生的师生互动、同伴互动、能力发展进行科学、有效的测量。

(三) 分析方法

本研究采用独立样本 T 检验,比较第一代和非第一代大学生在师生、同伴互动水平、能力发展等方面的差异情况。为了同时、整体地考察师生、同伴互动对学生能力发展的影响,本研究采用结构方程模型分析师生、同伴互动与学生能力发展之间的关系。为了检验第一代和非第一代大学生两个组别的师生、同伴互动对学生能力发展影响的差异,本研究进一步采用多群组结构方程模型进行分析。

四、研究结果

(一) 第一代和非第一代大学生师生和同伴互动水平的比较

如前所述,本研究对学生感知的师生互动和同伴互动水平用 8 个题目进行测量,每个题目选项采用李克特式 6 分量表设计,学生对各题目的赞同程度分为"从不"、"难得"、"有时"、"稍多"、"经常"、"频繁"6 个等级,学生对这些选项的选择分别赋值 1—6 分;每个因子的得分是其所包含的所有题目得分的平均数。表 4 列出了对第一代和非第一代大学生在师生、同伴互动水平上的差异进行 T 检验的结果。

表 4 第一代和非第一代大学生在师生与同伴互动水平上的差异比较

因素	第一代大学生 N	第一代大学生 平均数	非第一代大学生 N	非第一代大学生 平均数	T
师生互动	2390	2.71	1547	2.83	−4.155***
同伴互动	2390	3.32	1547	3.44	−3.493***

*** $P<0.001$

从表 4 中可见,就师生互动水平而言,第一代大学生的平均得分为 2.71,非第一代大学生的平均得分为 2.83,说明他们感知的与教师的互动都介于"难得"

和"有时"之间,第一代和非第一代大学生的师生互动水平都偏低;而且第一代大学生的师生互动水平显著低于非第一代大学生。

就同伴互动水平而看,第一代大学生的平均得分为3.32,非第一代大学生的平均得分为3.44,表示他们感知的与同伴共同学习的频率都介于"有时"和"稍多"之间,两组同伴互动水平都高于师生互动水平;第一代大学生的同伴互动水平也显著低于非第一代大学生。

(二)第一代和非第一代大学生能力发展水平的比较

表5比较了第一代和非第一代大学生在能力发展上的差异。如前所述,对学生能力发展用18个题目进行测量,每个题目的选项采用李克特式6分量表,学生就自己刚入学时和目前在写作、阅读、表达能力等领域的发展水平进行评价,评价分为"非常差"、"差"、"一般"、"好"、"很好"、"优秀"6个等级,学生对这些选项的选择分别赋值1—6分;各因子得分是其所包含的所有题目增值的平均数(由目前的水平减去刚入学时的水平)。

表5 第一代和非第一代大学生在能力发展(增值)水平上的差异比较

因素	第一代大学生 N	第一代大学生 平均数	非第一代大学生 N	非第一代大学生 平均数	T
自我认知与社会沟通	2390	0.83	1547	0.75	3.93***
核心技能	2390	0.54	1547	0.55	−0.56
研究技能	2390	0.95	1547	0.83	5.74***

*** $P<0.001$

从表5可见,第一代和非第一代大学生在学期间,在自我认知与社会沟通能力、核心能力和研究能力这三个因素上均有不同程度的增长,两组学生在研究技能方面的增量都最大,核心技能的增量最小。T检验的结果表明,第一代和非第一代大学生在自我认知和社会沟通能力、研究能力上的增值存在显著差异;第一代大学生的增值都显著大于非第一代大学生;两组学生在核心技能上的增值不存在显著差异。

(三)师生、同伴互动与大学生能力发展的关系分析

为了分析大学生感知的师生、同伴互动水平与其能力发展的关系,本研究采

用结构方程模型对它们之间的关系进行了分析,图2给出了分析结果(图中显示的各条路径的回归系数都达到了显著水平 P<0.001)。该模型的拟合优度指标如下:$\chi^2 = 803.911$(df=41,P<0.001),RMSEA=0.069,TLI=0.932、CFI=0.949。从这些指标可以看出,除了由于本研究的样本量很大(N=3937),χ^2很容易达到显著水平以外,该模型的拟合度非常好。该模型中师生互动、同伴互动对大学生能力发展增量方差的解释能力达40%。

图2所示的分析结果表明,大学生的师生互动、同伴互动水平对他们感知的能力发展增值有显著的积极影响:师生互动对学生感知的能力发展增值有较强的积极影响(路径系数为0.32),即师生互动水平越高(师生互动越频繁),学生感知的能力发展增值越大;同伴互动对学生感知的能力发展也有显著影响,但影响程度很弱(路径系数为0.09);师生互动与同伴互动之间也存在显著的正相关关系(相关系数为0.59)。

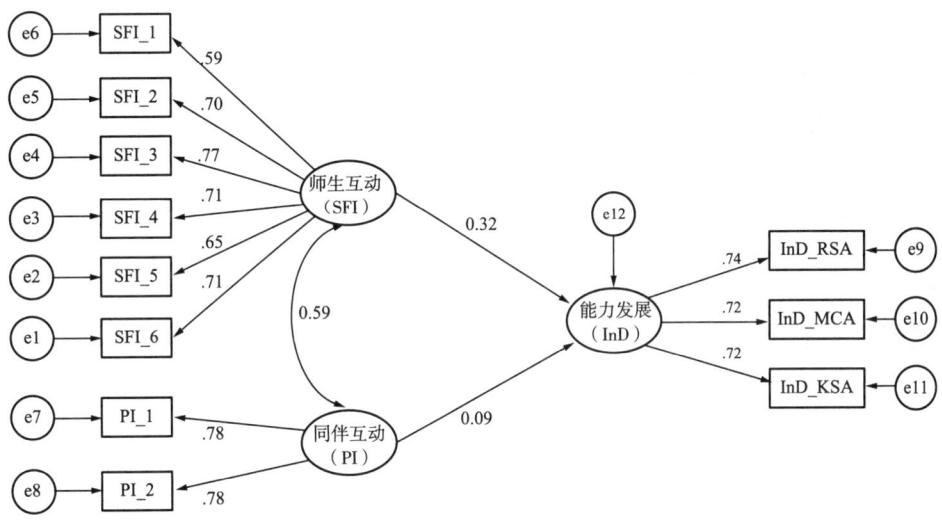

图2 师生、同伴互动与大学生能力发展:全样本(N=3937)

(四)师生、同伴互动对学生能力发展的影响:第一代和非第一代大学生的比较

由于师生、同伴互动与大学生能力发展关系的基准模型在全样本下拟合优度良好,我们进一步对第一代和非第一代大学生两个组别在师生、同伴互动与能力发展关系模型中的结构路径系数的恒等性假设进行了检验。为此,我们限制

第一代、非第一代大学生在师生、同伴互动与学生能力发展关系的结构方程模型中的结构路径系数相等,设置平行模型,模型的拟合优度指数($\chi^2=826.826$,df$=86$,$P<0.001$;RMSEA$=0.048$,TLI$=0.934$、CFI$=0.948$),结果表明,限制第一代、非第一代大学生两组在模型中的结构路径系数相等后,模型具有很好的拟合优度,是可接受的。在上述分析的基础上,我们对不同群组的平行模型与基准模型的卡方值差异进行了比较。结果表明,两个模型的卡方值差异达到显著性水平($\Delta\chi^2=9.913$;df$=3$;$P=0.019$),因此,需要拒绝虚无假设,接受研究假设,即第一代和非第一代大学生两个组别在师生、同伴互动与学生能力发展关系模型的路径系数上存在显著差异(结果详见图3和图4)。

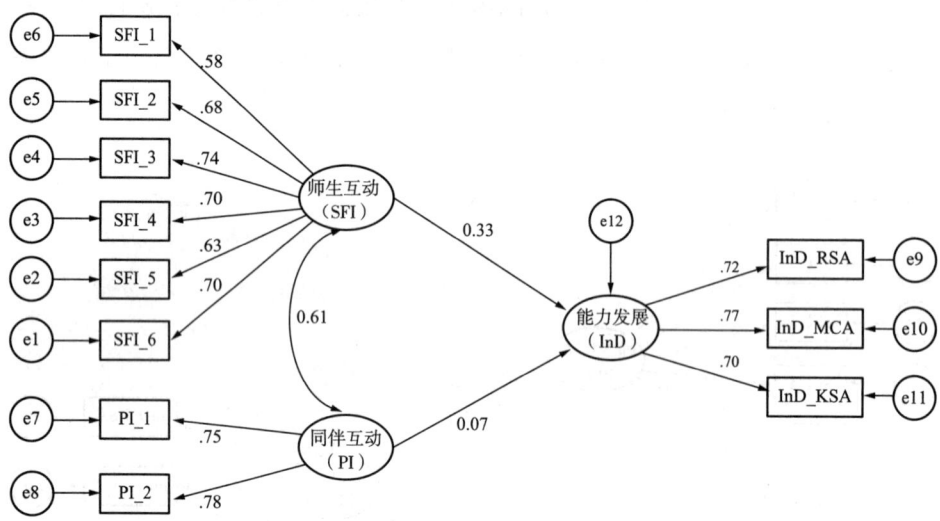

图3 师生、同伴互动与大学生能力发展:第一代大学生样本(N=2390)

分析表明,师生互动对第一代大学生和非第一代大学生的能力发展增值都有显著的积极影响,从影响程度看,师生互动对第一代大学生能力发展的影响更大(路径系数0.33),对非第一代大学生的能力发展影响略小(路径系数0.30)。同伴互动对第一代大学生的能力发展影响不显著(路径系数0.07),但对非第一代大学生的能力发展有显著的积极影响(路径系数0.12)。师生互动与同伴互动在第一代大学生与非第一代大学生两个组别都存在显著正相关关系。

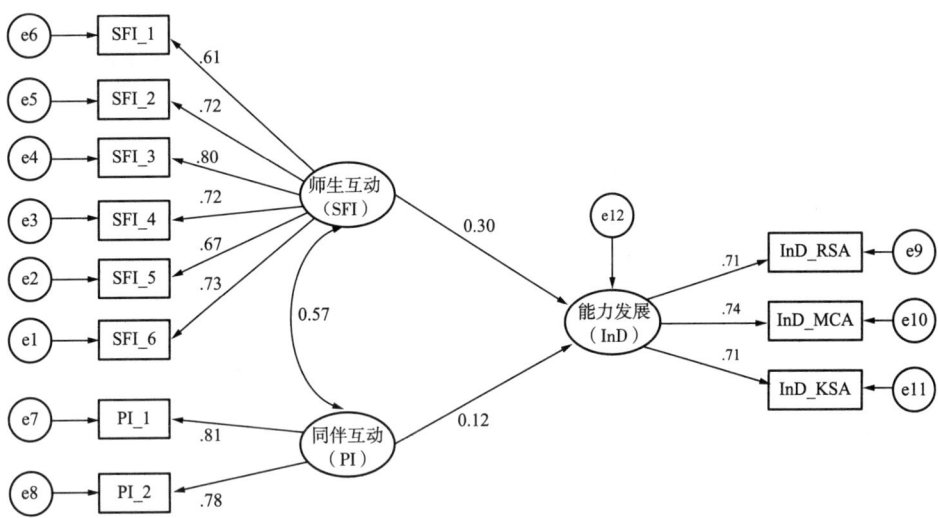

图 4 师生、同伴互动与大学生能力发展:非第一代大学生样本(N=1547)

五、结论与讨论

本研究应用2012年对西安交通大学3937名本科生的调查数据,比较了第一代和非第一代大学生在师生互动、同伴互动及能力发展水平上的差异,以及两个组别中师生互动、同伴互动与学生能力发展关系模型的差异。研究表明:

1. 第一代和非第一代大学生在师生互动、同伴互动水平上存在显著差异。第一代大学生与教师和同伴互动的频繁程度低于非第一代大学生。这一结论与先前的研究结论相一致。在现实的教育情景中,一方面可能由于第一代大学生无法从家庭教育和父母的经验中获取有关大学学习和生活的相关信息,他们与教师和同伴的互动往往缺乏共同的经验基础,如何更快地让第一代大学生突破家庭背景的障碍,更多地与教师、同伴进行互动,值得做进一步的研究。

2. 第一代与非第一代大学生在能力发展上存在一定程度的差异。第一代和非第一代大学生在研究能力、自我认知和社会沟通能力的发展上存在显著差异,第一代大学生在这两类能力上的增值都显著大于非第一代大学生。第一代和非第一代大学生在核心技能的发展上则不存在显著差异。

3. 师生互动、同伴互动对学生感知的能力发展都有显著的积极影响,但师生互动的影响要大于同伴互动的影响。师生互动与同伴互动之间也存在显著的正相关关系。由于我国高校学生按专业、班级等安排集体住宿,可能使得学生之间的互动水平要高于他们和教师进行交流的水平,但师生互动对学生能力发展的影响高于同伴互动对学生能力发展的影响,可能意味着高校学生的能力更多地依赖教师的指导。

4. 师生互动、同伴互动与学生能力发展的关系,在第一代和非第一代大学生两个群组之间存在显著差异。对于第一代大学生而言,师生互动对其能力发展有显著的积极影响,但同伴互动对其能力发展不具有显著影响;对于非第一代大学生而言,师生互动和同伴互动对其能力发展都具有显著的积极影响。虽然第一代大学生的师生互动和同伴互动水平都显著低于非第一代大学生,但第一代大学生从师生互动中获益要高于非第一代大学生;而非第一代大学生从同伴互动中的获益则要高于第一代大学生。

上述研究结果表明,假设1至假设8都得到了检验。从这一研究结果可以看到:第一,师生互动、同伴互动对大学生能力发展具有显著的积极影响,因此,提升大学生的师生互动和同伴互动水平,对提高高校人才培养质量具有重要的意义。第二,第一代大学生师生互动、同伴互动的水平都要显著低于非第一代大学生,采取积极措施提升第一代大学生师生互动和同伴互动的水平,有助于提高学校人才培养质量和促进高等教育公平。第三,第一代和非第一代大学生从师生互动和同伴互动中的获益是不一样的,第一代大学生从师生互动中获益要高于非第一代大学生;而非第一代大学生从同伴互动中的获益则要高于第一代大学生。在这种意义上,为更有效地提高人才培养质量,促进学生的能力发展,对第一代大学生,应该着重强化他们与教师的互动,对非第一代大学生,则应着重强化他们与同伴的互动。

(原载《高等工程教育研究》2015年第5期。原文题目为"师生、同伴互动与大学生能力发展——第一代与非第一代大学生的差异分析")

大学生能力发展及其影响因素

陆根书　刘秀英

内容提要：整合院校影响模型及学习环境理论，基于西安交通大学本科生就读经历的调查数据，分析大学生能力发展及其影响因素。分析结果显示：（1）大学生能力发展不均衡，代表学生认知能力和非认知能力发展的三个指标，增值有多有少。（2）不同因素对学生能力发展的影响在程度和方向上存在差异。在程度上，背景因素、学生投入和学习环境这三个因素的影响力依次递增，课堂环境的影响大于校园氛围的影响，常规投入的影响大于在线投入的影响；在方向上，学习环境和学生投入的不同维度的影响，有的积极，有的消极。高校应重视学生能力的均衡发展，构建有利的学习环境，鼓励和支持主动学习，合理设计教学，规避被动学习。

一、引言

高等教育是人才培养的核心领域，中国高等教育大众化带来的高等教育规模急剧扩张和大学生群体的多元化，对学校保障和提升高等教育质量提出新的要求。为此，中国政府出台了一系列涉及教学投入、课程、培养模式和质量评价改革的人才培养质量保障与改进政策。《国家中长期教育改革和发展规划纲要（2010—2020年）》明确将提升高等教育质量作为中国高等教育改革与发展的核心任务之一。2013年，在高等教育系统"中国梦"教育活动座谈会上，教育部副部长杜玉波提出，要全面推动中国高等教育内涵式发展，其关键在于有效利用现有资源提升学校人才培养质量，促进特色发展和学生发展。

高等教育资源利用的有效性是评价高校内涵式发展的一个重要指标。传统的评价方法主要关注结果性指标,例如学校和教师的声誉、资源总量或师生比例、就业人数比例等,较少关注人才培养的过程性指标。大学生发展状态是高等教育质量的主要载体。Frazer 指出,高等教育的质量首先是指学生发展的质量,即学生在整个学习过程中所"学"的东西,包括所知、所为及态度,学生在认知、技能等方面的收益,它们是衡量高等教育质量的核心标准。[①] 对高校人才培养过程的评价,应从大学生就读"过程"入手,审视学生个体的发展状况及其主要影响因素和作用机制。

二、文献综述

(一)大学生发展概念

米勒(Miller)和普瑞斯(Prince)认为,大学生发展就是高等教育环境中人的发展,接受高等教育的个体在能力上能够胜任更加复杂的任务,更加自主和互助。[②] 桑福德(Sanford)认为,发展是个体整合不同经历和影响,进而不断增强能力的过程,是个体能力的正向变化、积极增长。[③] 罗杰斯(Rodgers)认为,大学生发展是学生在高等教育机构中不断进步、成长,能力得以提升的过程。[④] 由此可见,大学生发展表现为其接受大学教育所获得的收益和发生的积极改变,其表现形式可以是知识增长,能力提升,也可以是态度和情感改变。

(二)大学生发展理论及院校影响模型

大学生发展理论兴起于二十世纪六十年代的美国心理学界,是人类发展理论在高等教育情境下的延伸和发展,其宗旨在于探究高等教育过程中学生如何

---

① 陈玉琨等:《高等教育质量保障体系概论》,北京师范大学出版社 2004 年版,第 58—59 页。

② Miller, T.K., & Prince, J.S, *The Future of Student Affairs: A Guide to Student Development for Tomorrow's Higher Education*, San Francisco: Jossey-Bass, 1976, 3-4.

③ Sanford, N, *Where Colleges Fail: The Study of the Student as a Person*, San Francisco: Jossey-Bass, 1967, 47-48.

④ Rodgers, R. F, "Student Development," In U. Delworth, G. R. Hanson, & Associates, *Student services: A Handbook for the Profession* (2nd ed., pp. 117-164), San Francisco: Jossey-Bass, 1990, 27-28.

发展成为了解自身及外在世界成熟个体的过程。①

帕斯卡瑞拉(Pascarella)和特罗兹尼(Terenzini)发现,大学生发展研究存在两种理论视角和研究途径:发展理论(Developmental Theories)和院校影响模型(College Impact Models)。② 发展理论的核心观点是,大学生就读期间的个人发展属于一种自主性发展过程,主要关注学生个体内在改变(Intra-individual Change)的内容、性质和个体内在影响因素,不太关注学校环境对学生发展的影响。随着高等教育的大众化和普及化发展,社会各界对高等教育日益关注,发展理论已不能满足社会评估高等教育质量的需求。相对而言,院校影响模型从高校对学生个体发展的影响入手,关注学生就读大学期间得到的能力提升及高校学习环境对学生发展的影响,将学生发展与学校环境、学生个人特征及学习行为联系起来,验证和剖析大学生发展过程中高校及学生个体的影响。③

院校影响模型自 20 世纪 60 年代以来得到不断发展,在最初阿斯汀(Astin)的投入—环境—产出(Input-Environment-Output,I-E-O)模型的基础上发展出多个个体—环境互动模型,其中具有典型性和代表性的模型有阿斯汀(Astin)的学生投入理论(Student Involvement Theory)、汀托(Tinto)的学生辍学互动模型(Interactive Model of Student Departure)、帕斯卡瑞拉的评定变化一般模型(General Model for Assessing Change)、韦德曼(Weidman)的本科生社会化模型(Model of Undergraduate Socialization)等,这些模型无一例外采用了"输入—过程—输出"的建构形式。④ 其中输入变量是指学生入学前的个人特征;输出变量是指学生的学习收获及个人发展;过程变量包括学生在就读过程中影响输出变量的环境支持、学生与环境的互动等,过程变量重点关注的是学生发展过程中的主要影响因素。

---

① 李湘萍、周作宇、梁显平:《增值评价与高等教育质量保障研究:理论与方法述评》,《清华大学教育研究》2013 年第 4 期。

② 谷贤林:《大学生发展理论》,《比较教育研究》2015 年第 8 期。

③ Pascarella E.T. & Terenzini,P. T, *How College Affects Students: A Third Decade of Research*, San Francisco: Jossey-Bass, 2005.

④ 王纾:《研究型大学学生学习性投入对学习收获的影响机制研究——基于 2009 年"中国大学生学情调查"的数据分析》,《清华大学教育研究》2011 年第 4 期。

院校影响模型主要围绕过程变量分析院校对学生发展的影响。I-E-O 模型将过程变量命名为环境,涉及院校环境的多方面,如教学支持、课程体系、教师教学和师生互动、同侪学习支持、同侪互动及课外活动等。[1] 学生辍学互动模型将过程变量分解为学术互动、社交互动、活动参与及大学社区融合等。[2] 评定变化一般模型中的过程变量包括校园环境、人际互动等。[3] 本科生社会化模型中的过程变量包括院校学习环境、社交互动、自我内化及整合等。[4] 总而言之,大学生在就读过程中的个人发展主要受院校环境和自身行为两大因素影响,两者分别包含不同方面,例如院校环境中的教学环境、课程安排、同侪互动;学生自身行为中的人际互动、课堂内外学习投入等。

(三) 学习环境因素的影响

院校影响模型及其他探讨学生发展的研究阐述了院校学习环境的不同方面对学生发展的影响。埃里克森(Erikson)的研究指出,个体发展受环境因素的影响,就读期间学校环境是影响个体发展的主要因素。[5] 阿斯汀、帕斯卡瑞拉、库(Kuh)等人的研究也指出了院校环境对学生发展的影响。[6][7][8] 汀托更强调课堂

---

[1] Astin W. A, *Assement for Excellence: The Philosophy and Practice of Assessment and Evaluation in Higher Education*, San Francisco: Jossey-Bass Publishers, 1993, 18.

[2] Tinto V, *Leaving College: Rethinking the Causes and Cures of Student Attrition*, Chicago: University of Chicago Press, 1987, 114.

[3] Pascarella E.T. & Terenzini, P. T, *How College Affects Students: A Third Decade of Research*, San Francisco: Jossey-Bass, 2005.

[4] Weidman J. C. Undergraduate Socialization. ASHE Annual Meeting, November 1987, 57.

[5] Slavin, RE *Educational Psychology*, *Theory and Practice*, Pearson Education, Inc, 2003, 43。

[6] Astin, A. W, *Four Critical Years: Effects of College on Beliefs, Attitudes and Knowledge*, San Francisco: Jossey-Bass, 1977.

[7] C.芬彻、G.凯勒、E.G.、博格、J.R.西林、赵炬明:《美国高等教育经典著作百种(下)》,《复旦教育论坛》2003 年第 4 期。

[8] Kuh, G.D., Kinzie, J. & Buckley, J.A., et al, "What Matters to Student Success: A Review of The Literature," National Postsecondary Education Cooperative (NPEC) Commissioned Paper, 2006.

环境对学生发展的影响,认为课堂是老师和学生解决学习问题的主要场所。[1] 基于院校影响模型的国外实证研究主要关注的是学校环境,对课堂环境关注较少。[2] 国内大学课堂环境对学生发展影响的实证研究表明,课堂环境对学生发展具有重要影响。[3] 以中国高校大学生为研究样本,将学校环境及课堂环境一并纳入分析框架的少量实证研究发现,学校环境对学生发展的影响要小于课堂环境。[4]

(四) 学生投入行为的影响

近年来,学生投入行为对其学业成绩、知识获取和认知发展的影响日益受到国内外高等教育研究者的关注。[5][6][7] 阿斯汀和帕斯卡瑞拉分别构建了"参与(involvement)"和"努力质量(quality of effort)"的概念来解释学生的参与和努力对其发展的重要性。[8] 汀托和韦德曼指出,学生与学校环境之间的互动对学生融入学校生活非常重要。[9][10] 学生投入对学生发展的影响也在不同实证研究

---

[1] Tinto V, *Leaving College: Rethinking the Causes and Cures of Student Attrition*, Chicago: The University of Chicago Press, 1993.

[2] Astin W. A, *Assement for Excellence: The Philosophy and Practice of Assessment and Evaluation in Higher Education*, San Francisco: Jossey-Bass Publishers, 1993, 18.

[3] 陆根书、程光旭、杨兆芳:《大学课堂学习环境论》,西安交通大学出版社 2010 年版。

[4] 田美、陆根书:《学生感知的课堂学习环境、学习方式与对教学质量满意度的关系分析》,《复旦教育论坛》2016 年第 1 期。

[5] 鲍威:《扩招后中国高校学生的学习行为特征分析》,《清华大学教育研究》2009 年第 2 期。

[6] 朱红:《高校学生参与度及其成长的影响机制——十年首都大学生发展数据分析》,《清华大学教育研究》2010 年第 6 期。

[7] 周廷勇、周作宇:《关于大学师生交往状况的实证研究》,《高等教育研究》2005 年第 3 期。

[8] Astin W. A, *Assement for Excellence: The Philosophy and Practice of Assessment and Evaluation in Higher Education*, San Francisco: Jossey-Bass Publishers, 1993, 18.

[9] Tinto V, *Leaving College: Rethinking the Causes and Cures of Student Attrition*, Chicago: University of Chicago Press, 1987, 114.

[10] Weidman J. C, "Undergraduate Socialization," ASHE Annual Meeting, November 1987, 57.

中得以验证,例如:师生互动与学生智力、科技能力、社交能力发展等显著正向相关[1][2][3];教育过程中"教育性"因素和"先赋性"因素与学习收获和教育满意度之间显著正向相关,其中"教育性"因素对学习收获的影响高于"先赋性"因素[4];在校的人际互动有利于促进学生发展[5][6][7];学生投入对学生发展有中介效应[8][9][10]。

(五)背景因素的影响

背景因素在院校影响力模型中属于输入变量,对学生发展的影响不容忽视。有研究发现,性别、生源地、父辈教育水平、家庭收入水平等因素均对学生的个人发展具有影响。[11][12][13][14][15]

---

[1] 周廷勇、周作宇:《关于大学师生交往状况的实证研究》,《高等教育研究》2005 年第 3 期。

[2] 史静寰、赵琳等:《"中国大学生学习与发展"系列调研报告之一:本科教育怎么样?》,《光明日报》,2012 年 6 月 19 日。

[3] 蒋华林、张玮玮:《生师互动:提高本科教育质量的有效途径》,《清华大学教育研究》2012 年第 5 期。

[4] 史静寰、赵琳等:《"中国大学生学习与发展"系列调研报告之一:本科教育怎么样?》,《光明日报》,2012 年 6 月 19 日。

[5] 周廷勇、周作宇:《关于大学师生交往状况的实证研究》,《高等教育研究》2005 年第 3 期。

[6] 杨立军、韩晓玲:《什么影响了大学生的教育收获——基于校内的追踪研究》,《全球化时代大学生学习与发展研究国际研讨会论文集》2013 年,第 98—112 页。

[7] 陆根书、胡文静:《师生、同伴互动与大学生能力发展——第一代与非第一代大学生的差异分析》,《高等工程教育研究》2015 年第 5 期。

[8] 田美、陆根书:《学生感知的课堂学习环境、学习方式与对教学质量满意度的关系分析》,《复旦教育论坛》2016 年第 1 期。

[9] 朱红:《高校学生参与度及其成长的影响机制——十年首都大学生发展数据分析》,《清华大学教育研究》2010 年第 6 期。

[10] 周廷勇、周作宇:《关于大学师生交往状况的实证研究》,《高等教育研究》2005 年第 3 期。

[11] 田美、陆根书:《学生感知的课堂学习环境、学习方式与对教学质量满意度的关系分析》,《复旦教育论坛》2016 年第 1 期。

[12] 杨立军、韩晓玲:《什么影响了大学生的教育收获——基于校内的追踪研究》,《全球化时代大学生学习与发展研究国际研讨会论文集》,2013 年,第 98—112 页。

[13] 陆根书、胡文静:《师生、同伴互动与大学生能力发展——第一代与非第一代大学生的差异分析》,《高等工程教育研究》2015 年第 5 期。

[14] Waipole, M, "College and class Status: The Effect of Social class background on College Imact and Outcomes," 2017-02-06, http://files.eric.ed.gov/fulltext/ed408885.pdf.

[15] 谭英:《高等教育学生家庭背景的客观性变量与学生学业成绩的关系研究》,《扬州大学学报(高教版)》2012 年第 2 期。

三、研究设计

(一) 研究样本

本研究数据来自西安交通大学本科生就读经历调查。调查对象是全日制本科生(不包括留学生),调查采用网络方式,共收回调查问卷 5188 份问卷,其中数据完整的有效问卷 3782 份。在有效样本中,男生 2530 人,女生 1252 人,分别占 66.9% 和 33.1%。

(二) 研究变量

基于院校模型基本框架,本研究变量选择如下:输入变量包括性别、父母受教育水平、家庭经济收入水平和生源地等背景因素。过程变量包括学习环境和学生投入两大类,其中学习环境分为课堂环境和校园氛围,学生投入分为常规学习情景下的学生投入(简称常规投入)和在线学习情景下的学生投入(简称在线投入)。输出变量为能力发展指标,包括认知能力和非认知能力。

(三) 学生能力发展测量

本研究主要关注大学生认知能力和非认知能力的发展,在调查问卷中对学生就读期间在阅读、写作、表达、报告、批判分析等 14 项认知能力和社会沟通、自我认知、艺术鉴赏能力等 6 项非认知能力加以测量。学生的回答从"非常差"到"优秀"六个等级,分别赋值为 1—6 分。在问卷调查时询问了学生在入学时和被调查时两个时间点的能力水平,本研究中将学生在两个时点上能力水平的变化值(增值)作为能力发展度量指标。对这 20 个能力测量题目进行主成分因素分析,以特值大于 1 为提取因子标准,采用最大方差旋转方法提取因子,并删除因子载荷低于 0.4 的题目,最后保留了 18 个题目,这 18 个测量学生能力的题目可以归为 3 个因子。因子分析及信度分析的结果见表 1。

(四) 影响因素测量

1. 学生投入测量

调查问卷中设计了 52 个题目测量不同学习情景下的学生投入行为,其中,

34个题目测量学生的常规投入状况,学生的回答从"从不"到"频繁"分为六个等级,分别赋值1—6分,为保持方向一致性,缺乏投入维度反向处理;18个题目测量学生在线投入状况,学生的回答从"几乎没有"到"总是"分为五个等级,分别赋值1—5分。

表1 学生能力发展构成维度及信度分析结果

维度	题目数	问题示例	解释的方差(%)	信度系数(α)
认知能力				
研究技能	6	借助图书馆进行研究的能力	9.298	0.815
核心技能	6	分析和批判思维能力	8.137	0.799
非认知能力				
自我及社会沟通技能	6	欣赏文化差异和全球差异能力	9.284	0.813

对这34个测量学生常规投入和18个测量学生在线投入状况的题目进行主成分因素分析,以特值大于1为提取因子标准,采用最大方差旋转方法提取因子,并删除因子载荷低于0.4的题目,以及Cronbach α低于0.7的因子,最后保留了27个测量学生常规投入的题目,以及11个测量学生在线投入的题目。其因子分析及信度分析结果分别见表2和表3。

表2 学生常规投入的构成维度及其信度分析结果

维度	题目数	问题示例	信度系数(α)	解释的方差(%)
批判思考	5	创造或产生新的观点或理解的方法	0.825	30.259
师生互动	5	和教师通过电子邮件或面对面交流	0.821	7.225
学术挑战	4	由于教师高标准而提升努力程度	0.760	6.703
课外投入	5	课外与其他同学一起小组学习	0.769	5.189
缺乏投入	3	课前没有做好准备	0.736	4.598
学习负担	3	完成上交20或20页以上的文章	0.704	4.219
理解分析	2	识别或者回忆事实、术语和概念	0.754	3.750

表 3　学生在线投入的构成因素及其信度分析结果

维度	题目数	问题示例	信度系数（α）	解释的方差（%）
在线课堂学习	4	教学中使用在线讨论	0.788	34.680
在线艺术鉴赏	3	教学中播放电影	0.841	17.745
在线阅读	2	学生阅读网上图书	0.775	11.184
在线资源利用	2	学生使用图书馆数据库查阅杂志文章	0.827	10.378

2. 课堂学习环境及校园氛围测量

在调查问卷中测量学习环境的题目，有 60 个题目是测量学生感知的课堂学习环境的，12 个题目是测量学生感知的校园氛围的，学生的回答从"非常不同意"到"非常同意"分为六个等级，分别赋值 1—6 分。根据对学生投入情况进行因素分析的相同标准和步骤对有关题目进行筛选，保留了测量课堂学习环境的 34 个题目，和测量校园氛围的 12 个题目。其因子分析及信度分析结果分别见表 4 和表 5。

表 4　课堂学习环境构成维度及其信度分析结果

维度	题目数	问题示例	信度系数（α系数）	解释的方差（%）
智慧激发	12	在校学习经历促进了我的智慧发展	0.928	18.548
师生关系	7	教师能够尽力帮助我们	0.921	14.289
互助合作	7	能够从同学那里获得帮助	0.882	13.004
自主选择	3	可以按自己的节奏和速度学习	0.822	7.274
同侪竞争	3	我认为同学之间的竞争很激烈	0.839	6.808
鼓励学生	2	老师经常鼓励我，表扬取得的进步	0.886	6.355

表 5　校园氛围构成维度及信度分析结果

维度	题目数	问题示例	信度系数（α系数）	解释的方差（%）
关注学生	6	学校对学生的意见很重视	0.824	26.645
社会网络	3	就读研究型大学对我很重要	0.563	14.543

续 表

维度	题目数	问题示例	信度系数（α系数）	解释的方差（%）
教学漂移	3	学校过于重视科研导致教学质量下滑	0.550	13.958

四、研究结果

（一）学生能力发展的基本特征

在学生能力发展指标中，研究技能增值最高（M=1.17,SD=0.714），自我及社会理解技能增值居中（M=0.80,SD=0.666），核心技能增值最低（M=0.49,SD=0.725）。

（二）学生背景因素、学习环境和学生投入对学生能力发展的影响

综合分析了学生背景、学习环境和学生投入因素对学生能力发展的影响，结果如表6所示。

表6 学生背景、学习环境和投入对学生能力发展影响的多元回归分析（标准化系数）

自变量	因变量		
	研究技能	核心技能	自我及社会沟通技能
学生背景			
性别（男生为参考类别）	−0.100***	−0.139***	−0.069***
父亲受教育程度（大专及以上为参考类别）			
初中及以下	0.029	−0.008	0.031
高中程度	0.012	0.011	0.000
母亲受教育程度（大专及以上为参考类别）			
初中及以下		−0.047	0.016
高中程度		−0.012	0.035
家庭收入水平（高收入为参考类别）			
中等	0.039	−0.025	−0.086*

续　表

自变量		因变量		
		研究技能	核心技能	自我及社会沟通技能
低		0.109**	－0.003	－0.030
生源地（地级及以上城市为参考类别）				
县城		0.049**	0.003	0.039*
乡村		0.137***	0.021	0.055*
学习环境				
课堂学习环境	智慧激发	0.200***	0.224***	0.131***
	师生关系	0.031	－0.065**	－0.037
	互助合作	0.094***	0.042*	0.087***
	自主选择	－0.069***	－0.012	0.012
	同侪竞争	－0.049***	－0.049**	－0.018
	鼓励学生	－0.066***	0.024	0.016
校园氛围	关注学生	－0.007	0.027	－0.011
	社会网络	0.078***	0.038*	0.087***
	教学漂移	－0.029	0.004	0.022
学生投入				
常规投入	师生互动	0.119***	0.133***	0.070***
	批判思考	－0.034	－0.022	－0.005
	学术挑战	－0.033	－0.021	0.007
	课外投入	0.046*	0.015	0.030
	缺乏投入	－0.038*	0.024	－0.030
	理解分析	0.035*	0.019	－0.013
	学习负担	0.135***	0.090***	0.059**

续 表

自变量		因变量		
		研究技能	核心技能	自我及社会沟通技能
在线投入	在线课堂学习	−0.053**	−0.029	0.001
	在线艺术鉴赏	−0.039*	−0.007	0.003
	在线阅读	0.154***	0.112***	0.072***
	在线资源利用	0.077***	0.007	0.035*
R^2		0.268	0.182	0.125

* $P<0.05$，** $P<0.01$，*** $P<0.001$。

1. 学生背景因素对其能力发展的影响

性别、家庭收入水平和生源地等背景因素对学生能力发展具有显著影响，父母受教育水平对学生能力发展则无显著影响。

（1）就性别而言，男生在研究技能、核心技能和自我及社会沟通技能等认知和非认知能力上发展水平要显著好于女生。

（2）就家庭收入水平而言，低收入家庭学生在研究技能上的发展水平要显著高于高收入家庭的学生；中等收入家庭学生在自我及社会沟通技能上发展水平则要显著低于高收入家庭学生。

（3）就生源地而言，县城和乡村的学生其研究技能、自我及社会沟通技能的发展水平要显著高于地级及以上城市的学生。

2. 学习环境对学生能力发展的影响

学习环境的不同维度对学生能力发展的影响是不同的：

（1）在课堂学习环境因素中，学生对智慧激发、互助合作的赞同程度越高，其研究技能、核心技能和自我认知及社会沟通技能的发展越好；

（2）在课堂学习环境因素中，学生对自主选择、同侪竞争、鼓励学生的赞同程度越高，其研究技能发展水平越慢；学生对师生关系、同侪竞争的赞同程度越高，其核心技能发展水平越慢。

（3）在校园氛围因素中，学生对社会网络的赞同程度越高，其研究技能、核心技能和自我认知及社会沟通技能的发展越好。

3. 学生投入对其能力发展的影响

学生投入的不同维度对学生能力发展的影响也是不同的:

(1) 在学生常规投入因素中,学生与教师的互动(师生互动)、完成较高难度作业的负担(学习负担)越频繁,其研究技能、核心技能和自我认知及社会沟通技能的发展越好。

(2) 在学生常规投入因素中,学生课外投入、运用理解分析思维能力(理解分析)越频繁,缺乏投入越不频繁(即按时上课及提前预习行为),其研究技能发展越好。

(3) 在在线投入因素中,学生在线阅读的水平越高,其研究技能、核心技能和自我认知及社会沟通技能的发展越好;在线资源利用的水平越高,其研究技能、自我认知及社会沟通技能的发展也越好;但在教学过程中引入在线课堂学习和艺术鉴赏越多,其研究技能的发展越慢。

4. 学生背景、学习环境和学生投入因素的影响比较

表 7 比较了学生背景、学习环境和学生投入因素对学生能力发展的影响。

表7 学生背景、学习环境和学生投入对学生认知能力发展影响的多元回归分析(标准化系数)

自变量	因变量		
	研究技能	核心技能	自我及社会沟通技能
学生背景			
性别(男生为参考类别)	−0.082***	−0.113***	−0.051**
父亲受教育程度(大专及以上为参考类别)			
初中及以下	−0.018	−0.035	0.005
高中程度	−0.012	0.005	−0.011
母亲受教育程度(大专及以上为参考类别)			
初中及以下	−0.006	−0.049	0.019
高中程度	0.020	−0.011	0.036
家庭收入水平(高收入为参考类别)			
中等	−0.007	−0.057	−0.123**

续 表

自变量		因变量		
		研究技能	核心技能	自我及社会沟通技能
低		0.055	−0.051	−0.077
生源地（地级及以上城市为参考类别）				
县城		0.040*	−0.004	0.036
乡村		0.148***	0.039	0.069**
R²		0.037	0.016	0.016
学习环境				
课堂环境	智慧激发	0.285***	0.291***	0.180***
	师生关系	−0.005	−0.095***	−0.072**
	互助合作	0.136***	0.060***	0.106***
	自主选择	−0.085***	−0.030	0.015
	同侪竞争	−0.068***	−0.073***	0−.029
	鼓励学生	0−.022	0.095***	0.055***
校园氛围	关注学生	−0.026	0.002	−0.015
	社会网络	0.115***	0.077***	0.103***
	教学漂移	−0.020	0.011	0.035
R²		0.137	0.113	0.081
学生投入				
常规投入	师生互动	0.103***	0.152***	0.081***
	批判思考	0.006	0.016	0.034
	学术挑战	−0.012	0.011	0.030
	课外投入	0.089***	0.034	0.061**
	缺乏投入	−0.030	0.039**	−0.024
	理解分析	0.076***	0.040*	0.000
	学习负担	0.125***	0.092***	0.058*

续 表

自变量		因变量		
		研究技能	核心技能	自我及社会沟通技能
在线投入	在线课堂学习	−0.066***	−0.023	0.004
	在线艺术鉴赏	−0.048**	0.003	0.007
	在线阅读	0.195***	0.140***	0.095***
	在线资源利用	0.095***	0.007	0.026
R^2		0.160	0.122	0.069

* $P<0.05$, ** $P<0.01$, *** $P<0.001$。

从表 7 可见，当单独考察学生背景、学习环境和学生投入因素对学生能力发展的影响时，其在格局和程度上存在差异。

就对研究技能的影响而言，学生投入的影响最大（$R^2=0.160$），其对学生研究技能变化的解释力达 16%；学习环境的影响其次（$R^2=0.137$），解释力达 13.7%；学生背景的影响最小（$R^2=0.037$），解释力只有 3.7%。

就对核心技能的影响而言，学生投入的影响最大（$R^2=0.122$），即其对学生核心技能变化的解释力达 12.2%；学习环境的影响其次（$R^2=0.113$），解释力达 11.3%；学生背景的影响最小（$R^2=0.016$），解释力只有 1.6%。

就对自我及社会沟通技能的影响而言，学习环境的影响最大（$R^2=0.081$），其对学生自我及社会沟通技能变化的解释力达 8.1%；学生投入的影响其次（$R^2=0.069$），解释力达 6.9%；学生背景的影响最小（$R^2=0.016$），解释力只有 1.6%。

由上可见，就学生背景、学习环境、学生投入因素对学生研究技能、核心技能和自我及社会沟通技能的影响而言，这三个因素对学生研究技能的解释能力最强，对核心技能的解释能力其次，对自我及社会沟通技能的解释能力最小。

五、结果讨论及政策建议

（一）结果及讨论

上述研究结果表明：大学生不同能力的发展水平存在不平衡；不同因素对学

生能力发展的影响也存在差异。

1. 大学生能力发展不平衡

主要体现在学生各项能力发展的不平衡，发展最好的是研究技能，其次是自我及社会沟通技能，最慢的是核心技能。

2. 不同因素的影响存在差异

（1）就学生的研究技能、核心技能而言，学生投入因素的影响最大，其次是学习环境因素，学生背景因素的影响最小；就学生自我及社会沟通技能而言，学习环境因素的影响最大，其次是学生投入因素，学生背景因素的影响最小。

（2）就学生背景因素而言，性别、家庭收入水平、生源地等因素对学生的能力发展存在不同程度的影响。

（3）就学习环境因素而言，从标准化回归系数可以看出，课堂学习环境对学生能力发展的影响要大于校园氛围的影响；对学生三项能力发展均有积极影响的因素是：智慧激发、互助合作、社会网络因素；对学生能力发展具有消极影响的学习环境因素包括同侪竞争、自主选择、鼓励学生及师生关系。

（4）就学生投入因素而言，从标准化回归系数可以看出，学生常规投入因素对学生能力发展的影响要大于学生在线投入因素的影响；学生与教师的互动交流（师生互动）、完成较长篇幅的作业（学习负担）、在线阅读对学生三项能力的发展都具有显著的积极影响；按时上课及提前预习（缺乏投入水平低）、课外投入时间学习（课外投入水平高）、运用基本思维技能（理解分析水平高）、在线资源利用等学习行为有助于学生研究技能的发展；在线资源利用也有助于学生自我及社会沟通技能的发展；而在教学过程中引入在线课堂学习和在线艺术鉴赏对学生研究技能发展则有消极影响。

3. 与以往研究结果的比较

本研究得出的学习环境和学生投入因素对学生能力发展影响的结果，既有对已有理论和观点的验证，也有一些新的发现：

（1）验证了学习环境对学生能力发展的重要性。有别于单纯考虑课堂学习环境影响的研究以及单纯考虑学校整体环境影响的研究，本研究将课堂环境与校园环境纳入一个统一的研究框架进行分析,凸显了课堂学习环境对学生能力发展的重要影响,弥补了院校影响模型中忽视课堂学习环境的不足。

(2) 验证了学生投入行为对其能力发展的重要性。本研究充分考虑当前高校学生学习行为的特征,将学生的常规投入与在线投入行为一并纳入研究框架,分析结果表明学生常规投入对其能力发展具有积极作用,在线阅读和在线资源利用等在线投入行为对其能力发展具有积极作用,但在线课堂学习、在线艺术鉴赏对学生研究技能发展有消极影响,这说明并不是所有学生投入行为对其能力发展都有积极影响。

(3) 师生之间的关系对学生能力发展产生积极作用的前提条件是学生发挥主动性。本研究结果发现,由教师主导建构的师生关系对学生能力发展有消极影响,而学生主导建构的师生互动对学生能力发展有积极影响,这表明了在师生关系建构过程中学生发挥主观能动性的重要性。

(4) 与已有研究结果不同的新发现。第一,以往的研究认为,给学生提供自主选择机会对学生发展具有重要意义,但本研究发现,在教师建构的课堂学习环境中给予学生自主选择权,对学生研究技能发展反而存在消极影响。第二,本研究还发现,同侪竞争不利于学生研究技能和核心技能发展,表明学生并没有从同侪竞争中获得预期收益。第三,学术挑战和批判思考对学生能力发展的重要意义在很多西方教育理论和实证研究中也备受关注,然而,本研究并未发现这两个因素对学生能力发展的预期影响。这些不同于以往的研究结果,还需要用进一步的研究来检验。

(二) 政策建议

从提升学生能力水平的角度出发,本研究特提出以下政策建议:

(1) 重视学生能力的均衡发展。

当今社会对高校培养的人才要求越来越高,期望大学生能够知识广博、专业技能熟练、综合能力强。高校在培养人才的过程中应注重学生综合素质和多种能力的均衡发展,在目前情况下尤其需要重视学生核心技能的发展。此外,在当今社会竞争中,女性在很多情况下因受性别限制而处于劣势。本研究发现女生的能力发展显著慢于男生,这无疑会加剧女生的竞争劣势,因此,从实现教育结果性别公平的视角出发,在高等教育过程中应加强对女生群体的关注。

(2) 构建有利于学生能力发展的学习环境。

本研究结果表明,促进和阻碍学生能力发展的学习环境因素是并存的。为提升教育质量,促进学生能力的发展,高校应结合本校学生实际,构建有利于学生能力发展的学习环境,例如构建学生合作互助、激发学生智慧的课堂环境和促进学生发展的社会网络等。

(3) 鼓励和支持学生主动投入学习。

学生投入理论及人与环境互动理论指出,学生个人投入及其与学习环境的互动是影响学生发展的重要因素。但本研究结果表明,并非所有的学生投入行为都能产生预期的积极效果。为促进学生投入对其能力发展的积极作用,应鼓励和支持学生发挥主观能动性,通过提升师生互动水平完成较大篇幅的作业(学习负担),加大课外学习、在线阅读和利用在线资源等,提高学生投入水平。

(4) 合理设计教学,规避被动学习。

随着网络技术的广泛使用,高校里的"低头族"越来越多,为激发学生上课热情,一些教师在课堂中增加了在线课堂学习和在线艺术鉴赏等元素,然而本研究表明,这些活动的引入对学生研究能力发展具有消极影响,究其原因,可能在于在线课堂的节奏和形式不利于学生深入理解和从容思考所学内容,容易导致注意力分散等,因而,在教学设计中应注意规避在线课堂因素带来的负效应。

(原载《高等教育研究》2017年第8期。原文题目是"大学生能力发展及其影响因素分析——基于西安交通大学大学生就读经历的调查")

本科生的时间分配对学习成绩的影响

张　婷　徐　丹　刘声涛

内容提要：本文利用2011年H大学本科生就读经历调查数据，对本科生的时间分配现状进行描述，并探讨了上课、课外学习、课外活动、社会及休闲活动、工作职责和通勤六项活动时间分配对学生成绩的影响。研究发现：上课、课外学习、社会及休闲活动时间均显著地影响学习成绩。上课和课外学习时间对学生学习成绩的影响是积极的，但社会及休闲活动时间对其有消极影响。课外活动、工作职责及通勤时间对学习成绩没有显著性影响。这启示学校在尊重不同群体学生的时间分配特征的基础上，应注意营造良好的学习氛围、提升教师教学能力、加强对学生的分类指导和课外指导、培养学生规范利用时间的意识与行为习惯，以提高学生学习投入水平和学习成绩。

自1999年高校扩招以来，我国普通高校毛入学率已经从10.5%增加到2013年的30%。按照美国学者马丁·特罗提出的高等教育大众化理论，我国的高等教育已由精英教育转变为大众教育。大众化阶段的到来，使得高校教育质量问题日益凸显。为了全面提升高等教育质量，促进高校教学，教育部先后出台了《国家中长期教育改革和发展规划纲要（2010—2020年）》、《教育部关于全面提高高等教育质量的若干意见》、《国家教育事业发展第十二个五年规划》等政策文件，从宏观层面给大学的发展提供了指导与要求。高校自身围绕质量主题则采取了加大教育经费投入、提高师资水平、整合课程体系、改进教育设备等多项措施，以为教学提供良好的资源与环境保障。然而，随着对这一问题的探索逐渐深入，研究者意识到加大投入只是为教育质量的提高创造了"可能"条件，与教育质量直接相关的问题则是学生是否能获得并善用这些资源，投入到学习过程中去,产生有意义的学习效果。学生学习投入、院校环境及学生学习效果关系研究因此兴起,其中就包括时间分配与学习成绩的关系[1]。

一、文献综述与研究问题

把学生的时间分配作为影响大学生学习结果的重要因素,最早可追溯到西方学生发展理论。1980年,佩斯提出"努力质量",认为学生投入到课内外活动中的时间与精力越多,学生所取得的收获越多。[2] 阿斯汀提出的"学生参与"理论,进一步强调学生花在有意义活动上的时间越多,付出的努力和精力越多,收获就越大。[3] 库恩在佩斯和阿斯汀的基础上提出的"学生投入"理论也强调,学生在学习或实践上花费的时间与精力越多,他们学到的越多。[4] 但到目前为止,对于学生时间分配的研究整体上来说是较缺乏的,国外学者在这方面率先做出了研究并取得了一定成果。他们的探讨与研究大致可归为下面两个方面。

(一) 学生时间分配的现状和趋势

Karen Innis、Malcolm Shaw利用时间日志的方法记录613名利兹城市大学全日制大学生的时间分配情况,发现该大学学生平均用于学习的时间为每周38.8小时,男生比女生多分配3.5小时。但在听讲座等活动上,女生分配的时间多于男生。[5] Michael P.比较2002、2003、2004年犯罪学专业一年级和二年级学生发现,二年级学生用于上课、兼职、志愿者服务的时间要高于一年级学生,而用

---

[1] Pascarella, E.T &. Terenzini, P.T, *How College Affects Students: A Third Decade of Research*, San Francisco: Jossey-Bass, 2005.

[2] Pascarella, E.T &. Terenzini, P.T, *How College Affects Students: A Third Decade of Research*, San Francisco: Jossey-Bass, 2005, 50.

[3] Pascarella, E.T &. Terenzini, P.T, *How College Affects Students: A Third Decade of Research*, San Francisco: Jossey-Bass, 2005, 47.

[4] Pascarella, E.T &. Terenzini, P.T, *How College Affects Students: A Third Decade of Research*, San Francisco: Jossey-Bass, 2005, 152.

[5] Karen Innis &. Malcolm Shaw, "How Do Students Spend Their Time?" *Quality Assurance in Education*, Volume 5, Number 2, 1997, 85–89.

于课外学习、休闲活动和体育锻炼的时间却少于一年级学生。① Krishna M.收集了密歇根大学农学专业和自然资源学专业学生的时间分配数据,发现不同年级、性别、种族、生源地学生在上课、校内外兼职、课外活动、社会及休闲活动、通勤和家庭职责上的时间分配不同。② 金子元久研究日本大学生学习时发现,日本学生平均每天用于上课的时间为 2.9 小时、课前准备时间为 1 小时、写论文时间为 0.8 小时、参加学生社团和兼职的时间分别为 0.9 小时和 1.8 小时。③

Philip S.整理了美国 1961、1981、1987—1989、2003—2005 四个时期的全日制本科生的学习时间信息,发现四十年中学生的学习活动时间在巨幅下降,而其他与学习无关的活动时间却由 1961 年的 123.62 小时增加到 2003 年的 132.24 小时。④ Grave 分析德国大学生调查 1986—2007 数据,发现学生的上课时间稍有增加而自学时间却稍有下降,但总体来说学生在各个活动上的时间分配较稳定。⑤

(二)时间分配与学习成绩关系

关于时间分配和学习成绩关系的研究大致采用生产函数、回归方程模型及其他模型。Levin、Tsang 用教育生产函数建立了学生时间分配的理论模型,运用该模型考察教学时间与学生学习成绩关系时,发现机械增加教学时间并不会

---

① Michael P,"Using a Self-report Survey to Understand How Undergraduate Criminal Justice Students Approach Their Education," *Academy of Criminal Justice Sciences Assessment Forum-September* 2009,1 – 23.

② Krishna M. Shrestha, "2011 Undergraduate Students' Use of Time in the College of Agriculture and Natural Resources at Michigan State University," *NACTA Journal*, December 2011,45 – 51.

③ Motohisa, "What We Learned from a Student Survey in Japan?" International Forum on Student Survey and Assessment of Chinese Higher Education Sun Yat-Sen University Guangzhou,2 – 3 April 2013.

④ Philip S. Babcock & Mindy Marks, "The Falling Time Cost of College: Evidence From Half a Center of Time Use Data," NBER Working Paper No. 1595 April 2010 JEL No. J22,468 – 478.

⑤ Barbara S. Grave, "The Effect of Student Time Allocation on Academic Achievement," *Ruhr Economic Papers*, Volume 19,Issue 3, 2011, 4 – 23.

导致学生学习成绩的提升。[1] Dolton、Marcenaro、Navrro 用前沿生产函数建立了上课时间和学生成绩的模型、自学时间和学生成绩的模型,发现上课和自学都是决定学生成绩的重要因素,但上课的学生成绩要远高于自学学生成绩。[2] Schmidt 将威斯康星大学《宏观经济学原理》课程 216 名学生用于该课程的时间与成绩进行回归分析,发现类似结果。[3] Bratti、Staffolani 使用最优模型和回归方程,研究了安科纳大学一年级经济学专业学生的时间分配与成绩问题,发现上课和自学对不同性质课程成绩影响有不同。上课提高了定量学科课程(比如说数学和经济学)的成绩,自学则对非定量学科课程(比如说法律和经济史)影响较大。[4]

随着研究的深入,学者认为探讨时间分配对学习成绩的影响需要控制其他影响学生成绩相关的变量。Chickering、Gamson 等学者在控制学生测试能力等变量情况下,发现将较多时间用于学习的学生,其成绩往往要高于其他学生。[5] Meng、Heijke 在控制学生人口统计学特征、学习环境、班级规模等条件下,发现上课仅提升了学生的学科技能,而自学和参加与课程相关的活动对一般技能和专业技能的提高有积极影响。[6] Brint,S.、Cantwell 在调查加州大学本科生学习经历时,控制了学生人口统计学特征、学科、学习障碍来考察时间分配对学生学习态度的影响,进而考察与学习成绩的关系,发现学生的课外学习时间对学习成

---

[1] Levin, H. M & M. C. Tsang, "The Economics of Student Time," *Economics of Education Review*, 1987,6(4), 357-364.

[2] Peter Dolton, Oscar D. Marcenaro & Lucia Navarro, "The Effective Use of Student Time: a Stochastic Frontier Production Function Case Study," *Economics of Education Review*, June 2001, 22.

[3] Schmidt, R. M, "Who Maximizes What? A Study in Student Time Allocation," *American Economic Review*,1983, vol. 73, issue 2, 23-28.

[4] Bratti, M. & Staffolani, S, "Student Time Allocation and Educational Production Functions," http://128.118.178.162/eps/hew/papers/0207/0207001.

[5] Chickering, A. W & Gamson, Z, *Applying the Seven Principles for Good Practice in Undergraduate Education*, San Francisco CA: Jossey-Bass. June 2004,547-560.

[6] Christoph Meng & Hans Heijke, "Student time allocation, The Learning Environment and the Acquisition of Competencies," http://arno.unimaas.nl/show.cgi?fid=1662.

绩的提高有显著作用。体育锻炼和志愿者工作对学生 GPA 没有直接影响但是通过作用于学生的学习态度,间接影响学生的成绩。[1] 在校外兼职花费较多时间的学生其学习成绩通常较低。Grave 在控制学生高中学业成绩、学生人口统计学特征、学习动机、学期时间、学生对大学课程和教育质量的感知,以及学生是否转换专业的条件下,发现上课和课外学习对学生成绩有积极影响,兼职对学习成绩没有影响。[2]

以上研究的研究对象均是国外学生,对于中国大学来说,不同性别、家庭经济状况、文化背景、年级、学科大类学生的时间分配现状如何?学生的时间分配又怎样影响着学生学习成绩?本文利用 2011 年 H 大学学生就读经历调查数据,探讨上述两个问题。

二、研究框架与研究方法

(一)研究框架

本研究以阿斯汀(Astin)的 I-E-O(Input-Environment-Output)模型为基本理论框架。阿斯汀认为学生的学习效果是学生个体的投入与院校环境互动的结果。学生个体的投入指学生在接受高等教育之前所具备的个人特征,包括学生的家庭背景、入学前的学术资质等;院校环境包括教师、同伴、培养计划、学生动机、校园感知等内部院校环境和学生参与度。[3]

基于阿斯汀的观点,大学生的时间分配属于院校环境变量。为了能清晰纯粹地解析时间分配对学习成绩的影响,需要尽可能避免学生个人的投入及其他院校环境因素所产生的干扰性影响。因而在回归分析时,学生的个人投入及其他院校环境因素将作为控制变量。

---

[1] Brint, S. & Cantwell, A, "Undergraduate Time Use and Academic Outcomes: Results from University of California Undergraduate Experience Survey 2006," *Teachers College Record*, Volume 112, Number 9, September 2010.

[2] Barbara S. Grave, "The Effect of Student Time Allocation on Academic Achievement," *Ruhr Economic Papers*, Volume 19, Issue 3, 2011, 4-23.

[3] Astin, A, *Assessment for Excellence: The Philosophy and Practical of Assessment and Evaluation in Higher Education*, Macmillan Publishing Company, 1991, 18.

(二) 调查工具

本研究采用 2011 年 H 大学学生就读经历调查(Student Experience in the Research University,简称 SERU 调查)数据。所用工具是由加州大学伯克利分校高等教育研究中心开发和设计的《研究型大学本科生就读经历调查问卷》,该问卷 2002 年开始在加州大学使用,十几年来 SERU 联盟从加州的九所大学扩张到明尼苏达大学等在内的十二所美国研究型大学,进而扩大到中国、荷兰、南非、巴西、日本、英国等国家,H 大学于 2011 年加入该联盟。

H 大学的调查问卷由 H 大学研究团队与加州大学伯克利分校 SERU 研究团队共同汉化与修订而成。修改的问卷仍保持模块化结构,但结构做了调整。整个问卷包括核心问题、与研究相关的问题、亚洲/中国/专门问题,以及 H 大学的校本问题四大模块。核心问题调查了学生的学术参与(包括学生的时间分配、师生互动、学生能力增长等)、学生的生活和目标(学生读大学的目标、对校园的感知、对学校服务的满意度等)、学生的背景。与研究相关的问题则调查了计算机、互联网等技术的使用。亚洲/中国/专门问题主要针对的是通识教育和专业教育的投入和满意度。校本问题调查的是学生的专业选择以及学生社团活动参与。

(三) 样本

考虑到一年级学生的入学时间太短,调查的对象限定为在校的二至四年级学生。采取在线普查方式,共收集了 4853 个有效样本。其中男生 48.8%,女生 51.2%;二年级 41.9%,三年级 35.9%,四年级 22.2%;人文社科 50.9%,理学 6.8%,工学 42.3%。

(四) 变量

(1) 自变量

本研究以学生的上课时间、课外学习时间、课外活动时间、社会及休闲活动时间、工作职责时间和通勤时间这六方面的时间为自变量。调查问卷询问学生"每周你花费多少小时参加如下活动",学生对列出的各项活动在李克特氏八点量表(1=0 小时、2=1—5 小时、3= 6—10 小时、4=11—15 小时、5=16—20 小时、6＝21—25 小时、7＝26—30 小时、8＝30 小时以上)上选择符合自己情况的选项。上课时间指学生在上课、讨论和实验上平均每周花的时间；课外学习时间是指学生在课外研习与其他课外学术活动上平均每周花的时间；课外活动时间是指学生作为义工、志愿者等为社区服务以及参加学生俱乐部、社团等组织活动平均每周花的时间；社会及休闲活动时间包括参加音乐会、看电影等各项娱乐活动，锻炼身体、玩游戏等活动平均每周花的时间；工作职责时间指学生业余兼职上平均每周花的时间；通勤时间则是指上学路上平均每周花的时间。在分析处理数据时，学生选择的选项所代表的时间是选项对应时间段的组中值。

（2）因变量

以学生平均绩点分为因变量，该平均绩点分是基于学生 2010—2011 年下学期和 2011—2012 年上学期的成绩计算得来。

（3）控制变量

本研究中的控制变量包括学生的个人投入与其他院校环境因素两大类。

选取学生性别、第一代大学生与否、家庭经济状况三项影响意义较大的指标作为学生投入的测量指标。其中，第一代大学生指父母均没受过高等教育的大学生。调查问卷对家庭经济状况采用李克特式五点量表调查(1＝富裕家庭、2＝较富裕家庭、3＝中等收入家庭、4＝中低收入家庭、5＝低收入家庭)。分析时，将以上变量均转化为虚拟变量，并分别以女生、非第一代大学生、低收入家庭为参照。

选取学生的年级、学科、学生学习动机及对校园的感知四项重要变量作为院校环境的测量指标。学生的年级包括二、三、四年级，研究时此变量转化为虚拟变量，并以二年级为参照。学生的学科大类包括工学、理学、人文社会科学，此变量同样转化为虚拟变量，并以理学为参照。学生学习动机指学生当年决定选择现在的大学时，获得满意的工作、父母的愿望、学校的声望、学科兴趣等因素对学生做出选择的重要性。这四个方面的重要性都采用李克特氏三点量表调查(1＝非常重要、2＝有点重要、3＝不重要)，学生对这四个方面的重要性的评价作为学生学习动机的测量值。学生对校园的感知指学生对学校重视个人、重视本科教育、重视科研这三类态度的认可度，采用六点量表测量(1＝非常不同意、2＝不同意、3＝较不同意、4＝较同意、5＝同意、6＝非常同意），学生对这三类态度的认可度作为学生对校园的感知的测量值。

（五）统计方法

使用 SPSS 软件，运用均值差异显著性检验、单因素方差分析和多元线性阶层回归统计方法分析调查数据。

三、统计结果

表 1 呈现的是不同性别学生每周在六项活动上的时间分配情况。在这六项活动中，除课外学习和通勤因性别所产生的差异不明显外，其他四项活动均有显著性差异。在上课时间分配上，女生的时间明显高于男生，男生则在课外活动、社会及休闲活动、工作职责上所花费的时间明显高于女生。差异最大的是社会及休闲活动，两者平均每周相差 7.13 小时。Krishna 在研究密歇根大学农学和自然资源学科学生时间分配时，发现了类似结果。①

表 1　不同性别学生的时间分配　　　　　单位：小时/周

活动类型	性别 男	性别 女	T
上课	19.76	20.65	7.371**
课外学习	8.21	8.04	0.328
课外活动	11.07	9.97	40.860**
社会及休闲活动	22.51	15.38	111.106**
工作职责	3.86	3.17	33.688**
通勤	7.87	7.2	2.523

* $P<0.01$，** $P<0.01$

家庭经济背景不同的学生，在不同活动上时间分配也不同。表 2 反映的是不同经济阶层的学生时间分配情况，富裕阶层的学生平均每周用于课外活动、社

---

① Krishna M. Shrestha, "2011 Undergraduate Students' Use of Time in the College of Agriculture and Natural Resources at Michigan State University," *NACTA Journal*, December 2011, 49.

会及休闲活动、工作职责和通勤的时间均多于其他经济阶层学生,但上课时间却少于其他经济阶层学生,尤其是和中等经济阶层学生相比,两者相差4.5小时。较富裕阶层学生将较多的时间用于社会及休闲活动,其次是上课和课外活动,履行工作职责时间相对最少。中等阶层、中低收入、低收入学生将较多的时间用于上课,其次是社会及休闲活动和课外活动,不过他们与富裕阶层学生一样,分配最少时间的活动为工作职责。通过进一步的两两对比发现:在上课时间分配上,存在显著性差异的是富裕阶层和中等阶层学生,在课外学习时间的分配上,除富裕阶层和较富裕阶层的差异不明显外,其他阶层间均有显著性差异。在课外活动时间分配上,除中等阶层学生和低收入学生的差异不明显,其他阶层间学生存在显著性差异。社会和休闲活动时间分配的不显著差异存在于中低收入阶层和低收入阶层。在工作职责和通勤时间的分配上,富裕阶层与其他个阶层均有明显差异,中等阶层、中等收入阶层、低收入阶层相互间也存在明显差异。

表2 不同家庭经济阶层学生的时间分配　　　　单位:小时/周

活动类型	富裕阶层	较富裕阶层	中等阶层	中低收入阶层	低收入阶层	F
上课	16.18	19.1	20.68	19.83	20.46	2.420*
课外学习	13.13	10.23	8.47	7.64	7.94	7.563**
课外活动	21.76	13.7	10.78	9.58	10.45	10.415**
社会及休闲活动	36.25	23.08	19.17	18.66	17.56	10.982**
工作职责	10.94	3.78	2.82	3.3	4.27	15.821**
通勤	13.24	8.02	7.09	7.47	8.01	6.998**

* $P<0.05$,** $P<0.01$

不同文化背景的学生有不同的时间分配模式。如表3所示,课外活动、社会及休闲活动、通勤因文化背景所产生的差异不明显,其他三项活动均有显著性差异。第一代大学生平均每周用于工作职责时间明显高于非第一代大学生。非第一代大学生在上课、课外学习的时间明显高于第一代大学生。

表 3　不同文化背景学生的时间分配　　　　单位:小时/周

活动类型	文化背景 第一代大学生	文化背景 非第一代大学生	T
上课	20.15	20.51	8.671**
课外学习	7.85	8.63	14.976**
课外活动	10.18	11.02	3.644
社会及休闲活动	18.44	19.45	3.519
工作职责	3.8	2.69	21.644**
通勤	7.82	6.95	0.669

* P<0.05,** P<0.01

不同年级的学生在各个活动的时间分配上均存在显著性差异(见表4)。二年级学生平均每周用于上课时间最多,三年级学生次之,四年级学生的时间最少。通过进一步两两对比发现,二年级与三、四年级学生上课时间存在显著性差异。其中,差异最大的属二年级学生与四年级学生,两者每周的均值差达到了6.57小时。在课外学习、课外活动、社会及休闲活动、工作职责上,四年级学生所花费的时间均显著高于其他两个年级。二、三年级学生的时间分配存在差异性的活动集中在上课、课外活动和通勤上。三年级学生这三项活动所花费的时间均少于二年级学生。

表 4　不同年级学生的时间分配　　　　单位:小时/周

活动类型	二年级	三年级	四年级	F
上课	22.63	19.96	16.06	91.417**
课外学习	7.82	8.04	8.87	5.867**
课外活动	11.29	9.27	11.29	10.5857**
社会及休闲活动	17.46	18.22	22.4	25.5397**
工作职责	2.97	3.32	4.81	19.9617**
通勤	8.12	6.88	7.45	11.0187**

* P<0.05,** P<0.01

不同学科大类学生的时间分配特征亦有差异(见表5)。在三个学科大类中,工学学生将较多的时间分配在上课、社会及休闲活动上,将较少的时间分配在兼职活动上;人文社会科学学生分配在课外活动的时间较多;理学学生则履行工作职责的时间要高于其他两个学科大类学生。通过进一步的两两比较分析,在上课和通勤时间上,三个学科大类的学生存在显著性差异。理学与人文社会科学、工学学生的时间差异集中在课外学习上。在课外活动和社会及休闲活动上,人文社会科学学生和工学学生的时间分配有显著性差异。

表5 不同学科大类学生的时间分配   单位:小时/周

活动类型	学科大类			F
	理学	人文社会科学	工学	
上课	21.07	19.33	21.17	17.17**
课外学习	7.21	8.19	8.2	2.545
课外活动	9.82	10.95	10.1	3.716**
社会及休闲活动	19.24	18.26	19.52	3.809**
工作职责	3.6	3.57	3.42	0.359
通勤	7.97	6.94	8.19	20.9**

* $P<0.05$,** $P<0.01$

为深入探讨学生时间分配与学习成绩的关系,本文建立了三个线性回归模型。模型1是时间分配对学习成绩的回归模型,模型2在模型1的基础上增加了人口统计学变量作为控制变量,模型3在模型2的基础上增加了环境变量作为控制变量。经自变量共线性检验,自变量间不存在线性重合问题且三个模型都通过了回归显著性检验。模型2和模型1比较,R2增加了0.095,模型3和模型2相比,R2增加了0.143,说明人口统计学特征和环境变量都能解释成绩的部分变异,而且环境变量所能解释的变异高于人口统计学特征所能解释的变异。时间分配各个变量在三个模型中的标准系数及显著性水平均发生了变化,说明在解释时间分配对学习成绩的影响时确实要结合人口统计学特征及环境变量。

在三个模型中,学生的课外活动、工作职责和通勤时间对学习成绩都没有显著性影响,而学生在上课、课外学习、社会及休闲活动上花费的时间均显著地影响学习成绩。不控制任何变量或仅控制学生人口统计学特征,学生上课所花的时间的标准系数在回归方程中都是负数(分别为-0.041、-0.045),这意味着,学生花在上课上的时间越长,学生的成绩越差。在模型 1 和模型 2 中,学生每周在上课上多花 1 小时,其 GPA 成绩都会降低 0.002 分。控制环境变量后,学生上课所花的时间的系数在回归方程中变成了正数,这意味着在同等的大学环境下,学生花在上课上的时间越长,学生的成绩越好。在模型 3 中,学生上课所花的时间的标准系数(0.051)高于课外学习的标准系数(0.041),在对学习成绩的积极影响中,上课所花时间的影响强于课外学习所花时间的影响。三个模型中,社会及休闲活动对成绩的影响均是负面的,学生在社会休闲活动所花时间越多,学习成绩越低。模型 3 显示,学生每周在社会及休闲活动上多花 1 小时,其GPA 成绩都会降低 0.005 分。而且社会及休闲活动所花时间的标准系数的绝对值(0.144)大于上课所花时间及课外学习所花时间的标准系数的绝对值(分别为 0.051、0.041),因此,社会及休闲活动所花时间的负面影响大于上课所花时间及课外学习所花时间的正面影响。

表 6　时间分配与学习成绩的回归

	模型 1 非标准系数	模型 1 标准系数	模型 2 非标准系数	模型 2 标准系数	模型 3 非标准系数	模型 3 标准系数
上课	-0.002**	-0.041**	-0.002**	-0.045**	0.003**	0.051**
课外学习	0.008**	0.098**	0.007**	0.089**	0.003**	0.041**
课外活动	0.001	0.015	-0.001	-0.026	0.001	0.023
社会及休闲活动	-0.007**	-0.186**	-0.002**	-0.059**	-0.005**	-0.144**
工作职责	0.003	0.032	0.002	0.022	0.002	-0.005
通勤	-0.003	-0.034	-0.005	-0.059	0.002	0.02
男生			-0.366**	-0.322	-0.257**	-0.227**
富裕阶层			-0.322*	-0.035*	-0.264*	-0.029*
较富裕阶层			-0.092	-0.03	-0.029	-0.009
中等收入阶层			-0.005	-0.004	0.019	0.016
中低收入阶层			-0.009	-0.008	0.017	0.014
低收入阶层			REF	REF	REF	REF

续 表

	模型1 非标准系数	模型1 标准系数	模型2 非标准系数	模型2 标准系数	模型3 非标准系数	模型3 标准系数
第一代大学生			0.062**	0.052**	0.063**	0.052**
二年级					REF	REF
三年级					0.246**	0.23**
四年级					0.033**	0.37**
理学					REF	REF
人文社会科学					0.246**	0.217**
工学					0.033	0.028
获得满意工作					−0.032	−0.022
学科兴趣					0.036**	0.041**
父母的愿望					0.014	0.016
学校的声望					−0.013	−0.014
学校重视个人					0.023**	0.049**
学校重视本科教育					−0.017*	−0.033*
学校重视科研					−0.05	−0.009
R^2	0.03		0.125		0.268	
N	4309		3952		3933	
F	22.097**		47.085**		62.005**	

* $P<0.05$,** $P<0.01$

四、分析与讨论

人口统计学特征在学生的时间分配中扮演着重要角色。从性别来看,女生的上课时间显著高于男生,但用于课外活动、社会及休闲活动、工作职责的时间要低于男生。同时,女生的学习成绩高于男生,这可能是 H 大学女生在学习上花费了更多的时间与精力,也可能是 H 大学目前的教学模式、教学方法与考核方式更适合女生。从家庭经济状况来看,富裕阶层学生和其他阶层学生在各项活动上的时间分配有差异,富裕阶层学生上课时间较少,其成绩低于上课较多的低收入阶层学生。这一数据也为上课对学习成绩有积极影响提供了证明。从文化背景来看,第一代大学生的工作职责时间明显高于非第一代大学生,在学习活动(上课、课外学习)上花费的时间低于非第一代大学生。这也许与第一代大学生大多来自低收入家庭,他们不得不在学习之余将时间用于兼职活动有关。尽管他们的学习时间少,但学习成绩反而高于非第一代大学生,他们的学习效率可能更高。

除人口统计学特征外,学生的年级、学科大类也是影响学生时间分配不可忽视的因素。学生年级越高,上课的时间越少,课外学习、社会及休闲活动的时间越多。出现该现象的可能解释是:(1)该校的课程体系安排使得高年级学生拥有更多的课外学习与活动时间、社会及休闲活动时间。(2)四年级学生面临着就业、择业、继续深造等客观问题,因此用于课外学习、带薪工作、与社会接轨的时间较多。每个学科大类都有其特定的教学与学习模式,这可能带来学生不同的时间分配特征。

学生在各项活动所投入的时间对学习成绩的影响不能一概而论。课外活动、工作职责和通勤时间对学习成绩没有显著性影响,一方面可能是学生用于这些活动的时间较少,不会影响到学生学习活动。例如,Todd R. Stinebrickner 在研究学生兼职和学习成绩问题时发现,在一个合适范围内,学生的兼职时间对学生成绩几乎是"零影响"[1]。另一方面也可能是这些活动本身对于学生成绩就没有直接影响。Brint,S.、Cantwell 在调查加州大学本科生学习经历时,就发现志愿者工作等对学生 GPA 没有直接影响。[2] 学生在上课、课外学习、社会及休闲活动上花费的时间均显著地影响学习成绩。值得一提的是上课:不控制其他变量或仅控制学生的人口统计学特征情况下,上课对学生成绩的影响是消极的;但进一步考虑环境变量后,上课时间对学生的成绩有积极影响。说明院校环境是影响学生成绩的重要因素,同时也说明我国大学中存在很多不利于学生学习的

---

[1] Stinebrickner, T, "Working During School and Academic Performance," *Journal of Labor Economics*, 2003, 21(2), 473-491.

[2] Brint, S. & Cantwell, A, "Undergraduate Time Use and Academic Outcomes: Results from University of California Undergraduate Experience Survey 2006," *Teachers College Record*, Volume 112, Number 9, September 2010, 2459.

环境,在这样的环境中,学生学习时间越多而成绩越差。上课时间一致的前提下,三、四年级学生成绩显著高于二年级学生;人文社会科学学生成绩高于理学和工学学生;以学科兴趣为导向的学生成绩高于以获得满意工作为导向的学生;感知到学校重视个人的学生其学习成绩也较高。因此,有必要关注低年级、理工学学生学习环境建设,引导学生以学习兴趣为导向,为上课时间积极影响学生成绩提供良好环境。

课外学习时间对学生成绩有积极影响,但社会及休闲时间对学生成绩有消极影响。对该结果的可能解释是,课外学习时间是主观的,在上课时间一致的前提下,课外学习时间较多的学生,往往有更高的学习投入度。但课外学习时间对学生学习成绩的影响小于上课对成绩的影响,Dolton、Marcenaro、Navrro 的研究发现了类似结果。[①] 这归于上课可能是学生知识的主要来源,也可能是 H 大学的考核内容、评价标准跟学生的课堂表现密切相关。社会及休闲活动时间一直消极影响学生成绩,且其影响力要远大于上课和课外学习。出现此结果一方面可能的原因是学生该项活动的时间花费过多,导致其学习活动的时间减少。例如美国加州大学伯克利分校的研究数据证明学习活动时间和社会及休闲活动时间是负相关关系。[②] 另一方面也可能是社会及休闲活动对学生出勤、学生学习效率有影响。Muhammad. D 就认为看电视、玩游戏等娱乐活动会分散学生的注意力,从而影响其学习。[③]

五、研究结论及启示

不同性别、家庭经济背景与文化背景,以及年级和学科大类的学生,在各个

[①] Peter Dolton, Oscar D. Marcenaro & Lucia Navarro, "The Effective Use of Student Time: a Stochastic Frontier Production Function Case Study," *Economics of Education Review*, June 2001.

[②] Berkes, E. "Undergraduate Research Participation at the University of California, Berkeley," http://cshe.berkeley.edu/

[③] Muhammad, "The Effect of Co-curricular Activities on the Academic Performances of the Students: a Case Study of the Islamia University of Bahawalpur, Pakistan," *Bulgarian Journal of Science and Education Policy* (*BJSEP*), Volume 6, Number 2, 2012, 257-272.

活动的时间分配上有显著差异。上课和课外学习时间对学生的成绩有积极影响,社会及休闲活动时间对学生成绩有消极影响。课外活动时间、工作职责时间、通勤时间则对学生成绩没有显著影响。鉴于此,学校应有针对性地采取学生管理措施。

(一)尊重不同群体学生的时间分配特征,实行分类引导

不存在一种独一无二的学生经历,不同学生群体有不同的时间分配特征,对学习成绩产生的影响也十分复杂。学校应关注不同性别、年级、学科、经济、文化背景的学生学习体验差异,尊重学科、年级等客观因素带来的学生时间分配特征差异,实行分类指导。同时,应当有意识地关注经济、文化背景处于弱势群体地位的学生,提供充足的奖助学金资源以及学习指导,帮助其克服学业和生活障碍。

(二)营造良好的学习氛围,提高学生学习投入

不同的条件下,上课时间对学生成绩的影响有很大差别。不考虑任何其他变量或仅考虑人口变量的情况下,上课时间增加不能带来学生成绩的提高。值得关注的是,加入院校环境变量后,上课时间对学生成绩变得有积极意义。院校环境是如何影响学生投入的质和量,进而促进学生成绩的,本研究所采用的数据尚不能说明与解释这一过程。但给予启示:要提高学生成绩,单纯地增加上课时间不一定有效,学生对校园感知、学习动机包括在内的院校环境才可能是影响学生成绩的关键因素。为此,学校应创造良好学习氛围,激发学生对所学学科兴趣,尊重个体经验和个人价值,激励学生更多投入深层学习。

(三)提升教师教学能力,加强对学生课外指导

课外学习时间对学生成绩的提高有重要意义。相关的研究结果也证明了课外学习对学生成绩的影响意义。为提高学生成绩,学校在保证学生有充裕的可支配时间前提下,应注重提高教师教学能力,以改变现有的教学模式、提升课堂与学业挑战度、促使学生由浅层学习转向深层学习。此外,教师还应搭建课后交流平台,加强对学生的课外指导,引导学生更多投入课外学习。

(四) 培养学生时间意识, 规范学生的时间利用

时间是大学生的宝贵资源之一, 它关系到大学生能否取得大学学习与生活的成功。单从影响学生学习成绩方面而言, H 大学学生在社会及休闲活动上花费的时间太多。国外的一些数据也显示, 学生用于此项活动的时间太长且有超过学习活动时间的趋势。更引人深思的问题是, 此项活动的负面影响远大于上课和课外学习的正面影响。针对此问题, 学校在营造良好的学习氛围、激发学生的学习兴趣、提升课堂与学业的挑战度的同时, 可采取相关措施, 如加强对时间管理的宣传、开设与时间管理相关的课程等, 以培养学生的时间意识, 规范学生的时间利用。

六、研究的不足和后续研究方向

该研究存在一些不足和缺陷, 正是后续研究需要努力的方向。首先, 对时间的测量有偏差。在本研究中, 调查学生的时间信息主要是通过自我报告方法, 但在通常情况下, 人们往往不能准确地把握自己的时间分配。其二, 用 GPA 来代替学生的学习成绩有其局限性, 它不能完全反映学生学习效果, 且一个年度的学生成绩替代整个就读期间的学习成绩是基于学习表现均匀的假设。其三, 考虑输入变量时, 仅考虑了学生的性别、家庭经济状况与文化背景, 未考虑学生的入学成绩。其四, 在选取环境变量时, 仅选取了入学价值观和对院校氛围的感知两个方面, 教师参与等重要变量未纳入其中。其五, 时间分配只是考察学生投入的一个量的方面, 至于学生投入的"质"即认知和情感投入与学生成绩的关系, 本研究没有涉及, 这也是后续值得研究的。其六, 本研究所用样本来自一所 985 大学, 不涉及选择性程度、类型、规模不同的院校本科生时间分配及学习成绩关系的比较。

(原载《大学教育科学》2015 年第 2 期。原文题目为"本科生的时间分配对学习成绩的影响——基于 2011 年 H 大学本科生就读经历调查数据的分析")

中美大学本科生全球化知识和经历比较研究

常桐善　杜瑞军

内容提要：大学的全球化程度,包括培养学生承担全球化公民职责的能力是衡量世界一流大学的重要标准之一。本文以本科学生的全球化知识和经验为例,对我国大学与世界一流大学之间的差距进行了比较研究。结果发现,中美学生在全球化经验、知识和技能方面存在显著差异,中国学生明显落后于美国学生。分析数据也发现,学生参与全球化活动的程度与他们掌握相关知识和技能的程度有显著的正相关。研究建议,为建设世界一流大学,中国首先应重视本科教育,将培养学生的全球化知识和技能的课程与专业课进行有机交融,并通过构建全球化校园文化氛围,为学生提供更切合实际的学习机会和就读经历。

一、引言

高等教育是一个国家社会经济稳定、持续发展的重要保障条件和资源之一,建设世界一流大学已成为世界各国高等教育发展的长远战略目标。正如阿特巴赫所言,"每个人都期待世界一流大学,每个国家也感觉没有世界一流大学就难以生存"[1]。世界一流大学已经超越了文化和教育的载体功能,它在很大意义上彰显了它所在国家的竞争力。[2] 所以,构建世界一流大学的愿望已不仅仅局限于提高教学、科研能力,国家更期待大学通过先进知识的获取、应用和创新来

---

[1] Philip G. Altbach, "The Costs and Benefits of World-Class Universities," *Academe*, 2004, 90 (1), 1.

[2] Jamil Salmi, "The Challenge of Establishing World-Class Universities," *The World Bank*, 2009, x.

开拓全球化教育市场,并提升其全球化的竞争力。因此,拥有众多世界一流大学的老牌发达国家就从未降低构建卓越大学的信念。居世界高等教育领先地位的美国虽然早已实现了高等教育从"精英"向"普及化"的转变,但打造培养"精英"人才的"象牙塔"理念从未消减。发展中国家亦不甘落后,泰国有三所大学努力向世界一流大学发展;曾在十二世纪辉煌一时的非洲马里共和国的廷巴克图大学(University of Timbuktu)也曾宣称将要重新获取世界一流大学的殊荣。[①]

但什么样的大学才能称为世界一流大学似乎难有定论,"世界一流大学没有约定俗成的固定标准,各国对大学的评价体系差异很大"[②]。但毋庸置疑的是冠以"世界一流"之名的大学就必须拥有在全球化舞台上扮演重要角色的能力,包括拥有培养全球化知识和技能的人才的能力。正如雷德曼所说的,全球化不是一种经济时尚,也不是一种过往烟云,它是柏林墙倒掉之后取代冷战体系的一种国际化体制,它拥有自身的规则和逻辑,这些规则直接或者间接地影响世界上每一个国家的政治、环境、地理政治和经济发展。[③] 显然,一个国家要想融入全球化的共同体,须有懂得这些规则和逻辑的人。世界一流大学理应承担培养这些人的重任。美国早已将全球化知识和技能的培养列入大学通识教育内容之中。哈佛大学 1950 年颁发的《自由社会的通识教育报告》就明确提出,在全球化理念推广之际,通识教育应涵盖更加广泛的语言和文化教学内容。[④] 斯坦福大学在 1994 年颁发的《本科教育任务报告书》中再次强调了语言教学在培养全球化人

[①] Robert Birnbaum, "No World-Class University Left Behind," *International Higher Education. The Boston College Center for International Higher Education*, Number 47, 2007.7.

[②] 刘念才等:《我国名牌大学离世界一流大学有多远》,教育部科学技术委员会专家建议报告,2001。

[③] Thomas L. Friedman, *The Lexus and the Olive Tree*. Farrar, Straus and Giroux, 1999,44 - 72.

[④] Harvard University, General Education in a Free Society, 1950,186.

才中的重要性。① 2007年哈佛大学颁发的《通识教育实施报告》②、加州大学伯克利分校在同年颁发的《21世纪通识教育报告》③以及2012年斯坦福大学颁发的《本科教育报告书》④中均详细阐述了通识教育在培养全球化人才中的重要作用。

中国《国家中长期教育改革和发展规划纲要2010—2020》明确提出：要提升中国教育的国际地位、影响力和竞争力，要适应国家经济社会对外开放的要求，培养大批具有国际视野、通晓国际规则、能够参与国际事务和国际竞争的国际化人才。但根据过去的研究，国际化方面的落后是我国名牌大学与美国一流研究型大学之间的突出差距之一。⑤ 本研究正是针对该问题，从大学培养本科学生全球化知识和技能研究为切入点，通过与世界一流大学的比较进一步分析我国大学与世界一流大学在国际化方面的差距，旨在为我国提高本科教育质量、实践《纲要》提出的培养全球化发展亟需人才的战略规划提供参考建议。

二、研究问题与方法

（一）研究问题

此项研究采纳问卷调查方法，对中美两国本科学生全球化知识和技能的自我评价程度进行比较研究。主要探讨的问题包括：（1）中国大学生对其参与全球化知识和技能活动的自我评价程度与美国大学生相比有何差距？（2）中国大学生对他们掌握全球化知识和技能的自我评价程度与美国大学生相比有何差

---

① Stanford University, *Report of the Commission on Undergraduate Education*, 1994, 12.

② Harvard University, *Report of the Task Force on General Education*, 2007, 5, 17.

③ The University of California Berkeley, *General Education in the 21st Century: A Report of the University of California Commission on General Education in the 21st Century*, 2007, 7, 20, 27.

④ Stanford University, *The Study of Undergraduate Education at Stanford University*, 2012, 12. 26. 27, 70, 77, 100.

⑤ 浙江大学大学评价研究课题组：《世界一流大学研究引论》，《评价与管理》2004年第3期。

距?(3)大学生参与全球化知识和技能活动的程度对他们掌握相关知识和技能有何影响?

(二)大学样本描述

这项研究共选取五所样本大学。其中中国大学两所,包括南京大学和西安交通大学;美国大学三所,包括加州大学伯克利(The University of California-Berkeley)分校、洛杉矶分校(Los Angeles)和圣地亚哥分校(San Diego)。南京大学和西安交通大学均属教育部直属的重点研究型大学,也是我国"985"工程项目支持的建设世界一流大学的重点对象。南京大学2011—2012学年的在校本科学生数是14648,硕博研究生数是13581。西安交通大学2011—2012学年的在校本科学生数是15909,硕博研究生数是13452。在上海交通大学的2012年"世界大学学术排名"中,南京大学的排名是第201—300名,西安交通大学的排名是第301—400名。[①] 在以教学、科研、知识传承和国际化为综合评价标准的泰晤士高等教育2012—2013年的大学排行榜中,南京大学的排名是第251—275名,西安交通大学未进入400强。[②]

加州大学伯克利、洛杉矶和圣地亚哥三所大学隶属加州大学系统。加州大学是加州的三大公立大学系统之一,共有十所分校,是美国乃至全球最大的研究型大学。2011—2012学年,伯克利分校的在校本科学生数是25885,研究生数是10252;洛杉矶分校的在校本科学生数是27201,研究生数是12070;圣地亚哥分校的在校本科学生数是23046,研究生数是5547。伯克利、洛杉矶和圣地亚哥在上海交通大学的2012年"世界大学学术排名"中分别位居第4、12和15名;在泰晤士高等教育2012—2013年的大学排名中分别名列第9、13和38。从这两项排名看,加州大学的这三所分校均可视为世界一流大学。

[①] 上海交通大学世界一流大学研究中心,"世界大学学术排名," http://www.shanghairanking.cn/ARWU2012.html,2012年11月28日检索。

[②] "Times Higher Education's World University Rankings 2012—2013," http://www.timeshighereducation.co.uk/world-university-rankings/2012 - 13/world-ranking,12月28日检索。

(三) 调查问卷

调查全球化知识和技能的问题是《加州大学本科学生就读经验调查问卷》(University of California Undergraduate Experience Survey,简称 UCUES)的一部分。[①] 该问卷最早是由加州大学伯克利高等教育研究中心的研究人员于 2000 年开发的,2002 年春季在伯克利进行了首次网上调查试运行测试并获得成功。十年来,研究组成员对 UCUES 的信度和效度进行了多次检验,并随着时代与环境的变化,对问卷所包含的问题进行了多次深度修订、更新和充实。UCUES 的主体架构包括核心问题和四个独立模块。核心问题由两部分组成:第一部分主要从时间分配、学术与个人发展、多元化的校园氛围、学术参与、个人规划、总体满意度和对专业的评价等维度测量学生对就读期间学术活动的总体评价;第二部分为学生的背景资料和个人特征。四个独立的模块分别是学生生活和发展模块、学术活动参与模块、社会活动参与模块和校园热点问题与大学的个性化模块(各自学校所关注的校园热点问题)。目前,除加州大学的九所分校使用此问卷外,参与研究型大学学生就读联盟(Student Experience in the Research University Consortium,简称 SERU)的十二所美国大学和八所非美国大学也使用此问卷调查学生的就读经验。[②] 加入联盟的中国大学包括南京大学、西安交通大学和湖南大学。

表 1 显示了调查学生全球化活动参与情况和学生掌握全球化知识和技能情况的问题。中文摘自中国大学的调查问卷,相对应的英文摘自加州大学的调查问卷。在参与全球化活动情况的调查问题中,前两个问题的答案选择在两个国家的问卷中保持一致,包括"是"和"否"两项选择;但对其他七个问题,中国问卷仍然采纳"是"和"否"两项选项,而美国问卷的答案选项包括六项,分别是"从不"(Never)、"很少"(Rarely)、"偶尔"(Occasionally)、"有时"(Somewhat)、"频繁"

[①] 程明明、常桐善、黄海涛:《美国加州大学本科生就读经验调查项目解析》,《清华大学教育研究》2009 年第 6 期。

[②] Student Experience in the Research University (SERU) Project and Consortium. Center for Studies in Higher Education, Berkeley, http://cshe.berkeley.edu/research/seru/.

(Often)和"经常"(Very Often)。这六项选项的区别从英语的表述看还是比较清楚的,但翻译成中文似乎较难区别,这也就是为什么中文问卷只用了"是"和"否"两项选项。在调查学生全球化知识和技能的五个问题中,中美两国在答案选项上保持一致,包括"很差"(Very poor)、"差"(poor)、"一般"(fair)、"较好"(good)、"好"(very good)和"非常好"(excellent)等六项选择。或许后三项选项分别用"好"、"非常好"和"优秀"来表述与英文选项的原意更加贴切。调查问卷在中国高校中使用前,南京大学进行了多次检验性测试,结果表明问卷具有很高的信度和效度。[①]

表1 全球化活动及知识技能调查问题

全球化活动参与情况调查问题
1. 注册以国际/全球化问题为重点的课程(Enrolled in a course with an international/global focus)
2. 获得国际/全球化问题的证书/副专业/专业等(如拉丁美洲研究)(Obtained a certificate/minor/major with an international/global theme [e.g., in Latin American Studies])
3. 有和从事国际/全球化问题研究的教师共同工作的经历(Worked with a faculty member on a project with an international/global theme)
4. 参加有关国际/全球化为主题的讲座、讨论、培训、会议等(Attended lectures, symposia, workshops or conferences on international/global topics)
5. 在以国际/全球化为主题的会议上做过报告,或参加过类似的活动(Presented a paper at a symposium or conference or participated in a panel on international / global topics)
6. 和国外学生通过课程学习进行交流(如讨论、学习、班级项目等)(Interacted with students from outside the U.S. in class [e.g., through section discussions, study groups or class projects])
7. 和国外学生通过社会活动进行交流(如俱乐部、学生组织或其他非正式形式)(Interacted with students from outside the U.S. in social settings [e.g., in clubs or student organizations, or in informal settings])
8. 与一所或者更多的外国大学的学生有关系(Developed a friendship with a student from outside the U.S.)
9. 参加过以国际/全球化为主题的表演(Attended a performance with an international/global focus)

---

① 龚放、吕林海:《中美研究型大学本科生"学习参与"差异的研究:基于南京大学和加州大学伯克利分校的问卷调查》,《高等教育研究》2012年第9期。

续 表

全球化知识和技能调查问题

1. 对全球问题复杂性的认识和理解(Understanding of the complexities of global issues)

2. 将学科知识应用在理解和解决全球性问题的能力(Ability to apply disciplinary knowledge in a global context)

3. 除了自己的母语外,对至少一门外语具有语言能力和文化理解能力(Linguistic and cultural competency in at least one language other than my own)

4. 有能力与具有不同文化背景的人一起工作(Ability to work with people from other cultures)

5. 与具有不同文化背景的人一起工作,你感到很愉快(Comfort working with people from other cultures)

(四) 数据搜集过程与问卷回收结果

中国两所大学的数据搜集是由 SERU 联盟负责通过网络进行的。南京大学的调查开始于 2011 年 11 月份,西安交通大学的调查是在 2012 年春季学期,调查对象包括大二至大四的本科学生。两校共获得有效问卷 9423 份,其中男生回复的问卷是 5881 份,大约占 62%,女生回复的问卷是 3542 份,大约占 38%。若按照学科划分,在回复问卷的学生中,工程和自然科学专业的学生数是 5915,占 62%;社会学和人文学科专业的学生数是 2403,占 26%;医学、法学等学科的学生数是 1105,占 12%。

加州大学的数据搜集是由加州大学总校院校研究办公室负责通过网络进行的。搜集时间是 2012 年春季学期。伯克利、洛杉矶和圣地亚哥的数据搜集持续时间分别是 106 天、111 天和 130 天。由于调查问卷所含内容宽泛,加州大学的调查是根据问题内容将问卷分成不同的"模块"。所有本科学生都得到邀请参加核心模块的问题回答。但对其他模块而言,学生将按一定比例被任意划分成不同的组,并要求分别回答不同模块的问题。这种分配方法主要是为了缩短学生回复问卷的时间,保障问卷回收率。加州大学三所分校的调查对象包括所有的本科学生,共计 73504 人,其中女生占 53%,男生占 47%;被邀请参加"全球化模块"的学生有 24310,占所有学生人数的 33%。女生和男生的比例与全体学生中二者之间的比例相同。完成所有"全球化模块"问题的学生数是 6139,问卷回收率是 26%,男女生人数分别为 2580 和 3559,各占 42% 和 58%。另外,从学生的专业背景划分，工程和自然科学专业的学生数是3715，占样本总数的60%；社会学和人文学科专业的学生数是2135，占样本总数的35%；医学、法学等学科的学生数是289，占样本总数的5%。比较中美两国的学生样本，可以看到男女学生以及不同专业背景的学生所占的比例存在一定差异，所以在分析数据时须考虑这一特征可能对结果造成的影响。

三、数据分析结果与讨论

（一）中美大学生在参加全球化活动程度上的自我评价差距

表2显示了中美大学生参与有关全球化活动程度的自我评价结果。统计数据显示，美国学生在本研究所调查的各项全球化活动上的参与程度显著高于中国学生。例如，在被调查的中国学生中，仅有15%的学生曾经注册以国际、全球化问题为重点的课程；而被调查的美国学生中，这个比例为33%，是中国学生的两倍多。获得国际、全球化问题相关证书的中国、美国学生的比例都很低，但美国学生的比例仍然显著高于中国学生，二者的比例分别是8.7%和2.5%。在中国学生中，没有和从事国际、全球化问题研究的教师共同工作经历的学生占93%；但在美国学生中，从来没有这一经历的学生比例仅为62%。即便是包括有"很少"经历的学生在内（14%），美国学生的这一比例也仅为76%，仍然低于中国学生。参加过有关国际、全球化为主题的讲座、讨论、培训、会议等的中国学生大约有三分之一，这个比例与偶尔、有时、频繁和经常参加这些活动的美国学生的比例差不多（36%）；但美国学生中，自我评价为"从不"的学生所占比例仅为44%，远没有中国学生自我评价为"否"所占的比例高（67%）。同样的，中国学生未曾在国际、全球化为主题的会议上做过报告或参加过类似活动的比例也高于美国学生，90%的中国学生的回答是"否"，而美国学生回答"从不"的比例是74%、回答"很少"的比例接近10%。中国学生拥有和国外学生通过课程（如讨论、学习、班级项目等）和社会活动（如俱乐部、学生组织，或其他非正式形式）等进行交流经历的比例显著低于美国学生，中国学生的比例为22%，而美国学生中具有"频繁"或者"经常"交流经历的比例就高于三分之一，如果将具有"偶尔"

或者"很少"经历的学生计算在内,这个比例会上升到90%以上。关于中美大学生与外国大学的学生之间建立关系的程度,统计数据显示,83%的中国大学生没有建立任何关系,而恰恰相反,大约80%的美国大学生偶尔、有时、频繁或者经常与一所或者更多的外国大学的学生建立关系。中美大学参加过以国际、全球化为主题的表演活动的比例都较低,只有大约8%的中国学生有此经历,美国学生中有时、频繁或者经常有此经历的学生也不到20%。最后需要说明的是,上面叙述的这些差异也存在于两国相同性别、相同学科专业的学生之间。通过NSSE问卷调查获得了相同的结论。①

表2　全球化活动参与程度

问题	中国大学 (%, N=8138)		美国大学 (%, N=6139)					
	否	是	否/从不	是/很少	偶尔	有时	频繁	经常
1. 注册以全球化问题为重点的课程	85.2	14.8	67.2	32.8	—	—	—	—
2. 获得全球化问题的证书等	97.5	2.5	91.3	8.7	—	—	—	—
3. 有和从事全球化问题研究的教师共同工作的经历	93.5	6.5	62.3	13.9	8.9	8.1	4.7	2.2
4. 参加有关全球化为主题的讲座、讨论、培训、会议等	66.8	33.2	43.9	20.2	16.5	10.1	6.3	2.9
5. 在以全球化为主题的会议上做过报告,或参加过类似的活动	90.0	10.0	73.9	9.4	6.8	5.3	3.4	1.3
6. 和国外学生通过学习进行交流	77.9	22.1	6.9	12.3	23.2	21.9	22.9	12.8
7. 和国外学生通过活动进行交流	71.2	28.8	6.8	12.7	22.5	21.4	22.6	14.1
8. 与外国大学的学生有关系	83.2	16.8	8.4	13.9	22.4	20.9	21.0	13.4
9. 参加过以全球化为主题的表演	92.0	78.0	43.3	19.8	17.7	10.3	6.1	2.7

注:由于在美国大学问卷中,前两个问题的回答选择项是"是"与"否",而其他问题则包括六项不同的选择,所以表中美国大学栏目的前两项中的"是"和"否"是针对前两个问题,而"从不"和"很少"则是针对其他七个问题。

---

① 海迪·罗斯、罗燕、岑逾豪:《清华大学和美国大学在学习过程指标上的比较:一种高等教育质量观》,《清华大学教育研究》2008年第2期。

加州大学的教育理念以及大学给学生创造的全球化活动参与机会是其学生参加国际化活动程度较高的主要原因。伯克利要求占所有本科学生的78%的文理学院的本科学生必须完成至少一门与国际关系有关的课程。2012年秋季，伯克利所开设的课程中与全球化相关的有44门（班）之多，这些课程涵盖内容广泛，包括少数民族社团、国际教育、全球贫困问题、人权、社会价值、法律、全球化经济时代国家的成败问题等。除此之外，三所学校也都非常重视全球化校园文化氛围的建设。伯克利为此专门成立了全球活动参与办公室（Global Engagement Office），负责制定相关政策、协调校园活动、创造参与机会等。三所学校还通过招收国际学生、聘用国际教师来增强学校的多元文化结构。2011学年，三所学校的在校本科学生中国际学生的比例都在10%左右。在加州大学所有雇用的教师中，有23%是非美国公民。国外交流学习项目也为学生了解不同文化和社会价值提供了学习和实践机会，如加州大学系统的国外交流学习机构为本科学生在四十多个国家组织协调出二百五十多种不同的学习交流项目。显然，这些活动为学生参与全球化活动提供了良好的机会。

（二）中美大学生在全球化知识和技能上的自我评价差异

表3显示了中美大学生全球化知识和技能自我评价程度的平均值、标准误差以及T检验结果。平均值是将每个问题的六个回答选项分配一个分值，"很差"得1分、"差"得2分，依次类推，"非常好"得6分，然后将所有的分值相加，除以学生总数。T检验结果表明两所中国大学的学生的全球化知识和技能显著低于美国三所大学的学生在这方面的知识和技能（见表3），显著性均在0.001的级别。这些差异也存在于两国相同性别、相同学科专业的学生之间。另外，根据Cohen的效应量（effect size）结果，二者之间在应用学科知识理解和解决全球性问题的能力、与不同文化背景的人一起工作的能力以及工作时的愉快感方面的差距尤其显著。二者之间最接近的是在外语方面的理解能力和对其文化的理解能力，中美学生的均值分别是3.46和3.79，显著性级别是0.05，效应量略高于0.2。

表3 中美大学生全球化知识和技能自我评价程度 T 检验结果

调查问题/性别/学科类别	中国大学 均值	中国大学 标准误差	美国大学 均值	美国大学 标准误差	差异 T 检验[1]	差异 效应量[2]
1. 对全球问题复杂性的认识和理解	3.21	1.29	4.05	1.12	−41.12***	0.69++
性别—男性	3.35	1.32	4.15	1.13	−26.59***	0.63++
女性	2.98	1.22	3.98	1.11	−35.37***	0.86+++
学科—工程/计算机/科学	3.23	1.28	3.93	1.13	−27.21***	0.57++
社会科学/人文/商学/管理	3.18	1.41	4.25	1.10	−28.08***	0.84+++
医学/法学/其他	3.22	1.05	4.09	0.95	−12.67***	0.84+++
2. 将学科知识应用在理解和解决全球性问题的能力	2.98	1.22	4.03	1.12	−53.19***	0.89+++
性别—男性	3.06	1.24	4.11	1.13	−36.59***	0.87+++
女性	2.85	1.20	3.96	1.10	−40.24***	0.96+++
学科—工程/计算机/科学	2.95	1.21	3.89	1.12	−37.74***	0.80+++
社会科学/人文/商学/管理	3.04	1.36	4.25	1.09	−32.52***	0.98+++
医学/法学/其他	2.98	1.01	4.08	0.97	−16.44***	1.10+++
3. 除了自己的母语外,对至少一门外语具有语言能力	3.46	1.37	3.79	1.34	−14.82***	0.24+
性别—男性	3.42	1.34	3.74	1.36	−9.76***	0.24+
女性	3.51	1.42	3.83	1.31	−9.66***	0.23+
学科—工程/计算机/科学	3.42	1.33	3.74	1.31	−11.17***	0.24+
社会科学/人文/商学/管理	3.52	1.55	3.89	1.37	−8.31***	0.25+
医学/法学/其他	3.50	1.12	3.78	1.29	−3.65***	0.24+
4. 有能力与具有不同文化背景的人一起工作	3.51	1.39	4.68	0.99	−56.16***	0.94+++
性别—男性	3.52	1.35	4.61	1.03	−36.36***	0.87+++
女性	3.51	1.45	4.72	0.96	−41.09***	0.99+++
学科—工程/计算机/科学	3.50	1.36	4.61	1.00	−42.52***	0.91+++
社会科学/人文/商学/管理	3.56	1.55	4.80	0.97	−31.52***	0.95+++
医学/法学/其他	3.51	1.17	4.69	0.95	−15.83***	1.05+++

续 表

调查问题/性别/学科类别	中国大学 均值	中国大学 标准误差	美国大学 均值	美国大学 标准误差	差异 T检验(1)	差异 效应量(2)
5.与具有不同文化背景的人一起工作,你感到很愉快	3.62	1.43	4.77	1.01	−54.50***	0.90+++
性别—男性	3.58	1.39	4.72	1.04	−36.97***	0.88+++
女性	3.67	1.49	4.80	0.98	−37.62***	0.90+++
学科—工程/计算机/科学	3.58	1.40	4.70	1.02	−41.98***	0.89+++
社会科学/人文/商学/管理	3.66	1.59	4.88	0.99	−30.59***	0.91+++
医学/法学/其他	3.70	1.19	4.77	0.98	−13.96***	0.93+++

注:(1) *** 表示显著性 P<0.001;(2) 效应量是根据 Cohen 的效应量计算公式所得,即两国之间的均值差除以并合标准误差(pooled standard deviation)。如果计算结果是 0.2,说明效应量较小,如果是 0.6,说明效应量中等,如果是 0.8,说明效应量很大。表中的+代表效应量小,++代表效应量中等,+++代表效应量大。

由于中美学生在性别和学科背景因素上的比例不尽相同(如前所述,样本的代表性可能受到质疑),所以为了进一步了解在控制其他因素的情况下,他们在全球化知识和技能上的差异究竟如何,并进一步探讨性别和学科背景对他们全球化知识是否存在影响,我们又做了回归统计分析(表4)。和上面的 T 检验结果一样,回归分析Ⅰ显示在没有控制其他变量的情况下,国别对学生的全球化知识和技能的影响显著,美国学生显著高于中国学生。回归分析Ⅱ显示,在性别和学科类别控制的情况下,国别的影响仍然具有显著性,美国学生对所有问题的自我评价程度显著高于中国学生。

表4 中美大学生全球化知识和技能自我评价程度回归分析结果

	回归分析Ⅰ (N=14819)	回归分析Ⅱ (N=14819)
1.对全球问题复杂性的认识和理解		
美国(参照对象为中国)	0.84 (40.87)***	0.90 (42.95)***
女性(参照对象为男性)		−0.34 (−15.99)***
工程/计算机/科学(参照对象为其他学科)		−0.15(−4.22)***
社会/人文/商学/管理(参照对象为其他学科)		0.05(1.26)

	回归分析Ⅰ (N =14819)	回归分析Ⅱ (N =14819)
	R^2 = 10.13%	Adjusted R^2 =11.78%
2. 将学科知识应用在理解和解决全球性问题的能力		
美国(参照对象为中国)	1.04 (52.94)***	1.09 (53.64)***
女性(参照对象为男性)		−0.25 (−12.27)***
工程/计算机/科学(参照对象为其他学科)		−0.16 (−4.52)***
社会/人文/商学/管理(参照对象为其他学科)		0.12 (3.24)**
	R^2 = 15.90%	Adjusted R^2 = 17.27%
3. 除了自己的母语外,对至少一门外语具有语言能力		
美国(参照对象为中国)	0.34 (14.84)***	0.32 (13.60)***
女性(参照对象为男性)		0.07 (2.84)**
工程/计算机/科学(参照对象为其他学科)		−0.05 (−1.24)
社会/人文/商学/管理(参照对象为其他学科)		0.05 (1.27)
	R^2 = 1.46%	Adjusted R^2 = 1.66%
4. 有能力与具有不同文化背景的人一起工作		
美国(参照对象为中国)	1.15 (53.95)***	1.14 (51.79)***
女性(参照对象为男性)		0.06 (2.48)*
工程/计算机/科学(参照对象为其他学科)		−0.10 (−2.60)**
社会/人文/商学/管理(参照对象为其他学科)		0.01 (0.25)
	R^2 = 16.41%	Adjusted R^2 = 16.62%
5. 与具有不同文化背景的人一起工作,你感到很愉快		
美国(参照对象为中国)	1.16 (55.68)***	1.15 (53.51)***
女性(参照对象为男性)		0.02 (0.99)
工程/计算机/科学(参照对象为其他学科)		−0.03 (−0.76)
社会/人文/商学/管理(参照对象为其他学科)		0.08 (2.08)*
	R^2 = 17.30%	Adjusted R^2 = 17.43%

另外,回归分析Ⅱ也显示,当其他因素得到控制的情况下,男生对全球问题复杂性的认识和理解以及将学科知识应用在理解和解决全球性问题上的能力显

著高于女生;而女生在外语方面以及与有不同文化背景的人一起工作的能力显著高于男生。从学科背景来说,社会、人文、商学以及管理专业的学生在全球化方面的知识和技能最好,医学、法学等专业的学生居中,工程、计算机和自然科学的学生最差,特别是对全球问题复杂性的认识和理解以及将学科知识应用在理解和解决全球性问题的方面的能力显著低于其他学科的学生。

美国大学生的全球化知识和技能显著高于中国学生,与美国多元文化环境和移民人口比例居高的特征是分不开的。另外,也与美国本身的教育模式有关。美国的教育向来重视培养学生的创新、合作和实践能力。这些特征都有利于学生将学到的知识融会贯通,并应用于解决交叉学科中的问题。两国学生对外语的学习及其相关文化的理解能力相对比较接近,这主要是由于我国对外语教学的重视程度一直很高,学生对他们在这一方面的能力有很大的信心。当然,美国学生的全球化知识和技能是否与他们有更多的参与相关活动的经历相关,下面一部分将详细介绍分析结果。

(三) 学生参与全球化知识和技能活动的程度对他们所掌握相关知识和技能的影响

不可否认,造成中美大学生在全球化知识和技能方面的差异的原因有很多。本研究的重点不是探讨形成这些差异的原因,但为了更好地帮助理解,或者为了将来进一步研究形成这些差异的原因,我们对学生参加活动的情况与他们的知识技能程度的相关性进行了分析。表5显示了全球化活动参与程度与其全球化知识和技能的相关性系数。中国大学的统计数据显示,除了他们获得国际证书与对全球化的认识和理解、与不同背景的人一起工作的能力以及愉快感之间没有达到0.001的显著相关性外,其他所有活动与他们的知识和技能之间都存在显著的正相关($P<0.001$)。同样的,对美国学生而言,除了他们在以国际/全球化为主题的会议上做过报告,或参加过类似的活动和他们与具有不同文化背景的人一起工作的能力以及愉快感之间没有显著的相关性外,其他活动均与五项测量他们全球化知识和技能的指标呈显著性正相关,而且显著性级别均达到0.001。

表5　全球化活动参与程度与全球化知识和技能的相关性系数

全球化活动	1. 对全球问题的认识和理解	2. 将学科知识应用在理解全球问题的能力	3. 对至少一门外语具有语言能力	4. 有能力与具有不同背景的人工作	5. 与不同背景的人工作感到愉快
中国大学					
1. 注册以全球化问题为重点的课程	0.13	0.14	0.15	0.15	0.13
2. 获得国际/全球化问题的证书等	0.03*	0.07	0.04	0.03*	0.02*
3. 有和从事国际/全球化问题研究的教师共同工作的经历	0.07	0.13	0.10	0.10	0.10
4. 参加有关国际/全球化为主题的讲座、讨论、培训、会议等	0.14	0.13	0.16	0.14	0.14
5. 在以国际/全球化为主题的会议上做过报告,或参加过类似的活动	0.08	0.11	0.09	0.10	0.11
6. 和国外学生通过课程学习进行交流	0.12	0.18	0.20	0.22	0.18
7. 和国外学生通过社会活动进行交流	0.12	0.15	0.22	0.22	0.21
8. 与外国大学的学生有关系	0.11	0.15	0.21	0.21	0.19
9. 参加过以国际/全球化为主题的表演	0.07	0.11	0.10	0.11	0.09
美国大学					
1. 注册以全球化问题为重点的课程	0.24	0.25	0.09	0.16	0.16
2. 获得国际/全球化问题的证书等	0.15	0.17	0.13	0.08	0.08
3. 有和从事国际/全球化问题研究的教师共同工作的经历	0.20	0.22	0.20	0.08	0.05
4. 参加有关国际/全球化为主题的讲座、讨论、培训、会议等	0.30	0.32	0.22	0.15	0.12

续 表

全球化活动	全球化知识和技能					
	1. 对全球问题的认识和理解	2. 将学科知识应用在理解全球问题的能力	3. 对至少一门外语具有语言能力	4. 有能力与具有不同背景的人工作	5. 与不同背景的人工作感到愉快
5. 在以国际/全球化为主题的会议上做过报告,或参加过类似的活动	0.15	0.16	0.18	0.00*	−0.03*
6. 和国外学生通过课程学习进行交流	0.26	0.26	0.16	0.28	0.26
7. 和国外学生通过社会活动进行交流	0.12	0.15	0.22	0.22	0.21
8. 与外国大学的学生有关系	0.11	0.15	0.21	0.21	0.19
9. 参加过以国际/全球化为主题的表演	0.07	0.11	0.10	0.11	0.09

注:(1) 为了节省空间,表中的问题部分的文字略有删减,完整文字见表1。(2) *表示相关性的显著性大于0.001。

显然,参加全球化活动是学生获取相关知识和技能的重要途径。这也进一步为我们解释了为什么美国的学生在所有全球化知识和技能指标上的自我评价均高于中国学生。"参与"是获取知识和技能永远不变的捷径,所以中国大学要想帮助提高学生在这方面的知识和技能,必须考虑如何为学生提供更多的参与机会。

最后需要说明的是,虽然上面三项分析的统计结果均显示了中国学生在全球化知识和技能方面处于弱势,但由于数据本身的信度和效度问题以及中美学生的文化背景差异,特别是他们在回答问卷时所持有的不同态度等,这项研究的许多结果仍然需要通过更大范围的调查数据进行进一步验证。例如,两国在第一部分的问卷回答选项上的差异可能会降低问卷效度;又如,中国学生在回答六级选项的问题时,往往只选居中的第三、四项,而很少有人选择第五、六项。这种具有中国传统文化的"中庸现象"不仅不能如实科学地反映学生的真实状况,而且会给我们的分析造成误差。另外,由于中英文翻译的原因,学生对问题的理解不同可能也会造成数据的可靠性降低,并导致分析结果的误差。

四、总结与启示

综上所述,根据学生的自我评价,中国大学生无论在掌握全球化知识和技能方面,还是在参加相关活动的经验上,与世界一流大学相比还有很大的差距。所以,为建设世界一流大学,提升人才培养的国际化水平,我国还需要对本科教育模式从理念、课程设置和校园多元文化建设等方面进行众多实质性的改革。

首先,大学要重视学生全球化知识和技能的养成。将全球化知识和技能的培养纳入本科通识教育的范畴,特别是将相关内容融入课程教学中,是实践这一目标的有效途径。美国学院与大学学会自二十世纪八九十年代就开始努力将全球化学习和教育纳入大学的本科教育。前面也提到伯克利 2012 年通识教育课程中有四十四门(班)与全球化知识和技能有关。2005 年,亨利·芦丝基金(Henry Luce Foundation)提供专项资金帮助十六所大学开发提高学生全球化知识和技能的通识教育课程。其中一所学校所开发的核心课程就是"21 世纪的全球化视角",这门课帮助学生通过将不同学科的知识进行融合,从不同的视角全面理解世界、人类及其未来的发展趋势。[1] 毫无疑问,这些努力为提高美国学生的全球化知识和培养国际化人才发挥了巨大作用。我国部分高校近几年也在这方面做了努力,如南京大学的通识教育课程中有六门课与全球化知识有关。但我国高校所做出的这些努力与伯克利等世界一流大学相比还相差甚远。

在全球化课程的开发和设置上可以借鉴二十世纪末期哈佛大学商学院所实施的"插入"(Insertion)和"融入"(Infusion)模式,以及后来在这两个模式的基础上拓展形成的"交融"(Interlock)模式。[2][3] "插入"模式是指开设以全球化为主题的独立课程,而"融入"模式则指将全球化内容融入所有的学科课程中。但二

---

[1] Kevin Hovland, *Shared Futures: Global Learning and Liberal Education*, Association of American Colleges and Universities, 2009, 24.

[2] Raymond Vernon, "Contributing to an International Business Curriculum," *Journal of International Business Studies*, Vol. 25, No. 2 (1994), 215 – 228.

[3] The Association to Advance Collegiate Schools of Business, *Globalization of Management Education: Changing International Structures, Adaptive Strategies, and the Impact on Institutions*, 2011, 125 – 127.

者都有不尽完美之处,前者缺乏与专业课程的交叉,后者则没有给全球化内容留有足够的独立空间。第三种模式正是为了弥补这两者的缺陷而设计的,它为探讨全球化和专业课知识之间的交叉功能提供了一个平台。

其次,高校要努力营造体现全球化教育理念的校园文化氛围。不可否认国际化早已是中国建设"世界一流大学"的重要议题,中国高校近年来在建设全球化教育理念的大学文化氛围上也做了大量的工作,也已初见成效。如大幅度提升招收外国学生的力度;与国外大学合作培养本科学生;增加本科生国外学习和交流服务的项目;根据国家和地方政策招聘"千人计划"、"百人计划"学者,这些学者大都有国外留学经验,为学生与有国际经验的教师合作提供了条件;开展国际间课题合作研究等。但就目前的情况而言,一方面是高校为此付出的努力还不够,无法给学生提供足够的获取全球化经验的机会;另一方面,中国大学国际化举措多以项目为中心,以活动为表现形式,对于办学形式的借鉴居多,但对于国外先进的教育理念和体制等制度层面的借鉴仍然不足[1],所以大学还没有形成"以学生为本"的足以激励学生获取全球化知识的文化氛围。当然,这也可能是我国高等教育长期以来以培养学生专业知识为核心的教育理念所致。我们期待大学在不放松专业知识教育的同时,能够愈加重视素质教育和合格公民的培养,而且将《国家中长期教育改革和发展规划纲要 2010—2020》提出的培养具有国际视野、通晓国际规则、能够参与国际事务和国际竞争的国际化人才的目标融入大学校园文化的建设之中。

(原载《高等教育研究》2013 年第 9 期。原文题目是"中国大学离世界一流大学还有多远——以本科学生的全球化知识和经验为例"。原文也作为院校研究案例收在作者在同济大学出版社出版的《院校研究的发展与应用》一书中)

---

[1] 袁本涛、潘一林:《高等教育国际化与世界一流大学建设:清华大学的案例》,《高等教育研究》2009 年第 9 期。

研究型大学本科生国际化经历与全球及跨文化能力关系研究

徐 丹 蒋 婷 刘声涛

内容提要：采用一所中国研究型大学学生就读经历调查数据，探讨本科生境内外不同性质、类型国际化经历参与度对其全球及跨文化能力的影响。研究发现：学生境内国际化经历参与度明显高于境外国际化经历；"为期三个月以内的短期海外学习项目或旅行"和"参加国际/全球主题讲座、研讨会、研习班或会议"最能显著预测五项全球及跨文化能力，而且该能力的发展基于学生整体认知、情感、价值观的转变与提升，与学生投入整个学习活动的过程质量息息相关。发展学生的全球及跨文化能力需要院校开设多种类型的国际化课程，尤其需要结合教学方式的转变，提升教师的跨文化教育能力；为境外国际化经历提供资源支持和有效的过程管理；创设制度和文化环境引导高质量的国际化社交经历。

培养具有全球及跨文化能力的国际化人才是高等教育界的共识。面对全球化出现的各类问题和形形色色的逆全球化思潮，中国提出构建人类命运共同体理念。作为人类发展的大概念，人类命运共同体的核心要旨是"世界命运应该由各国共同掌握，国际规则应该由各国共同书写，全球事务应该由各国共同治理，发展成果应该由各国共同分享"[1]，而"参与全球治理需要一大批熟悉党和国家基本方针、了解我国国情、具有全球视野、熟练运用外语、通晓国际规则、精通国际谈判的专业人才"[2]，全球及跨文化能力是当前大学生所必须具备的核心技

---

[1] 习近平：《构建人类命运共同体——在联合国日内瓦总部的演讲》，http://www.xinhuanet.com//world/2017-01/19/c_1120340081.htm。

[2] 中国政府网：《中共中央政治局进行第三十五次集体学习》，http://www.gov.cn/xinwen/2016-09/28/content_5113091.htm。

能。从院校影响力角度,探讨哪些学习和社交经历能有效促进该能力的提升,具有重要的理论和现实意义。

一、文献回顾与研究问题

国际化/全球化能力(素养)、跨文化能力是学术界通常混淆使用的术语。Schechter(1993)首次阐述学生全球化能力(素养)的核心要素,提出教育国际化的目标是让学生获取知识和技能以便在全球环境下就业,发展欣赏文化差异和跨文化敏感性的能力。[①] 随后,Olson 和 Kroeger(2001)对全球化技能(素养)提出操作化定义,Hunter 进而提出由态度和价值观、知识和理解、技能和经历构成的全球化能力的三层结构。上述学者对全球化能力(素养)基本内涵的理解基本一致。比起全球化/国际化能力暗含的西方中心立场,跨文化能力是更中性的术语,指在跨文化情境中有效和恰当的行为和交往。[②] 支持全球教育研究的斯坦利基金会认为,全球及跨文化能力包括"复杂性的认识、冲突管理、变革的必然性以及人与环境之间的相互联系。具备全球及跨文化技能的公民知道他们对世界有影响。他们认识到自己的能力和责任从而做出影响未来的选择"[③]。Olson 和 Kroeger 则认为"一个具有全球及跨文化能力的人具有足够的实务知识,感性认识和跨文化交流能力,以在我们这个全球相互依存的世界中有效地互动。'实务知识'包括文化知识、语言知识、世界问题知识、全球动态知识和人类选择知识;'感性认识'描述了我们对世界中其他人的理解;'跨文化交流能力'是我们用来与他人有效交往的技巧。"[④]国内外学者先后提出六种有影响力的跨文

[①] Schechter, M, "Internationalizing the University and Building Bridges Across Disciplines," In T. Cavusgil (Ed.) *Internationalizing Business Education: Meeting the Challenge*, Lansing: Michigan State University Press, 1993, 129 – 140.

[②] Deardoff D. K, "Identification and Assessment of Intercultural Competence as a Student Outcome of Internationalization," *Journal of Studies in International Education*, 2006, 10(3), 241 – 266.

[③] Hunter B, White G P, Godbey G C, "What Does It Mean to Be Globally Competent?" *Journal of Studies in International Education*, 2006, 10(3), 267 – 285.

[④] Olson C L, Kroeger K R, "Global Competency and Intercultural Sensitivity," *Journal of Studies in International Education*, 2001, 5(2), 116 – 137.

化能力概念模型,分别是跨文化敏感度发展模型、金字塔式跨文化能力模型、跨文化交际能力模型、欧盟 INCA 跨文化能力模型、涵盖三类二十五个核心概念的联合国教科文组织跨文化能力模型以及跨文化能力多层面开放式发展模型。上述模型都认为,跨文化能力是一种包括内在文化意识、态度,以及外在知识、技能的能力组合。[1] 上述能力在本研究中统称为全球及跨文化技能。

学者们的研究一致发现,境外国际化经历,尤其是出国留学,有助于学生整体的、全球化的发展[2],提升理解道德和伦理问题能力、沟通技巧、学术表现,以及整体满意度[3],有过出国留学经历的学生更能接受更加开放的文化多样性,更具全球意识[4],并且跨文化交际能力的提高更多[5]。其中,参与一年以上长期留学项目的学生,比短期留学的学生更可能在留学国定居、再次留学,并在学习成就、跨文化能力发展及个人发展及职业方面受到更大影响,而且影响可长达五十年。[6] 不过,计划良好的短期留学项目也可以实现跨文化敏感性和全球教育目标。[7] Stebleton 具体比较不同类型的境外国际化经历与学生跨文化能力发展的关系,发现"除了非正式教育形式以外,出国留学或旅行都与学生在全球范围内应用学科知识的能力正相关。除出国服务以外,所有出国学习或旅行与学生在

---

[1] 徐佳:《跨文化能力概念模型内涵的扩展研究》,《湖北社会科学》2018 年第 1 期。

[2] Braskamp L A, Braskamp D C, Merrill K, "Assessing Progress in Global Learning and Development of Students with Education Abroad Experiences," *Frontiers the Interdisciplinary Journal of Study Abroad*, 2009, 18, 101 – 118.

[3] Luo J, Jamieson-Drake D, "Predictors of Study Abroad Intent, Participation, and College Outcomes," *Research in Higher Education*, 2015, 56(1), 29 – 56.

[4] Clarke II, Flaherty T B, Wright N D, et al, "Student Intercultural Proficiency from Study Abroad Programs," *Journal of Marketing Education*, 2009, 31(2), 173 – 181.

[5] Williams T R, "Exploring the Impact of Study Abroad on Students' Intercultural Communication Skills: Adaptability and Sensitivity," *Journal of Studies in International Education*, 2016, 9(4), 356 – 371.

[6] Dwyer M M., "More Is Better: The Impact of Study Abroad Program Duration," *Frontiers the Interdisciplinary Journal of Study Abroad*, 2004(10), 151 – 157.

[7] Tenhaken V R, "Designing Study Abroad Programs to Develop Global Competencies for the Twenty-First Century Organization," *International Journal of Business & Management*, 2014(02), 94 – 104.

另一种语言环境中的语言和文化能力的发展正相关"。①

境内国际化是有目的地将国际和跨文化维度整合到国内学习环境下所有学生的正式和非正式课程中。② 广泛意义的境内国际化是"除了出境学生流动外，其他任何与国际化有关的活动"③。支持境内国际化的学者主张，那些没能出境流动的学生也应该通过与国际学生的互动、课程开发和新的教学方法等接受国际教育经验。④ 因为研究显示，本土国际化模式能够有效培养学生的跨文化交际能力⑤，与国际学生的互动可增进个体对文化差异的体验感知与文化包容性⑥。

少数研究比较境内外国际化经历对国际化/全球化能力（素养）的影响。文东茅等人通过北京大学的案例研究发现，出国学习对学生国际化相关能力素质的影响更有效⑦，而一项针对美国九所大型公立研究型大学的研究结果则显示，学生参与国内的国际化活动——如注册全球或国际课程、与国际学生互动、参与全球或国际合作活动等，可能会对学生的全球化、国际化及跨文化能力产生更大

---

① Stebleton, Michael J. Soria, Krista M. Cherney, Blythe T, "The High Impact of Education Abroad: College Students' Engagement in International Experiences and the Development of Intercultural Competencies," *Frontiers the Interdisciplinary Journal of Study Abroad*, 2013, (22), 1-24.

② Beelen J, Jones E, *Redefining Internationalization at Home*, The European Higher Education Area. Springer International Publishing, 2015, 69.

③ Nilsson B, "Internationalisation at Home From a Swedish Perspective: The Case of Malmö," *Journal of Studies in International Education*, 2010, 7(1), 27-40.

④ Harrison N, "Practice, Problems and Power in 'Internationalisation at Home': Critical Reflections on Recent Research Evidence," *Teaching in Higher Education*, 2015, 20(4), 412-430.

⑤ 唐君：《基于本土国际化模式培养学生跨文化交际能力的实证研究》，《吉林化工学院学报》2017年第6期。

⑥ 徐佳：《跨文化视域下"本土国际化"项目对研究型高校本科生的影响——基于学生体验的视角》，《中国人民大学教育学刊》2015年第3期。

⑦ 文东茅、陆骄、王友航：《出国学习还是校本国际化？——大学生国际化素质培养的战略选择》，《北京大学教育评论》2010年第1期。

的感知效益[①]。另一项针对美国研究型大学的研究进一步发现,"聚焦国际的课程是全球及跨文化技能增益最重要的预测指标,能与校内的国际学生互动非常有助于培养全球及跨文化技能"[②]。

综合已有的研究来看,境内外国际化都是发展学生的全球及跨文化能力的重要途径。但学生在不同性质、不同类型国际化经历参与度对学生全球及跨文化能力提升的影响是否不同,以及这种影响是否因国家或院校类型而异,已有研究探讨很少。本研究试图回答两个问题:对于国际化程度远低于美国一流研究型大学的中国研究型大学,本科生参与不同性质、类型的国际化经历的现状如何?何种国际化经历能显著预测哪些全球及跨文化能力的提升?

二、研究设计

(一)理论框架

本研究以阿斯汀(Astin)的 I-E-O(Input-Environment-Output)模型为基本理论框架,在 I-E-O 模型中,I 是输入变量,具体指学生进入高等教育机构前所具有的个人特征,E 代表院校环境,O 指学业成就。I-E-O 模型的目的在于评估不同环境经历对学生发展和变化影响的差异。院校环境为学生提供与其他人和思想碰撞的多样化机会,从而在学生发展中起关键作用,然而,学生在其变化中起核心作用,只有学生投入这些活动和与人交往,变化才能发生。本研究假设学生投入各种性质类型的国际化经历,能有效促进全球及跨文化能力提升。

(二)样本院校

样本院校 H 大学是一所中部双一流建设高校,2017—2018 学年全日制在校

[①] Soria, Krista M. Troisi, Jordan, "Internationalization at Home Alternatives to Study Abroad: Implications for Students' Development of Global, International, and Intercultural Competencies," *Journal of Studies in International Education*, 2013, 18(3).

[②] Shcheglova, Irina A., Thomson, Gregg E., Merrill, Martha C, "Fostering Global Competence through Internationalization at American Research Universities," SERU Consortium Research Paper. Research & Occasional Paper Series: CSHE.10.17. Center for Studies in Higher Education, 2017.

学生共计36770人,其中全日制本科生(在籍)20221人,国(境)外毕业专任教师312名,占比15.02%;国际学生近1000人,其中学历生565人,生源国92个,遍布五大洲,学历生占比国际学生总人数呈快速发展态势。H大学致力于培养具有国际视野的高素质人才,广泛开展国际交流与合作,目前与90多个国家和地区的160余所大学和科研机构建立了实质性合作交流关系。其中,与美国亚利桑那州立大学、意大利米兰理工大学等11所大学的交换生项目获批为国家留学基金委优秀本科生国际交流奖学金资助项目,2017—2019上学年共计45人获资助;与英国牛津大学、美国哈佛大学、美国加州大学伯克利分校等二十三所国际知名高校开展"海外学习项目",2017—2018学年派出本科生349人进行海外课程学习、毕业设计、科学研究等;与韩国、日本、澳大利亚等国的合作高校开展"交换学生项目",2017—2018学年共计派出本科生47人进行交换学习;与美国科罗拉多州立大学等大学开展本科双学位项目,2017—2018学年共计派出本科生27人进行国(境)外双学位联合培养学习;2016—2018学年共派出交换学生39名赴台湾大学、台湾清华大学、香港理工大学、香港中文大学等港澳台地区高校交流。此外,学校每年邀请海外知名专家学者来校做学术讲座和授课200余场。[①]

(三)调查工具和样本构成

H大学2011年加入由美国伯克利加州大学高等教育研究中心发起、全球30余所一流研究型大学参与的研究型大学本科生就读经历调查(Undergraduate Experience in Research University,简称SERU)国际联盟。2011—2018年,H大学采用联盟科研团队开发的"研究型大学本科生就读经历调查"问卷每两年一次采集本科生学习状况数据。本研究采用2018年SERU调查问卷中"学术经历与全球化"模块的数据。本轮调查从2017年12月29日开始,2018年4月3日关闭系统。回收有效问卷5181份,回收率24.6%。样本中,男生49.5%,女生50.5%。一年级33.2%,二年级32.1%,三年级23.5%,四年级11.2%。管理

---

① 数据参考H大学2017—2018学年本科教学质量报告。

学占7.1%,文学10.9%,理学6.1%,工学57.3%,经济学8.4%,历史学0.2%,法学8.9%,艺术学1.1%。

(四) 核心变量

本研究把国际化经历分为境外国际化经历和境内国际化经历。境外国际化经历可分为"学习项目"和"社会实践项目",前者包括"为期一学年的留学项目"、"为期四个月至一学期的留学项目"、"为期三个月以内的短期海外学习项目或旅行"、"集中的语言强化学习项目",后者包括"国际实习或海外工作体验"、"国外服务学习或志愿者服务机会"、"国外短期研究项目或实习工作"。问卷围绕境外国际化经历设置了问题"作为 H 大学的学生,您是否已完成或目前正在参与下列项目或活动",回答为"是"或"否"。境内国际化经历可包括"学术活动"和"社交活动"。前者涵盖"与外国留学生在课堂上互动"、"与某位老师一起进行国际或全球主题项目"、"在研讨会或会议上展示论文"、"参加国际/全球主题讲座、研讨会、研习班或会议"四个题项,后者包括"与外国留学生在社交场合互动"、"与外国留学生交友"、"参加国际/全球主题表演"。问卷请学生依据就读期间参与上述活动的频率,在"从未,难得,偶尔,有时,经常,频繁"六个选项中予以选择,得分依次为1—6分。

全球及跨文化能力作为因变量,本研究中包括五个方面:了解全球问题复杂性的能力;在全球背景下运用学科知识的能力;至少一种外语的语言和文化能力;与来自其他文化背景的人合作的能力;与来自其他文化背景的人愉快合作的能力。对全球及跨文化能力的测量采用学生自我评估的形式,请学生分别评价刚入学时和目前的五种能力水平,选项"很差,差,一般,好,很好,优秀"依次赋分为1—6分。

由于学生当前水平的全球及跨文化能力可能会受到学生的背景特征、院校氛围、一般性学习投入、入学时全球及跨文化能力等因素的影响,本研究将上述变量作为控制变量。其中,学生的背景特征包括经济阶层、父母受教育程度、性别、学科。数据统计分析时,将所有背景特征变量设置为虚拟变量,分别以低收入或贫困阶层、父母双方都上过大学、女生、管理学为参照。

研究对院校氛围和学生投入题项做探索性因子分析,以探索这些控制变量的内在结构。KMO 检验表明数据适合做因子分析(KMO=0.921,Bartlett's 球型检验 χ^2=75294.46,P=.000)。因子分析过程中选择主成分分析,并进行斜交旋转。多次因子分析后,提取出 7 个因子。7 个因子的信度取值范围为 0.672 至 0.907,能解释 53.96% 的方差变异。因子得分使用回归方法计算,用于全球及跨文化能力对国际化经历的回归分析。因子分析结果如表 1 所示。

表 1 学习投入与院校氛围因子分析结果及内部信度检验

因子	题项数	题项示例	信度系数(α)
一般性学习投入			
深度学习	8	根据数据来源、方法和推理的正确相关来判断信息、想法、行动、结论的价值	0.907
课程参与	9	在课堂上提出有洞察力的问题	0.867
同侪及师生互动	5	需要时向老师或导师寻求学术帮助	0.751
消极学习行为	4	迟交课程作业	0.672
课外活动及社交时间投入	8	参加各种体育锻炼、休闲运动或业余爱好的健身运动	0.829
院校氛围			
职责冲突	4	工作职责	0.772
学习障碍感知	8	无法集中精力到学习上	0.864

三、统计结果

(一)学生国际化经历和全球及跨文化能力水平现状

如表 2 所示,H 大学本科生的境外国际化学习经历总体参与度低。各类境外国际化学习经历中,参与度最高的是语言强化学习项目,参与率 11.1%;参与度最低的是国外研究项目或实地考察,参与率仅为 3.2%。为期一学年的留学项目参与率仅为 4.2%,国外研究项目或实地考察、国际实习或海外工作体验参与度都不足 4%。相对而言,"学习项目"参与率略高于"社会实践项目"。

表 2　学生境外国际化经历

项目	是 人数	是 百分比	否 人数	否 百分比
学习项目				
为期一学年的留学项目	191	4.2	4356	95.8
为期四个月至一学期的留学项目	149	3.3	4396	96.7
为期三个月以内的短期海外学习项目或旅行	249	5.5	4305	94.5
集中的语言强化学习项目	506	11.1	4039	88.9
社会实践项目				
国际实习或海外工作体验	159	3.5	4382	96.5
国外服务学习或志愿者服务机会	227	5	4310	95
国外短期研究项目或实地考察	147	3.2	4394	96.8

H大学本科生境内国际化参与率高于境外国际化,各项境内课程和社交国际化经历参与率介于32%—45%之间,但经常/频繁参与境内国际化经历的比例只有3%,各项境内国际化活动参与均值都介于从未和偶尔之间。比较而言,学生社交国际化参与度略高于学术国际化(如表3所示),超过四成本科生有与外国留学生在社交场合互动(45%)或与留学生交友(44%)的经历。在学术国际化经历中,除了与外国留学生在课堂上互动参与率40%外,其他各项境内学术国际化经历(包括与某位老师一起做国际/全球主题项目、参加国际/全球主题会议、讲座、研讨会、研习班,在其中展示论文或参加讨论小组)参与率都在30%左右。

表 3　学生境内国际化经历

项目	均值	标准差
学术国际化		
与外国留学生在课堂上互动	1.81	1.196
与某位老师一起进行国际/全球主题项目	1.53	1.069
在研讨会或会议上展示论文或参加国际/全球主题讨论小组	1.52	1.04

续 表

项目	均值	标准差
参加国际/全球主题讲座、研讨会、研习班或会议	1.58	1.072
社交国际化		
与外国留学生在社交场合互动	1.83	1.192
与外国留学生交友	1.79	1.216
参加国际/全球主题表演	1.51	1.046

总体而言,H大学的本科生全球及跨文化能力的五个方面均取得一定程度的提升,但是整体增长幅度不大。入学时水平均值介于差和一般之间,当前均值介于一般和好之间(如表4所示)。相比其他四项,"全球背景下运用学科知识的能力"增长幅度较大,"至少一种外语的语言和文化能力"增长幅度最小。

表4　学生当前全球及跨文化技能水平

项目	均值	标准差
了解全球问题复杂性的能力	3.45	.979
在全球背景下运用学科知识的能力	3.38	.974
至少一种外语的语言和文化能力	3.42	.985
与来自其他文化背景的人合作的能力	3.39	1.019
与来自其他文化背景的人愉快合作的能力	3.46	1.015

(二)国际化经历与全球及跨文化能力的关系

研究建立了学生当前每一项全球及跨文化能力对国际化经历的线性回归方程。回归方程中控制学生背景特征、院校氛围、学生投入和入学时全球及跨文化能力的影响。五个回归方程均显著,共线性检验表明五个回归方程自变量均无共线性。R^2介于0.45—0.52不等,说明上述回归方程中自变量总体能解释学生当前全球及跨文化能力水平的45%—50%。回归系数如表5所示。

研究结果显示,即便控制学生背景特征、院校氛围、一般性学习投入及入学时全球及跨文化能力之后,部分国际化经历仍对五项全球及跨文化能力形成显著正影响,构成高影响力实践。首先,境外国际化经历中的"为期三个月以内的短期海外学习项目或旅行"和境内国际化经历中的"参加国际/全球主题讲座、研

表 5　学生国际化经历对当前全球及跨文化技能水平的影响

	了解全球问题复杂性的能力（当前）标准化回归系数	SE	在全球背景下运用学科知识的能力（当前）标准化回归系数	SE	至少一种外语的语言和文化能力（当前）标准化回归系数	SE	与来自其他文化背景的人合作的能力（当前）标准化回归系数	SE	与来自其他文化背景的人愉快合作的能力（当前）标准化回归系数	SE
为期一学年的留学项目	−0.031	0.101	−0.029	0.097	−0.01	0.104	−0.031	0.100	−0.03	0.102
为期四个月至一学期的留学项目	0.029	0.118	0.033	0.113	−.042**	0.122	−0.007	0.116	−.041**	0.118
为期三个月以内的短期海外学习项目或旅行	.038**	0.075	.047***	0.072	.052***	0.076	.054***	0.074	.033**	0.076
集中的语言强化学习项目	.032**	0.044	0.013	0.042	.046***	0.045	0.003	0.043	0.007	0.044
国际实习或海外工作体验	−0.025	0.115	−0.028	0.110	−0.033	0.118	−0.030	0.113	−0.004	0.116
国外服务学习或志愿者服务机会	−0.033	0.083	−0.004	0.081	0.012	0.085	0.011	0.082	0.017	0.084
国外短期科研项目或实习工作	0.002	0.111	0.003	0.106	0.003	0.113	0.012	0.109	0.019	0.112
与外国留学生在课堂上互动	0.017	0.018	0.018	0.018	−0.015	0.019	0.012	0.018	0.025	0.018
与外国留学生在社交场合互动	0.032	0.022	0.048	0.021	0.03	0.022	.076***	0.021	0.044	0.022
与外国留学生交友	−0.012	0.021	0.013	0.02	0.035	0.021	0.04	0.021	.084***	0.021
与某位老师一起进行国际/全球主题项目	−0.055	0.028	−0.014	0.027	−0.047	0.029	−0.052	0.028	−0.041	0.029
在研讨会上展示论文或参加国际/全球主题讨论小组	−0.020	0.030	−0.033	0.029	−0.004	0.031	0.020	0.030	−0.044	0.030

续 表

	了解全球问题复杂性的能力（当前）		在全球背景下运用学科知识的能力（当前）		至少一种外语的语言和文化能力（当前）		与来自其他文化背景的人合作的能力（当前）		与来自其他文化背景的人愉快合作的能力（当前）	
	标准化回归系数	SE	标准化回归系数	SE	标准化回归系数	SE	标准化回归系数	SE	标准化回归系数	SE
参加国际/全球主题讲座、研讨会、研习班或会议	.129***	0.025	.098***	0.024	.095***	0.026	.052**	0.025	.054**	0.025
参加国际/全球主题表演	-0.044	0.029	-.060**	0.027	-0.012	0.029	-0.05	0.028	-0.039	0.029
工人阶级	-0.010	0.032	-.033**	0.031	0.006	0.033	-0.028	0.032	-0.025	0.032
中产阶级	-0.027	0.038	-.037**	.036	0.040	0.039	-0.024	0.037	-0.018	0.038
上层中产阶级或专业中产阶级	-0.016	0.075	-0.023	0.072	0.026	0.076	-0.017	0.074	-0.016	0.075
富有阶级	0.002	0.187	-0.001	0.174	-0.006	0.184	0.017	0.178	-0.005	0.182
父母中的一方或双方均上过大学,但都没获得本科学位	-0.001	0.048	-0.002	0.047	-0.012	0.049	0.006	0.048	-0.009	0.049
父母中的一方获得本科学位	0.016	0.038	0.012	0.036	0.01	0.038	.000	0.037	0.004	0.038
父母双方均获得本科学位	0.009	0.044	-0.009	0.043	0.021	0.045	-0.012	0.044	-0.014	0.045
父母中一方获得研究生学位	0.013	0.075	0.001	0.072	-0.003	0.076	0.003	0.073	-0.011	0.075
父母双方均获得研究生学位	0.007	0.120	.000	0.115	.035***	0.122	0.006	0.118	0.009	0.12
男	.095***	0.028	.062***	0.027	0.006	0.028	.042***	0.027	.041***	0.028
文学	-0.021	0.059	-.056***	0.056	0.032	0.059	0.016	0.057	0.029	0.059

续 表

	了解全球问题复杂性的能力(当前)		在全球背景下运用学科知识的能力(当前)		至少一种外语的语言和文化能力(当前)		与来自其他文化背景的人合作的能力(当前)		与来自其他文化背景的人愉快合作的能力(当前)	
	标准化回归系数	SE	标准化回归系数	SE	标准化回归系数	SE	标准化回归系数	SE	标准化回归系数	SE
理学	−0.026	0.07	−.054***	0.067	−0.026	0.071	−0.015	0.068	−0.003	0.07
工学	−0.047	0.051	−.100***	0.049	−0.007	0.052	−0.031	0.05	−0.004	0.051
经济学	.044**	0.063	0.026	0.06	0.022	0.064	−0.011	0.061	0.006	0.063
历史学	−0.01	0.325	−0.021	0.312	−0.015	0.331	−0.002	0.319	−0.005	0.326
法学	.038**	0.061	−0.015	0.058	−0.023	0.062	−0.029	0.06	−0.005	0.061
艺术学	−0.016	0.123	−.035***	0.119	0.003	0.125	−0.020	0.120	0.008	0.123
深度学习	.102***	0.015	.137***	0.015	.094***	0.015	.111***	0.015	.124***	0.015
课程参与	.098***	0.016	.133***	0.016	.144***	0.017	.101***	0.016	.089***	0.016
学习障碍感知	.034**	0.014	.056***	0.013	.077***	0.014	.061***	0.014	.072***	0.014
课外活动及社交时间投入	0.016	0.014	0.007	0.013	.029**	0.014	0.017	0.013	0.014	0.014
职责冲突	0.015	0.015	−0.023	0.015	−0.023	0.016	−0.039	0.015	−0.05	0.015
同侪及师生互动	.058***	0.015	.066***	0.014	0.008	0.015	.048***	0.014	.050***	0.015
消极学习行为	−.038***	0.013	−.045***	0.013	−.076***	0.014	−.051***	0.013	−.040***	0.013
了解全球问题复杂性的能力(入学时)	.501***	0.019	.046**	0.018	−.039**	0.019	−0.034	0.019	−0.028	0.019

续 表

	了解全球问题复杂性的能力(当前)		在全球背景下运用学科知识的能力(当前)		至少一种外语的语言和文化能力(当前)		与来自其他文化背景的人合作的能力(当前)		与来自其他文化背景的人愉快合作的能力(当前)	
	标准化回归系数	SE	标准化回归系数	SE	标准化回归系数	SE	标准化回归系数	SE	标准化回归系数	SE
在全球背景下运用学科知识的能力(入学时)	0.029	0.021	.426***	0.020	.077***	0.022	−0.001	0.021	−0.017	0.021
至少一种外语的语言和文化能力(入学时)	0.025	0.018	0.018	0.017	.439***	0.018	−0.019	0.017	−0.019	0.018
与来自其他文化背景的人合作的能力(入学时)	−0.046	0.027	−0.004	0.026	.000	0.027	.438***	0.026	.067***	0.027
与来自其他文化背景的人愉快合作能力(入学时)	.072***	0.025	.072***	0.024	.030	0.026	.188***	0.025	.547***	0.025
R2	0.455		0.45		0.501					
F	68.481***		79.493***		66.834***		88.156***		81.982***	

*** $P<0.01$, ** $P<0.05$

讨会、研习班或会议"均对五个方面的全球及跨文化能力水平构成显著正影响。其次,"集中的语言强化学习项目"参与度能显著预测学生"了解全球问题复杂性的能力"和"至少一种外语的语言和文化能力";"与外国留学生在社交场合互动"对"与来自其他文化背景的人合作的能力","与外国留学生交友"对"与来自其他文化背景的人愉快合作的能力"形成显著正影响。研究也发现一些难以解释的结论,如"为期四个月至一学期的留学项目"与"至少一种外语的语言和文化能力","参加国际/全球表演"与"在全球背景下运用学科知识的能力"显著负相关。

  入学时某项全球及跨文化能力水平能显著预测后续该项技能水平,这一结论适用于各项全球及跨文化能力。就学生背景特征而言,相比低收入或贫困阶层,工人阶级和中产阶级对"在全球背景下运用学科知识"形成显著正影响,但相比父母双方均没上过大学的学生,父母双方均获得研究生学位对"至少一种外语的语言和文化能力"水平构成显著正影响;男生在除了"至少一种外语的语言和文化能力"外的其他四项全球及跨文化能力上水平更高;管理学学生"在全球背景下运用学科知识的能力"优于文学、理学、工学、艺术学学科,经济学和法学学生在"了解全球问题复杂性的能力"上比管理学学生水平更高。

  院校环境中,深度学习、课程参与、学习障碍感知对学生五项全球及跨文化能力水平均产生显著正影响。同侪及师生互动对除了"至少一种外语的语言和文化能力"外的其他四项全球及跨文化能力都有显著积极影响。消极学习行为对各项全球及跨文化能力水平都有显著负影响。

四、结论与讨论

（一）境内国际化经历对全球及跨文化能力发展的影响不亚于境外国际化经历

  本研究在下述研究发现上支持了 Soria 和 Troisi 2011 年使用相似调查工具针对美国 9 所公立研究型大学调查的结果（尽管本研究中样本参与境内外国际化经历的水平低得多）：一方面,大部分学生"与国际学生互动"或"参与全球/国际主题的辅助课程活动"比正式的留学项目更频繁；另一方面,对管理者而言更重要的发现是,一些境内国际化活动比出国留学项目更能促进全球及跨文化能力发展。本研究中,"参加国际/全球主题讲座、研讨会、研习班或会议"等境内国际化经历参与度比大部分出国留学项目更能显著预测各项全球及跨文化能力,"与外国留学生互动或交友"尤其与学生自报告的跨文化技能显著正相关,支持了前人研究结论,即学生即使不参与出国留学项目也可以通过在校园内或国际化课程中与人交流培育全球及跨文化能力[1],只要学生获得机会通过院校内正式/结构化和非正式/非结构化的经验学习多样化的国际文化。Allport(1954)的接触理论可以为此提供解释,即在课堂内外与国际学生交流让学生习惯与不同文化的人交往,是学生获得关于其他文化知识,促进跨文化能力的有力途径,无论互动细节(例如互动是否有意义,是否得到教师鼓励等)如何。[2] 上述结论实际与二十世纪九十年代以来以瑞典为代表的部分欧洲国家发起并推进的高等教育"在地国际化运动"的基本观念不谋而合。与重视人员跨境流动的传统国际化模式不同,在地国际化强调学校的国际化应立足于自身校园文化建设,通过打造面向全体学生的、以国际化课程为中心的校园氛围来使学校中的所有人受益。[3]

(二) 海外学习项目对全球及跨文化能力的影响不仅取决于留学时间长短

通常的观点是,海外留学的时间越长,对学生学术、文化及个人能力的影响越大,语言学习和学科相关的能力取得明显进步至少需要一年以上。[4] 然而,本研究发现,境外国际化经历中,为期一个学期和一年的留学项目对五项全球及跨文化能力无显著影响或者影响为负,反而是为期三个月以内的短期海外学习项

---

[1] Qian Meng, Chang Zhu, "An Exploratory Study of Chinese University Undergraduates' Global Competence: Effects of Internationalization at Home and Motivation," *Higher Education Quarterly*.2017,(2),174.

[2] Soria, Krista M. Troisi, Jordan, "Internationalization at Home Alternatives to Study Abroad: Implications for Students' Development of Global, International, and Intercultural Competencies," *Journal of Studies in International Education*, 2013, 18(3),274.

[3] Qian Meng, Chang Zhu, "An Exploratory Study of Chinese University Undergraduates' Global Competence: Effects of Internationalization at Home and Motivation," *Higher Education Quarterly*,2017,(2),174.

[4] Dwyer M M, "More Is Better: The Impact of Study Abroad Program Duration," *Frontiers the Interdisciplinary Journal of Study Abroad*, 2004(10),151–157.

目或旅行对全球及跨文化能力的各维度都有显著正影响。这与常规观念不太一致,尽管前人研究同样出现过短期项目影响积极显著的先例。可能的解释是,规划良好,执行专业,资源丰富的短期项目可能在某些方面对学生发展产生不亚于一年期项目的显著积极影响。[①] 相反,缺乏充分准备、周密计划和良好执行环境的学期或学年项目,也可能难以带来全球及跨文化能力的显著发展。

(三) 需要全面地评估国际化经历的影响及理解全球化能力的影响因素

本研究中大部分境内外国际化经历,无论是历时不一的留学项目、国际实习、志愿者服务及短期研究项目和实地考察,还是"与外国留学生在课堂上的互动"或"参与国际/全球主题项目或表演"等,均未对五项全球化技能形成显著正影响,个别经历甚至对后者产生显著负影响。这一结论说明,当前 H 大学提供的国际化经历可能并未有效提升学生全球及跨文化能力。对这一结论可以从两个角度去理解:第一,国际化经历对学生的影响并不局限于研究中涉及的五项全球化技能,调查中,超过半数有境外国际化经历的学生认为,海外经历曾/将对他们明确专业或职业选择、提升自信、文化意识和外语熟练程度有些帮助,30%的学生认为海外经历对自信和文化意识帮助很大。我们从出国留学的同学反馈的信息中也发现,各种性质类型的国际化经历对学生产生了多样化的影响,例如对于参与一年留学项目的学生而言,专业学习上的收获是最重要的学习效果。第二,国际化经历对全球及跨文化技能的影响有限,或者说全球和跨文化技能的提升并不单纯只是国际化经历带来的结果。在"培养整全的人"这一概念框架下,致力于促进深度学习和投入的活动和项目将带来持续影响学生的学习效果——甚至对塑造全球公民也会产生影响。[②] 正如马夸特所言:"全球心态"需要人们不断扩大知识面,具有高度发达的分析概念能力来应对全球社会的复杂性;非常灵活地适应国际化的学习、生活和工作环境,有文化敏感性和跨文化理解能力;

[①] 张伟、刘保存:《在地国际化:中国高等教育发展的新走向》,《大学教育科学》2017 年第 2 期。

[②] Haring-Smith, "The Magellan Project: Developing Global Citizens through Independent Study Abroad," *About Campus*, 2011, 16(5), 9–12.

能够掌握充足的信息,并做出正确决策;具有辩证性思维和批判性思考能力。[1] 本研究的几个回归模型中学生投入和院校环境对全球及跨文化能力的影响为此提供了直接的证据:深度学习、课程参与、学习障碍感知对学生五项全球化技能水平均产生显著正影响,同侪及师生互动对"至少一种外语的语言和文化能力"外的其他四项全球化能力都有显著积极影响,而消极学习行为对学生所有全球化技能水平都有显著负影响。由此可见,全球及跨文化能力的发展基于学生整体认知、情感、价值观的转变与提升,与学生投入整个学习活动过程的质量息息相关。

五、政策建议

(一)通过多种国际化课程拓宽学生校内国际化经历

正式课程的国际化是提升学生全球及跨文化能力的有效途径,但课程的国际化通常被局限地理解为直接引进国外的课程或者用英文授课的课程。经合组织归纳了九种国际化课程类型[2],包括:(1)具有国际学科特点的课程(比如国际关系、欧洲法律等);(2)传统/原始学科领域的课程通过国际比较方法得以扩大(比如国际比较教育);(3)培养学生从事国际职业的课程(比如国际商务、管理、会计);(4)外语教学中的有关课程,讲授、学习特定的相互交流沟通问题,培养跨文化交流与处世技能;(5)科际课程(Interdisciplinary Programs),比如超过一个国家的地区研究;(6)旨在培养学生获得国际专业资格的课程,比如建筑师;(7)合作授予的学位或者双学位课程;(8)课程必修部分由海外当地教师授课;(9)包含有专门为海外学生设计的内容的课程。院校可以充分开设多种类型的国际化课程促进学生国际、全球及跨文化能力的培养。已有研究发现,具有国际性内容的课程和项目,比如发展研究、区域研究,更易于实现课程国际化。例如,刘扬的研究发现,选修涉及他国政治、经济、文化、历史发展的课程,阅读外

---

[1] 转引自[英]道格拉斯·伯恩:《视角转变中的"全球技能":从经济竞争力、跨文化理解力到批判性教育》,孙晓丹、匡维、陶曦译,《世界教育信息》2017年第11期。

[2] 李延成:《高等教育课程的国际化:理念与实践》,《外国教育研究》2002年第7期。

文文献,参与外国学者的学术讲座等学习经历,都会对学生的全球及跨文化能力产生重要影响。[1] 当然,在推进课程国际化过程中,尤其需要结合教学方式的转变,提升教师的跨文化教育能力。加拿大汤普森河大学开设的"课程国际化工作坊"每年举办一起跨文化学习和实践活动,以完善教师应对不同文化的教学策略,提高教师将国际视野融入课程的能力……最终目的是教育学生能够更好地融入日益复杂、相互依存、多元化和全球化的世界。[2]

(二)为多样化境外国际化经历提供资源支持和有效的过程管理

本研究发现,为期三个月以内的短期海外学习项目或旅行对全球及跨文化能力的各维度都有显著正影响,这一结论鼓励院校重视短期海外项目的价值。同时,也启示院校和合作大学加强对正式留学(尤其一年及以上长期留学)项目的规划、资助、指导和过程管理,使其在学生学习和成长过程中发挥最大影响。最后,鉴于调查结果显示仅有35%—45%的学生境外国际化活动由H大学组织或赞助,而阻碍学生参与境外国际化经历的主要因素是机会、费用和语言,学校和院系还需要更加积极地搭建国际合作平台,并为学生提供项目资助。

(三)创设制度和文化环境,提升留学生学业和社交活动参与度

在亨特所构建的由态度、知识和技能/经历组成的全球化能力同心圆结构模型中,最内层结构即探索文化、社会和语言的多样性、无偏见反应、开放性、风险承担、承认他人和文化的差异等态度。[3] 全球化的观念态度是个体接受国际/全球知识,进而参与全球竞争和跨文化合作、有效参与全球社会和商业事务的基础,而个体文化观念改变是以社会交往为前提的。本土学生与国际学生在互动过程中,由于文化、社会、制度背景不同,会产生各方面的差异。对于差异的态度转变过程,是一个求同存异、认同、适应并融合的过程……人们在接受文化差异

---

[1] 刘扬、孙佳乐等:《高等教育国际化:大学生国际能力测评及影响因素实证研究》,《复旦教育论坛》2015年第3期。

[2] 韩延明、左媛媛:《加拿大高校课程国际化工作坊的运行及启示——以汤普森河大学为例》,《大学教育科学》2018年第3期。

[3] Hunter B, White G P, Godbey G C, "What Does It Mean to Be Globally Competent?" *Journal of Studies in International Education*, 2006, 10(3), 285.

观念之后就会尝试调整自己的行为,就出现了整合文化的动力并逐渐培养出新的行为方式,最终达到一种差异融合阶段从而表现出对文化差异的尊重,使人们具有广阔的文化视野。① 因此,在课程学习和课外活动中提升本土学生与国际学生交往质量需要多样的活动载体和足够的交往密度,尤其需要提升留学生学习和社交活动的参与度。一项针对北京大学留学生的调查显示,留学生学术交流和课余活动的参与度都极低(约三成经常参与学术交流,不足两成经常参与课余活动)。② 一流研究型大学也正试图改变这种状况,例如北大的耶鲁—北大本科生联合培养项目,耶鲁和北大学生居住在同一宿舍,在同一课堂学习,共同参加校内外课外活动;南大的南大—霍普金中美文化研究中心作为中国第一家面向全球招生的本土办学机构,拉开了完全意义上的尼尔森所谓"本土国际化"的序幕。③ 当然,从根本上改进学生本土国际化经历的整体水平,更需要中国的大学提升教育质量,吸引更多优质的海外生源。

(原载《大学教育科学》2019 年第 5 期)

---

① 徐佳:《跨文化视域下"本土国际化"项目对研究型高校本科生的影响——基于学生体验的视角》,《中国人民大学教育学刊》2015 年第 3 期,第 148—149 页。
② 文东茅、陆骄、王友航:《出国学习还是校本国际化?——大学生国际化素质培养的战略选择》,《北京大学教育评论》2010 年第 1 期。
③ 王小青、曲垠姣、陆伟:《不同住宿模式对中国大学生跨文化能力影响研究——以中美文化研究中心为例》,《比较教育研究》2019 年第 3 期。

服务学习与学生发展

陆根书　李丽洁　陈　晨

内容提要：服务学习是一种创新的教育实践，是开展实践育人和服务育人的有效途径，对改革人才培养模式、促进大学生发展具有重要的理论价值与现实指导意义。本文利用对西安交通大学 6266 名本科生的调查数据，分析了大学生参与服务学习和能力发展的状态，探索了大学生参与服务学习对其能力发展的影响。在此基础上，提出了进一步推进服务学习、促进大学生发展的建议。

一、引言

进入二十一世纪以来，中国高等教育实现了跨越式发展，规模位居世界前列，质量不断提升。但是，持续发展的短板仍然比较突出，主要体现在创新人才培养的力度不够、质量意识和质量文化不强等方面。[①] 因此，近年来政府有关部门出台的多项政策都聚焦于高等教育人才培养环节，要求建立"三全"育人体系，努力培养具有社会责任感、创新精神和实践能力的高层次人才。2018 年六月教育部召开的新时代全国高等学校本科教育工作会议更明确强调，要坚持"以本为本"，推进"四个回归"，加快建设高水平本科教育，全面提高人才培养能力，培养和造就堪当民族复兴大任的时代新人。

服务学习以服务为载体，让学生通过有目的、有组织地参与社会服务进行学

[①] 教育部.系列高等教育质量报告首次发布.[2016-04-07][2019-01-02].http://www.moe.gov.cn/jyb_xwfb/xw_fbh/moe_2069/xwfbh_2016n/xwfb_160407/160407_sfcl/201604/t20160406_236891.html.

习,并在这一过程中通过反思其服务经历,在认知、情感、态度、能力、价值观等方面获得发展。它作为一种创新的教育实践,对改革人才培养模式、推进实践育人和服务育人、促进学生发展具有重要意义。大量研究表明,服务学习对大学生学术、职业、个性、公民和社会性发展等多个方面具有积极影响。[1] 大学生社会实践和志愿服务是我国高校当前开展实践育人和服务育人的主要方式,但或多或少存在着重视程度不够、活动缺乏科学设计、与学生学习活动联系不够紧密、参与质量不高等问题。服务学习可以为高校解决这些问题、培养学生的社会责任意识提供重要借鉴。它最初就是为了解决青少年不关心社会、社会责任意识淡漠而发展起来的。它通过将学生学习和社区服务联系起来,培养学生的公民意识和公民技能,有效解决了学生与社会割裂、不关心社会的问题。

服务学习最早起源于美国。美国的服务学习经过半个多世纪的发展,在政策支持、经费保障和项目开展等方面都形成了比较好的制度,积累了丰富的经验。[2][3][4][5][6] 我国香港和台湾地区在 2000 年左右引入服务学习。2007 年,台湾地区出台了专门政策以鼓励大专院校开设服务学习课程。目前,台湾地区大多数高校正式设立了服务学习办公室或学习中心,将服务学习纳入正式课程并计学分。[7] 大陆近年来也有若干高校开始进行服务学习的探索和实践,但就整体

---

[1] Eyler, J., Giles, Jr.,D.E.,Stenson, C.M., and Gray, C.J, "At A Glance: What We Know about The Effects of Service-Learning on College Students, Faculty, Institutions and Communities, 1993 – 2000: Third Edition.[2001 – 08 – 31][2019 – 01 – 02]," Higher Education Paper 139,2001. http://digitalcommons.unomaha.edu/slcehighered/139.

[2] Andersen, S, "Service learning: A national strategy for youth development," Washington, DC: Position paper issued by the Task Force on Education Policy: Institute for Communitarian Policy Studies, George Washington University, 1998.

[3] 周加仙:《美国服务学习理论概述》,《外国教育研究》2004 年第 4 期。

[4] Corporation for National and Community Service.[2019 – 01 – 02] https://en.wikipedia.org/wiki/ Corporation_ for_National_and_Community_Service.

[5] The National Campus. Service-Learning. [2019 – 01 – 02] https://compact.org/initiatives/service-learning.

[6] Learn and Serve America.[2018 – 02 – 01][2019 – 01 – 02] https://en.wikipedia.org/wiki/ Learn_and_Serve_America.

[7] 方志刚:《"服务学习"视域中的开放大学与社会责任》,《远程教育杂志》2013 年第 5 期。

而言,服务学习在我国高校还是一个比较新鲜的概念,发展比较缓慢。

基于上述背景,本研究以西安交通大学本科生为研究对象,对大学生参与服务学习的情况和投入程度,以及在核心技能、研究能力、社会沟通能力等方面的发展状况进行了系统调查和分析,旨在探讨服务学习在高校开展的现状如何,服务学习是否有助于促进学生能力发展。这对进一步拓展服务学习的价值、促进大学生能力发展具有重要的理论价值和现实指导意义。

二、文献综述

（一）服务学习相关研究概述

1.服务学习的概念。1967年,美国学者Ramsey和Sigmon首次提出了"服务学习"(英文名称为Service-Learning或者Service Learning)的概念。[1] 半个多世纪以来,不同的研究者和机构从多种视角对服务学习概念进行过界定。在梳理相关文献的基础上,我们发现一般是从如下三个视角来定义服务学习的:(1)从学校教育教学的视角,认为服务学习是一种教育体验方法。例如,教育改革中的服务学习联盟(Alliance for Service Learning in Education Reform)就将服务学习定义为一种教育体验方法,通过这种方法,学生运用学到的知识和技能解决社区中的实际问题,并培养学生的社会关怀和公民责任意识。[2] (2)从学生学习发展的视角,认为服务学习是一种学习方式。例如Jacoby、Bringle等人认为服务学习是经验学习的一种形式,学生参加有组织、有计划的社会服务活动,通过结构化的反思,满足被服务者的需求,进而促进自身学习和发展,增强公民责任感。[3][4] (3)从社会服务的视角,认为服务学习是一种服务活动。例如,美

---

[1] 游柱然:《美国高校服务学习的起源与发展》,《复旦教育论坛》2009年第3期。

[2] Payne D. A, *Evaluating Service-Learning Activities and Programs*, Lanham, MD: Scarecrow Press, 2000, 1-2.

[3] Jacoby B, *Service-Learning in Higher Education: Concepts and Practices*, Jossey-Bass Publishers, 1996, 5.

[4] Bringle R.G., Hatcher J.A. "Implementing Service Learning in Higher Education," *Journal of Higher Education*, 1996, 67(2), 221-239.

国经验教育学会(The National Society for Experiential Education)和美国高等教育协会(American Association for Higher Education)将服务学习视为一种经过精心安排的服务活动,学生在服务活动中具有明确的学习目标,并积极地反思在整个服务经历中所学习的东西,以获得进步和发展。[1]

上述三种视角对服务学习所做的界定,所强调的侧重点有所不同。第一种视角强调通过服务学习让学生加深对课程内容的理解和掌握;第二种视角强调服务学习的过程及学生的发展;第三种视角认为服务学习是社区服务、志愿服务等概念的延伸,强调学生的公民参与意识和社会服务行为。本研究立足于"以学生为中心"的学习理念,将服务学习定义为学生通过有目的、有组织的参与社会服务进行学习的一种学习方式,学生在服务学习中通过反思其服务经历,在认知、情感、态度、能力、价值观等方面获得发展。

2. 服务学习的特点。主要表现为如下几个方面:(1)既可与课程整合,也可单独开展。对服务学习是否应该包括课程内和课程外的内容,不同的学者有不同的认识。[2] 从学校教育的视角界定服务学习,一般强调课程内容与服务活动的整合。这种服务学习也被称之为学术型服务学习(Academic Service Learning)[3]。但从学生学习发展或社会服务的视角来看,服务学习不应该局限于课程内,它既可以与课程整合,也可以单独开展。Furco根据服务与课程的整合程度,将服务学习分为三种类型:一是整合项目(integrated programs),即服务项目与课程学习紧密地结合在一起;二是次要项目(peripheral programs),即服务活动在课外进行,或作为核心课程之外选修课程的一部分;三是体验项目(experiential programs),不要求服务与课程结合,学生通过服务进行学习。[4] 我

---

[1] Billig S. H, "Research on K-12 School-Based Service-Learning: The Evidence Builds," *Phi Delta Kappan*, 2000, 81(9), 658 – 664.

[2] Mooney L. A., Edwards B, "Experiential Learning in Sociology: Service Learning and Other Community-Based Initiatives," *Teaching Sociology*, 2001, 29(2), 181 – 194.

[3] Howard J.P.F, "Academic Service Learning: A Counternormative Pedagogy," *New Directions for Teaching & Learning*, 1998, 73, 21 – 29.

[4] Furco A, "A Conceptual Framework for the Institutionalization of Youth Service Programs in Primary and Secondary Education," *Journal of Adolescence*, 1994, 17(4), 395 – 409.

们认为,服务学习不应局限于课程内。这是因为,在高等教育领域,学生获取知识、培养能力的途径是多样的,既包括课内学习,也包括课外学习,因此在高等教育中服务学习应该扩展到课外。(2)重视反思活动。虽然服务学习的项目多种多样,但它们有一个共同的特征,即重视反思。反思是学生批判性地思考其服务学习经验的过程[1],是服务学习中学生获得发展的重要原因之一[2]。Mills总结了良好反思的"5C"原则:① 连接(connection):经验和知识之间的联系;② 持续(continuity):在服务之前、期间和之后的反思具有连续性;③ 情景(context):将知识应用于现实生活情景;④ 挑战(challenge):挑战学生的观点;⑤ 督导(coaching):为学生提供必要的支持和指导。[3] (3) 与志愿服务、社会实践活动既有联系又有区别。志愿服务是指任何人自愿贡献个人的时间及精力,在不获取任何物质报酬的情况下,为改善社会服务、促进社会进步而提供的服务。[4] 服务学习是在志愿服务的基础上发展而来的,两者的共同之处在于都包含服务活动。Sigmon 认为,志愿服务是"大服务小学习"(SERVICE-learning),服务是首要目标,学习是次要目标,是在服务过程中顺其自然产生的附加结果;服务学习则是"大服务大学习"(SERVICE-LEARNING),服务和学习是同等重要的目标。[5] 两者的区别主要有:一是内容不同。志愿服务是学生自愿参与的服务活动,不一定包含有目的、有组织的学习。服务学习既强调服务,又强调要有明确

---

[1] Kraft R. J., "Service Learning: An Introduction to Its Theory, Practice, and Effects," *Education & Urban Society*, 1996, 28(2), 131-159.

[2] Hatcher J. A., Bringle R. G., Muthiah R, "Designing Effective Reflection: What Matters to Service-Learning?" *Michigan Journal of Community Service Learning*, 2004, 11(1), 38-46.

[3] Mills S.D, "Electronic Journaling: Using the Web-Based, Group Journal for Service-Learning Reflection," *Michigan Journal of Community Service Learning*, 2001, 8(1), 27-35.

[4] 罗公利、丁东铭:《论志愿服务在我国社会风险管理中的作用》,《山东社会科学》2012年第6期。

[5] Furco A, "Service-Learning: A Balanced Approach to Experiential Education," *Expanding Boundaries Serving & Learning*, 1996, (1), 1-6.

的学习目标。[1] 学生通过"服务"锻炼实践能力,促进课堂知识转化。二是实施过程不同。与志愿服务相比,服务学习有规范的实施过程。三是参与主体不同。与志愿服务相比,服务学习涉及更多主体,包括学生、教师、学校和社区。[2] 社会实践是高校开展实践育人的重要形式。服务学习与社会实践的共同点是两者都是学生进行的实践活动。社会实践在本质上是一种服务学习活动[3],但服务学习注重"学习+服务",而社会实践注重"服务"[4]。

3. 服务学习的过程。不同学者对服务学习过程有不同分类。[5][6][7] 一般来说,服务学习过程包括准备、行动(也称之为服务)、反思、庆贺(也称之为庆祝)四个环节:(1)准备。在开展服务学习之前需要充分的准备。首先,要了解服务对象的真实需求,据此设计服务主题;其次,要明确学生在服务学习过程中的学习目标;第三,明确各参与主体的职责,协调好各主体的关系,保证项目获得足够支持。[8] (2)行动。行动是指学生切实进行服务的阶段,主要是让学生完成服务学习项目并发展所需要的知识和技能。(3)反思。反思是学生批判性地思考其服务经历的过程。反思发生在服务的全过程,包括服务前、服务中和服务后三个阶段。[9] 反思可采用讨论、撰写心得、学术报告等不同形式。(4)庆贺。庆贺是收

---

[1] Shumer R. Belbas B, "What We Know about Service Learning," *Education & Urban Society*, 1996, 28(2), 208-223.

[2] Bringle R.G., Hatcher J.A, "Institutionalization of Service Learning in Higher Education," *Journal of Higher Education*, 2000, 71(3), 273-290.

[3] 张华:《论"服务学习"》,《教育发展研究》2007年第9期。

[4] 陈静:《美国服务学习与我国大学生社会实践的比较研究》,《扬州大学学报(高教研究版)》2008年第5期。

[5] Fertman C.I., White G.P., White L.J, *Service Learning in the Middle School: Building a Culture of Service*, Westerville, OH: National Middle School Association, 1996, 168-179.

[6] Burns L, "Make Sure It's Service Learning, Not Just Community Service," *Education Digest*, 1998, 64(2), 38-41.

[7] Dymond S.K., Renzaglia A., Chun E.J, "Elements of High School Service Learning Programs," *Career Development for Exceptional Individuals*, 2008, 31(31), 37-47.

[8] 黄孔雀:《美国高校服务学习的实践及启示》,《复旦教育论坛》2014年第1期。

[9] Eyler J, "Reflection: Linking Service and Learning—Linking Students and Communities," *Journal of Social Issues*, 2002, 58(3), 517-534.

获成果、分享成功和交流经验的过程。庆贺使学生认识到他人是如何评价自己的服务活动的,有利于激发学生持续参与服务学习的动力。庆贺活动一般包括媒体报道、与社区合作者召开联欢晚会或舞会、领赠感谢状、颁发荣誉证书等。①

4. 服务学习的理论基础。本研究主要基于如下三个理论展开分析:Dewey的经验教育理论、Kolb 的经验学习周期理论和 Whitley 的服务学习效果分析框架。(1) Dewey 的经验教育理论。Dewey 以"教育即经验,通过经验教育,为经验而教"的教育理念而著称。② 它是服务学习的重要理论基础。③ 服务学习作为一种融合服务与学习的学习方式,即源自 Dewey 从实践中学习的主张。④ (2) Kolb 的经验学习周期理论。Kolb 在 Dewey 经验教育理论的基础上,于1984 年提出了经验学习周期理论,认为经验学习包括"具体经验"、"反思观察"、"抽象概念"和"主动实践"四个阶段。⑤ 服务学习作为一种经验学习活动,可以按照它的四个阶段进行:学生开展服务学习时处于具体经验阶段;在服务中学生可通过各种方式进行反思;通过反思,学生将具体经验进行抽象概念化;之后,学生将抽象概念化的新知识、新经验应用到下一步的服务活动中。(3) 服务学习效果分析框架。Whitley 提出了包括背景、服务学习经历、中介变量和服务学习效果四个部分的学生服务学习效果分析框架,以研究服务学习对学生发展的影响(图 1)。⑥

---

① 陈·巴特尔、马彦光:《服务学习及其启示》,《学园》2008 年第 2 期。
② Speck B.W., Hoppe S.L, *Service-learning: History, Theory, and Issues*, Praeger, 2004, 6.
③ Maddux H.C., Donnett D, "John Dewey's Pragmatism: Implications for Reflection in Service-Learning," *Michigan Journal of Community Service Learning*, 2015, 21(2), 64 – 73.
④ Flecky K., Gitlow L, *Service-learning in Occupational Therapy Education*, Jones & Bartlett Publishers, 2010, 3 – 5.
⑤ Maddux H.C., Donnett D, "John Dewey's Pragmatism: Implications for Reflection in Service-Learning," *Michigan Journal of Community Service Learning*, 2015, 21(2), 64 – 73.
⑥ Whitley M.A., "A Draft Conceptual Framework of Relevant Theories to Inform Future Rigorous Research on Student Service-Learning Outcomes," *Michigan Journal of Community Service Learning*, 2014, 20(2), 19 – 40.

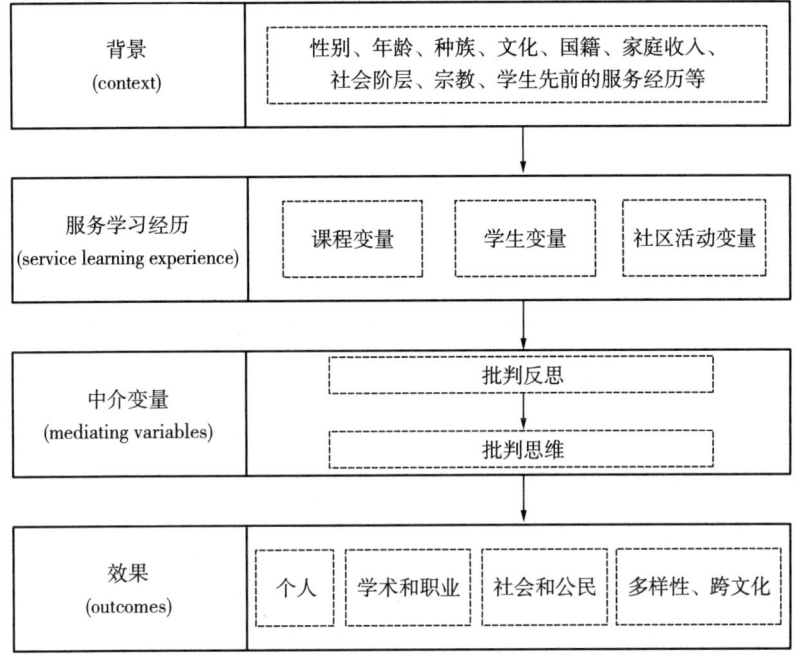

图 1　服务学习效果分析框架

(二) 大学生发展研究概述

1. 大学生发展的概念。促进大学生发展是高校人才培养的重要目标。《中国学生发展核心素养》以培养"全面发展的人"为核心,将学生发展核心素养划分为文化基础、自主发展、社会参与三个方面。[①] Miller 等人认为,大学生发展就是高等教育情景中人的发展,接受高等教育的个体在能力上能够胜任更加复杂的任务,更加自主和善于互助。[②] Rodgers 将大学生发展定义为学生在高等教育机构中不断成长、进步,各方面能力得到提升的过程。[③] 陆根书等人将大学生发展定义为学生接受大学教育后所发生的积极改变,其表现形式可以是知识增长、能

---

① 赵婀娜:《今天,为何要提"核心素养"》,《人民日报》,2016 年 10 月 13 日。
② Lipsetz A, "The Future of Student Affairs: A Guide to Student Development for Tomorrow's Higher Education," *Journal of Higher Education*, 1978, 49(1), 100.
③ Hamrick F., Evans N., Schuh J, "Foundations of Student Affairs Practice," *Journal of College Student Development*, 2002, 23(44), 704–707.

力提升,也可以是态度和情感的改变。① 由此可见,大学生发展的内涵非常丰富,涉及学生的认知、情感、态度、能力等各个方面。本研究主要从核心技能、研究能力、社会沟通能力等角度研究大学生发展问题。

2. 大学生发展的理论基础。大学生发展是许多研究者关注的议题,如 Chickering 于 1965 年首次提出了大学生发展七向量理论,并在 1969 年出版了其代表作《教育与认同》(*Education and Identity*)。1993 年他与 Reisser 合作出版了该书的修订版,重点阐述了大学生发展七向量理论,分析了影响大学生发展的关键因素。Chickering 等人认为,大学生发展的结构和内容可以归纳为七个向量,包括发展能力、管理情绪、从自治到与他人相互依存、建立自我认同、建立成熟的人际关系、建立生活哲学和目标、养成公正的品格七个方面。② 本研究基于大学生发展七向量理论中"发展能力"和"建立成熟的人际关系"两个向量,对大学生能力发展指标进行建构和测量。

Astin 提出的"输入—环境—输出"(I-E-O)模型认为,高等教育的"输出"是"输入"与"环境"相互作用的结果。在该模型中,"输入"是指大学生在入学时的发展水平;"环境"是指在大学期间所有能够影响学生发展的因素,包括学习环境(如学校氛围、课堂环境、院校特征、教师特征等)和教学活动(学术参与、教育项目、学习方法、课程设置、课外活动等);"输出"则是指学生在受到环境和输入等因素的综合影响后,在认知、态度、情感、能力等方面的发展。③ "I-E-O"模型表明个体发展与其所处的环境紧密相关,在研究学生发展时应该综合考虑个体背景和环境因素。

(三) 服务学习对学生发展的影响

随着服务学习的发展,其与学生发展的关系受到了越来越多的关注。Eyler

---

① 陆根书、刘秀英:《大学生能力发展及其影响因素分析——基于西安交通大学大学生就读经历的调查》,《高等教育研究》2017 年第 8 期。

② Chickering A.W., Reisser L., "Education and Identity," *International Journal of Childrens Spirituality*, 1993, 12(2), 207 – 219.

③ Astin A.W, "Student Involvement: A Developmental Theory for Higher Education," *Journal of College Student Development*, 199B9, 40(4), 297 – 308.

发现,服务学习对学生发展的影响主要表现在个性发展、社会性发展、学术学习、职业发展和师生关系等方面。[1] Stukas 将服务学习对学生发展的影响归纳为如下几个方面:学生自我提高(表现在提高个体的自我效能感,增强自尊、自信,变得乐于助人等)、理解自我和理解世界(学生对不同阶级人群的理解、对课程的理解以及解决问题的能力等)、价值表达(社会责任感和个人责任、承诺继续服务等)、职业发展(通过服务学习进行职业规划和探索,为未来职业发展做准备)、社会期许(学生在参加服务活动的过程中,逐渐表现出满足家庭、同伴、社区、学校等期望的样子,以此来更好融入社会)、保护(服务学习减轻学生的压力,减少学生被异化隔离,减轻学生的孤独感)。[2] Furco 认为服务学习对学生发展的影响主要表现在学术、职业、个人、公民、社会性、职业等领域。[3] Cerny 将服务学习对学生发展的影响归纳为个性发展、专业发展、人际发展、社会性发展和和学术发展等方面。[4] 在以往的研究中,也有大量研究探讨了服务学习对大学生批判思维能力,理解、掌握、应用知识的能力,识别、分析、解决问题的能力,人际交往能力,多样性理解能力等发展的影响。[5][6][7]

由上可见,服务学习在国外经历了半个多世纪的发展,其间有大量学者对服

---

[1] Eyler, J., Giles, Jr., D.E., Stenson, C.M., and Gray, C.J., "At A Glance: What We Know about The Effects of Service-Learning on College Students, Faculty, Institutions and Communities, 1993 – 2000: Third Edition," [2001 – 08 – 31][2019 – 01 – 02]. Higher Education Paper 139, 2001. http://digitalcommons.unomaha.edu/slcehighered/139.

[2] Stukas A., Clary E.G., Snyder M., "Service Learning: Who Benefits and Why," *Social Policy Report*, 1999, 13(4), 1 – 19.

[3] Furco A, "Is Service-Learning Really Better Than Community Service? A Study of High School Service Program Outcomes," In A. Furco and S. H. Billigs (Eds.) *Service Learning The Essence of the Pedagogy*, 1996, 23 – 50.

[4] Cerny J.M, "The Impact of Service-Learning on Student Development," *Marriage & Family Review*, 2006, 38(4), 79 – 96.

[5] Astin A. W., Sax L. J., "How Undergraduates Are Affected by Service Participation," *Journal of College Student Development*, 1998, 39(3), 251 – 263.

[6] Warren J.L, "Does Service-Learning Increase Student Learning? A Meta-Analysis," *Michigan Journal of Community Service Learning*, 2012, 18(2), 56 – 61.

[7] Sharkey S., Brooker R., Schulte J, *The Culture of Service at Alverno College*, Springer, 2002, 52.

务学习进行研究,为丰富和发展服务学习的理论、推进服务学习的发展起到了重要的作用。从研究方向看,当前国外对服务学习的研究有两个大的方向:一是继续致力于研究服务学习对学生发展的影响,并不断拓展可能的影响领域;二是继续探索如何提高服务学习的质量。服务学习在类型、时长、服务对象、反思的程度等很多方面存在差异,因而对学生发展的效果也不同。当前,很多研究探索如何通过提高服务学习质量来发挥服务学习的价值,这对于更好地组织、开展服务学习有着重要意义。从研究成果看,国外已经发表了大量有关服务学习的论著,并出版了专门研究服务学习的期刊。从研究规模看,大规模和小规模调查研究兼而有之。

在国内,对服务学习的研究只有十多年时间,从研究规模看,数量较少。在中国知网(CNKI)以"服务学习"为关键词精确检索学术期刊库和博硕论文库,截至2018年4月,有关服务学习的硕博论文仅有54篇,期刊论文388篇。从研究方法看,大部分以思辨研究为主,只有小部分采取实证研究范式。从研究内容看,主要包括服务学习的概念介绍、价值论述、相似概念辨析、案例介绍等。总体而言,相比国外研究,国内对服务学习的研究还处在起步阶段,主要表现在:一是概念有待进一步澄清;二是实证研究较少;三是研究深度不够,国内大部分研究还停留在对国外概念的介绍上,对服务学习的历史发展、理论基础、具体实施和效果评估等内容很少进行系统深入的研究;四是概念的中国化过程缓慢。服务学习起源于国外,在引进过程中如何消化吸收,发展出符合我国高等教育特点的服务学习理论体系有待进一步探索。

三、研究设计与实施

本研究在梳理国内外文献的基础上,以经验教育理论、经验学习周期理论、服务学习效果分析框架为理论基础,并以大学生发展七向量理论、"输入—环境—输出"模型等为参照,分析参与服务学习活动对大学生能力发展的影响。

(一)研究工具与样本特征

本研究使用的研究工具是《西安交通大学本科生就读经验调查问卷》。该问卷包括大学生社会经济背景、学术参与、全球化经历、服务学习、学习环境、学术与个人发展等内容。调查通过网络方式面向全体在读本科生进行。调查共回收问卷6811份,其中有效问卷6266份,有效率为92.0%。表1列出了调查样本的基本特征。

(二) 研究方法

本研究采用的方法有描述统计分析、T检验和方差分析、χ^2检验、因素分析、信度分析、回归分析等。

表1 样本特征

类别		人数	比例
性别	女	2048	32.7%
	男	4218	67.3%
年级	一年级	2255	36.0%
	二年级	1783	28.5%
	三年级	1448	23.1%
	四年级	780	12.4%
学科	工程技术	4229	67.5%
	自然科学	185	3.0%
	生命科学	980	15.6%
	社会科学	584	9.3%
	人文艺术	288	4.6%
社会经济背景	低收入阶层	1620	25.9%
	工人阶层	2171	34.6%
	中产阶层	2153	34.4%
	中上阶层	284	4.5%
	富有阶层	38	0.6%
合计		6266	100%

(三) 变量测量

1. 个体背景因素。本研究对大学生个体背景因素的测量主要有性别、年级、学科、家庭社会经济背景等四个变量。性别变量分为男、女两类;年级变量分为一至四年级四个组别;学科变量分为工程技术、自然科学、生命科学、社会科学和人文艺术五类;社会经济背景分为低收入阶层、工人阶层、中产阶层、中上阶层和富有阶层五类。

2. 服务学习。本研究对服务学习的测量主要包括是否参与服务学习、参与原因、参与类型、参与地点、参与时长、是否与课程结合等。在调查时,首先对服务学习进行了解释说明,让学生了解服务学习的具体内涵。本研究在借鉴国外服务学习定义和测量方法的基础上,根据我国大学生参与服务学习的具体情况,将服务学习操作化定义为将学术学习与参与非营利的社会团体、公民组织或政府实体的服务结合起来的活动,目的在于满足社会需要和解决社会问题;小到服务个体,大到服务社区甚至社会;这类活动包括教育、健康、社会问题(如为无家可归者提供服务等)、环境(如环境治理)、艺术(社区义演等)等多种类型。

3. 能力发展。本研究对能力发展的测量共有16个题项。学生首先要回答各项能力在入学时的状态,然后再回答当前的状态,通过两个时点测量值之间的差值(即增值)来测量学生各项能力的发展状态。每个题项采用李克特6点量表设计,1表示"非常差",6表示"优秀"。为了分析能力发展的因素结构和信度,首先对能力发展题项进行了KMO检验和Bartlett球形检验。结果表明,KMO值为0.924,Bartlett球形检验的χ^2值为38280.61($df=91$,$P<0.001$)。这表明非常适合对能力发展进行因素分析。其次,采取主成分分析方法进行探索性因素分析,以特征值大于1作为选择因素的标准,并使用最大方差法(Varimax)进行正交旋转。在分析过程中删除了在不同因素上载荷都大于0.4的两个题项。表2列出了因素分析和信度分析的结果,说明用其测量学生的能力发展是结构合理、可信的。

表2 能力发展的探索性因素分析和信度分析结果

因素	题目数	示题	特征值	解释的方差	Cronbach's α
核心技能	8	分析和批判思维能力	3.978	28.4%	0.871
研究能力	3	图书馆研究技能	2.363	16.9%	0.804
社会沟通能力	3	欣赏艺术能力	2.342	16.7%	0.829

四、研究结果

(一) 大学生参与服务学习的基本特征

调查表明,参与服务学习的学生有 2695 人,占样本总体的 43.0%;未参与服务学习的学生有 3571 人,占总体的 57.0%。这表明,该校本科生参与服务学习的积极性较高,超过 2/5 的大学生在当年有参与服务学习的经历。

1. 不同组别学生参与服务学习的比例存在显著差异。① 从性别差异看,男生参与服务学习的比例为 40.4%,女生为 48.5%。χ^2 检验结果表明(χ^2=37.226,$P<0.001$),女生参与服务学习的比例显著高于男生。② 从年级来看,一年级大学生参与服务学习的比例最高,达到 46.9%;其次是二年级和三年级大学生,比例分别为 41.3% 和 41.0%;四年级大学生参与服务学习的比例最低,为 39.5%。χ^2 检验的结果表明(χ^2=22.197,$P<0.001$),不同年级大学生参与服务学习的比例存在显著差异。③ 从学生学科背景看,生命科学学科的大学生参与比例最高,为 51.1%;其后依次是社会科学(47.1%)、人文艺术(43.8%)和工程技术(41.0%)学科的大学生;自然科学学科的大学生参与比例最低,为 31.4%。χ^2 检验的结果表明(χ^2=47.390,$P<0.001$),不同学科大学生参与服务学习的比例存在显著差异。④ 从家庭社会经济背景看,来自中上阶层和富裕阶层的大学生参与服务学习的比例较高,分别为 50.4% 和 50.0%,低收入阶层、工人阶层和中产阶层的大学生参与服务学习的比例较低,分别为 44.3%、42.9%、41.0%。χ^2 检验的结果表明(χ^2=11.650,$P<0.05$),不同社会经济背景的大学生参与服务学习的比例存在显著差异。

2. 对学生参与服务学习原因的调查结果表明(调查题目为多项选择题。排除掉缺失样本 169 人,分析中使用的有效样本数为 2526 人),在调查中列举出的 14 项参与服务学习的原因中,排序由高到低依次为:学习新知识的机会(70.0%)、提高领导能力的机会(64.0%)、成为更好的市民和社区成员(62.2%)、为读研究生或就业而丰富自己的履历(61.0%)、基于特定原因的信念(59.8%)、改变社区状况(59.1%)、特殊的或有趣的机会引起的(57.6%)、其他学生的鼓励

(53.2%)、提高学术成绩的机会(47.3%)、亲友的鼓励(44.4%)、教职人员/管理人员的鼓励(43.6%)、我的专业要求之一(43.4%)、工作场所要求(42.5%)、我参加的联谊会的要求(27.6%)。从中可见,大学生参与服务学习的原因,选择较多的是学习新知识、提高领导能力等涉及大学生个人发展的需求,属于内在驱动动机。相反,选择他人鼓励、专业和工作要求这类属于外在驱动型动机的较少。

3. 对学生参与服务学习类型的调查表明(调查题目为多项选择题。排除掉缺失样本33人,分析中使用的有效样本数为2662人),学生参与教育类服务学习活动的比例最高,达61.7%,其后依次为社会问题(43.6%)、健康(32.9%)、环境(25.8%)、艺术(11.2%)、经济发展(9.0%)、国际化(6.7%),学生参与其他类型服务学习的比例只有1.1%。由此可见,大学生参与的服务学习活动主要集中在教育、社会问题、健康和环境这四种类型上。

4. 就学生参与服务学习的地点而言,在2695名参与服务学习的大学生中,只在校内参与服务学习的有936人(34.7%),只在校外参与的有704人(26.1%),在校内和校外都参与服务学习的有1055人(39.1%)。总体来看,大学生参与服务学习的地点较广泛,在校内或校内外都参与服务学习活动的比例较高。

5. 就学生参与服务学习的时长而言,在2695名参与服务学习的大学生中,53%的大学生服务学习时长只有1—10小时;26.1%的大学生服务学习时长在11—20小时之间;15%的大学生服务学习时长在21—50小时之间;4.2%的大学生服务学习时长在50—100小时之间;1.8%的大学生服务学习时长超过了100小时。总体来看,学生参与服务学习的时间越长,参与的人数越少。

6. 在参与服务学习的2695名大学生中,有44.6%的大学生参与了与课程结合的服务学习活动,有55.4%的大学生参与了没有与课程结合的服务学习活动。这表明大学生参与和课程相结合的服务学习活动的不足一半。

(二)大学生能力发展的基本特征

如前所述,本研究采取增值方法对学生能力发展状态进行测量,用学生当前各项能力的状态减去入学时的状态来反映学生各项能力的发展情况。结果表明:在核心技能上,学生的增值平均得分为0.51,标准差为0.73;在研究能力上,学生的增值平均得分为1.01,标准差为0.85;在社会沟通能力上,学生的增值平均得分为0.58,标准差为0.77。由此可见,学生在研究能力方面的发展最为明显,其次是社会沟通能力,核心技能的发展增长最少。

表3比较了不同性别学生能力发展的差异状况。从中可见,男生核心技能、社会沟通能力的发展水平要显著高于女生,但两者的研究能力发展水平不存在显著差异。

表3 不同性别大学生能力发展水平差异比较

能力发展	性别	人数	均值	标准差	T
核心技能	男	4218	0.54	0.78	5.154***
	女	2048	0.45	0.60	
研究能力	男	4218	1.02	0.89	0.767
	女	2048	1.00	0.76	
社会沟通能力	男	4218	0.60	0.81	2.914**
	女	2048	0.54	0.66	

** $P<0.01$, *** $P<0.001$

表4比较了不同年级学生能力发展水平的差异状况。从中可见,年级因素对学生核心技能、研究能力和社会沟通能力发展水平具有显著影响。

表4 不同年级大学生能力发展水平差异比较

能力发展	年级	人数	均值	标准差	F	多重比较
核心技能	一年级A	2255	0.45	0.64	26.718***	D>A,D>B,D>C,C>B,C>A.
	二年级B	1783	0.47	0.77		
	三年级C	1448	0.56	0.75		
	四年级D	780	0.70	0.80		
研究能力	一年级A	2255	0.91	0.78	41.118***	D>A,D>B,D>C,C>B,C>A.
	二年级B	1783	0.96	0.88		
	三年级C	1448	1.09	0.85		
	四年级D	780	1.26	0.91		

续 表

能力发展	年级	人数	均值	标准差	F	多重比较
社会沟通能力	一年级 A	2255	0.52	0.69	16.67***	D>A, D>B, D>C, C>A.
	二年级 B	1783	0.57	0.80		
	三年级 C	1448	0.59	0.79		
	四年级 D	780	0.75	0.85		

*** $P<0.001$

表 5 比较了不同学科大学生能力发展水平的差异状况。从中可见,学科因素对学生社会沟通能力的发展具有显著影响,但对其核心技能、研究能力的发展水平没有显著影响。

表 5 不同学科大学生能力发展水平差异比较

能力发展	学科	人数	均值	标准差	F	多重比较
核心技能	工程技术 A	4229	0.51	0.75	2.086	—
	自然科学 B	185	0.58	0.77		
	生命科学 C	980	0.49	0.64		
	社会科学 D	584	0.52	0.68		
	人文艺术 E	288	0.62	0.69		
研究能力	工程技术 A	4229	1.00	0.88	1.780	—
	自然科学 B	185	1.07	0.85		
	生命科学 C	980	1.01	0.75		
	社会科学 D	584	1.01	0.78		
	人文艺术 E	288	1.12	0.87		
社会沟通能力	工程技术 A	4229	0.56	0.78	2.974*	E>A, E>B, E>C, E>D.
	自然科学 B	185	0.56	0.72		
	生命科学 C	980	0.60	0.71		
	社会科学 D	584	0.60	0.76		
	人文艺术 E	288	0.71	0.79		

* $P<0.05$

表 6 比较了不同社会经济背景大学生能力发展水平的差异状况。从中可见,学生的社会经济背景因素对其核心技能、研究能力和社会沟通能力的发展水

平具有显著影响。

表 6　不同社会经济背景大学生能力发展水平差异比较

能力发展	家庭阶层	人数	均值	标准差	F	多重比较
核心技能	低收入阶层 A	1620	0.55	0.73	5.461***	E>A,E>B,E>C,E>D,A>C,A>D,B>D,C>D.
	工人阶层 B	2171	0.52	0.69		
	中产阶层 C	2153	0.49	0.71		
	中上阶层 D	284	0.39	0.96		
	富有阶层 E	38	0.82	1.43		
研究能力	低收入阶层 A	1620	1.14	0.83	20.002***	E>B,E>C,E>D,A>B,A>C,A>D,B>C,B>D,C>D.
	工人阶层 B	2171	1.03	0.83		
	中产阶层 C	2153	0.92	0.81		
	中上阶层 D	284	0.80	1.13		
	富有阶层 E	38	1.18	1.46		
社会沟通能力	低收入阶层 A	1620	0.65	0.72	7.786***	E>B,E>C,E>D,A>B,A>C,A>D,B>C.
	工人阶层 B	2171	0.59	0.75		
	中产阶层 C	2153	0.52	0.73		
	中上阶层 D	284	0.50	1.10		
	富有阶层 E	38	0.76	1.61		

*** $P<0.001$

（三）大学生服务学习对能力发展的影响

1. 大学生参与服务学习对其能力发展水平的影响。表 7 分析了是否参与服务学习活动对大学生能力发展的影响。从中可见，参与服务学习活动的大学生其核心技能、研究能力以及社会沟通能力发展水平要显著高于未参与服务学习的大学生。

表 7　是否参与服务学习对大学生能力发展的影响

能力发展	是否参与服务学习	人数	均值	标准差	T
核心技能	是	2695	0.55	0.74	3.607***
	否	3571	0.48	0.72	

续　表

能力发展	是否参与服务学习	人数	均值	标准差	T
研究能力	是	2695	1.04	0.86	2.680**
	否	3571	0.98	0.84	
社会沟通能力	是	2695	0.62	0.80	3.582***
	否	3571	0.55	0.74	

** $P<0.01$, *** $P<0.001$

2. 大学生参与服务学习时长对其能力发展的影响。表8比较了大学生参与不同时长的服务学习活动对其核心技能、研究能力和社会沟通能力发展水平的影响。结果表明，大学生参与服务学习活动时长对其能力发展水平具有显著影响。参与100小时以上服务学习活动的学生，其核心技能、研究能力和社会沟通能力的发展水平要显著高于参与100小时以下服务学习活动的学生。

表8　大学生参与服务学习时长对其能力发展的影响

能力发展	服务学习时长	人数	均值	标准差	F
核心技能	1—10 小时	1429	0.52	0.66	5.309***
	11—20 小时	703	0.56	0.83	
	21—50 小时	403	0.56	0.79	
	51—100 小时	112	0.68	0.65	
	100 小时以上	48	0.96	1.11	
研究能力	1—10 小时	1429	1.02	0.79	3.356**
	11—20 小时	703	1.03	0.91	
	21—50 小时	403	1.09	0.90	
	51—100 小时	112	1.02	0.83	
	100 小时以上	48	1.45	1.27	
社会沟通能力	1—10 小时	1429	0.59	0.71	2.922*
	11—20 小时	703	0.63	0.87	
	21—50 小时	403	0.67	0.92	
	51—100 小时	112	0.62	0.71	
	100 小时以上	48	0.95	1.00	

* $P<0.05$, ** $P<0.01$, *** $P<0.001$

3. 服务学习与课程结合对学生能力发展的影响。表 9 比较了大学生参与的服务学习与课程结合与否对其能力发展的影响。T 检验的结果表明,大学生参与的服务学习是否与课程结合,对核心技能和社会沟通能力的发展并不存在显著影响,但对其研究能力发展具有显著影响,学生参与的服务学习活动与课程不结合,对其研究能力的提升反而更有效。

表 9 服务学习与课程结合与否对学生能力发展的影响

能力发展	与课程结合	人数	均值	标准差	T
核心技能	是	1203	0.56	0.78	0.619
	否	1492	0.54	0.70	
研究能力	是	1203	1.01	0.91	−2.019*
	否	1492	1.07	0.81	
社会沟通能力	是	1203	0.63	0.83	0.514
	否	1492	0.61	0.76	

* $P<0.05$, ** $P<0.01$, *** $P<0.001$

五、研究结论与建议

(一) 研究结论

1. 大学生服务学习的参与度不高,且组别差异显著。就整体而言,调查发现有 43.0% 的学生参与过服务学习,但大学生服务学习的参与度不高,主要表现为类型单一、时长不足。从类型看,大学生参与的服务学习主要集中在教育、健康、社会问题和环境这四种。在所有参与服务学习的学生中,超过 60.0% 的学生参与的是教育类服务学习,参与健康、社会问题和环境类服务学习的比例相对较低。大部分学生之所以选择参加教育类服务学习,其原因可能是:(1) 西安交通大学拥有优质的教育资源和浓厚的教育氛围,这种资源和环境对教育类服务学习有支持作用;(2) 西安交通大学的学生大多具备扎实的知识积累和较强的学术能力,学生参与教育类服务学习更容易发挥其自身优势。从服务时长看,大学生投入到服务学习中的时间较少,有 1/2 的学生其服务学习时长不足 10 小时,有 1/4 的学生其服务学习时长在 10 小时到 20 小时之间。

从组别差异看,不同性别、年级、学科、社会经济背景的大学生参与服务学习活动的比例存在显著差异。从性别看,女生参与服务学习的比例显著高于男生。从年级看,随着年级的升高,大学生参与服务学习的比例逐渐降低。从学科看,社会科学和人文艺术类学生参与服务学习的比例要高于自然科学类学生。从社会经济背景看,家庭条件较好的学生(中上阶层和富裕阶层)参与服务学习的比例较高,家庭条件一般(低收入阶层、工人阶层和中产阶层)的学生参与比例较低。

2. 大学生能力发展有明显提升,且组别差异显著。就整体而言,大学生在校期间的能力水平有明显提升,其中研究能力的增长最多,其次是社会沟通能力,核心技能增长最少。

从组别差异看,不同性别、年级、学科、社会经济背景的大学生,其三个或其中部分维度的能力发展存在显著差异。从性别看,男生核心技能、社会沟通能力的发展显著高于女生。从年级看,三种能力的发展水平呈现出四年级学生最高,三年级次之,一年级和二年级学生较低的特征。从学科看,不同学科的学生在社会沟通能力发展上存在显著差异,表现为人文艺术学科的学生社会沟通能力的发展水平显著高于其他学科学生。从社会经济背景看,在三种能力发展水平都表现出了富有阶层和低收入阶层学生能力发展水平较高、中产阶层和中上阶层学生能力发展水平较低的特征,呈现出"U"型特点。

3. 大学生参与服务学习对其能力发展有积极影响。(1)参与服务学习对大学生核心技能、研究能力和社会沟通能力发展都具有显著的积极影响,但影响程度较小并与其他因素存在相互作用(回归分析结果表明,在控制个体背景、学术参与和学习环境因素后,大学生参与服务学习对其三种能力发展没有显著影响,因篇幅关系,本文没有列出回归分析结果,下同)。(2)参与服务学习时长对大学生核心技能、研究能力和社会沟通能力发展具有显著的积极影响。参与服务学习 100 小时以上,对大学生三种能力发展水平影响最大(回归分析表明,即使控制个体背景、学术参与和学习环境因素后,学生参与 100 小时以上的服务学习活动对其三种能力发展仍有显著影响)。这表明参与服务学习时长是影响学生能力发展的一个重要因素,参与服务学习 100 小时以上才会对学生能力发展产生显著的积极影响。(3)服务学习与课程结合与否对学生不同维度能力发展的影响机制不同。服务学习与课程结合对大学生核心技能、社会沟通能力发展都没有显著影响,但对其研究能力具有消极的影响。

(二)对策建议

1. 高校应积极探索服务学习模式。(1)借鉴国际先进经验,重视推广服务学习理念。服务学习对于促进学生发展、提高人才培养质量具有积极作用。无论是从学生全面发展的需要,还是从学校教育变革以及我国社会转型期所面临的挑战和现实问题来看,在我国高校开展服务学习都是一种现实的需要和选择。[1] 因此,应该借鉴国际先进经验,积极推广服务学习理念。(2)应根据不同主体需求和特点科学设计服务学习活动。服务学习有四个主体:学生、教师、学校和社区。在设计服务学习活动时,应该考虑不同主体的需求和特点。服务学习应根据不同性别、年级、学科、社会经济背景的学生需要进行设计,这样才能保证学生参与服务学习的积极性。应鼓励教师结合自己的课程参与服务学习的设计和指导,通过在课程中设置服务学习内容,指导学生完成服务学习活动。学校在设计服务学习活动时,要充分考虑自身发展的情况。设计服务学习活动还应该与社区建立联系,提前了解社区真实的需求,将社区需要与服务学习结合起来,让学生真正进入社区参与服务。(3)进行课程创新,加强服务学习与课程学习的互动和协同。服务学习是一种兼具知识学习与社会服务的创新教育形式,可以有效解决我国高校课程教学中理论与实践割裂的问题。当前高校在课程教学中,大多还是以传统的理论学习为主,学生实践等环节相对匮乏。因此,高校应该在课程设计和课程组织等方面进行创新设计,可以考虑将服务学习纳入课程体系中,使得课程学习与服务活动有机地统一起来,既有助于学生掌握课程内容,又能培养学生的社会服务意识。当前,很多高校都在尝试将社会公益服务纳入学分体系中,通过记学分的形式促进学生参与社会服务。另外,在课程教学中,还要注意加强服务学习与课程学习互动和协同。一是教师要和学生积极沟

---

[1] 姚梅林、郭芳芳:《服务学习在中国:现实需要与推进策略》,《北京师范大学学报(社会科学版)》2015年第3期。

通，通过有效的师生互动促进学生参与服务学习活动的积极性，起到指导、引导学生的作用。二是教师要与教务部门、社区进行有效协同，根据社区需求与教务人员一同开发不同服务学习课程，在课程设计、学生选课、课程教学和课程评价等方面协同设计，共同推动服务学习的开展。（4）加强过程控制，确保服务学习质量。社会调查、扶贫支教是大多数高校持续开展多年的服务学习活动。但从开展情况来看，社会调查、扶贫支教并没有很好地发挥实践育人、服务育人的作用。究其根本，缺乏过程控制是最重要的原因。一个完整的服务学习过程包括准备、行动、反思和庆贺四个环节，但我国高校开展的服务学习大多只有准备和行动环节，而缺失反思、庆贺环节。反思是服务学习中最重要的环节之一，是服务学习中学生获得发展最重要的原因。庆贺是服务学习必不可少的一个阶段，是收获成果、分享成功和交流经验的过程，是认同和肯定学生服务成效的过程。国内高校服务学习活动存在的这两个环节的缺失，是导致服务学习质量不高、效果不好的重要原因。因此，在服务学习活动中，要加强过程控制，确保服务学习的准备、行动、反思和庆贺等每一个环节都具有意义，真正发挥服务学习的效果。

2. 学生应积极参与服务学习活动。（1）大学生要充分认识服务学习对自身发展的重要意义。本研究发现，参与服务学习活动对大学生核心技能、研究能力和社会沟通能力的发展具有显著的积极影响。因此，大学生要充分认识到服务学习是帮助自我成长、促进自我发展的有效途径。（2）大学生要积极参与多种形式的服务学习活动，促进自身成长。本研究发现，大学生服务学习的参与度还不高，参与的活动主要集中在教育、健康、社会问题和环境这四种领域，投入服务学习活动的时间也较少。但同时，只有参与较长时间的服务学习活动，才能对学生能力发展产生显著的积极影响。因此，大学生应该尝试多种形式的服务学习活动，增加在服务学习中的时间投入。（3）大学生要走出学校接触社会，在服务学习中积极反思。大学生最终都要走出学校，进入社会，社会是大学生未来成长和发展的重要平台。本研究发现大学生在参与服务学习时更加倾向于在校内参加服务学习，这表明学生的服务学习更多是以学校提供的资源和环境为依托，与社会的联系和接触还不够紧密。因此，大学生应该走出校园接触社会，积极参加校外服务学习活动。例如,通过参加环境类服务学习活动,了解环境污染的真实情况,思考环境对于人类命运共同体发展的重要意义,进而对环境保护、生态文明建设有更深的认同感和更强的责任感。

(原载《中国高教研究》2019年第3期)

第四篇 / 研究型大学本科生学习经历影响因素研究

研究型大学本科生学习投入及其影响因素的学科差异

徐 丹 蒋扇扇 刘声涛

内容提要：研究采用一所研究型大学本科生的就读经历调查数据，探讨学生学习投入水平及其影响因素的学科差异。结果显示：应用学科学生在学术挑战度、课程参与、师生互动上水平均显著高于纯学科。输入特征对学生学习投入的影响在应用学科更显著；院校环境和学科/专业亚环境对学习投入的影响包括一般性影响和因学科而异的条件性影响，应用学科学生学习投入受到学科/专业亚环境教师和教学的影响比纯学科更显著。高校需要为不同特征学生亚群体有针对性地采取学业支持措施，以学科/院系为单位有效激励学生投入学习，同时促进基于学科的教学质量评估和学科文化反思。

一、文献综述与研究问题

高等教育的内涵式发展需要全面推进课程教学改革，强化学生有效的学习体验。[1] 作为教师组织管理、教学和研究活动的基本单位，学科对学者信念、对教师教学和学生学习产生强烈影响，系统研究学科对高等教育的教学和学习质量的影响对制定公平、有效和有针对性的高等教育管理政策尤为重要。[2]

尽管如此，基于学科的教学亚环境的差异近三十年才开始慢慢进入研究者视野。已有研究发现，受知识特性的驱动和学科文化建构的影响，软硬学科之间

---

[1] 别敦荣：《论高等教育内涵式发展》，《中国高教研究》2018 年第 6 期。
[2] Ruth Newmann, "Disciplinary Differences and University Teaching," *Studies in Higher Education* 2001(26), No.2, 135–146.

教学模式存在基本差异。硬学科通常将教学重心放在职业准备上,并强调学习事实、原则和概念,以及方法和原则的应用[1],侧重让学生通过合作学习来改善定量分析的能力[2];通常采用以教师为中心的教学方法,而且花费更多的时间在实验室教学和实地考察上。相反,软学科则更多将重心放在通识教育上[3],侧重交流、参与以及思考,学生更擅长用深层学习策略;教学通常采用以学生为中心的方法[4],师生花费更多的时间在研讨会和讲座上[5]。

关于不同学科教师和学生投入水平的研究至今未形成一致性结论。关于学生投入,多数研究结论是理学和工学学生投入水平高于人文社科[6],应用学科学生比纯学科学生投入水平更高[7],或学科间不存在显著差异[8]。陆根书[9]和舒忠梅[10]的研究则表明,不同学科学生学习投入水平因维度而异。关于教师的投入,

---

[1] Braxton, J. M, "Disciplines with an Affinity for the Improvement of Undergraduate Education," In Hativa and M. Marincovich, *Disciplinary Differences in Teaching and Learning: Implications for Practice*, San Francisco: Jossey-Bass, 1995, 59–64.

[2] Steven Brint., Allison M. Cantwell., Robert A. Hannerman. *Two Cultures: Undergraduate Academic Engagement: Research & Occasional Paper Series: CSHE*, 2008, 4.08.

[3] Braxton, J. M, "Disciplines with an Affinity for the Improvement of Undergraduate Education," In Hativa and M. Marincovich, *Disciplinary Differences in Teaching and Learning: Implications for Practice*, San Francisco, Jossey-Bass, 1995, 60.

[4] Morstain, B. R., & Smart, J. C, "Educational orientations of faculty: Assessing a personality model of academic professional," *Psychological Reports*, 1976(39), 1199–1211.

[5] Gainen, J., "Barriers to success in quantitative gatekeeper courses," *New Directions for Teaching and Learning*, 1995(61), 5–14.

[6] Steven Brint, Allison M. Cantwell, Preeta Saxena, "Disciplinary Categories, Majors, and Undergraduate Academic Experiences: Rethinking Bok's 'Underachieving Colleges'," *Research in Higher Education*, 2012(53), 1–25.

[7] Brint, S., & Cantwell, A. M, "Undergraduate time use and academic outcomes: Results from the University of California Undergraduate Experience Survey 2006," *Teachers College Record*, V112, N9, 2441–2470, 2010.

[8] 何丽明:《大学生的学习投入与成就目标的关系》,《科教文汇(中旬刊)》2014年第2期。

[9] 陆根书、彭正霞、胡文静:《不同学科大学生学习经历差异分析》,《苏州大学学报(教育科学版)》2014年第1期。

[10] 舒忠梅、徐晓东、屈琼斐:《霍兰德理论视域下学生投入对不同学科学习成果的影响》,《大学教育科学》2015年第3期。

部分研究发现应用学科比纯学科教师教学投入水平更高[①],也有研究发现软纯学科在教学上投入时间最多,硬应用学科在教学上花费时间最少[②]。

当研究者把学习投入放在院校影响力模型中,探讨学生学习和发展的学科差异形成的内部机制时,学科/院系为基础的教学亚环境、学习投入和学习效果之间的关系复杂,更难形成有说服力和可比较的结论。Li Long 和 Simpson (1999)宣称,学生背景特征和专业经历影响学术和社交整合以及学生的学习和智力发展,且这一关系在软硬学科间并无区别。[③] Pike 使用不同分类框架探究学科与学生学习的关系,在霍兰德的个人—环境理论框架下,所有亚环境中,学生在高阶思维活动上的投入和课程上的努力程度都与所有学习效果因子呈显著正相关,而在比格兰的学科分类框架下,纯学科和应用学科学生学习和认知发展的基本模式存在差异。[④]

院系/学科与学生学习和发展之间关系难以形成易归纳的结论源于下列因素:一是理解不同院系学生的变化和稳定的模式时,研究者们尚未找到被一致认可的"理论上有意义实践操作可行的方式"划分院系亚环境,大部分研究将学院或大学行政结构作为研究学科/专业对学生学习影响的分析框架,无法有效呈现学科影响。[⑤] 二是基于院系/学科的教学亚环境对学生学习和认知发展的许多影响都是间接的,且为因亚环境性质而异的条件性影响。三是不同研究使用了

[①] Gary R. Pike, Timothy S. Killian, "Reported gains in student learning: Do academic disciplines make a difference," *Research in Higher Education*, 2001, (42), 429-454.

[②] Smeby, JC, "Disciplinary differences in university teaching," *Studies in Higher Education*, 1996, 21, (1), 69-79.

[③] Li, G., Long, S., and Simpson, M. E, "Self-perceived gains in critical thinking and communication skills: are there any disciplinary differences," *Research in Higher Education*, 1999, 40(1), 43-60.

[④] Gary R. Pike, John C. Smart, Corinna A. Ethington, "The mediating effects of student engagement on the relationships between academic disciplines and learning outcomes: An extension of Holland's theory," *Research in Higher Education*, 2012, 53(5), 550-575.

[⑤] Smart, J. C. And Ettington, C. A, "Discipline Institutional Differences in Undergraduate Education Goals," in N. Hativa and M. Marincovich (eds). *Discipline Differences in Teaching and Learning: Implications for Practice*, San Francisco, CA: Jossey-Bass. 1995, 49-58.

含义和测量不同的学习过程变量。

国内学者近十年来对大学生学习投入关注度日增,对大学生学习投入的现状、影响因素及学习投入与学习效果的关系展开了初步探索,然而,对不同学生群体学习投入及其影响机制这样有意义的问题尚无探讨。[①] 本研究采用比格兰的三维度学科分类框架,运用中国一所选择性程度较高的研究型大学本科生就读经历调查数据,集中探讨两个问题:1. 学生学习投入是否存在学科差异?差异的具体表现如何? 2. 在学生学习投入存在显著差异的学科之间,学生输入特征、院校环境和学科/专业亚环境中各因素对学习投入的影响是否一致?

二、研究设计

(一) 分析框架

学生发展和院校影响力研究证明,"学生投入是学习发生的前提,大学有责任激发和支持学生投入"[②]。尽管其概念基础(包括研究问题、所用研究变量,以及描述变量的术语)在不同的文献中各有选择[③],学生投入研究重心已从学生时间投入渐渐转向学生投入不同类型活动中的量和质,进而强调院校环境对学生各类投入的支持[④]。本研究参考阿斯汀的学生投入理论,在分析学生输入特征和院校及学科环境对学生投入的影响时,部分借鉴阿斯汀提出的 I-E-O 模型。输入要素 I(input)是指学生进入高等教育机构前所具备的个人特征。环境要素 E(environment)是指学生在高校就读期间所经历的多种体验和经历,包括高等院校的特征、师资队伍、专业选择、学生学习投入等。

(二) 调查工具

研究采用 2013 年 H 大学学生就读经历调查(Student Experience in the

[①] 朱红:《高校学生参与度及其成长的影响机制——十年首都大学生发展数据分析》,《清华大学教育研究》2010 年第 6 期。

[②] Hamish Coats and Alexander C. McCormick, *Student Engagement-A Window into Undergraduate Education*, from *Engaging University Students*, Springer, 2014, 1.

[③] Gerald F. Burch, etc, "Student Engagement: Developing a Conceptual Framework and Survey Instrument," *Journal of Education for Business*, 2015(90), 224 – 229.

[④] Alexander W. Astin, "Student Involvement: A Developmental Theory for Higher Education," *Journal of College Student Development*, 1984(25), 297 – 308.

Research University,简称 SERU 调查)数据。调查问卷由加州大学伯克利分校高等教育研究中心开发和设计,该问卷 2002 年开始在加州大学使用,当前的 SERU 联盟包括美国 AAU 联盟的二十余所研究型大学,及中国、荷兰、南非、巴西、日本、英国等国家十余所卓越研究型大学。H 大学于 2011 年加入该联盟。H 大学的调查问卷由 H 大学研究团队与 SERU 联盟研究团队合作修订而成。整个问卷包括核心问题、与研究相关的问题、亚洲/中国/专门问题以及 H 大学的校本问题四大模块。核心问题调查了学生的学习投入和学习效果(包括学生的时间分配、师生互动、学生能力增长等)、学生的生活和目标、对院校氛围的感知以及院校经历满意度等。

(三) 样本

本次调查采取在线普查方式,共收集了 8838 个有效样本。其中男生 55.5%,女生 44.5%;一年级 29.7%,二年级 28.8%,三年级 28%,四年级 13.5%;软学科 32.5%,硬学科 67.5%;应用学科 91.4%,纯学科 8.6%;生命学科 5.6%,非生命学科 94.4%。

(四) 变量

1. 学科

1973 年,比格兰在考察学者自身对所研究知识领域特点的感知的研究中,根据学科的知识和研究是否具有高度统一性(软/硬)、学科是创造知识还是应用知识(纯/应用),以及学科是与生命系统还是与非生命的实物打交道(生命/非生命)将学术领域分为八个学科群落。[①] 科尔布(1981)采用相似的方法,根据对学生学习策略的考察,将学科分为四种类型,即强调抽象—理论探讨的纯硬科学(自然科学与数学)、强调抽象—积极应用的应用硬科学(工程学)、强调具体—积极应用的应用软科学(教育、社会福利工作、法学等社会科学领域),以及强调具体—理论研究的纯软科学(主要指人文科学与纯社会科学)。托尼·比彻和珀尔·特劳尔(2001)则结合科尔布和比格兰的研究,将学科分为纯硬、应用硬科

---

① Biglan, A, "The Characteristics of Subject Matter in Different Scientific Areas," *Journal of Applied Psychology*, 1973a, 57, (3), 195 - 203.

表 1　H 大学学科专业分类

学科领域	硬科学		软科学	
	非生命系统	生命系统	非生命系统	生命系统
纯科学	化学 数学		英语 日语 汉语言文学 历史学	
应用科学	土木工程 建筑环境与能源应用工程 给排水科学与工程 工程管理 环境工程 环境科学 机械制造及其自动化 工业工程 车辆工程 能源与动力工程 工程力学 测控技术与仪器 电气工程及其自动化 自动化 电子信息工程 化学工程与工艺 应用化学 应用物理学 电子科学与技术 材料科学与工程 材料成型及控制工程 计算机科学与技术 通信工程 软件工程 信息安全 智能科学与技术 物联网工程 数字媒体技术	生物技术 生物医学工程	建筑学 城乡规划 风景园林 环境设计 工业设计 视觉传达设计 会计学 信息管理与信息系统 电子商务 金融学 保险学 统计学 统计经济学 国际经济与贸易 经济学 财政学 表演 播音与主持艺术 广播电视编导 广告学 新闻学 财务管理 财务管理（金融类） 法学	工商管理 市场营销 行政管理 政治学与行政学 运动训练

学、纯软、应用软科学四类。[①] 考虑到比格兰的三维分类法对学科知识的性质考虑最全面,我们采用此分类法及其分类范例,将 2013 年 H 大学 65 个专业进行分类(见表 1)。[②] 部分工学专业,如计算机科学与技术、通信工程、软件工程、信息安全、智能科学与技术、数字媒体技术、物联网工程是理学和工学交叉的综合性学科专业,被划分到应用硬学科(非生命系统);建筑学、工艺设计、城乡规划、风景园林、视觉传达设计等专业,虽然授予工学学位,但其是工程技术与艺术、哲学、美学等人文学科交叉的综合性学科专业,划分到应用软学科(非生命系统)。在做数据分析时,将纯学科标为 0,相应的应用学科标为 1,软学科标为 0,硬学科标为 1,生命学科标为 0,非生命学科标为 1。

2. 学生学习投入

研究运用探索性因素分析方法(采用主成分分析方法抽取因子,并进行最大正交旋转)对问卷中 34 道关于学习投入的题项进行了分析,逐步删除特征根值小于 1 的题项。经过上述过程,学生学习投入分为学术挑战度、课程参与、师生互动及消极学习行为四个因子(见表 2),我们将属于同一因素的所有题项的得分求和,计算平均分,作为该因子最后得分。

表 2 H 大学学生学习投入的因素分析

	因子 1	因子 2	因子 3	因子 4
Q1_2_4 根据数据来源、方法和推理的合理性来判断信息、观点、行动、结论的价值	**0.790**	0.254	0.184	−0.097
Q1_2_3 将整体材料划分为各个组成部分,或者将论据划分为假设来了解不同结果或者结论形成的基础	**0.773**	0.240	0.199	−0.102
Q1_2_2 解释方法、理念、概念,并利用它们解决问题	**0.772**	0.100	0.252	−0.078
Q1_2_6 利用事实和实例支持你的观点	**0.723**	0.208	0.255	−0.079
Q1_2_5 创造或产生新的观点、产品或理解的方法	**0.717**	0.340	0.151	−0.095

---

① 托尼·比彻、保罗·特罗勒尔:《学术部落及其领地——知识探索与学科文化》,北京大学出版社 2008 年版,第 37—38 页。

② H 大学在官方校园网 http://www.hnu.edu.cn/公布的专业。

续 表

	因子			
	1	2	3	4
Q1_2_1 识别或者回忆事实、术语和概念	**0.699**	0.065	0.246	−0.062
Q1_2_7 完成作业时能融入从不同课程学到的理念或者概念	**0.679**	0.329	0.239	−0.122
Q1_2_8 检查其他人是怎样收集、整合数据的,并评价他们所得结论的合理性	**0.659**	0.321	0.200	−0.113
Q1_2_9 在评估了其他人的观点后,你对自己的观点进行重新考虑	**0.650**	0.179	0.307	−0.086
Q1_5_5 除了课程学习外,还和教师共同进行研究活动	0.197	**0.805**	0.123	−0.040
Q1_5_2 和教师通过电子邮件或面对面进行交流	0.209	**0.784**	0.197	−0.045
Q1_5_3 和授课教师在课后讨论课程问题和概念	0.241	**0.783**	0.263	−0.065
Q1_5_4 在课堂上或课间,与教师进行互动交流	0.244	**0.741**	0.289	−0.075
Q1_5_6 需要时,寻求授课老师或者助教的学术帮助	0.306	**0.689**	0.293	−0.074
Q1_5_1 参加了老师组织的小型的学术研讨课	0.293	**0.534**	0.233	−0.071
Q1_3_12 由于某位任课老师的高标准,你提高你自己的学习努力程度	0.288	0.165	**0.693**	−0.117
Q1_3_14 在课外和其他同学一起进行小组学习	0.239	0.261	**0.676**	−0.136
Q1_3_15 和其他同学一起学习时,帮他们更好地理解课程资料	0.275	0.323	**0.659**	−0.135
Q1_3_13 在上交课程论文之前,至少非常认真地修改过一次	0.265	0.186	**0.647**	−0.145
Q1_3_11 运用课堂所学的理念或原理来理解课堂外的问题或者事件	0.318	0.252	**0.630**	−0.047
Q1_3_1 参加课堂讨论	0.224	0.342	**0.555**	−0.149
Q1_3_2 将其他课程所学的理念或者概念融入课堂讨论中	0.294	0.381	**0.542**	−0.108
Q1_3_9 完成上交了少于3页的文章	0.062	0.019	**0.401**	0.064
Q1_4_2 上课前没有完成布置的阅读资料	−0.101	−0.203	−0.042	**0.809**
Q1_4_1 迟交作业	−0.074	0.068	−0.104	**0.770**

续 表

	因子			
	1	2	3	4
Q1_4_3 课前没有做好准备	−0.135	−0.308	−0.057	**0.749**
Q1_4_4 缺课	−0.103	0.082	−0.095	**0.720**
特征值	5.612	4.431	3.799	2.542
解释的方差(%)	20.784	16.411	14.069	9.416
累积解释的方差(%)	20.784	37.195	51.264	60.680

3. 输入特征

研究选取学生性别、年级、家庭经济状况、是否第一代大学生作为影响学生投入的背景特征变量。分析时，将以上变量均转化为虚拟变量，并分别以女生、非第一代大学生、低收入家庭、四年级为参照。学生学习和生活目标包括"综合型目标"、"职业型目标"、"学术型目标"、"升学型目标"四个因子。

4. 院校环境和学科/专业亚环境

问卷采用李克特五点量表，请学生判断承担工作责任、承担家庭责任、其他课余活动、缺乏语言能力、缺乏学习技能、学习环境差、情绪因素、身体疾病在阻碍学生获得学业成功上的影响，综合测量院校为学生提供的政策和教育环境。鉴于专业课教师的态度和行为在促进学生投入方面发挥重要作用[1]，学生与专业教师的互动，能够直接提高学生课堂学习、课后学习、跨专业学习以及课外活动等多种学生参与途径，并由此间接提升学生发展[2]，问卷采用李克特六点量表，从专业课教师的教学水平、专业课教师的投入程度、专业课学习上的收获测量学科/专业教育环境。

（五）统计方法

统计分析过程中采用 T 检验呈现比格兰学科分类框架下各维度（软/硬、

---

[1] Umbach, P D., Wawrzynski, M. R, "Faculty do matter: The role of college faculty in student learning and engagement," *Research in Higher Education*, 2005, 46(2), 153–184.

[2] 朱红：《高校学生参与度及其成长的影响机制——十年首都大学生发展数据分析》，《清华大学教育研究》2010 年第 6 期。

纯/应用、生命/非生命)学科之间学习投入各因子水平是否存在显著差异,进而对体现学习投入显著差异的学科,使用多元回归方法探讨学生输入特征、院校环境和学科/专业环境对不同学科学生的四个投入因子的影响。所有回归方程通过显著性检验,并通过共线性检验确定回归方程的自变量间不存在共线性。

三、统计结果

(一)三维分类框架下不同性质学科学生学习投入差异

如表3和表4所示,纯/应用学科学生在三个学习投入因子上水平存在显著差异,软/硬学科只在消极学习行为因子上存在显著差异,生命/非生命学科则在学习投入四个因子上均没有显著差异。就 H 大学学生学习投入而言,纯/应用的学科学生学习投入的差异最显著。应用学科学生在学术挑战度、课程参与、师生互动上投入水平均高于纯学科的学生,唯有消极学习行为,纯学科和应用学科学生差异并不显著。

表3 三维分类框架下不同性质学科学生学习投入的差异显著性

	软硬	纯的应用的	生命非生命
学术挑战度	−0.405*	−1.392*	0.352
课程参与	3.036	−1.061*	1.290
师生互动	1.788	−1.843*	0.481
消极学习行为	2.519	2.174	−0.201

* $P<0.05$, ** $P<0.01$

表4 纯学科和应用学科学生学习投入比较

因素	纯学科	应用学科	T 值
学术挑战度	3.6912	3.7416	−1.392*
课程参与	4.1066	4.1487	−1.061*
师生互动	3.0473	3.1211	−1.843*
消极学习行为	2.1175	2.0527	2.174

(二) 纯学科和应用学科学生学习投入影响因素

回归分析显示（见表5），输入特征中，学生学习投入更多受到家庭经济阶层、年级和性别影响，较少受学生大学目标、父母受教育程度影响。是否第一代大学生对两类学科学生的学习投入均无显著影响。学生大学目标仅对纯学科学生的消极学习行为有轻微影响，学术型目标的学生消极学习行为显著低于其他目标类型学生。家庭经济阶层对应用学科学生影响大于纯学科。对纯学科而言，中等收入阶层子女比较低收入阶层子女消极学习行为频次更低。对应用学科来说，富裕、较富裕和中等收入阶层子女比低收入阶层子女师生互动投入水平更高，中低收入阶层子女比低收入阶层子女学术挑战度和课程参与度更低。纯学科女生消极学习行为高于男生，应用学科男生在课程参与上表现优于女生，消极学习行为更少，但是师生互动水平更低。相比四年级，纯学科一年级学生更积极地参与了师生互动，应用学科一、二年级学生师生互动更频繁，课程参与度更高。无论纯学科还是应用学科，低年级学生的消极学习行为都更频繁，且与四年级差异显著。

从院校环境的影响看，并非所有学业障碍都显著影响学习投入，工作责任、课余活动、缺乏学习技能对学习投入的影响相对其他因素更显著，且这些学业障碍对纯学科和应用学科学生学习投入的影响几乎一致。工作责任和课余活动带来的学业障碍对各维度学习投入产生显著的负影响；而缺乏学习技能反而对不同维度的学习投入产生积极影响。专业教育教师水平对应用学科学生的学术挑战度、师生互动、课程参与均有显著正影响，对学生消极学习行为产生显著负影响；专业教育教师投入则只对应用学科的学术挑战度和课程参与产生显著负影响；专业教育教学效果对所有学生的学术挑战度、应用学科学生的师生互动和课程参与产生显著正影响，并对应用学科学生消极学习行为产生显著负影响。

针对两类学科学生学习投入回归模型的比较结果显示：院校和学科/专业环境对学生学习投入的影响远胜于学生输入特征，且应用学科学生比纯学科学生更显著地受到学科/专业教育环境的影响。

表5 输入特征与院校/学科环境对纯学科和应用学科学生学习投入的回归

	学术挑战度 纯	学术挑战度 应用	师生互动 纯	师生互动 应用	课程参与 纯	课程参与 应用	消极学习行为 纯	消极学习行为 应用
综合型目标	.029	.006	.057	.002	.029	.005	−.001	.014
职业型目标	−.004	.007	.014	.010	−.007	.006	.069	.003
学术型目标	.029	−.021	−.019	−.018	.030	−.009	−.111*	.007
升学型目标	−.048	.011	−.035	−.003	−.031	−.002	.060	−.009
富裕阶层	.037	.016	.075	.040**	−.017	.031*	−.005	.000
较富裕阶层	−.014	.000	.037	.038**	.041	.017	.021	.020
中等收入阶层	.006	−.015	.008	.009**	.015	−.008	−.118*	−.025
中低收入阶层	−.031	−.041**	−.014	−.024	−.009	−.037*	−.033	.019
低收入阶层	REF	REF	REF	REF	REF	REF	REF	REF
一年级	−.058	.020	.136*	.131**	.060	.080**	.151*	.161**
二年级	.003	.025	.074	.084**	.029	.092**	.146*	.140**
三年级	−.115	.022	−.029	.031	−.068	.040*	.051	.069**
四年级	REF	REF	REF	REF	REF	REF	REF	REF
男	.045	.020	−.028	−.048**	.072	.036**	−.090*	−.127**
女	REF	REF	REF	REF	REF	REF	REF	REF
第一代大学生	.005	−.005	−.025	.000	.053	.011	.033	−.015
非第一代大学生	REF	REF	REF	REF	REF	REF	REF	REF
工作责任	−.153**	−.059**	−.226**	−.090**	−.156**	−.091**	.077	.032
家庭责任	.123*	−.024	.056	−.039*	−.006	−.042*	.083	.054**
课余活动	−.143**	−.040**	−.084	−.079**	−.101*	−.054**	.023	−.017
缺乏语言能力	−.095	−.011	.034	.005	−.085	.010	.075	−.012
缺乏学习技能	.198**	.109**	.177**	.173**	.242**	.138**	−.071	−.067**
学习环境差	−.013	.034*	−.002	.023	−.005	.017	−.111*	−.010
情绪因素	.012	.034*	.053	.026	.037	.039*	−.162**	−.099**
身体疾病	.050	.008	−.089	−.049**	.015	.009	.059	.023
专业教育教师水平	.093	.106**	.036	.128**	.080	.116**	−.102	−.118**

续表

	学术挑战度		师生互动		课程参与		消极学习行为	
	纯	应用	纯	应用	纯	应用	纯	应用
专业教育教师投入	.016	.105**	.047	.025	.157*	.057*	−.003	.009
专业教育教学效果	.151*	.136**	.127	.110**	.045	.123**	−.038	−.065**
R^2	.127	.134	.148	.125	.147	.124	.130	.104
N	576	6096	589	6201	548	5809	589	6194
F	3.358**	39.226**	4.095**	36.792**	3.777**	34.101**	3.532**	29.718**

* $P<0.05$, ** $P<0.01$

四、分析和讨论

关于学生输入特征对学习投入的影响,本研究形成的几个重要结论拓展了已有研究成果:1. 学生家庭经济阶层仅对应用学科师生互动水平影响显著,成长期处于中等收入及以上家庭的应用学科学生更倾向投入各种方式与内容的师生互动。Kim 使用同样的问卷针对美国一所公立研究型大学样本的调查结果显示,富裕阶层家庭子女师生互动更为频繁。[①] 本研究进一步探讨了两者关系的学科差异。2. 家庭文化背景对学习投入的影响无论对纯学科还是应用学科学生来说都不显著,与王伟宜等人针对非精英院校学生的研究结论相反,这说明家庭文化资本对学生学习投入的影响可能存在院校类型差异。[②] 3. 学习投入的性别差异更多存在于应用学科而非纯学科学生群体。4. 大四学生群体消极学习行为显著少于低年级学生,但应用学科四年级学生在师生互动、课程参与上水平低于低年级学生。这一结论丰富和部分呼应了文雯等人针对清华大学学情调查结果发现的学生因高年级课程教学挑战度明显不足而对非课程性、高影响力

---

① Kim. Y. K & Sax, L. J., "Student-faculty interaction in research universities: Differences by student gender, race, social class and first-generation status," *Research in Higher Education*, 2009, 50(5), 437−459.

② 王伟宜、刘秀娟:《家庭文化资本对大学生学习投入影响的实证研究》,《高等教育研究》2016 年第 4 期。

教育活动投入明显增加,自主探究性学习显著提高的"大四现象"[1],以及汪雅霜针对不同类型高校学生的调查发现学习投入总体随年级升高呈"高—低—低—高"趋势的结论[2]。总体而言,先赋性因素对学生学习投入的影响在应用学科比在纯学科亚环境中更显著。

工作责任对学生学习投入的消极影响,印证了时间投入是学习投入的基础,冲突的职责是阻碍学生学习投入的重要因素[3],学生花在兼职工作的时间越多,他们参与学术和社交的时间就越少[4],会给课外参与、师生互动、生生互动、学生社交等带来负面影响[5]。缺乏学习技能对学生投入的影响结论富于启发,学生越明显地感知缺乏学术技能是自己学业成功的重要障碍,越会积极投入学习。这说明尽管 H 大学本科生学习技能总体水平不高,然而当学习者自身意识到这个问题,试图成为一个积极的自我调节者,便会主动参与学习、自觉协调和利用各种学习资源。

针对不同类型高校学生的已有研究结果表明,教育性因素比先赋性因素对学生学习投入的影响更为显著。[6] 教师是学生社会化过程中重要的影响人物,其专业态度和行为是学科与学生发展之间关系呈现分化的基本影响因素。即便控制学生输入特征和部分院校环境因素后,专业教育教师投入和教学效果对学生学习投入的影响依然显著。然而,教师水平和教师投入对学生学业挑

---

[1] 文雯、史静寰等:《大四现象:一种学习方式的转型——清华大学本科教育学情调查报告》,《清华大学教育研究》2014 年第 3 期。

[2] 汪雅霜:《大学生学习投入度的实证研究——基于 2012 年"国家大学生学习情况调查"数据分析》,《中国高教研究》2013 年第 1 期。

[3] Fjortoft, N. F, "College student employment: Opportunity or deterrent?" Paper presented at the Annual Meeting of the American Educational Research Association, San Francisco, CA, April, 18-22, 1995.

[4] Chickering, A.W., Kuper, E, "Educational Outcomes for Commuters and Residents," *Educational Record*, 1971, (3), 255-261.

[5] Fenske, R.H., Scott, C.S, "A Comparison of freshmen who attend college in their home community and freshmen who migrate to college," *American College Program*, Iowa City, Iowa, 1972.

[6] 韩宝平:《大学生学习投入的影响因素分析》,《国家教育行政学院学报》2014 年第 8 期。

战度的积极影响、教师水平和教学效果对师生互动和课程参与的积极影响和对消极学习行为的抑制作用,都仅在应用学科表现显著。造成这一现象的原因可能是学科知识特性的自然差异及相关的教学特征,例如应用学科和专业要求掌握复杂的概念,将理论与实践结合,课程更富挑战性,在评分上也比纯学科更为严格,这些特性推动学生更自觉、更投入地学习,更多地使用深层学习策略。[1] 这一现象也可能与样本高校应用学科整体发展水平更高有关。总之,应用学科学生学习投入受专业教师教学影响更显著的现象还需要更多实证研究推动理解。

五、政策启示与建议

(一)为不同特征学生亚群体有针对性地采取学业支持措施

来自低收入家庭的学生在师生互动上主动性不如中高收入家庭的同辈,教师在与学生的互动中需要为前者提供更多鼓励和支持。例如在课内外与学生探讨课程问题时考虑处于不同经济阶层家庭的学生在经验积累和关注问题上的差异,在组织研究活动和学术研讨课时考虑来自低收入家庭学生的参与,鼓励其在需要帮助时积极寻求教师帮助,这些行为将会有益于促进经济上处境不利的学生群体在院校学习经历中实现更显著的认知技能增长,并能有效提升其对院校的满意度。由于不同性别学生投入水平存在差异,女生总体比男生消极学习行为更频繁,应用学科女生比男生课程参与度更低,教师在课程教学过程中需要意识到课程中可能存在着阻碍女生参与的因素,创设有助于女生提升学习努力程度、理解和运用课程所学知识、参与课堂讨论的氛围。此外,一年级学生的消极学习行为频繁是一个值得关注的现象,院校需要为学生提供全方位的入学适应环节,使其在观念、习惯、学习能力上为后续阶段的学习和生活打下基础。

---

[1] Thomas F.etc,"The Effects of Discipline on Deep Approaches to Student Learning and College Outcomes," *Research in Higher Education*, 2008(49), 469 – 494.

(二) 以学科/院系亚环境为单位有效激励学生投入学习

学校和教师在学科/院系、专业甚至课程层面,为学生提供更多学习技能或学习策略的指导,能有效提升学生应对学业挑战、参与课程活动和师生互动的动力。教师需要唤起学生的学习策略意识,通过进行独立而完整的学习策略教学,使学生能明了自身的学习状态,了解学习过程及规律,系统地掌握和运用学习策略,更重要的是应结合具体学科,将学习策略通过学科知识这一载体,渗透在课堂教学过程中。[①] 对 H 大学而言,应用学科专业教师水平、投入和教学效果的提高能全方位提升学生在学业挑战度感知、课程参与和师生互动上的投入水平,并有效抑制消极学习行为。同时,专业教育教师投入水平的提高会有效增强纯学科的理学(数学、化学)和人文学科(英语、日语、汉语言文学、历史学)院系学生的学术意识,提升其课程参与水平。专业教育教学效果的改进也将有效促进纯学科学生感知不同层次的认知策略。从学校层面看,提供合适的制度环境,助力教师的专业发展,提升专业教育教师投入和教学水平,促进教学效果的提升,是促进学生学习投入和发展的最有效途径。此外,纯学科专业的教师们需要有意识地基于学科特性探索对学生学习和发展产生影响的路径。

(三) 促进基于学科的教学质量评估和学科文化反思

大学的教与学对不同学科的学生而言都有独特的含义。每个学科有自己的传统和思想范畴,为本学科领域内成员提供共享的概念、方法、技术及问题。除了共同的认知基础,学科还有自己的社会和文化特征:规范、价值观、交互模式、生活方式以及教育和伦理编码等,由此构成的道德秩序作为学科文化的核心,是学生学习经历的基础。不同学科学生学习投入差异部分体现特定的学科文化。质量评估与学科发展需要假设不同学科领域的教学和学习的模式并不相同。从文化的视角看,没有统一的质量标准,也不存在只要机械地执行便可促进教学的

[①] 马丁、郑兰琴:《大学生学习策略现状及学习方法培养策略研究》,《中国电化教育》2008 年第 7 期。

任何单一、正确的模式。① 教学的评估和改进要基于每个系自己的文化基础。然而,强调内部发展反对外部控制并不意味着已经形成的学科文化是理所当然。每个学科都需要对自己的学科文化及其基本假设持反思态度,并对自己的活动模式做批判性的自我评价。如果特定的学科文化限制了学生发展的可能性,则应该促进变革。

(原载《大学教育科学》2018 年第 5 期)

---

① Oili-Helena Ylijoki, "Disciplinary cultures and moral order of studying-A case study of four Finnish university departments," *Higher Education*, 2000(39).

求知旨趣：影响一流大学本科生学习经历质量的深层动力

吕林海　龚　放

内容提要：一流本科教育的建设，需要考察学生的学习经历质量，进而可以凝聚出对学生学习兴趣和学习动力的关注。在现实的困境和知识的诉求下，我们应超越表层的兴趣指向，走向深层的旨趣关切。基于中美八所一流大学SERU调查数据的分析，发现：（1）中国一流大学本科生的求知旨趣明显低于美国大学生；（2）聚类分析表明，中国的大学生中，有约60%的学生属于"低旨趣、差经历"群体，而相应的，美国的比例大约为40%；（3）方差分析和回归分析表明，求知旨趣对于各个学习经历指标都有显著的影响效应。基于上述的发现，本文从观念、方法、文化三个方面对如何提升中国一流大学本科生的"求知旨趣"给出了分析和建议。

一、引言

新时代的中国高等教育，正努力实现"双一流"建设的宏伟目标。"双一流"建设的核心是一流本科教育，而一流本科教育的关键指向是学生学习经历的高质量。学习经历是学生作为学习主体的一段学习历程，在其中，学生的学习动力是其发挥主体作用、提升发展质量的关键方面。由此，如何增强学生的学习动力（其核心表征是"兴趣"）就成为当前日益走入"质量时代"的中国高教界值得关注和深思的主题。

进一步，对"学习动力"的价值辨析，可以从现实的"实然"困境和知识的"应然"诉求两个方面详加考察。首先，从"实然"的角度而言，学习动力是大学生学习发生的重要心理驱动力①,是大学生深度学习参与的重要构成要素②,但动力不足的现象已成为当前中国高等教育实际存在且不可回避的重要问题。在笔者所承担的 SERU 调查项目(即"研究型大学本科生学习经历调查项目")中,有一个后续的访谈环节。围绕"你在本科阶段的学习中有没有动力、有没有兴趣"这一问题,很多学生分别给出了如下令人深思的回答:"包括我在内的很多同学一直不知道自己想要什么,因为没有目标,就无法有真正的动力","动力不太足,学习上我能对付得了考试就行,如果老师考试的要求高、题目难,我们就会不喜欢他","上课的知识激发不了我真正的求知欲,小组合作学习的时候,正好可以偷点懒","学校还是应该多管管我们,不然我们学习没动力,我们的自控力太差,会逃课、睡懒觉","真是对学术不感兴趣,所以上课也不想参与"……诸如此类的话语在访谈中反复出现,在看似轻描淡写的语调背后,沉重而深刻地折射出当前一流大学本科生学习动力匮乏的实然困境。如果再结合遍布于当前大学生群体中的打游戏、"吹水课"③、混学分等实际学习表现,我们不难发出如下的感慨,如何唤醒学生激扬的学习斗志、重燃他们勃勃的求知热情,已然成为当前中国一流本科教育建设的紧迫课题!

其次,从应然的角度而言,大学教育所卷携的"高深知识"属性,也必然会对大学学习者的思维、精神和意志产生极大的挑战,而成功经历这一挑战的基础正是坚实持久的学习动力。布鲁贝克指出,"'高深知识'处于教育阶梯的顶层,它处于已知和未知的交界处,或者虽然已知,但由于它们过于深奥,常人的才智难以把握"④。面对深奥知识的思维挑战,弗莱克斯纳说,一些缺乏动力的人最终会因为放逐自我而沦为平庸之才,但只要有些人忘我地投入其中,这些人就会成为真正的天才,大学的理性之光就因为他们而永远闪耀。雅思贝尔斯在《大学的

---

① 刘燕等:《大学生学习动力影响因素及作用机制研究》,《思想教育研究》2013 年第 7 期。
② 吕林海、龚放:《大学学习方法研究:缘起、观点及发展趋势》,《高等教育研究》2012 年第 2 期。
③ 陆一:《通识教育核心课程质量检测诊断:"高能课"和"吹水课"的成因分析与甄别》,《复旦教育论坛》2017 年第 3 期。
④ 约翰·S.布鲁贝克:《高等教育哲学》,王承绪等译,浙江教育出版社,2002 年版。

理念》中用类似的笔调对一群学习动力匮乏的"庸才"学生进行了生动的描绘，"他们不思进取、自暴自弃，他们的学习只图考试过关，他们把读书阶段看作职业生涯开始前的痛苦煎熬"[①]。耶鲁大学德雷谢维奇教授更是饶有趣味地把那些迈入精英大学但缺乏深层求知动力的本科生戏谕为"优秀的绵羊"[②]，意指他们虽然头顶一流名校生的光环，但在卓越的外表下缺乏一颗强大的求知心灵，这使他们精神空泛、备感压力，"他们被巨大的学习压力无情地推着向前走！"德雷谢维奇认为，即使这些精英学生抱持着"精英的身份"，但学习动力的匮乏，也会使他们最终沦为"披着精英外壳的芸芸之辈"。

由上可见，消除当前中国一流大学本科生"实然"的动力不足困境，重燃本科生在"高深知识"追求中的"应然"的深层动力，是当前一流本科教育建设的关键之举。从教育心理学的角度而言，兴趣是学习者学习动力的最重要、最核心的构成要素，并且包含"个人兴趣"（personal interests）和"情境兴趣"（situational interests）[③]这两个方面。大量的研究反复证明，学习兴趣与学习者学习的积极性和投入度都存在显著的正向关联，激发兴趣就是激发学习者的学习动力。[④]由此，诸如创建激趣性任务、设置切实的挑战、给予学生主动回答问题的机会等，就成为有效的动力激发策略。[⑤] 本文试图在前人的有关兴趣和动力的研究基础上，结合一流大学追求高深学问的独特认识论情境，做如下进一步的追问和拓进，即真正驱动一流大学本科生直面挑战、不断奋发的"深层"兴趣与动力究竟是什么？其特征是什么？它对一流大学本科生的学习质量究竟有何影响？如何更好地激发这样的"深层"学习兴趣与动力？对上述的追问，笔者试图超越心理学领域对"兴趣"作为学习动力核心要素的一般性解析，抓住高等教育中"高深学

---

① 卡尔·雅思贝尔斯：《大学之理念》，上海世纪出版集团2007年版。
② 威廉·德雷谢维奇：《优秀的绵羊》，九州出版社2016年版，第2页。
③ 简妮·爱丽丝·奥姆罗德：《学习心理学》，汪玲等译，中国人民大学出版社2015年版，第354—355页。
④ 保罗·埃根等：《教育心理学：课堂之窗》，郑日昌等译，北京大学出版社2009年版，第464页。
⑤ 简妮·爱丽丝·奥姆罗德：《教育心理学精要：指导有效教学的主要理念》，雷雳等译，中国人民大学出版社2013年版，第210—214页。

问"的知识特质,突出"求知"和"天性"这两个深层且关键的要素,提炼出"求知旨趣"这个独特的视角展开大学生学习动力机制之剖析,以图为一流大学本科教育的发展寻找更具针对性的改革路径和实践对策。

二、有关"求知旨趣"的理性考辨

(一)求知旨趣:一种深层的兴趣和动力

兴趣是一种最广泛意义上的学习动力概念,它是一种学习的心理驱动倾向,它调节并决定着学习者的学习行为、学习方法乃至学习效果。"求知旨趣",其实是一种深层的兴趣和动力。其"深层"主要表现在,这种兴趣扎根在(或"深入到")人的求知天性之中。英国教育家纽曼指出,"知识是除生理需求之外,我们应追求的首要目标。……这(求知)几乎是人类的天性"[①]。德国哲学家康德区分了两种兴趣:经验兴趣和纯粹兴趣。他把前者视作一种感官的喜好,是一种以感官快乐为主的兴趣,而后者则是一种"理智的爱好",这种爱好"既引起快乐情感,又深刻地驱动着'理性'这一人类最深层的求知天性"[②]。实质上,康德所谓的"纯粹兴趣"本质上就是驱动理性不断奔涌向前的、深层的"求知旨趣"。

德国哲学家哈贝马斯所写的《认识与兴趣》一书对"求知旨趣"的"深层"特质做了更加细致的描画。哈贝马斯认为,求知旨趣是人类认识的深层动力,是一种深层的兴趣。如果没有求知旨趣,人类的认识活动既难以启动,更难以持久和深化。"求知旨趣先于认识,指导认识,是认识的基础,更是人类社会前进和发展的基础。"[③]"求知旨趣"不仅仅"包括求知的兴趣、情感和热情,还包括宗旨、目的、价值等含义"[④],"求知旨趣是人作为认识的主体,维持和不断扩大自身存在和再生产的最深刻的决定因素"[⑤]。哈贝马斯进而根据人类求知旨趣的差异性,提出

---

① 约翰·亨利·纽曼:《大学的理想》,浙江教育出版社2001年版,第25页。
② 潘洪建:《知识旨趣:基本蕴含、教育价值与教学策略》,《当代教育与文化》2014年第4期。
③ 哈贝马斯:《认识与兴趣》,学林出版社1999年版,第202—204页。
④ 卡尔·雅思贝尔斯:《大学之理念》,上海世纪出版集团2007年版。
⑤ 哈贝马斯:《认识与兴趣》,学林出版社1999年版,第202—204页。

了人类"求知旨趣"的三种类型,即技术旨趣、实践旨趣和解放旨趣。这三种求知旨趣深层地驱动着人类对各种知识的渴求,即包括自然科学知识、社会科学知识和精神科学知识。最后,笔者要强调,三种求知旨趣与大学追求高深学问的精神特质不谋而合,展现了大学存在的意义和价值,构成了大学发展的深层动力。这正如德国哲学家雅思贝尔斯点破要津的一语,"大学之存在就是为了'人类求知意志的实现'"①。

(二)求知旨趣的三个特征:纯粹性、挑战性与持续性

作为一种深层的兴趣,"求知旨趣"具有纯粹性、挑战性和持续性等三个特征。首先,纯粹性意味着一种求知目的的纯粹,即"求知旨趣"纯粹以求知为目的,其发生纯粹源于一种求知的天性。尽管引发求知的问题可能不无功利性、现实性,可内在的支配问题探求的求知旨趣仅仅指向知识本身,以纯粹的知识为目的,而非手段。正如哲学家怀特海所说:"新奇而生动……是一种浪漫的情感,是一种兴奋,从一种对单纯事实的接触和探索而起。"② 第二,挑战性意味着求知者敢于接受挑战,这种挑战是一种充满着深层乐趣的挑战,即"求知旨趣"把追求知识中所面临的挑战以及对挑战的克服作为最高的乐趣,这是一种最深层的幸福与快乐。英国大主教纽曼认为,求知的确需要大量的艰苦思考和面临大量的困难,但这些艰苦和困难完全可以通过求知本身的快乐加以回报,并更彰显出这种快乐的宝贵。第三,持续性意味着一种行为状态的持守,即"求知旨趣"激发出一种孜孜以求、不断前行的行为坚持状态。抚今追昔,探摘数学皇冠上宝石的陈景润、苦求人类理性奥妙的康德、追索资本奥秘的马克思、漫游化学圣境的居里夫人等,古今中外那些为人类发展贡献出重大理论创新的杰出人物,都是在纯粹的求知旨趣的驱动下不畏艰难、持之以恒、久久为功,他们在艰难的求知坚守中体验着极致的快乐和幸福!约翰·霍普金斯大学医学院霍尔斯特德教授是二十世纪美国最伟大、最多产的外科思想家,他把探索医学的真理、追求永恒的知识作

---

① 卡尔·雅思贝尔斯:《大学之理念》,邱立波译,上海世纪出版社集团 2007 年版,第 21 页。

② 怀特海:《教育的目的》,庄莲评等译,文汇出版社 2012 年版,第 25 页。

为工作的目的,他体验并陶醉于"冒险的乐趣",并坚守于探索之中而始终不放弃,他坚信,"我们的身后不乏光明之处,前方却漆黑一团"[①]。在霍尔斯特德教授的眼中,用求知的光明照亮人类世界中的黑暗是学者的天职,更是学者所深具的本然旨趣和极致幸福!

综上可见,求知旨趣是一种深层的学习兴趣,一种深度的学习动力。它必须在张扬纯粹的好奇、质疑之天性中,方能发生;它必须在应对困难、克服挑战中,方能提质;它必须在坚持不懈、持之以恒中,方能有所发现、有所领悟、有所创新。因此,求知旨趣所具有的纯粹性、挑战性和持续性,是人类知识疆域不断得以拓展的保证,是大学作为人类理性溪流潺潺不绝的动力之源。那么,一流大学本科生怎样通过"求知旨趣"的重塑和加强来驱动自己的学习行为,来完善自己的学习经历质量,这是颇为值得探究和深思的问题。

三、研究设计

(一) 研究问题

基于上文的分析,笔者设计了如下四个具体的研究问题。第一,在"求知旨趣"和"学习经历质量"上,中美一流大学的本科生是否存在差异?第二,具有不同"求知旨趣"程度的本科生,在四种学习经历质量的指标上(两个课程感知变量、一个深层学习变量、一个学习结果变量),是否存在着差异?这种"差异模式"对于中美学生是否具有共通性?第三,从整体关系和群体分类的角度而言,是否可以根据"求知旨趣"和"学习经历质量"进行人群的聚类分析?如果可以,那么中美大学生的人群分布有何差异?第四,在控制了各种相关因素之基础上,中美本科生的"求知旨趣"是否影响了学习者对专业知识的理解(即"高深知识"的学习结果质量)?

(二) 问卷及变量说明

本次调查采用的工具是 SERU 调查问卷。SERU 是"研究型大学本科生就

---

① 亚伯拉罕·弗莱克斯纳:《现代大学论——美英德大学研究》,浙江教育出版社 2001 年版,第 12 页。

读经历调查"(Student Experience in Research University)的英文首字母缩写。该调查项目是由美国顶尖公立研究型大学加州大学伯克利分校组织发起的全球调查联盟项目。从 2011 年开始,每两到三年,来自美国、英国、中国、日本、俄罗斯、荷兰等国的四十多所全球一流大学同时进行 SERU 调查,并基于数据结果展开比较、相互学习,力求获得本科教育改革和实践的全球经验,以此推动全球一流大学本科教育质量的发展。笔者所在的南京大学已经连续三次参与调查,本文所依据的数据来自 2017—2018 年的全球调查数据。

"求知旨趣"是本研究的核心变量。该变量的测量题项是一个定序变量题项,其题干表述为"因为对这门课程的知识感兴趣,所以即使这门课程有挑战,并可能影响我的 GPA,我也会选择这门课进行学习,并坚持修读下去",选项为有过这样的修课经历的次数,包括"0 次、1 次、2 次、3 次及以上",分别计分为 1 分、2 分、3 分和 4 分。很明显,从这道问题的内涵成分来看,突出了"求知旨趣"的三个最重要的特征,即:(1) 纯粹性,一种对知识的纯粹兴趣在驱动着学习者的学习和求知;(2) 挑战性,这种纯粹的兴趣驱使着学习者敢于接受挑战,即使修读该课程可能导致外在的利益损失(如 GPA 降低),学习者也会敢于挑战自我和发展自我;(3) 持续性,无论有多大困难或面临多大的挑战,对知识的纯粹旨趣驱动着学习者坚守其中、不言放弃。在该题项上,得分越高,说明学习者的"求知旨趣"越强烈。笔者与 SERU 调查的负责人(美国加州大学伯克利分校的调研团队)进行了交流,他们也强调,这个题项的设计的确旨在考察学生在"有挑战度的知识"上的"纯粹的知识兴趣"(pure knowledge interest)。在下文的方差分析和聚类分析时,出于易理解性,笔者有时会采用"旨趣性修课"的表达来替换"求知旨趣",但两者所表达的内涵是一致的,特在此指明。还需要指出的是,根据笔者的走访调研,南大本科生可自由选修的课程数量大约在 30% 到 40%,其他几所一流大学的比例也几乎接近于此,这与美国一流大学的比例差异并不大。另外,考虑到本研究所关注的"求知旨趣"显然更聚焦于深层的求知本性,因此它更多地受到学习者内心的驱动而非可选课程多少的影响。此外,本研究所选取的样本均为高年级本科生,他们的选课经历和机遇都非常充分。综合上述所有的情况,可以断言的是,中美两国大学本科生的选修课程数量本身的差异并不会对本研究产生显著的干扰性影响。

对于学习经历质量,本文选择了四个课程学习经历质量的变量加以研究。第一个和第二个变量均为"课程感知",它是指学生感受到的课程学习要求。第一个变量为"强调基础知识和基本能力的培养",它由两个题项构成,主要涉及"课程是否强调基本事实、概念的识记和回忆","课程是否强调运用基本概念和方法解决问题"等。第二个变量为"强调高阶能力和创新能力的培养",它由三个题项构成,主要涉及"课程是否强调对信息、观念的判断","课程是否强调对材料的分解和创新性的理解","课程是否强调创造新的观念和理解方式"等。第三个变量为"课程的深度学习",它强调学习者在课程学习中能够深度地理解概念和原理,能有高阶思维(反思、判断和创造)的介入。该变量由四个题项构成,主要涉及"运用事实和概念支持自己的观点"、"融合来自不同领域的观念和事实来完成任务"、"对观念合理性的解释和判断"、"反思自身判断和推理的合理性"等。第四个变量为"对专业知识理解的进步",它体现了学生对高深知识——专业知识的学习结果质量。

(三) 样本情况

本次调查的对象均为中美一流大学的高年级段的本科生(即大三和大四本科生)。之所以选择高年段学生,主要是因为高年段学生有着更加丰富的选课经历,这就能更好和更充分地鉴别出不同学生的"求知旨趣"之差异状况。

参与调查的中国高校共有三所,分别为 A、B、C,高年级的学生人数分别为 1633、1166、1487;参与调查的美国高校共有五所,分别为 D、E、F、G、H,高年级的人数分别为 6461、2481、3279、2207、1342。从性别分布来看,中国大学的男生占比 58.3%,女生占比 41.7%;美国大学的男生占比 37.9%,女生占比 62.1%。根据 SERU 联盟提供的技术报告,中美研究型大学的各校样本均能较好地体现各校的学生分布状况。

(四) 统计方法

本文将沿着研究问题的展开采用相适应的统计分析方法,所有的研究都将纳入比较的范畴中来。比较的目的是探明中美大学生的共同点、解析不同点,从而找到中国学生学习质量改进的方向和路径。具体而言，首先，为了比较中美大学生在"求知旨趣"及课程学习经历质量上的差异，笔者将采用独立样本 T 检验的方法进行分析，并进行差异尺度的效应量检验。第二，为了进行不同求知旨趣的学生在课程学习经历质量上的差异比较，笔者将采用单因素方差分析的方法展开数据统计，同时采用轮廓分析（profile analysis）的方法对差异进行总体检验。第三，为了进行中美大学生的求知旨趣和课程学习经历质量之整体关系和群体特征的探索性分析，本文将采用两步聚类（two-step cluster anlysis）的方法展开探究。第四，为了更加精确地检验"求知旨趣"对于专业课程学习结果的影响，本文将采用多元回归的方法进行研究。

四、研究发现

（一）中美一流大学本科生在求知旨趣和课程学习经历质量上的差异

从表 1 的结果可以看出，在四种课程学习经历质量和求知旨趣上，中美一流大学本科生存在着显著的差距。特别是在"求知旨趣"上，中美一流大学本科生之间的差距不但显著，而且差异尺度（Cohen'd）超过了 1，这说明美国一流大学本科生在以求知旨趣为核心的深层动力上明显强于中国一流大学本科生。还值得指出的是，中国大学生求知旨趣的标准差（0.99）也大于美国学生（0.82），说明中国学生在求知旨趣上的人群差异性分布很大，高低旨趣的落差更加明显。

表 1　中美一流大学本科生在求知旨趣和课程学习经历质量上的差异

	中国一流大学本科生 均值（M）	中国一流大学本科生 标准差（SD）	美国一流大学本科生 均值（M）	美国一流大学本科生 标准差（SD）	T 值	Sig	Cohen'd	效应量（r）
经历 1	4.26	0.97	4.89	0.95	36.449	$P<0.001$	0.66	0.31
经历 2	3.68	1.14	4.52	1.18	39.434	$P<0.001$	0.72	0.34
经历 3	3.79	1.03	4.46	1.07	35.700	$P<0.001$	0.63	0.30
经历 4	1.68	1.14	1.89	1.29	6.723	$P<0.05$	0.17	0.08
求知旨趣	2.33	0.99	3.36	0.82	68.154	$P<0.001$	1.13	0.49

（经历 1：课程感知 1——强调基础知识和能力；经历 2：课程感知 2——强调高阶和创新能力；经历 3：课程深层学习；经历 4：对专业理解的进步）

由表1的数据结果自然产生了如下的追问,即,求知旨趣的差异是否会影响中美一流大学学生在四种课程学习经历质量上的差异呢?这就导引出下文的研究结果。

(二)基于求知旨趣差异的课程学习经历方差分析

表2的统计结果清晰地表明,在四种课程学习经历质量上(即经历1到经历4),旨趣性修课次数越多的学生(即求知旨趣越强的学生),他们的课程学习经历质量也越高。这个结论对于中美两国的一流大学本科生都存在着共通性。

表2 中美不同求知旨趣的学生在四种课程学习经历上的差异

	中国一流大学本科生				美国一流大学本科生			
	经历1	经历2	经历3	经历4	经历1	经历2	经历3	经历4
无旨趣性修课	4.02	3.28	3.40	1.53	4.37	4.04	3.96	1.40
一次旨趣性修课	4.21	3.63	3.71	1.66	4.56	4.18	4.18	1.49
两次旨趣性修课	4.30	3.82	3.95	1.78	4.75	4.43	4.38	1.59
三次及以上旨趣性修课	4.59	4.11	4.24	1.97	5.06	4.66	4.59	1.77
F值	42.370	68.503	91.125	9.126	255.922	124.245	127.336	59.588
N	3784	3794	3757	3517	15026	15053	14982	21592
Sig	.000	.000	.000	.000	.000	.000	.000	.000

(经历1:课程感知1——强调基础知识和能力;经历2:课程感知2——强调高阶和创新能力;经历3:课程深层学习;经历4:对专业理解的进步)

这个结论再次强有力地证明了,发自学生原生的求知旨趣之动力,对于一流大学本科生的课程学习效果有着显著的影响!为了能进一步从整体上验证上述的结论(即总体意义上的确存在着"求知旨趣越强则课程学习经历质量越高"的结论),笔者采用了轮廓分析的方法来进行进一步的统计分析。统计的结果见图1。

首先,对于中国的样本而言,根据 Hotelling's 标准,本研究的四个群体轮廓之间不满足扁平化假设(deviate significantly from flatness)(Hotelling's trace=0.022, $F[9]=8.517$, $P<0.000$);根据 Wilks' 标准,四个群体的轮廓之间也不满足平行性假设(deviate significantly from parallelism)(Wilks' Lambda=0.978,

F[9]=8.486，P<0.000)。从分析结果可以证明，不同求知旨趣的中国学生群体在四个课程学习经历质量上显著存在着差异，求知旨趣越强的中国学生群体表现出越佳的课程学习经历质量。

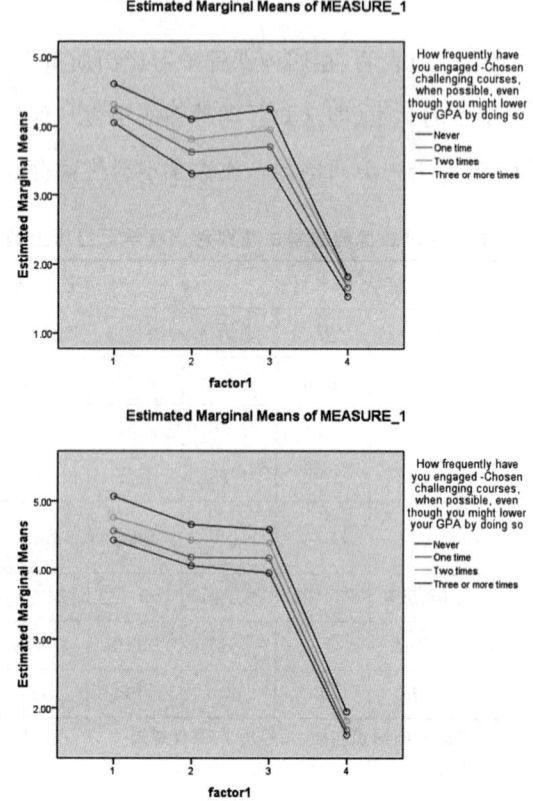

图1 中美一流大学本科生的专业课程学习经历质量轮廓图（上图为中国、下图为美国）
（轮廓变量为：1.课程感知1——基础知识和能力；2.课程感知2——高阶和创新能力；3.课程深层学习；4.对专业理解的进步）

第二，对于美国的样本而言，根据Hotelling's标准，本研究的四个群体轮廓之间不满足扁平化假设(deviate significantly from flatness)(Hotelling's trace=0.002，F[9]=9.770，P<0.000)；根据Wilks'标准，四个群体的轮廓之间也不满足平行性假设(deviate significantly from parallelism)(Wilks' Lambda=0.994，F[9]=9.761，P<0.000)。从分析结果可以证明，不同求知旨趣的美国学生群体在四个课程学习经历质量上显著存在着差异，求知旨趣越强的美国学生表现

出越佳的课程学习经历质量。

前文的方差分析和轮廓分析证明了一种具有跨文化效度的共通性结论,即求知旨趣与课程学习质量之间存在着显著的关联性。那么接下来,可以做进一步追问的是,我们能否从人群的分类角度来进一步探析和验证这种关联性?并就人群的特点做进一步的深挖和解读?这也自然地引出下文的聚类分析之结论。

(三) 基于求知旨趣和课程学习经历质量的聚类分析

由于求知旨趣是一个定序变量,四个课程学习经历质量的变量为定距变量,所以能够同时对定序和定距变量进行处理的聚类方法是两步聚类法(two-step cluster anlysis)。聚类结果清晰地表明,中美两国一流大学本科生都可以聚类成两类学生群体,即类型一为"低旨趣、差经历"群体,类型二为"高旨趣、优经历"群体。这其实再一次证明了求知旨趣和课程学习经历上的紧密联系。

表3　中美大学生在求知旨趣和课程学习经历上的聚类分析

	中国一流大学本科生		美国一流大学本科生	
	聚类一 低旨趣、 差经历	聚类二 高旨趣、 优经历	聚类一 低旨趣、 差经历	聚类二 高旨趣、 优经历
➢求知旨趣的程度				
◇无旨趣性修课	100%	0%	100%	0%
◇有一次旨趣性修课	100%	0%	100%	0%
◇有两次旨趣性修课	0%	100%	0%	100%
◇有三次及以上旨趣性修课	0%	100%	0%	100%
➢课程感知				
◇感知1:课程强调基本结构与能力	4.17	4.43	4.68	5.07
◇感知2:课程强调高阶和创新能力	3.52	3.93	4.34	4.66
➢课程深层学习	3.60	4.07	4.30	4.59
➢对专业理解的进步	1.62	1.80	1.77	1.95
人数	2053	1398	5985	8294
百分比	59.5%	40.5%	41.9%	58.1%

表3的结果中有一个方面值得引起实践层面的关注。在中国一流大学本科生中,低旨趣、差经历的学生群体占59.5%,而美国的比例只有41.9%。这说明,整体而言,美国学生的求知旨趣相比中国学生更加浓厚,学生的课程学习经历质量亦更优。特别是,接近60%的中国学生只有一次或无"旨趣性修课经历",由此不难理解中国大学生学习动力不足、课堂参与匮乏的现实窘境。

(四)求知旨趣对于专业理解的回归分析

本研究所要回答的最后一个问题是,学生的求知旨趣对于最重要的一个学业学习结果——专业理解,究竟起到多大的影响。专业知识是本科阶段高深学问的重要组成部分,对专业理解的质量在很大程度上决定了学生在本科教育阶段所达到的学习高度。从表4的结果可以看到,在控制了各种背景变量以及课程感知、深层学习等学习经历变量的基础上,中美大学生的求知旨趣都显著地影响学生对专业的理解(中国的Beta=0.107,P<0.001;美国的Beta=0.103,P<0.001)。这再一次证明,大学生的求知旨趣对于繁难的专业知识习得的质量所具有的重要意义!

表4 中美大学生的求知旨趣对于专业理解的回归模型

	因变量	预测变量	R	R²	F	Sig	Beta	B	Sig.
中国一流大学本科生	对专业的理解	方程模型	0.437	0.191	162.267	0.000			
		求知旨趣					0.107	0.101	0.000
		课程感知1					0.065	0.064	0.016
		课程感知2					0.058	0.0566	0.036
		深层学习					0.206	0.186	0.000
美国一流大学本科生	对专业的理解	方程模型	0.378	0.143	475.752	0.000			
		求知旨趣					0.103	0.091	0.00
		课程感知1					0.093	0.090	0.00
		课程感知2					0.111	0.107	0.00
		深层学习					0.194	0.177	0.00

(注:上述的回归模型是在控制了性别、专业等各种背景变量的基础上获得的)

五、结论与建议

本研究主要获得了如下的研究结论。第一,中国一流大学本科生的求知旨趣相较于美国一流大学本科生,还明显偏弱。此外,在四种课程学习经历质量上,中国一流大学也总体差于美国一流大学。第二,具有不同的求知旨趣程度的大学生,在四种课程学习经历质量上存在显著的差异,这个结论对于中美群体存在着共通性。第三,聚类分析表明,中美大学生均可分为两个群体,即"低旨趣、差经历"群体和"高旨趣、优经历"群体。中国一流大学本科生群体中有约60%的学生属于"低旨趣、差经历"群体,明显高于美国的约40%的比例。第四,对于繁难的高深专业学问的理解,求知旨趣的影响效应是显著的,从而进一步说明求知旨趣的涵养对于关注"高深学问"习得的本科教育质量所具有的重要价值!

基于本文的研究结论,笔者试进一步从观念、方法和文化三个角度对如何增强大学生的以"求知旨趣"为核心的学习动力给出思考及建议。

第一,从观念的角度而言,大学教育者应从"求知天性"这一"人性"层面深刻理解大学教育教学的独特属性和价值,由此才能真正回归大学的深层育人之道。在现代工业化乃至后工业化时代,大学教育不可避免地浸染着诸多功利主义、市场主义的色彩,这侵蚀着大学作为一个独特的人类文化组织所具有的最深刻、最隐秘的存在本质。大学及其教育存在的根本在于"大学是一个理性的组织",并且,这种理性源自人的"好奇导向的求知天性"。大学教育坚守理性的本体价值,其实就是对人的心灵活动、心智好奇之"人性"的坚守、捍卫与弘扬。耶鲁大学前校长理查德·莱文在《大学工作》一书中收录了他于1997年对耶鲁大学新生的一个名为"发现"的演讲,其中的这么一段话阐明了耶鲁对于学生"好奇导向的求知天性"的保护和珍视。"各位同学,这里有着无穷无尽的发现机遇,我们为你们准备好了资源的宝库,你们带来了求知欲。……把这多姿多彩的四个年头变成你们探索发现的新时代。"[①]莱文的这段精彩讲话既点明了大学存在的精神要

---

① 理查德·莱文:《大学工作》,王芳等译,外文出版社2004年版,第48—49页。

义,更点明了人类存在的最高的知识本性或求知天性,正如亚里士多德在《形而上学》中所说的,"人的本性是爱智慧,它起源于诧异,这种本性是神圣的,也是最可贵的"①。眭依凡教授在其《理性捍卫大学》一书中也深刻地指出,面对市场化、世俗化的时代洪流,大学要"以理性坚守自己的理想",其中的一种重要的理性即为"教学理性",这是一种对学生求知、探索、好奇之天性的守护,从而"去掉他们心灵的镣铐,让他们的思想和精神自由生长"。② 总之,大学在观念层面上对"理性"价值的坚持,既保护了主体的求知旨趣,更是对大学的存在要义之"直触"与坚守!

第二,从方法的角度而言,大学教育教学实践应从"表层的课堂激趣"走向"深层的心灵激活"。学习作为一种求知过程,其最深层的驱动力扎根于人性本身。教师努力地在课堂上通过新奇的、有趣的事件、话语或经验引发出学生的兴趣,是一种值得提倡的教学方法和策略,但这只是教学的"引子"或"序曲"。课堂教学的"高潮"应当直指学生的澎湃的心潮深处,应当激发起学生的思想共鸣,使学生感受到知识所蕴含的一种"不可名状的潜力"! 通过这种"从兴趣引发走向心灵激活"的"富有层次和节奏的课堂",③知识逐步地复归其产生的自然样态,并彰显出人性的力量和光辉,"求知的旨趣"正是在这样一种富有"心灵激活度"的课堂氛围中应运而生! 美国威斯康星大学麦迪逊分校的克利夫顿·康拉德在《培养探究驱动型学习者》中也指出,"真正的兴趣是一种不可言喻的乐趣——是被点燃的热情,它是一种'神圣的好奇心'……大学教育应该让学习者追随内心深层的自我的兴趣,驱动他们的探究型学习,才可能让他们在不断变化的世界中过一种更丰富的人生"④。培养了大量的有着强烈"求知旨趣"的本科杰出人才的南京大学物理学院卢德馨教授,在对自己二十年成功的"大理科研究型教学模式"进行总结时,也说过这么一段发人深省的话:"有些专家建议我把讲的课录下

---

① 张法琨选编:《古希腊教育论著选》,人民教育出版社 2007 年版,第 300 页。
② 眭依凡:《理性捍卫大学》,北京大学出版社 2013 年版,第 185 页。
③ 怀特海:《教育的目的》,庄莲评等译,文汇出版社 2012 年版,第 25 页。
④ 克利夫顿·康拉德:《培养探究驱动型学习者》,卓泽林译,上海科技教育出版社 2017 年版,第 66—79 页。

来,把这种模式播放给后继的学生就可以了。我无法相信这样的知识工程可以面对一批又一批的学生,可以呈现出以往我和学生一起创造的生动场景,可以不断迸发出新的智慧的火花!"[1] 真是一语中的! 在师生一起创造的课堂场景中,知识、旨趣、激情、智慧融为一体,学生深层的心智灵性被激活、被张扬。也正如著名教育家帕克·帕尔默在《教学勇气——漫步教师心灵》中所精彩点明的,"好的教师在于形成一种联合,这种联合不在于方法,而在于心灵……好的教师在编织着他和学生之间的'联系之网',……心灵是智能、情感、精神和意志的所在,教师就是心灵的织布机!"[2] 由此可见,教师课堂教学的"激趣"方法应从"技巧关注"走向"心灵交融",但更重要的是,应把教学的方法提升到教学的价值之高度,认识到教师角色的价值和具有"不可言状的意义"的师生共同体的价值,唯有通过这种价值体验直至价值体认,学生的"求知旨趣"才能得到真正意义上的保护、滋养和提升,高质量的本科教育也才会真正从这种体现着现代大学教育本质内涵和价值意蕴的"课堂深处"涵育而出!

第三,从文化的角度而言,中国教育者要对本土"伦理规训文化"有更明晰的反思和自觉,并努力走出一条中西教育文化融合的扬弃和改进之路。本研究的数据结果清晰地表明,中国一流大学本科生在"求知旨趣"上明显弱于美国学生,并且,"求知旨趣"是影响学生学习经历质量的深层动力。由此,笔者认为,缩短中美本科生在"求知旨趣"之间的落差,进而提升中国学生的学习质量,既需要在观念和方法等方面做转变性的努力,更需要在文化的层面上做深度的思考乃至构建。美国布朗大学的李瑾教授在《文化溯源:东方与西方的学习理念》中明晰地指出,"西方的学习模式偏重'心智取向',东方的学习模式偏重'美德取向'"[3]。这种"美德取向"也正是清华大学国学院院长陈来教授所谓的"伦理规

---

[1] 卢德馨:《研究型教学20年——理念、实践与物理》,清华大学出版社2008年版,第22页。

[2] 帕克·帕尔默:《教学勇气——漫步教师心灵》,吴国珍等译,华东师范大学出版社2005年版,第10—11页。

[3] 李瑾:《文化溯源:东方与西方的学习理念》,张孝耘译,华东师范大学出版社2015年版,第2页。

训文化"之核心要义①。陈来教授认为,中国文化的精神气质是两个方面,一是崇仁,二是尊礼。前者发展出了由己及人、由自我及天下的中国德行精神;后者发展出了一种中国人际交往关系的德行"规训"体系。笔者对中西方一流大学本科生学习参与的文化差异性的实证研究表明,在陈来教授所言的本土"伦理规训文化"中成长起来的中国学生,相比于"兴趣"的激活和张扬,他们更重视对规则规范的谨守,更强调个人德行的涵养,这与浸润在"基于客观探求和理性求真的文化特质"中的西方学生所表现出的那种率性扬道、恣意徜徉的学习境况相比,真可谓差异甚殊!② 为了克服"伦理规训文化"下中国学生学习兴趣受抑、动力匮乏的困境,有学者提出了"志趣"概念,力图超越表层的学习兴趣,把"价值支撑、荣誉激励和终极意义"的"立志"元素融入学生的学习动力之中,着力使学生学得更有活力、更有方向、更具理想。③ 但笔者认为,这一改革思路仍然局限于中国伦理文化之中,仍然强调中国文化中情感与意志的规训价值,尚未从文化根源处超越性地纳入西方"旨趣"的理性要素。具体而言,在中国文化中,"立志"是一个与"学习决心"和"学习意志力"紧密关联的情感动力要素或伦理动力要素,正如李文安(Lee Wing On)在《中国学习者:文化、心理和情境的影响》一书中指出的:"'立志'为中国学生提供了一种目标的稳定性,它构成了一种'努力'的驱动力量,它虽然具有理性的作用,但它更是一种情感的力量。"④ 笔者认为,情感与认知、伦理与理性,是完整的人性之两翼,立志的伦理导向如果能与"智识"的理性导向融合起来,价值激励就会获得求知天性的滋养,与人生相关的宏大志向就会生发和扎根于大学所赋予或激发出的学习者的求知旨趣之基础上。

---

① 陈来:《中华文明的核心价值:国学流变与传统价值观》,生活·读书·新知三联书店2015年版,第37—41页。
② 吕林海、张红霞:《中国研究型大学本科生学习参与的特征分析——基于12所中外研究型大学调查资料的比较》,《教育研究》2015年第9期。
③ 陆一、史静寰:《志趣:大学拔尖创新人才培养的基础》,《教育研究》2014年第3期。
④ Lee W O., "The Cultural Context for Chinese Learners: Conceptions of Learning in the Confucian Tradition," In Watkins D A, Biggs J B(eds). *The Chinese Learner: Cultural, Psychological and Contextual Influences*, Hong Kong: Comparative Education Research Center, the University of Hong Kong, 1996, 25-41.

由此,笔者认为,在中西文化的深层融通中,将催生出中国学习者更加有力、更为蓬勃的学习生命样态,中国一流本科教育建设亦将寻觅到坚实而有根基的前行之路!

[原载《江苏高教》2019 年第 9 期。原文题目为"求知旨趣:影响一流大学本科生学习经历质量的深层动力——基于中美八所大学 SERU(2017—2018)调研数据的分析"]

研究型大学本科生深层学习及其影响因素的中美比较

吕林海　龚　放

内容提要：深层学习是大学生学习质量的重要表征。解析中国研究型大学本科生的深层学习状况，特别是通过与美国同类大学的比较，明晰中国本科教育的质量定位，对于早日实现中国一流大学的建设目标有着重要意义。基于对中美八所研究型大学的比较，本研究发现，中国研究型大学本科生在"知识的理解和掌握"与"知识的综合和创新"这两个深层学习的构成维度上都显著地落后于美国；课堂讨论、同伴互动、师生互动、学习习惯、学习时间投入等学习参与变量等，都显著地影响中美大学生的深层学习；其中，课堂讨论、同伴互动、师生互动等"互动性"参与变量，对中国研究型大学本科生的深层学习有着加速影响的效应。由此，关注学生的深层学习、创建"互动"参与式的课堂环境、调整"美德价值导向"的学习功能，有助于中国研究型大学本科生学习质量的全面快速提升。

一、导言

美国著名学者亚伯拉罕·弗莱克斯纳在二十世纪三十年代曾经断言："作为一种组织，大学处于特定时代总的社会结构之中而不是之外，它是时代的表现。"[1]与弗氏提出这一观点的时代相比，今天的大学面临着提升学习与教学质量的双重挑战。正如美国高等教育专家阿特巴赫所言："今日之时代，大学体系已经发生了翻天覆地的变化，诸多发展对高等教育的核心功能施加了重要压力，

---

[1]　亚伯拉罕·弗莱克斯纳：《现代大学论——美英德大学研究》，浙江教育出版社2001年版，第1页。

其中就包括教和学。"① 如何解决教与学面临的新的挑战与压力,大学既需要进行"痛苦的重新评估"②,更需要推进"明智的变化"③。但无论实践样态如何纷繁多样,内在的共识基本形成,即"大学应紧握'为学生创造有意义的学习经历'的信条,这是解决教学矛盾的关键所在"④。

弗莱克斯纳和阿特巴赫的断言正是当前中国高等教育发展的鲜活写照。在"双一流"建设的紧迫情境下,打造"一流本科教育"、夯实世界一流大学建设的人才培养根基,已成为中国高教研究界和决策管理层的普遍共识。放眼中国大学的层级谱系,研究型大学位于人才培养金字塔的顶端,肩负着创建世界一流大学和一流学科的历史使命,理应在办好一流的本科教育、培养一流的本科人才方面率先探索、锐意变革,为中国"双一流"的建设事业贡献智慧、积蓄经验。在此背景下,通过与国际一流大学,包括美国研究型大学的比较与分析,找到参照系、勾画坐标点,进而明确优势和差距,是中国切实推进本科教育改革、创建世界一流本科教育的重要路径之一。

从研究的视角而言,国际本科教育的改革实践始终紧密地围绕着"大学生学习与教学"这一重要主题而不断深化。特别是随着"建立大学学习共同体(learning community)"、"建立学习范式的大学(the learning paradigm College)"⑤等新理念的出现,有关大学生"深层学习方法(deep learning approach)"的研究,在西方高等教育学术界方兴未艾。⑥ 美国学者汤姆·哈吉斯曾以北美和欧洲的三本著名学术刊物《高等教育》、《高等教育研究》、《高等教育

---

① 菲利普·阿特巴赫等:《全球高等教育趋势——追踪学术革命轨迹》,上海交通大学出版社 2010 年版,第 95 页。
② 约翰·S.布鲁贝克:《高等教育哲学》,浙江教育出版社 1987 年版,导言。
③ 亚伯拉罕·弗莱克斯纳:《现代大学论——美英德大学研究》,浙江教育出版社 2001 年版,第 1 页。
④ L.迪·芬克:《创造有意义的学习经历——综合性大学课程设计原则》,浙江大学出版社 2006 年版,第 1 页。
⑤ Tagg J, *The Learning Paradigm College*, New York: Jossey Bass Publisher, 2003, 1.
⑥ Baeten M, Kynde E, Struyven, Dochy F, "Using Student-centered Learning Environments to Stimulate Deep Approaches to Learning: Factors Encouraging or Discouraging Their Effectiveness," *Educational Research Review*, 2010, (5).

中的教学》为样本,对二十世纪七十年代以来国际高等教育研究进行了梳理,发现与"大学生深层学习方法"相关的研究发文量在近十年内始终保持在50％以上。[1] 与此同时,英国著名学者马尔科姆·泰特(Malcom Tight)则通过对2000年出版的17种重要的专业期刊和284本高等教育著作等的综述性分析,发现围绕大学生深层学习方法而展开的研究已经成为全球高等教育研究的一个热点,且受关注的程度与研究的深度与日俱进。[2] 诸多研究形成的共识是:大学生的深层学习表征着大学学与教的质量[3],促进大学生的深层学习,是提升高等教育质量的有效举措。

自二十世纪九十年代末加快高等教育大众化步伐的十多年来,中国高等教育的整体面貌已经发生了历史性的变化。至2016年底,高等教育在学总规模达到3699万人,位居世界第一,占世界高等教育总规模的1/5,高等教育毛入学率达到42.7％,即将进入高等教育普及化阶段。[4] 早在十年前,中国高教界就确定了由规模的扩展转向内涵提升和质量取胜的新的发展目标,然而,现实却并不尽如人意。特别是本科教育教学,不仅企事业用人单位对毕业生质量颇有微词,就是在校学生对学习经历、学习成效的自评、自测也不甚满意。有学者基于SERU最新调查的数据分析发现,对自身学习经历的各个指标(主要是课堂学习经历),中国研究型大学的本科生感到满意的比例只有20％,而美国同类高校的比例则达到50％。[5] 张红霞(2011)对中国八所研究型大学的调研证明,学生对于大学

---

[1] Haggis T, "Student Learning Research: A Broader View," In Tight M(Eds), *The Routledge International Handbook of Higher Educaion*, New York: Routledge, 2009, 23-35.

[2] 马尔科姆·泰特:《高等教育研究:进展与方法》,北京大学出版社2007年版,第64—68页。

[3] 吕林海:《大学学习研究的方法取向、核心观点与未来趋势》,《教育发展研究》2011年第9期。

[4] 中华人民共和国教育部:《系列高等教育质量报告首次发布》,http://www.moe.edu.cn/jyb_xwfb/xw_fbh/moe_2069/xwfbh_2016n/xwfb_160407/160407_sfcl/201604/t20160406_236891.html,2017-01-24。

[5] 吕林海、龚放:《中美研究型大学本科生学习经历满意度的比较研究——基于SERU调查的实证分析》,《清华大学教育研究》2016年第2期。

课堂教学水平各个指标的满意度也很低。[①] 麦可斯公司最近的一项全国调查更是表明,70％的学生认为教师的讲课不吸引人、上课单调。[②]

在当前"双一流"建设和本科教育质量备受关注的大背景下,如何引导学生更多地投身学习、促进学生展开深层学习、激发学生的学习意义感,进而整体提升本科教育的质量和水平,已成为中国高教界亟待思考和破解的关键难题。由此,我们要追问:中国的研究型大学在学生学习质量的重要标尺——深层学习上,是否与世界一流大学存在着差距?差距有多大?进一步的追问是:如何缩减差距?如何因势利导,实现本科教育质量(特别是学习质量)的快速提升?本文试对这些问题给出实证性的解析和回答。

二、相关研究述评与本研究框架

1. 西方国家有关"深层学习"的研究缘起与进展

"深层学习"(deep learning)是本研究的核心概念。从瑞典学者马顿(F. Marton)和萨尔乔的(R.Saljo)的开创性工作算起,围绕"深层学习"而展开的持续性探索,在西方发达国家已有四十多年的历史。[③] 其研究进展主要体现为如下两个方面。

第一,"深层学习"的概念解析及测量工具的开发。以马顿为首的瑞典学者通过"现象描述分析法"首先得出了两类学习方法——即"深层学习方法(deep approach,或称'深层学习')"和"浅层学习方法(surface approach,或称'浅层学习')"。澳大利亚学者比格斯(Biggs)认为,深层学习指向对文本意义的关注,浅层学习指向为了能够回答问题而对文本进行背记而非理解,"前者意味着学习的

[①] Zhang H, Foskett N, Wang D, & Qu M, "Student Satisfaction with Undergraduate Teaching in China: A Comparison between Research-Intensive and Other University," *Higher Education Policy*, 2011, 24(1).

[②] 周湘林:《以学生学习为核心的高校优质课堂教学探究——基于深层教法和深层学法的合理匹配》,《中国高教研究》2014年第9期。

[③] 吕林海、龚放:《大学学习方法研究:缘起、观点与发展趋势》,《高等教育研究》2012年第2期。

自然特性和高质量,后者则体现为一种学习的机械特征,并且是制度化的产物"[1]。在此基础上,英国学者恩特威斯特尔(Entwistle)开发的"学习方法问卷"(Approaches to Studying Inventory,简称 ASI)[2],澳大利亚学者比格斯开发的"学习过程问卷"(Study Processes Questionnaire,简称 SPQ)[3],均是用来定量测试这两种学习方法的最具全球影响的有效工具。

第二,围绕深层学习的相关实证研究。研究循着两条路径展开。一些研究者关注的是"前因",即什么因素会影响学生对于深层学习方法的使用?拉姆斯登(2003)认为关键在于学生对教学情境的感知(student perception)。他发现,学生的教学情境感知不仅直接影响学习方法的使用,并且也"中介(mediate)"了教育情境、学生背景对学习方法的影响。[4] 萨尔乔(1979)[5]、马顿(1993)[6]等则区分了两种学习的观念(learning conception),即以"复制、背记、知识增加"为特征的低层次观念,和以"意义抽象、理解事实"为特征的高层次观念。在这两种学习观念的区分基础上,比格斯(Biggs)、普洛瑟(Prosser)等进一步证明,采用低层次观念的学生更倾向于使用浅层学习,采用高层次观念的学生更倾向于使用深层学习。[7] 与关注"前因"的路径不同,另一些研究者关注的则是"后果",即学习方法对于学习结果会产生什么样的影响。早在 1977 年,瑞典学者斯文森

---

[1] Biggs J, "What Do Inventories of Students' Learning Processes Really Measures? A Theoretical Review and Clarification," *British Journal of Educational Psychology*, 1993, 63(1), 3-19.

[2] 迈克尔·普洛瑟、基思·特里格威尔:《如何提高学生学习质量》,北京大学出版社 2013 年版,第 51 页。

[3] 迈克尔·普洛瑟、基思·特里格威尔:《如何提高学生学习质量》,北京大学出版社 2013 年版,第 51 页。

[4] Ramsden P, *Learning to Teach in Higher Education*, London: Routledge, 2003, 11-13.

[5] Marton F, Dall'Alba G, & Beaty E, "Conceptions of Learning," *International Journal of Educational Research*, 1993, 19, 277-300.

[6] Marton F, Dall'Alba G, & Beaty E, "Conceptions of Learning," *International Journal of Educational Research*, 1993, 19, 277-300.

[7] Biggs J, *Teaching for Quality Learning at University: What the Student Does*, London: SRHE, 1999, 20-30.

(L.Svensson)对一个班级的跟踪性研究就表明,深层学习方法的采用更有助于学生获得学业成功。[①] 荷兰学者范·罗姆和申克(Van Rossum & Schenk)于1984年进行的一个文本阅读的实验研究颇具说服力地证明,如果学生使用的是浅层学习方法,他们只能达到比格斯 SOLO 学习模型中所谓的"前结构"或"单一结构"的低级学习层次;而采用深层学习方法的学生,则会达到"关联结构"或"延伸性抽象"的高级学习层次。[②] 除此之外,澳大利亚的特里格威尔、英国的恩特威斯特尔等学者所做的大量实证研究,也都证明深层学习方法和高质量学习结果紧密相关。

2. 面向中国大学生的深层学习研究

近年来,西方的有关深层学习的概念、工具和理论等逐渐被中国学术界所接受,并在高等教育研究领域产生了很多基于中国情境的研究成果。陆根书(2010)对大学生数学课堂学习方法的研究表明,影响学生深层学习方法的因素主要是学生对课堂学习环境的感知,包括课堂学习兴趣、满足感、互助合作、竞争性等。[③] 陆根书(2012)的后续研究再次证明,学习环境的感知是影响深层学习的重要变量,而且深层学习方法对学习成绩、学习情感发展也有显著的促进意义。[④] 郭建鹏(2013)的研究不仅证明"课堂体验影响学生的深层学习",而且他还运用"多水平分析"的方法进一步证明,"学校特征也能改变课堂环境体验对深层学习的影响程度"。[⑤] 杨院(2014)基于全国的大样本调查,得出了如下的结论,"以学生为主体的课堂学习环境有利于导向深层学习,缺乏师生互动的课堂

[①] Svensson L, "On Qualitative Differences in Learning: Ⅲ-Study Skill and Learning," *British Journal of Educational Psychology*, 1977, 47(4), 233-243.

[②] Rossum Van & Schenk S, "The Relationship Between Learning Conception, Study Strategy and Learning Outcome," *British Journal of Educational Psychology*, 1984, 54(1), 73-83.

[③] 陆根书:《大学生感知的课堂学习环境对其学习方式的影响》,《复旦教育论坛》2010年第4期。

[④] 陆根书:《课堂学习环境、学习方式与大学生发展》,《复旦教育论坛》2012年第4期。

[⑤] 郭建鹏、杨凌燕、史秋衡:《大学生课堂体验对学习方式影响的实证研究》,《教育研究》2013年第2期。

学习环境则会导向浅层学习"。① 香港大学的韦伯斯特（Webster，2009）等对1563名香港大学学生的研究发现：优质教学、清晰的目标与标准、适当的工作负荷等课堂环境感知因素，是影响学生深层学习的重要方面。② 上述面向中国情境的众多研究，间接地印证了"深层学习"这一概念所具有的跨文化效度，这也为后续学者运用这一概念展开国际比较奠定了基础。

3. 中国学生深层学习独特性的研究发现

由上文可见，关于中国大学生深层学习的已有研究，获得了与国外研究基本一致的结论（如深层学习受情境感知的影响、深层学习有助于达成更优质的学习结果等）。更有价值的是，有一些研究发现了中国学生深层学习的独特性。这可归纳为如下两个方面。

其一是关于中国学生深层学习的文化特质的解析，这可追溯至对"中国学习者悖论"（或称为"亚洲学习者悖论"）的反思。"中国学习者悖论"是指如下的一个反诘："为什么中国学生更多地运用背记等浅层学习方法，却能获得更好的学业成就表现？"沃特金斯和比格斯（1996）等试图从文化归因角度对上述诘问加以解析。他们认为，在东方文化背景下，背记不一定意味着西方文化通常所认为的浅层学习，而很有可能是深层学习的"前奏"或"组成部分"。前者意味着"由背记达至理解"，后者意味着"背记和理解是彼此密不可分的过程"。③ 他们的观点得到了后续实证研究的支持，其中肯伯（Kember，1996）④和马顿（Marton，1997）⑤

---

① 杨院：《大学生学习方式实证研究——基于学习观与课堂学习环境的探讨》，教育科学出版社2014年版，第240—241页。

② Webster B., Chan W., Prosser M. & Watkins D, "Undergraduates' Learning Experience and Learning Process: Quantitative Evidence from the East," *Higher Education*, 2009,58,375-386.

③ 贝磊等：《比较教育研究：路径与方法》，北京大学出版社2010年版，第253页。

④ Kember D, "The Intention to both Memorise and Understand: Another Approach to Learning?" *Higher Education*, 1996,31(3),341-354.

⑤ Marton F., Dall'Alba, & Lai Kun T, "Memorizing and Understanding: the Keys to the Paradox?" In Watkins D. & Biggs J. (eds.), *The Chinese Learner: Cultural, Psychological and Contextual Influences*, Hong Kong: CERC, the University of Hong Kong, 1996,60-83.

等的研究很有代表性。两位学者分别对香港和中国内地的教师和学生进行了深度访谈,他们发现,中国师生所展开的高质量学习,通常意味着同时要求背诵和理解,这两个过程是并存和互补的。

其二体现为对以下问题的探讨,即"为什么中国学生会特别强调背记基础上的深层学习?"对此,学术界有两种不同的解答。第一种解答可称为"文化根基说"。很多学者(如 Lee、黄毅英等)试图深挖中国儒家典籍以寻求中国学生学习方法得以塑造的文化根源。比如,宋代理学大儒朱熹的《通书解说》就常被学者们作为重要的佐证性文献,该书的一个核心观点是,"背记、思维和理解实际上在学习的过程中是彼此强化的,只背记而不思考,就不能理解其义;只思考而不背记,即使能理解,这种理解也不会稳固"[1]。明代心学大师王阳明的思想同样被作为"文化根基说"的思想源泉,如"仅仅强调记忆,你就不能达至理解;仅仅强调理解,你就不能在你的内心深处知悉真理的根源"[2]。总之,"文化根基说"持有的总体见解是,中国文化思想脉络的深处总是内嵌着一根记忆和理解之间平衡的文化丝线,它深刻地塑造着中国学习者的思维方式和学习特质。第二种解答可称为"成就归因说"。按照这一派学者的说法,背记在中国文化中带有一种特定的教养意味,它体现出一种刻苦、勤奋、努力、坚守的伦理意蕴[3];由此,要达到人生的成就(最高境界为"内圣外王"),就需要经受这种"反复诵读、千回百转、终至顿悟"的艰苦奋斗之历程。达林和沃特金斯(Dahlin & Watkins,2000)对香港的学生进行了深度访谈,他们发现,在西方学生眼里,理解和深层学习的达成是

---

[1] Lee Wing On,"The Cultural Context for Chinese Learners: Conceptions of Learning in the Confucian Tradition," In Watkins D. & Biggs J. (eds.), *The Chinese Learner: Cultural, Psychological and Contextual Influences*, Hong Kong: CERC, the University of Hong Kong,1996,36.

[2] Lee Wing On, "The Cultural Context for Chinese Learners: Conceptions of Learning in the Confucian Tradition," In Watkins D. & Biggs J. (eds.), *The Chinese Learner: Cultural, Psychological and Contextual Influences*, Hong Kong: CERC, the University of Hong Kong,1996,36.

[3] Biggs J, "Western Misperceptions of the Confucian-Heritage Learning Culture," In Watkins D. & Biggs J.(eds.), *The Chinese Learner: Cultural, Psychological and Contextual Influences*, Hong Kong: CERC, the University of Hong Kong, 1996,58 – 61.

一个归因于智力、强调领悟力的过程;但在中国学生眼里,长期的艰苦背记本身就是一种学习的智力努力,它为最后的理解积蓄着力量,同时也涵养着自身的学习美德。①

4. 本研究的框架及核心问题

随着对中国学生深层学习的研究不断深入,一些学者开始思考如下的问题:"深层学习"是否为一个对东西文化情境都适用的概念?"深层学习"所具有的高质量学习的价值立意,是否也具有跨文化的一致性?对此,沃特金斯(1996)做了一项颇具说服力和影响力的研究。他对有关深层学习的大量的国际已有研究进行了元分析(meta analysis),并发现缘起于西方的"深层学习",其概念及其各种测量工具(如 SPQ、LPQ、ASI)在不同国家或地区都具有一致性的良好的信度、结构效度、效标效度(即深层学习的确导向了高质量的学习结果)等。② 总之,有充分的证据表明,"深层学习"的概念是一个可以用来进行学习质量国际比较和深度分析的重要指标。

在此基础上,本研究试图在两个方面有所拓展。第一,拓宽和深化对"深层学习"的解读、认识和测量,特别是在"深层学习"的层次递进上有所探索。国内外学术界大多将"深层学习"简单定义为"一种获得理解、达到对知识深度把握的学习方式"③,并由此开发出 SPQ 量表、ASI 量表以对深层学习进行测量。尽管"知识的深度把握"这一深层学习的"静态"内涵表征符合布鲁姆(Bloom)、加涅(Gagne)、比格斯(Bigss)、科利丝(Collis)等著名心理学家所提出的基于知识或智能的学习分类理论,但这些学习理论同样也提醒我们:深层学习还需要展现出

---

① Dahlin B. & Watkins D, "The Role of Repetition in the Processes of Memorizing and Understanding: A Comparison of the Views of German and Chinese Secondary School Students in Hong Kong," *British Journal of Educational Psychology*, 2000, 70(1), 65–84.

② Watkins D. "Learning Theories and Approaches to Research: A Cross-Cultural Perspective," In Watkins D. & Biggs J. (eds.), *The Chinese Learner: Cultural, Psychological and Contextual Influences*, Hong Kong: CERC, the University of Hong Kong, 1996, 10–21.

③ 吕林海:《大学生深层学习的基本特征、影响因素及促进策略》,《中国大学教学》2016 年第 11 期。

一种逐步深层化的进阶发展的过程,即深层学习本质上是学习者通过思维投入的不断增加,而形成对知识的理解不断深化之进程。例如,在加涅的视野里,深层学习体现为一种"智慧能力"和"认知策略"的逐步彰显,即学习者逐渐从概念的识别与认知,拓展为运用知识进行推理、行动和反思。[1] 而学习分类理论的集大成者布鲁姆则强调,学习者对知识的把握会历经从单一知识的习得,到结构化知识的掌握,最后发展到利用知识、综合知识和发展知识的最高境界。[2] 这个思维水平不断提升的观点其实又和比格斯提出的 SOLO(Structure of Learning Outcomes)学习分类分层理论不谋而合。综合各派观点可以推得,深层学习其实总体上体现为知识掌握的两个层面:第一个层面是一种知识的理解和掌握的阶段(grasping level),这是深层学习的基础阶段或根基阶段,它意味着学习者对知识本质内涵的把握和建构,即"学习者通过同化和顺应等方式,建立对新知识的非人为的、实质性的理解"[3];第二个层面是一种知识的综合和创新的阶段(creating level),这是深层学习的高级阶段和深化阶段,它意味着学习者能基于已有的知识去创造属于自己的知识或反思他人的知识,并能对这些知识展开理性的判断和科学的评析。尽管这两个层面体现出一种深化和发展的过程性特征,但这两个层面又是彼此联系、相互影响的。具体而言,没有第一层面的知识建构与理解,第二层面的知识综合和创新就是无源之水;而第二层面的缺失,也往往会使第一层面的知识建构缺乏反哺而导致"力不足则中途废"。由此,深层学习既意味着从"对象化的理解"(第一层面)走向"主体性的创新"(第二层面),也体现着后者对前者的滋养,两个层面的相濡共进形塑了深层学习者。正是基于上述的思考,我们试图通过中美研究型大学本科生在上述两个层面及其各个构成指标上的比较,展示出中国研究型大学本科生学习质量的真实定位和国际差距。

第二,从"学习参与"(learning engagement)这个环境因素的视角,深析"学

---

[1] 德里斯科尔:《学习心理学——面向教学的取向》,华东师范大学出版社 2008 年版,第 303—306 页。
[2] 约翰·哈蒂:《可见的学习——对 800 多项关于学业成就的元分析的综合报告》,教育科学出版社 2015 年版,第 35 页。
[3] 德里斯科尔:《学习心理学——面向教学的取向》,华东师范大学出版社 2008 年版,第 303—306 页。

习参与"影响"深层学习"的具体机制,并进行中美差异的深入比较。之所以要选择"学习参与"这个变量切入,主要出于两个考虑。其一,已有的国内外大量研究,基本上都着眼于"教师"视角来解析深层学习的环境影响因素(如优质教学、清晰目标、恰当的任务、及时评价等),但缺乏基于"学生"视角的探究。"学习参与"强调的是学生对有益于学习和发展的行为及活动的投入程度,因此带有明显的关注学生、聚焦学习的导向特征。其二,中国大学生的"学习参与"的不佳现状及其背后的文化机制,对于我们更好地认识中国学生深层学习的加速影响效应颇为重要。我们曾利用 SERU 调查数据,对全球十二所研究型大学的本科生的学习参与进行了比较。结果表明,中国大学生在课堂讨论、师生互动、课外学习、批判性思维和推理的参与等方面明显弱于欧美同类大学。[①] 而学习参与的这些维度,与学生学习满意度、认知发展、学习成绩等存在着紧密的联系。[②] 更进一步的分析发现,中国学生的"学习参与"体现出很强的文化约束机制,即在认知导向的参与行为上(如课堂讨论、师生互动、生生互动),中国学生表现不佳;而在美德导向的参与行为上(如认真努力、遵守纪律、好学向上),中国学生表现优异。[③] 这种美德导向的学习参与模式,也导致了中国课堂教学的特有的沉默现象,并对学生的深层学习与思维产生了损害作用。[④] 这昭示我们做出大胆假设:长期安于静默、倾听的中国学生,一旦被赋予了课堂互动的机遇,被激发出主动参与的热情,他们思维的枷锁将被打开,质疑和创新活力将会释放,课堂环境、学习氛围将会出现如英国哲学家怀特海所说的"赋予一种不可言状的潜力",从而导致向"深层学习"的跃迁!我们试图通过中美样本的比较,来验证这种参与式环境对中国学生深层学习的加速影响效应。

[①] 吕林海、张红霞:《中国研究型大学本科生学习参与的特征分析——基于 12 所中外研究型大学调查资料的比较》,《教育研究》2015 年第 9 期。
[②] 吕林海、张红霞:《中国研究型大学本科生学习参与的特征分析——基于 12 所中外研究型大学调查资料的比较》,《教育研究》2015 年第 9 期。
[③] 李瑾:《文化溯源:东方与西方的学习理念》,华东师范大学出版社 2015 年版,第 43—49 页。
[④] 吕林海、张红霞等:《中国学生的保守课堂学习行为及其与中庸思维、批判性思维等的关系》,《远程教育杂志》2015 年第 5 期。

三、研究方法与设计

(一) 研究工具

本研究基于美国加州大学伯克利分校主持的"研究型大学本科生学习经历调查"项目(即 SERU 调查项目)的最新数据而展开。SERU 调查着重从"知识"的视角切入对深层学习的考察,并设计了 9 个题项来对"深层学习"进行具体测量。从"识别知识"到"自我评估",这 9 个题项展现了学习者对知识的思维加工层次和思维投入量的不断提升。首先,"识别知识"、"解释知识"和"分析知识"是深层学习的基础阶段,该阶段是学习者对知识的内化过程,是通过思维介入而形成对知识的建构过程。其中,"识别知识"意味着对知识核心要素的辨析以及对关键内涵的提炼和归纳;"解释知识"则强调对核心知识要素的精细加工;"分析知识"则意味着对各种知识要素之间的关联进行甄别和把握。第二,"理性判断"、"创造知识"、"实证支持"、"融入新知"、"评价新知"和"自我评估"是深层学习的提升阶段,该阶段是学习者对知识的外拓过程,即指学习者能够应用知识、延展知识,并最终指向于深层领悟和智慧生成。其中,"理性判断"强调利用知识来对其他信息进行合理性研判;"创造知识"意味着基于已有知识生成新的认识和观点;"实证支持"强调把已有的知识作为证实新观点、新见解的素材和基础;"融入新知"强调能够把已学的知识融会贯通,生成有弹性的、能不断融入新知的心智结构;"评价新知"意味着学习者可以依凭建构的新知对他人的思维和推理进行恰当的检视;"自我评估"则是一种反观自身,对自身认知的高水平反省和考察。

表 1 深层学习的题项构成及因子结构比较

	中国研究型大学		美国研究型大学	
	知识的理解与掌握	知识的综合与创新	知识的理解与掌握	知识的综合与创新
Q1:识别知识	0.862		0.847	
Q2:解释知识	0.861		0.814	
Q3:分析知识	0.675		0.583	

续 表

| | 中国研究型大学 || 美国研究型大学 ||
	知识的理解与掌握	知识的综合与创新	知识的理解与掌握	知识的综合与创新
Q4:理性判断		0.597		0.681
Q5:创造知识		0.668		0.710
Q6:实证支持		0.708		0.568
Q7:融入新知		0.760		0.738
Q8:评价新知		0.781		0.840
Q9:自我评估		0.834		0.810
统计指标	KMO=0.910,Bartlett's 球面系数=98294.6,df=36,P=.000累计解释的方差为 69.498%		KMO=0.880,Bartlett's 球面系数=144611.8,df=36,P=.000累计解释的方差为 63.851%	

表 1 的统计结果表明,这 9 个题项对于中美样本都具有相同且良好的结构效度,即都可提取出"知识的理解与掌握"与"知识的综合与创新"这两个深层学习的构成因子。因子的信度分析表明,对于美国研究型大学的样本来说,"知识的理解与掌握"因子的信度系数为 0.737,"知识的综合与创新"因子的信度系数为 0.863;对于中国研究型大学的样本来说,"知识的理解与掌握"因子的信度系数为 0.836,"知识的综合与创新"因子的信度系数为 0.887。由此可见,对中美研究型大学的样本群体而言,"深层学习"的结构效度和因子信度系数均达到了统计要求,可以进行后续的统计分析。

此外,本研究中所使用的"学习参与"这一环境变量,也具有跨文化一致性的结构效度。具体而言,"学习参与"变量可以分解出"课堂讨论与创新"、"不良学业习惯"、"同伴互动与合作"、"师生互动与交流"、"课程修读与研习的时间"共五个因子。这五个因子的信度和效度,笔者在前期的研究中已经反复得到了验证[①],在此不再赘述。

---

① 吕林海、张红霞:《中国研究型大学本科生学习参与的特征分析——基于 12 所中外研究型大学调查资料的比较》,《教育研究》2015 年第 9 期。

（二）研究对象

本研究的对象为来自中美八所研究型大学的本科生,其中包括中国的三所大学(命名为 A、B、C)和美国的五所大学(命名为 D、E、F、G、H)。这八所大学的调查时间均集中在 2014 年底至 2015 年中之间。具体而言,A 校的样本量为 6704 人,B 校为 4443 人,C 校为 8590 人,D 校为 9733 人,E 校为 11682 人,F 校为 4252 人,G 校为 10422 人,H 校为 5948 人。根据 SERU 联盟所提供的技术统计数据,这八所研究型大学均采用普查的方式进行问卷调查,问卷的有效回收率都超过 30%。被采集的样本均能够较好地反映各校的性别分布、专业分布、年级分布等具体情况。此外,尽管纳入本研究的只有中美八所高校,但鉴于各校的样本数量都非常大,而且均为各自国家排名靠前的研究型大学,所以本研究还是可以获知中美研究型大学本科生的基本学情,并可根据研究结论进一步提供有针对性的教育决策。

根据 O'Malley(1984)和 Herk(2004)等的建议,在进行不同群体的均值差异比较时,最好应事先考察两个群体是否存在填答问卷时的"极端反应倾向"(extreme response style),并且,极端反应倾向检验在进行跨文化的实证比较时非常必要。[①] 本研究共有九个深层学习的测量题项,笔者把每个题项中填写 1 或 6 作为"极端反应倾向"的表征,由此可以得到一个测量整体极端倾向的变量 ER(为 9 个题项编码值之和,取值为 0—9)。经检验,中国大学生的 ER 均值为 1.79(SD=1.81),美国大学生的 ER 均值为 2.79(SD=2.88),T(54909.491)=99.875,P=.000,η^2=0.06。尽管美国大学生在极端倾向得分上显著高于中国大学生,但是,按照 Herk(2004)和 Sun(2012)的观点,如果比较的样本都比较大(本研究的中美样本均超过万人),显著性会非常容易达到,因此 η^2 值才是更重要的、更准确的参考指标(如果 η^2 小于 0.20,可判定为小的差异尺度)。由于本研究的 η^2 仅为 0.06,是非常小的效应量,说明中美学生在极端反应倾向上的差

---

① Herk V., Poortinga Y., & Verhallen T, "Response Style in Rating Scales: Evidence of Method Bias in Data from Six EU Countries," *Journal of Cross-Cultural Psychology*, 2004,35(3),346-360.

异几可排除。进一步的,笔者对九个具体指标的 η^2 逐一进行了检验,发现九个值均处于 0.03—0.11 的低效应范围中。由此可以认为,中美学生在深层学习的极端倾向得分上,不存在明显的差异。再考虑到各题的选项均表述为非常客观的行为表现,所以,各个题项和各个因子的均值比较是能够保证跨文化比较的客观性和科学性的。

(三)具体研究的问题

本文重点研究两个问题:

第一,中美研究型大学本科生在"深层学习"上究竟孰强孰弱?具体而言,在"知识的理解和掌握"与"知识的综合和创新"这两个具体维度上,中美研究型大学本科生的差异是什么?

第二,"学习参与"的多个因子是如何影响中美研究型大学本科生的深层学习的?影响的机制有何不同?特别是,中国学生样本是否会在"学习参与"影响"深层学习"上,呈现加速影响效应?

四、研究发现

(一)中美研究型大学本科生深层学习的比较

1. 在"知识的理解与掌握"上的比较

由表 2 和图 1 可以清晰地看到,中国研究型大学的本科生在深层学习的基础性维度——知识的理解与掌握上,显著地低于美国研究型大学的本科生。从年级的比较可以看出,无论是低年级本科生,还是高年级本科生,中美学生在"知识的理解与掌握"上的均值差异尺度均超过了 1。

表 2 中美研究型大学本科生在"知识的理解与掌握"上的均值差异

比较的范围	中国研究型大学 均值(M)	标准差(SD)	美国研究型大学 均值(M)	标准差(SD)	T 值	Cohen'd
低年级	3.79	0.99	4.89	0.87	−86.004***	−1.18
高年级	3.84	0.95	5.00	0.86	−99.557***	−1.19
全体学生	3.82	0.97	4.96	0.87	−136.876***	−1.24

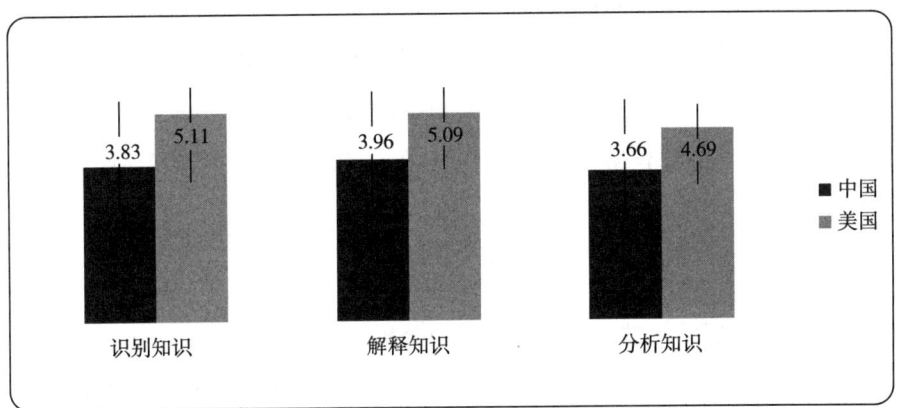

图 1　中美研究型大学本科生在"知识的理解与掌握"的三个具体指标比较

表 3　中美研究型大学本科生在"知识的综合与创新"上的均值差异

比较的范围	中国研究型大学 均值(M)	标准差(SD)	美国研究型大学 均值(M)	标准差(SD)	T 值	Cohen'd
低年级	3.62	0.95	4.43	0.91	−63.972***	−0.87
高年级	3.67	0.89	4.62	0.93	−84.275***	−1.04
全体学生	3.64	0.92	4.56	0.93	−111.099***	−0.99

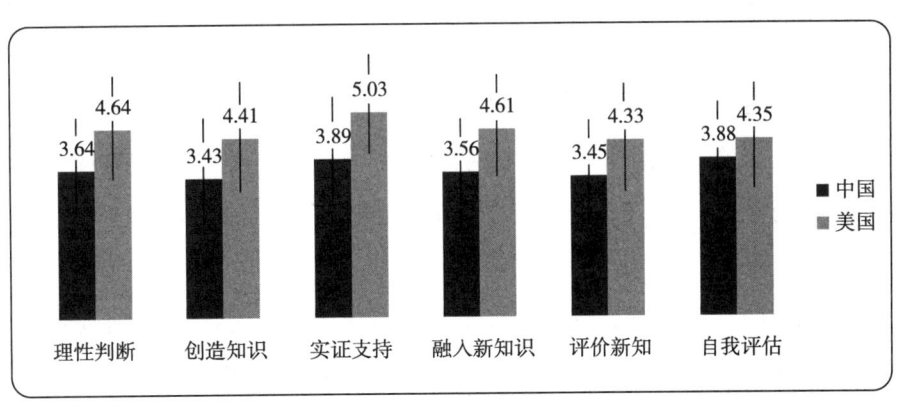

图 2　中美研究型大学本科生在"知识的综合与创新"的六个具体指标上的比较

2. 在"知识的综合与创新"上的比较

由表 3 和图 2 可以清晰地看到,中国研究型大学的本科生在深层学习的提升性维度——知识的综合与创新上,仍然显著地低于美国一流大学的本科生。

从年级的比较可以看出,无论是低年级本科生,还是高年级本科生,"知识的综合与创新"的均值差距仍然非常大,差异尺度均在1附近徘徊。从六个具体指标的比较来看,中国学生在理性判断、创造知识、融入新知、评价新知等方面都明显不足,中美之间的均值差异超过1或接近1。在自我评估上中美学生差距稍小。

(二)中美研究型大学本科生的深层学习的影响因素模型及其比较

表4展示了中美研究型大学本科生深层学习的影响因素情况。接下来,我们分别对两个深层学习的变量加以解释和分析。

以"知识的理解与掌握"为因变量。对于美国样本而言,各个自变量的容忍度(Tolerance)的值处于0.572至0.989之间,均达到大于0.1的标准;方差膨胀因子(VIF)的值处于1.011至1.539之间,均达到不大于5的标准。上述指标说明,这个模型对美国样本不存在共线性的问题。对于中国样本而言,各个自变量的容忍度(Tolerance)的值处于0.531至0.952之间,均达到大于0.1的标准;方差膨胀因子(VIF)的值处于1.050至1.883之间,均达到不大于5的标准。上述指标说明,这个模型对中国样本不存在共线性的问题。就具体的影响因素而言,表3显示,在控制了各种背景变量的基础上,中美研究型大学本科生的学习参与(或参与性环境)的五个变量都显著地影响"知识的理解与掌握"。其中,对于中国样本而言,影响最大的两个变量都是互动性变量,即"师生互动与交流"、"同伴互动与合作",此外,"课堂讨论与创新"的影响效应也值得关注(0.117);对于美国样本而言,影响最大的两个变量分别为"同伴互动与合作"、"课程修读与学习的时间"。总体而言,对于深层学习的基础性维度而言,互动的多少在一定程度上决定着学习的深入程度。

以"知识的综合与创新"为因变量。对于美国的样本而言,各个自变量的容忍度(Tolerance)的值处于0.572至0.989之间,均达到大于0.1的标准;方差膨胀因子(VIF)的值处于1.011至1.747之间,均达到不大于5的标准。上述指标说明,这个模型对美国样本不存在共线性的问题。对于中国样本而言,各个自变量的容忍度(Tolerance)的值处于0.530至0.952之间,均达到大于0.1的标准;方差膨胀因子(VIF)的值处于1.050至1.887之间,均达到不大于5的标准。

表4 中美研究型大学本科生深层学习的影响因素模型及其比较

	以"知识的理解与掌握"为因变量				以"知识的综合与创新"为因变量			
	中国研究型大学		美国研究型大学		中国研究型大学		美国研究型大学	
	模型1	模型2	模型3	模型4	模型5	模型6	模型7	模型8
年级（低年级=0,高年级=1）	0.033** (0.015)	-0.001 (0.013)	0.062*** (0.011)	0.060*** (0.011)	0.032** (0.015)	-0.026** (0.011)	0.110*** (0.012)	0.083*** (0.011)
性别（女生=0,男生=1）	-0.036** (0.016)	-0.031** (0.014)	0.000 (0.011)	0.006 (0.011)	-0.023 (0.015)	-0.018 (0.012)	-0.068*** (0.012)	-0.060*** (0.011)
家庭背景（低收入=0,中高收入=1）	0.016 (0.017)	-0.001 (0.015)	-0.014 (0.014)	-0.019** (0.014)	0.009 (0.016)	-0.010 (0.013)	-0.027** (0.015)	-0.026** (0.014)
母亲最高学历（大学以下=0,大学及以上=1）	0.031** (0.020)	-0.005 (0.018)	0.011 (0.014)	0.004 (0.014)	0.040** (0.020)	-0.008 (0.015)	0.001 (0.015)	-0.008 (0.014)
父亲最高学历（大学以下=0,大学及以上=1）	0.019 (0.021)	0.017 (0.018)	0.007 (0.015)	-0.008 (0.014)	0.004 (0.020)	0.004 (0.015)	-0.006 (0.016)	-0.025** (0.014)
课堂讨论与创新		0.117*** (0.013)		0.047*** (0.008)		0.146*** (0.011)		0.122*** (0.008)
同伴互动与合作		0.200*** (0.007)		0.177*** (0.005)		0.240*** (0.006)		0.155*** (0.005)
不良学业习惯		-0.034*** (0.009)		-0.051*** (0.006)		-0.041*** (0.008)		-0.048*** (0.006)
师生互动与交流		0.212*** (0.009)		0.057*** (0.007)		0.326*** (0.008)		0.220*** (0.007)

续 表

	以"知识的理解与掌握"为因变量				以"知识的综合与创新"为因变量			
	中国研究型大学		美国研究型大学		中国研究型大学		美国研究型大学	
	模型 1	模型 2	模型 3	模型 4	模型 5	模型 6	模型 7	模型 8
课程修读与学习的时间		0.134*** (0.005)		0.108*** (0.005)		0.074*** (0.004)		0.036*** (0.005)
F	18.983***	588.272***	20.233***	238.371***	12.524***	1118.314***	88.530***	574.374***
ΔF	18.983***	1150.830***	20.233***	454.664***	12.524***	2215.471***	88.530***	1041.554***
R^2	0.006	0.266	0.004	0.087	0.004	0.411	0.018	0.189
df	16222	24878	16067	24683				
Durbin-Watson	1.963	1.929	1.958	1.910				

注：(1) 回归系数均为 Beta 值；括号内的数值为标准误；(2) * $P<0.05$；** $P<0.01$；*** $P<0.001$。

上述指标说明,这个模型对中国样本不存在共线性的问题。就具体的影响因素而言,表4显示,在控制了各种背景变量的基础上,中美研究型大学本科生的学习参与(或参与性环境)的五个变量都显著地影响"知识的综合与创新"。其中,对于中国样本而言,影响最大的两个变量仍然都是互动性变量,即"师生互动与交流"、"同伴互动与合作";对于美国样本而言,影响最大的两个变量也是两个人际互动性变量,即"同伴互动与合作"、"师生互动与交流"。由此可见,对于深层学习的提升性维度而言,人际互动所起的作用尤为显著。但需要指出的是,对于中美样本而言,"课堂讨论与创新"这个学习变量的影响效应也都比较大(分别为0.146和0.122),这说明,课堂上的互动也是值得关注的重要环境要素。

(三)中美研究型大学本科生深层学习的影响因素:条件效应的分析

前文的分析表明,中美研究型大学本科生的学习参与对两个层次的深层学习都有着较为一致的影响模式。那么,有一个问题随之产生,即对于中美学生群体而言,哪个群体的深层学习会更加强烈地受到学习参与的影响? 也就是说,哪个群体的学习参与对于深层学习的影响更加敏感? 我们用交互效应(即条件效应)分析技术来加以解析。

表5 中美研究型大学本科生学习参与对两种深层学习影响的交互效应

因变量	自变量	交互项的b_3值	Simple Slope(美)	Simple Slope(中)
知识的理解与掌握	课堂讨论与创新	0.389***	0.172***	0.561***
	同伴合作与互动	0.191***	0.167***	0.358***
	不良学业习惯	−0.158***	−0.081***	−0.239***
	师生互动与交流	0.257***	0.163***	0.420***
	课程修读与学习时间	0.064***	0.119***	0.183***
知识的综合与创新	课堂讨论与创新	0.331***	0.347***	0.678***
	同伴合作与互动	0.209***	0.212***	0.421***
	不良学业习惯	−0.167***	−0.107***	−0.247***
	师生互动与交流	0.176***	0.348***	0.524***
	课程修读与学习时间	0.065***	0.099***	0.164***

我们把学生的国别(分别为中国和美国)作为调节变量 Z,把各种学习参与变量作为自变量 X,把深层学习作为因变量 Y。根据回归方程:$Y=A+b_1X+b_2Z+b_3XZ+e_1$,如果 b_3 是显著的,则说明国别对于学习参与和深层学习之间的关系具有调节作用,说明中美之间在学习参与和深层参与之间有显著的交互作用(或条件效应)。表 5 的第一列展示了各个具体学习参与变量的调节效应,结果表明:各个学习参与变量影响两个深层学习变量的关系,在中美研究型大学本科生之间都具有调节效应。那么,调节效应的具体内涵又是什么呢?我们不妨通过计算回归方程的简单斜率来对比具体的影响差异。

根据 Cohen(1983)和 Aiken(1991)的建议,对回归方程做如下的变形并代入具体的国别变量数据,就可以计算出不同国别下的回归方程简单斜率(Simple Slope),进而可以比较出具体的斜率差异(也即影响效应的差异)[①]。由 $Y=b1X+b2Z+b3XZ+e1$,可以变形为 $Y=(b1+b3Z)X+b2Z+A$(直线方程)。由此,Z 分别取 0 和 1(分别代表美国和中国),代入直线方程,就可以得到两条直线的斜率 b1 和 b1+b3。由此就可以具体地比较出两个斜率的差异,从而得到具体的条件效应的真实结果。

由表 5 的第二列和第三列可以明显地看出,在条件效应客观存在的前提下(b3 均是显著的),中国样本的简单斜率都明显高于美国样本的简单斜率。这说明,学习参与的各个变量对于深层学习的影响,中国样本的影响效果更加明显,影响的加速效应得以证实。

经过进一步细致比较还可以看出,敏感性最大的学习参与变量主要是各个"互动性变量",如课堂讨论与创新、同伴互动与合作、师生互动与交流。即中美样本在这些"互动性"变量上的简单斜率差距很大。也就是说,对于中国研究型大学的本科生而言,这些互动性变量对于深层学习的影响,要比美国同类大学本科生来得更加有效和明显。

图 3 和图 4 更加明晰和直观地展示出了中美两国学生样本在简单斜率上的

[①] Jose P, *Doing Statistical Mediation & Moderation*, New York: the Guilford Press, 2013, 167.

差异。由图示可以看出,中国学生样本的直线斜率明显大于美国学生样本。特别是,在课堂讨论与创新、同伴合作与互动、师生互动与交流等的互动性变量的影响斜率上,中国学生样本的正向促进作用表现得更加明显、更加敏感。由此可见,在学习参与对深层学习的影响上,中国学生比美国学生呈现出加速影响的效应,而各种"互动参与"的加速影响效应尤为明显。

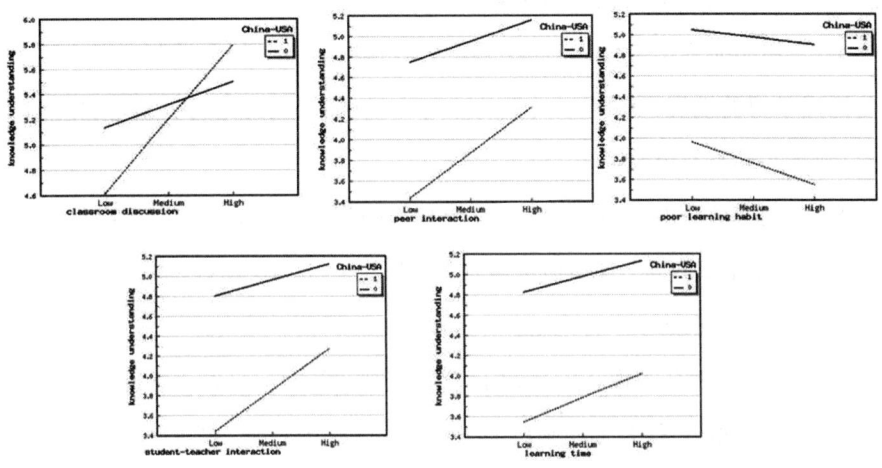

图 3　五个学习参与的环境变量与知识理解之间关系的中美斜率差异图
(注:线 1 为中国样本,线 0 为美国样本)

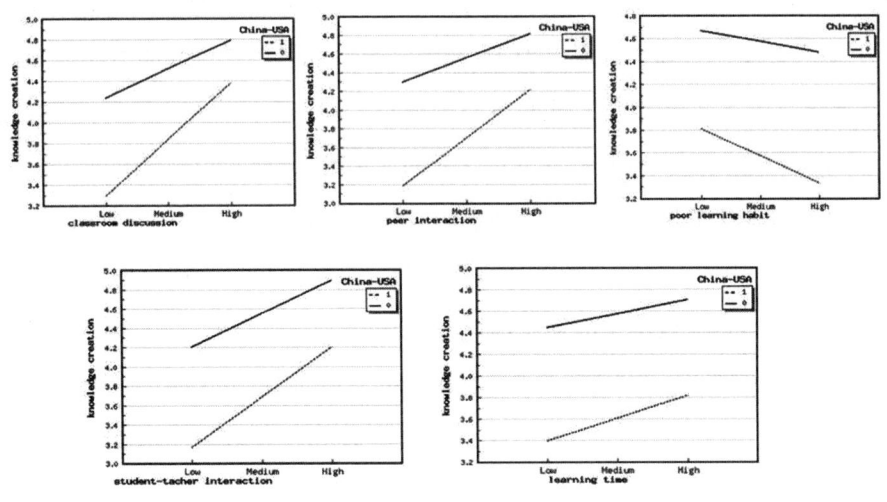

图 4　五个学习参与的环境变量与知识创新之间关系的中美斜率差异图
(注:线 1 为中国样本,线 0 为美国样本)

五、结论与建议

本研究获得了如下的结论:

第一,中国研究型大学的本科生在深层学习的两个维度,即"知识的理解与掌握"与"知识的综合与创新"上,都显著地落后于美国样本。差异尺度的分析表明,中国研究型大学本科生的落后幅度非常明显。

第二,中美研究型大学本科生的各个学习参与变量,都会显著地影响两个维度的深层学习的发展,其中,互动性的参与变量(如课堂讨论与创新、同伴互动与合作、师生互动与交流)影响效应更大。

第三,调节效应的分析表明,学习参与影响深层学习的效应,在中国研究型大学本科生身上呈现出一种"加速效应"。尤其是三个互动性的参与变量,对深层学习的加速发展效果更加明显。

基于上述的研究发现,结合我国"双一流建设"方兴未艾、"建设世界一流大学必须办一流的本科教育"业已形成共识的现实背景,我们提出如下对策建议——

第一,关注学生的深层学习,这是办好高品质一流本科教育的根基。学习活动是大学教育活动的核心要素,学习的质量决定了人才培养的整体质量。"深层学习"既关注学生对知识的深层加工,又蕴含着学生创新意识与能力的提升,是高品质学习质量乃至教育质量的核心表征。[①] 我们基于中美八所研究型大学的 SERU 调查数据分析发现,在深层学习的两个维度(即知识理解和知识创新)上,中国研究型大学本科生都明显逊于美国同类大学本科生,这一数据落差值得国人深思。在中国高等教育的各项指标正努力赶超世界发达国家的大背景下,关注学生的学习,成就学生的发展,而非仅仅满足于物质环境的改进和管理制度的完善,这既意味着一种"学生本位"、"学生视野"的确立,更彰显出一种崭新的、"哥白尼倒转式的"大学办学观的确立。国际高等教育著名学者帕斯卡雷拉

---

① 吕林海:《大学生深层学习的基本特征、影响因素及促进策略》,《中国大学教学》2016年第11期。

(Pascarella)和特伦兹尼(Terenzini)在《大学怎样影响学生的发展》中深刻地指出,"大学质量的高低取决于大学对学生所产生的影响……卓越的大学应当把资源、管理、政策落脚和围绕在学生的高质量学习上"[①]。笔者相信,如果中国研究型大学的校长、书记和教授学者更多秉持着阿斯汀所说的"学习的增值观念"以深化本科教育教学改革,而非仅仅执着于外部的"资源观念",则"办中国最好的本科教育"就不再流于口号与文件,而将会在深度内涵发展上有所收获,进而在一流本科教育基础的夯实上有所成就。

第二,倡导参与式学习,重视参与式学习环境的营造,这是创建一流本科教育的重要抓手。学习参与既是一种行为的卷入,更意味着精神、思想、思维的整体激发。从经验主义者洛克到理性主义者康德,从强调个人认知的心理学家皮亚杰到关注社会维度的心理学家维果茨基,凡是探讨学习本质的思想家和实践者,无不强调"活动"、"体验"、"参与"对于学习的本真价值。"学生只有参与了、投入了,才意味着教育的质量和绩效。"[②]肯·贝恩也说:"只有学习参与,才会使学生达到更高的层次,才会使他们成为独立的、有判断力和创造力的思想者。"[③]我们对中美学生群体的调查研究获得了以下结论:师生互动与交流、同伴互动与合作、课堂交流、学习时间投入等学习参与活动,对于深层学习均具有显著的促进作用。基于此,我们建议,营造参与式的学习环境,一方面需要教师真正树立"从学生的角度思考教学"的教学信念,另一方面也需要教师持续不断地追问:学生的认知起点在哪里?原有的认知起点是否会阻碍或促进新知识的学习?如何通过一种蕴含着趣味的情境调动学生的认知动机?如何在教学活动中使学生保持甚至强化参与的意愿?如何及时地给予学生评价反馈,以促发其学习质量的进一步提升?只有当教师在教学活动中不断回应上述的自我追问,才能实现肯·贝恩在《如何成为卓越的大学教师》中所说的"不断创建自然的、批判的学习

---

① Pascarella E. & Terenzini P, *How College Affects Students*, San Francisco: Jossey-Bass,1991,1-10.

② 龚放:《本科教育质量:体制制约、内涵界定与维度补缺》,《大学教育科学》2012年第5期。

③ 肯·贝恩:《如何成为卓越的大学教师》,北京大学出版社2014年版,第43页。

环境,让学生自己去参与、去学习、去调动思维解决问题,并唤醒和激发学生的学习潜力"[1]。这也正如脑学习理论的著名学者凯恩所言,"最优质的教学是一种编排的浸润状态……由此,学生的经验被调动、被唤起,学生的学习不断迈向深层,这是教育的至高艺术和卓越教学之道"[2]。

第三,关注互动性参与对中国学生深层学习的"加速影响效应",体悟影响中国学生学习行为的文化特质。我们的研究表明,互动性的参与(课堂讨论、师生互动、生生互动)对于中国学生的深层学习会产生更加明显的加速影响效应,这既意味着"互动"的环境对于中国学生的高质量学习的提升及实现极为重要,也反衬出中国学生学习背后的"文化"制约因素。强调德行涵养的中国文化,将"知识"的理性扎根在对美德的诠释和践行之中,由此,对于中国学习者而言,学习的美德价值功能超越了布朗大学李瑾教授说所的"学习的心智激发功能"。在"谦虚求学"、"谨言慎行"、"尊师自得"等美德观念的导引下[3],课堂的矜持、沉默、保守、安静司空见惯,质疑、反驳、争论、交锋及其所激发出的创新火化,很难在这样一种"温良恭俭让"的教育氛围中怦然迸发。由此可见,在保持学习美德之中国优秀传统的同时,恢复学习的理性发展的本体功能,特别是着意营造一种互动式的学习参与环境,可望加速提升中国学生的深度学习,改进中国学生的学习质量,创建更加优质的中国学习文化,这是我国本科教育教学改革,特别是研究型大学本科教学改革中值得关注的重要抓手。综合上文,我们认为,关注互动式参与,在"加速影响效应"、促进深层学习上做足、做好文章,既有扎实的文化意蕴和教育价值比较依据,更具很强的可操作性和现实意义。

(原载《教育研究》2018年第4期。原文题目为"研究型大学本科生深层学习及其影响因素的中美比较——基于中美八所大学SERU调查的实证分析")

---

[1] 肯·贝恩:《如何成为卓越的大学教师》,北京大学出版社2014年版,第18—19页。
[2] 雷纳特·凯恩、杰弗里·凯恩:《创设联结:教学与人脑》,吕林海译,华东师范大学出版社2004年版,第97—113页。
[3] 李瑾:《文化溯源:东方与西方的学习理念》,华东师范大学出版社2015年版,第43—46页。

常规和在线学习情景下学生投入特征及类型研究

陆根书　刘秀英

内容提要：本研究应用西安交通大学 3782 名大学生的学习经历调查数据，分析了常规和在线学习情景下的学生投入行为特征。研究发现，常规学习情景下的学生投入和在线学习情景下的学生投入的相互替代性低，只有同时考察学生在常规学习情景下的投入行为和在线学习情景下的投入行为，才能比较全面地把握学生投入的特征。根据在常规和在线学习情景下的学生投入行为，可以将学生分为"被动型"、"传统型"、"网络型"和"积极型"四种类型，他们分别占调查样本总数的 24.56％、19.49％、35.96％和 19.99％。随着大学生在学习过程中越来越频繁地使用网络技术和电子资源，本研究凸显了加强在线学习情景下学生投入行为研究的必要性和重要性。

一、前言

二十世纪八十年代以来，提升高等教育质量已经成为世界许多国家高等教育改革与发展的重要任务之一。1998 年联合国教科文组织召开的首届世界高等教育大会将提高高等教育质量列为二十一世纪高等教育改革与发展的三大主题之一。2009 年联合国教科文组织召开的第二届世界高等教育大会发布的公报强调："高等教育的全球化亟须建立国家认证体系和质量保障体系"，认为"在当代高等教育中，质量保障无疑起着至关重要的作用……更需要在机构内部形成一种质量文化"。为了提升高等教育质量，我国也出台了一系列政策。在 2010 年颁布的《国家中长期教育改革和发展规划纲要（2010—2020 年）》中更把

"提高质量"纳入我国教育改革发展的工作方针内容,对高等教育也明确提出了提高质量、建设高等教育强国的要求。

高等教育是个复杂的过程,如何测量和评价高等教育质量一直是高等教育研究领域探讨的问题,但至今众说纷纭。有关观点大致可以归为两类:第一类观点认为高等教育质量无法界定,所以无从测量和评价;第二类观点认为高等教育质量可以测量和评价。但是对如何测量和评价高等教育质量,又有如下几种不同观点:一是认为可以用评价主体(例如专家或学生)对高等教育质量的评价和看法来测量和评价高等教育质量;二是认为可以采用师资、校舍、生源、财政资源或规模等实质性指标来测量和评价高等教育质量;三是认为可以用毕业生质量来测量和评价高等教育质量;四是认为可以用学生个体能力发展等发展性指标来测量和评价高等教育质量。[①]

随着高等教育改革与发展的不断深入,以学生为中心、基于产出测量和评价高等教育质量的观念越来越受到人们的重视。二十世纪九十年代以来,学生投入在国内外尤其是在国际上逐渐成为一个从学生视角评价和测量高等教育质量的重要指标。在美国、英国、澳大利亚、新西兰、中国,均有一些组织和机构从学生投入角度,建构了相应的高等教育质量测量与评价指标,对改善和提升高等教育质量发挥了重要作用。

学生投入是指学生在校期间对学习活动、人际互动等方面投入的时间、精力等,它不仅包括常规学习情景下的学生投入,而且包括在线学习情景下的学生投入。随着网络技术的发展,大学生在学习过程中使用网络技术越来越频繁,在线学习已经成为大学生学习的一种重要方式。因此,为了更好地从学生视角评价和测量高等教育的质量,在测量和评价学生投入时,在测量与评价常规学习情景下学生的投入状态的同时,测量和评价在线学习情景下学生的投入状态,是值得深入研究的一个重要问题。本研究将以对西安交通大学大学生的调查数据为基础,分析在常规和在线学习情景下大学生投入的特征及其类型。

---

① 唐巍华:《华中科技大学大学生学习投入度研究》,华中科技大学博士论文,2011年。

二、研究文献概述

(一) 学生投入的概念

学生投入概念的内涵随着时代的变化一直处于不断丰富和发展的过程中。在早期,还没有明确提出学生投入的概念,但一些学者提出的概念与学生投入相近。例如,Astin 提出了"学生卷入"概念,Pace 提出了"努力质量"概念等。Astin 将"学生卷入"界定为学生在学习过程中投入的时间多少和努力程度。如果学生在学校学习活动和组织活动中花费大量时间和精力,则表示学生具有高度卷入行为,如果学生很少在校学习和参加课外活动,并且缺乏与教师及同学的沟通交流,则表示学生缺乏卷入。[①] 学生卷入不仅具有量的特征,例如在学习上花费的时间长短,还具有质的特征,例如学生是否理解、掌握所学内容。虽然如此,但 Astin 更重视投入行为的数量特征,指出教育目标与学生投入时间直接相关。Pace 则用学生的"努力质量",即学生在学习中的努力程度、范围大小和质量高低来描述学生的投入状况。"努力质量"体现在不同层次、不同类型的学习活动中,如记笔记、组织所学知识、超额完成作业、搜寻图书资料、独立自主探究和更专注的学习行为等,以及日常师生社会互动(如学生与教师探讨职业选择,询问学习任务评价和指导等互动行为)。[②] 可见,Pace 的"努力质量"更重视学生投入行为的性质。

Kuh 在前人研究的基础上,明确提出了"学生投入(student engagement)"的概念。Kuh 提出,这一概念包含两个层面的含义:一是指学生在校园中的学术活动与非学术活动的投入程度,二是指学校吸引学生投入各项学术活动和非学术活动的力度和能力。他认为,学生投入既包括学生投入到教育活动中的时

[①] Astin, A. W, "What Matters in College," *Liberal Education*, 1993, 79(4), 4-18.
[②] Pace, C. R, *The Undergraduates: A Report of Their Activities and Progress in College in the 1980's*, Los Angeles, CA: University of California, Center for the Study of Evaluation, 1990b

间和精力,也包括学校对学生投入的支持程度等。[1]

Coates 认为,学生参与有教育目的的活动会影响学生的学习,所以学生投入的内容应该与学生在教育过程中的行为和经历密切相关。[2]

由上可见,学生投入的内涵不仅包括学生在课堂活动中的努力与参与程度,还包括在课外与教师、同学就有关学习问题进行的互动沟通。

在本研究中,我们将常规学习活动场景中的学生投入称为常规学生投入,将学生在在线学习情景下借助网络技术和在线学习资源进行的学生投入称为在线学生投入。本研究将探讨常规和在线学生投入的基本特征。

(二) 学生投入的构成维度

学生投入是个多维度的概念,所以很多研究对学生投入的维度进行了分析。美国的全国大学生投入调查(NSSE)中,最初将学生投入分为五个维度,即学术挑战(LAC)、主动合作学习(ACL)、师生互动(SFI)、丰富的教育经历(EEE)和学校环境支持(SCE)。"学术挑战"维度主要关注学生在具有挑战性的学术活动中的投入情况,主要调查学生完成较长篇幅的课程作业、课前花费较长时间进行课前准备、对知识进行理解分析等的情况;"主动合作学习"维度主要关注学生在学习活动中智力和社交投入情况,其中主动学习主要调查学生对知识的理解和构建,合作学习则主要调查学生通过生生互动学习的情况,包括学生的课堂提问情况、课堂展示汇报,学生之间相互合作、课外时间讨论学习内容以及参加学习项目的情况等;"师生互动"维度主要关注课堂学习情景之外学生与教师的互动交流情况,主要调查课外师生互动讨论学习内容和其他话题,如职业、研究等问题的情况。"丰富的教育经历"维度主要关注学生在校经历的丰富程度,主要调查学生典型的校园教育经历,例如和不同背景的同学互动,出国留学和做交换生

---

[1] National Survey of Student Engagement (NSSE). Improving the College Experience: National Benchmarks of Effective Educational Practice. National Survey of Student Engagement 2001, Bloomington, IN: Indiana University, 2001.

[2] Coates, H, *Student Engagement in Campus-based and Online Education*, London and New York: Routledge Taylor & Francis Group, 2006.

的机会,课外实习、志愿活动及社区参与等。"学校环境支持"维度主要关注学校环境对学生学习提供支持的程度,主要调查学生从教师、服务人员和同学中得到的支持情况。[①] 之后,NSSE 对学生投入有关测量指标进行了修订、完善,目前使用的学生投入测量指标共分为四个主题十个维度,即学术挑战(AC)、朋辈学习(LP)、教师支持(EF)和校园环境(CE)四个主题,其中"学术挑战"主要测量对学生认知思维能力和学习策略的要求及其使用情况,包括高阶学习(HOL)、反思整合学习(RIL)、学习策略(LS)和定量推理(QR)四个维度;"朋辈学习"主要测量学生之间合作学习和与不同背景学生互动交流的情况,包括合作学习(CL)及与不同背景学生沟通(DDO)两个维度;"教师支持"主要测量师生互动和有效教学实践的情况,包括师生互动(SFI)和有效教学实践(ETP)两个维度;"校园环境"主要测量学生与校园内各种主体的互动质量和环境支持情况,包括互动质量(QI)和环境支持(SE)两个维度。[②] 调整后的学生投入测量指标包含的内容更加全面。

NSSE 对学生投入构成维度的界定影响广泛。2007 年开始实施的澳大利亚大学生投入调查(AUSSE)所采用的工具,就是基于 NSSE 发展起来的,AUSSE 在 NSSE 最初的学生投入五个维度结构基础上,增加了一个"学工结合"维度。[③] 近年来,清华大学教育研究院也将美国大学生投入调查工具引入了国内,并在基本保持学生投入五维度的基础上对调查工具做了一定程度的发展。[④]

澳大利亚学者 Coates 为了调查本科生在常规学习环境中和在线学习环境中的学生投入,设计开发了常规校园学习环境和在线学习环境下学生投入问卷。

---

① National Survey of Student Engagement (NSSE). Improving the College Experience: National Benchmarks of Effective Educational Practice. National Survey of Student Engagement 2001, Bloomington, IN: Indiana University, 2001.

② National Survey of Student Engagement (NSSE). Annual Results 2015 [DB/OL]. http://nsse.indiana.edu/ NSSE_2015_Annual_Results.pdf.

③ Coates, H, "Development of the Australasian survey of student engagement (AUSSE)," *Higher Education*, 2010, 60(1), 1-17.

④ 罗燕、海蒂罗斯、岑逾豪:《国际比较视野中的高等教育测量——NSSE-China 工具的开发:文化适应与信度、效度报告》,《复旦教育论坛》2009 年第 5 期。

他对常规校园学习环境中学生投入采用九个维度进行测量:"建构教学(CT)"维度主要测量教师对学生学习积极性的激发和支持;"合作学习(CL)"维度主要测量学生在合作学习活动中的参与情况;"教师易接近程度(SA)"维度主要测量教师对学生的关注程度;"师生互动(SSI)"维度主要测量师生互动情况;"主动学习(AL)"维度主要测量学生积极学习的努力程度;"学业挑战(AC)"维度主要测量学校对学生的期望和评价对学生的挑战程度;"课外合作(EC)"维度主要测量非正式学习环境中学生参与的合作学习情况;"辅助活动(SA)"维度主要测量学生参与校内丰富社交活动情况;"支持性环境(SE)"维度主要测量学生感知到的被学校认可、支持和接纳的程度。他对在线环境中学生投入采用七个维度进行测量:"在线投入(OE)"维度主要测量学生利用在线系统提升和丰富学习的程度;"在线主动学习(OAL)"维度主要测量学生利用在线系统提示学习的方法进行学习的情况;"在线社交互动(OSI)"维度主要测量学生利用在线系统支持社交互动的程度;"在线师生互动(OSSI)"维度主要测量学生与教师在线环境中的互动性质和水平;"在线合作(OCL)"维度主要测量学生参与在线合作学习的程度;"在线教学(OT)"维度主要测量教师是否利用在线系统促进学习;"在线学习关联(OAR)"维度主要测量学生利用在线系统改善和提高所学知识与实践应用之间的关联程度。[1]

从研究文献看,多数有关大学生投入的研究对学生借助网络技术和在线资源进行的投入行为有所忽视。虽然 Coates 对在线学生投入做了比较深入的研究,但 Coates 之后对大学生在线投入行为的研究仍然偏少。在我国,绝大多数有关大学生投入的研究关注的是常规学习情景下的学生投入,只有少数研究关注了网络课堂、在线学习情景下的学生投入行为。例如,陈杰对网络教室环境中低年级学生在自主学习活动中的投入行为进行了研究[2];王晶对清华大学网络

---

[1] Coates, H, *Student Engagement in Campus-based and Online Education*, London and New York:Routledge Taylor & Francis Group,2006.
[2] 陈杰:《网络教室环境中低年级段学生自主学习活动中的学生投入研究》,北京师范大学博士论文,2007年。

学堂学生的使用情况进行了统计分析,探讨了教师教学投入与学生学习投入之间的关系[①];李静探讨了高校学生网络学习投入情况[②]。同时对常规学习情景下的学生投入和在线学习情景下的学生投入进行研究的则更少。

由上可见,不同研究对大学生投入构成维度会根据研究需要进行建构或调整。例如,Coates设计的澳大利亚大学生投入调查问卷在美国NSSE调查工具的基础上增加了"学工结合"维度,他还对学生在常规学习情景下的投入行为和在线学习情景下的投入行为进行了分析。本研究在此基础上,应用对西安交通大学学生的调查数据,对常规学习情景下和在线学习情景下的大学生投入的特征和类型进行分析。

(三)学生投入类型研究

Coates在对大学生投入的研究中发现,学生在社交活动中的投入与在学术活动中的投入存在明显差异。他根据学生投入行为是否存在人际互动和社交行为,将学生投入进一步分为社交投入和学术投入两类。根据学生在社交投入和学术投入上的表现,进一步将学生投入分为四种类型:第一类是热情(Intense)投入类,即学生的社交投入水平和学术投入水平都比较高;第二类是合作(Collaborative)投入类,即社交投入水平高于平均水平,但学术投入水平低于平均水平;第三类是独立(Independent)投入类,即学术投入水平高于平均水平,但社交投入水平低于平均水平;第四类是被动(Passive)投入类,即学术投入水平和社交投入水平都低于平均水平。[③]

此外,Astin、Kuh、Hu及舒忠梅等人分别采用不同分析方法对欧美及中国大学生投入类型进行了探索,对大学生投入做了不同类型的划分,但这些研究关

---

① 王晶:《清华大学网络学堂学生使用情况统计与分析》,《现代教育技术》2014年第7期。

② 李静:《高校学生网络学习投入情况研究》,河南大学博士论文,2012年。

③ Coates, H, *Student Engagement in Campus-based and Online Education*, London and New York: Routledge Taylor & Francis Group, 2006.

注的都是常规学习情景下的学习投入。①②③④⑤⑥

三、研究设计

(一) 研究样本

本研究数据来自 2012 年对西安交通大学大学生经历的调查。调查对象是全体本科生(但不包括留学生)。调查采用网络调查方式,共收回调查问卷 5188 份,其中数据完整的有效问卷 3782 份。调查样本基本特征见表 1。

表 1 调查样本基本特征

组别	类别	频率	百分比
性别	男	2530	66.9
	女	1252	33.1
学科	工程技术	2138	56.5
	自然科学	259	6.8
	生命科学	674	17.8
	社会科学	539	14.2
	人文科学	137	3.6
	艺术	35	1.1

---

① Pike, G.R., Kuh, G.D., "A Typology of Student Engagement for American Colleges and Universities," *Research in Higher Education*, 2005, 46(2), 185 - 209.

② Astin, A. W, "An Empirical Typology of College Student," *Journal of College Student Development*, 1993, 34(1), 36 - 46.

③ Kuh, G.D., Hu, S., Vesper, N, "'They shall be known by what they do': An activities based typology of college students," *Journal of College Student Development*, 2000, 4[2], 228 - 244.

④ Hu, S., Mccormick, A. C., "An Engagement-Based Student Typology and Its Relationship to College Outcomes," *Research in Higher Education*, 2012, 53(7), 738 - 754.

⑤ Luan, J., Zhao, c, Hayek, J, *Using a Data Mining Approach to Develop a Student Engagement Based Institutional Typology*, IR Applications, 18. Tallahassee, FL: Association for Institutional Research, 2009.

⑥ Saenz, V. B., Haatch, D., Bukoski, B. E. et al, "Community College Student Engagement Patterns: A Typology Revealed Through Exploratory Cluster Analysis," *Community College Review*, 2011, 39(3), 235 - 267.

续 表

组别	类别	频率	百分比
年级	一年级	999	26.4
	二年级	780	20.6
	三年级	848	22.5
	四年级	1152	30.5
合计		3779	100.0

(二) 学生投入测量

1. 常规学习情景下学生投入的测量

在调查问卷中,测量常规学习情景下学生投入行为的题目共有34题。对这些题目进行探索性因素分析,以特征值大于1为选取因素的标准,采用主成分因素分析并进行最大方差旋转,可以将这34个题目归为"批判思考"、"师生互动"、"学术挑战"、"课外投入"、"缺乏投入"、"理解分析"、"学习负担"等因子。① 对这些因子做进一步的信度分析和应用结构方程模型进行验证性分析,对信度系数(Cronbach α)低于0.7的因子、因子负荷低于0.5或者因子负荷分布分散的题目,以及结构方程模型进行验证性因子分析时因素负荷不符合基本要求(误差异常或因素载荷 λ 低于0.5)的题目进行剔除,最终保留了七个因子27个测量题目。这七个因子的信度系数及能够解释的方差见表2。常规学习情景下学生投入的整体信度系数为0.883,七个因子累积解释的方差为61.944%。

表2 常规学习情景下学生投入的构成维度及其信度分析结果

序号	维度	题目数	问题示例	信度系数（α系数）	解释的方差(%)
1	批判思考	5	创造或产生新的观点或理解的方法	0.825	30.259
2	师生互动	5	和教师通过电子邮件或面对面交流	0.821	7.225
3	学术挑战	4	由于任课教师高标准而提升努力程度	0.760	6.703

---

① 陆根书、胡文静、闫妮:《大学生学习经历:概念模型与基本特征》,《高等教育研究》2013年第8期。

续　表

序号	维度	题目数	问题示例	信度系数（α系数）	解释的方差（%）
4	课外投入	5	课外与其他同学一起小组学习	0.769	5.189
5	缺乏投入（反向赋值）	3	课前没有做好准备	0.736	4.598
6	学习负担	3	完成上交20或20页以上的文章	0.704	4.219
7	理解分析	2	识别或者回忆事实、术语和概念	0.754	3.750

对常规学习情景下学生投入进行二阶验证性因素分析的结果表明,该模型的绝对适配指标(GFI=0.90,AGFI=0.90,RMSEA=0.03)、增值适配指标(NFI=0.87,RFI=0.87,IFI=0.89,TLI=0.89)和简约适配指标(PGFI=0.86,PNFI=0.89,PCFI=0.92)均表明,常规学习情景下学生投入测量模型的拟合优度良好。

2. 在线学习情景下学生投入的测量

在调查问卷中,测量在线学习情景下学生投入的题目共有18题。依据常规学习情景下学生投入测量指标相同的筛选标准进行处理,最后保留了11个测量题目,归为四个因子:第一个因子主要测量课堂教学中使用在线讨论、在线作业、在线阅读和视频课程的学习的情况,命名为"在线课堂学习";第二个因子主要测量课堂教学中引入电影和音乐的情况,命名为"在线艺术鉴赏";第三个因子主要测量学生在线阅读电子图书和电子文章的情况,命名为"在线阅读";第四个因子主要测量学生借助在线数据库查阅资料的情况,命名为"在线资源利用"。各因子的信度系数和能够解释的方差见表3。在线学习情景下学生投入的整体信度系数为0.805,四个因子累积解释的方差为73.987%。

表3　在线学习情景下学生投入的构成因素及其信度分析结果

序号	维度	题目数	问题示例	信度系数（α系数）	解释的方差（%）
1	在线课堂学习	4	教学中使用在线讨论	0.788	34.680
2	在线艺术鉴赏	3	教学中播放电影	0.841	17.745
3	在线阅读	2	学生阅读网上图书	0.775	11.184

续 表

序号	维度	题目数	问题示例	信度系数（α系数）	解释的方差（%）
4	在线资源利用	2	学生使用图书馆数据库查阅杂志文章	0.827	10.378

对在线学习情景下学生投入进行二阶验证性因素分析，可以看到，该模型的绝对适配指标（GFI=0.97,AGFI=0.95,RMSEA=0.07）、增值适配指标（NFI=0.95,RFI=0.94,IFI=0.96,TLI=0.94）和简约适配指标（PGFI=0.64,PNFI=0.73,PCFI=0.73）均表明，在线学习情景下学生投入测量模型的拟合优度良好。

四、研究结果

（一）学生投入基本特征分析

表4列出了常规和在线学习情景下学生投入的基本特征。结果表明，在常规学习情景下，学生在"缺乏投入"（反向赋值）、"课外投入"、"批判思考"和"理解分析"维度上的投入水平较高，但在"师生互动"和"学习负担"维度上的投入水平较低；在线学习情景下，学生在"在线阅读"和"在线资源利用"维度上的投入水平较高，在"在线课堂学习"和"在线艺术鉴赏"维度上的投入水平较低。

表4 常规和在线学习情景下学生投入的基本特征

学生投入维度	N	均值	标准差
常规学生投入			
师生互动	3782	2.721	0.882
批判思考	3782	3.413	0.859
学术挑战	3782	3.031	0.785
课外投入	3782	3.638	0.841
缺乏投入	3782	4.465	0.818
理解分析	3782	3.765	0.959
学习负担	3782	2.756	0.978
在线学生投入			
在线课堂学习	3782	2.694	0.782

续 表

学生投入维度	N	均值	标准差
在线艺术鉴赏	3782	2.765	0.891
在线阅读	3782	3.398	0.905
在线资源利用	3782	3.662	0.815

注:学生在回答常规学习情景下的投入题目时,供学生选择的答案共分为"从不"、"难得"、"有时"、"稍多"、"经常"、"频繁"六个等级,根据学生的选择分别赋值1—6分。学生在回答在线学习情景下的投入题目时,供学生选择的答案共分为"几乎没有"、"经常"、"较少"、"经常"、"总是"五个等级,根据学生的选择分别赋值1—5分。

(二) 指标聚类分析

为了探讨常规学习情景下学生投入与在线学习情景下学生投入指标的相似性,本研究根据这两类指标中各指标之间相关系数的绝对值来定义各变量之间的相似性。两个指标之间的绝对值越大,表明两个变量间的相似程度越高。当两个指标的相似度高到一定程度时,可以将其归为一类指标。对两类指标之间的相似性的考察,则用两类指标中最小的相关系数表示。

分析结果表明,常规学习情景下学生投入维度中的"课外投入"、"学术挑战"、"师生互动"、"批判思考"两两之间存在中等程度的相关性(相似系数介于0.47—0.60之间),"理解分析"与"批判思考"维度之间,以及"学习负担"与"师生互动"、"学术挑战"、"课外投入"维度之间存在中等程度的相关性(相似系数介于0.44—0.47之间);在线学习情景下学生投入维度中的"在线课堂学习"与"在线艺术鉴赏"维度之间存在中等程度的相关性(相似系数0.48);常规学习情景下学生投入各维度与在线学习情景下学生投入各维度之间的相关性比较低(相似系数介于0.01—0.35之间),说明常规学习情景下的学生投入与在线情境下的学生投入各具典型性(详见表5)。这一结果与Coates的研究结果也是相符的。[①]

指标聚类分析结果表明,各维度指标随着距离增加而不断合并,但即使选择的距离标尺接近25、将指标归为3类时,仍然既包括常规学习情景下的学生投入指标,又包括在线学习情景下的学生投入指标,常规和在线学习情景中的学生投入维度之间的可替代性较弱(详见图1)。由此可见,要全面地考察学生投入

---

① Coates, H, *Student Engagement in Campus-based and Online Education*, London and New York: Routledge Taylor & Francis Group, 2006.

的特征,既要考虑常规学习情景下的学生投入,又要考虑在线学习情景下的学生投入,两者缺一不可。

表5 常规和在线学习情景下学生投入维度之间的相似性矩阵(Pearson 相关系数)

	X1	X2	X3	X4	X5	X6	X7	X8	X9	X10
师生互动(X1)	1.00									
批判思考(X2)	0.47	1.00								
学术挑战(X3)	0.54	0.48	1.00							
课外投入(X4)	0.53	0.55	0.60	1.00						
缺乏投入(X5)	0.23	0.21	0.23	024	1.00					
理解分析(X6)	0.24	0.44	0.29	0.39	0.12	1.00				
学习负担(X7)	0.44	0.35	0.44	0.47	0.14	0.18	1.00			
在线课堂学习(X8)	0.27	0.29	0.24	0.23	0.09	0.06	0.26	1.00		
在线艺术鉴赏(X9)	0.15	0.18	0.15	0.10	0.08	0—.01	0.10	0.48	1.00	
在线阅读(X10)	0.35	0.21	0.24	0.29	0.15	0.16	0.30	0.26	0.13	1.00
在线资源利用(X11)	0.17	0.16	0.15	0.21	0.08	0.12	0.19	0.22	0.11	0.32

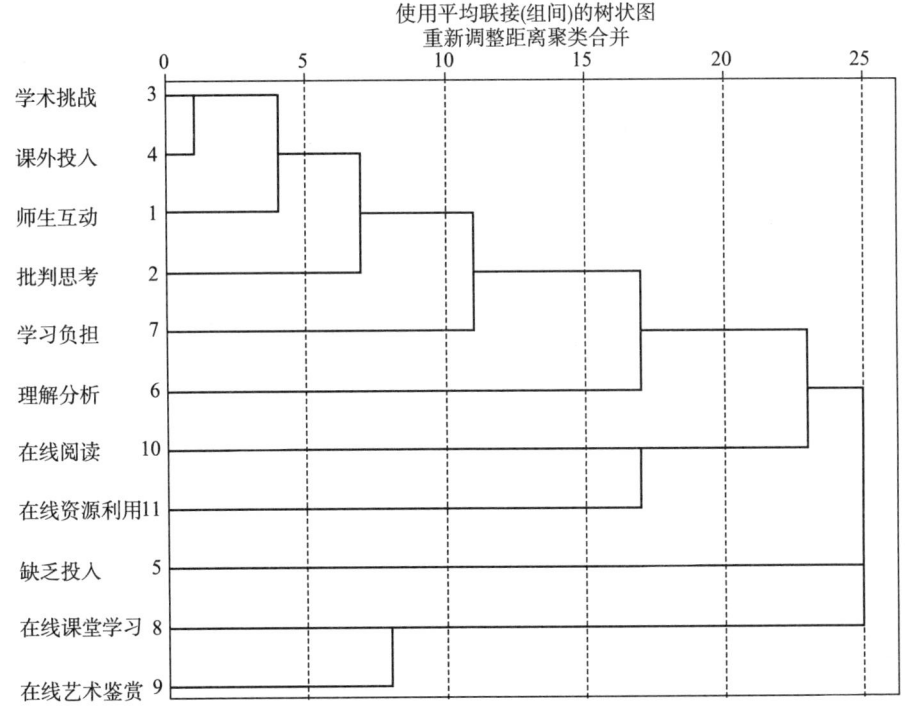

图1 指标聚类树状图

虽然常规学习情景下的学生投入部分指标之间及在线学习情景下的学生投入部分指标之间存在中等程度的相似性,但是,指标聚类进程结果并没有提供约减指标的可靠依据。指标聚类进程表明,当指标从 11 类合并为 10 类时,类别之间指标最小相关系数发生较大变化(0.40),在其他合并步骤中,相关系数变化值介于 0.01—11 之间,均小于 0.4(详见表 6)。因此,本研究在后续对学生投入类型进行分析时,仍然用常规和在线学习情景下的 11 个学生投入指标对学生进行聚类。

表 6　指标聚类进程

类	同类指标间最小相关系数[a]	聚类情况[b]
11	1	X1,X2,X3,X4,X5,X6,X7,X8,X9,X10,X11
10	0.60	X1,X2,(X3,X4),X5,X6,X7,X8,X9,X10,X11
9	0.53	(X1,X3,X4),X2,X5,X6,X7,X8,X9,X10,X11
8	0.50	(X1,X2,X3,X4),X5,X6,X7,X8,X9,X10,X11
7	0.48	(X1,X2,X3,X4),X5,X6,X7,(X8,X9),X10,X11
6	0.43	(X1,X2,X3,X4,X7),X5,X6,(X8,X9),X10,X11
5	0.32	(X1,X2,X3,X4,X7),X5,X6,(X8,X9),(X10,X11)
4	0.31	(X1,X2,X3,X4,X7,X6),X5,(X8,X9),(X10,X11)
3	0.21	(X1,X2,X3,X4,X6,X7,X10,X11),X5,(X8,X9)
2	0.17	(X1,X2,X3,X4,X5,X6,X7,X10,X11),X8,X9
1	0.16	(X1,X2,X3,X4,X5,X6,X7,X8,X9,X10,X11)

注:a 类间最短距离法(取两位小数);b X_i(i=1—11)分别表示学生投入的 11 个维度。

(三)学生投入类型及其特征分析

为了探讨学生投入的类型,本研究应用常规和在线学习情景下学生投入的 11 个指标作为变量,运用两步聚类方法,选择对数似然(Log-likelihood)距离方法和施瓦茨贝叶斯(Schwartz's Bayesian)聚类准则对学生进行聚类。分析结果表明,根据常规和在线学习情景下的学生投入指标,可以将学生分成四类,他们在常规和在线学习情景下学生投入各维度上的基本特征如表 7 所示。

图 2 直观地描述了四类学生在各投入维度上的特征,从中可见:

表7 根据学生投入划分的学生类型及其特征

学生投入维度		学生投入类型			
		1	2	3	4
常规学生投入	均值	2.782	3.634	3.247	4.199
	标准差	0.366	0.280	0.262	0.392
师生互动	均值	1.993	2.840	2.620	3.679
	标准差	0.620	0.745	0.585	0.814
批判思考	均值	2.697	3.584	3.314	4.305
	标准差	0.691	0.747	0.565	0.718
学术挑战	均值	2.417	3.188	2.874	3.913
	标准差	0.570	0.641	0.492	0.735
课外投入	均值	2.907	3.987	3.433	4.566
	标准差	0.651	0.626	0.539	0.631
缺乏投入	均值	4.124	4.612	4.386	4.882
	标准差	0.923	0.755	0.702	0.713
理解分析	均值	3.329	4.265	3.449	4.382
	标准差	0.966	0.831	0.717	0.905
学习负担	均值	2.006	2.960	2.654	3.664
	标准差	0.741	0.854	0.740	0.921
在线学生投入	均值	2.894	3.390	3.605	3.130
	标准差	0.378	0.351	0.390	0.560
在线课堂学习	均值	2.017	2.206	3.122	3.232
	标准差	0.623	0.631	0.488	0.594
在线艺术鉴赏	均值	2.253	2.084	3.244	3.197
	标准差	0.790	0.641	0.665	0.797
在线阅读	均值	2.699	3.567	3.481	3.943
	标准差	0.959	0.846	0.684	0.701
在线资源利用	均值	3.229	3.719	3.713	4.049
	标准差	0.950	0.798	0.656	0.655
人数		929	737	1360	756
百分比(%)		24.56	19.49	35.96	19.99

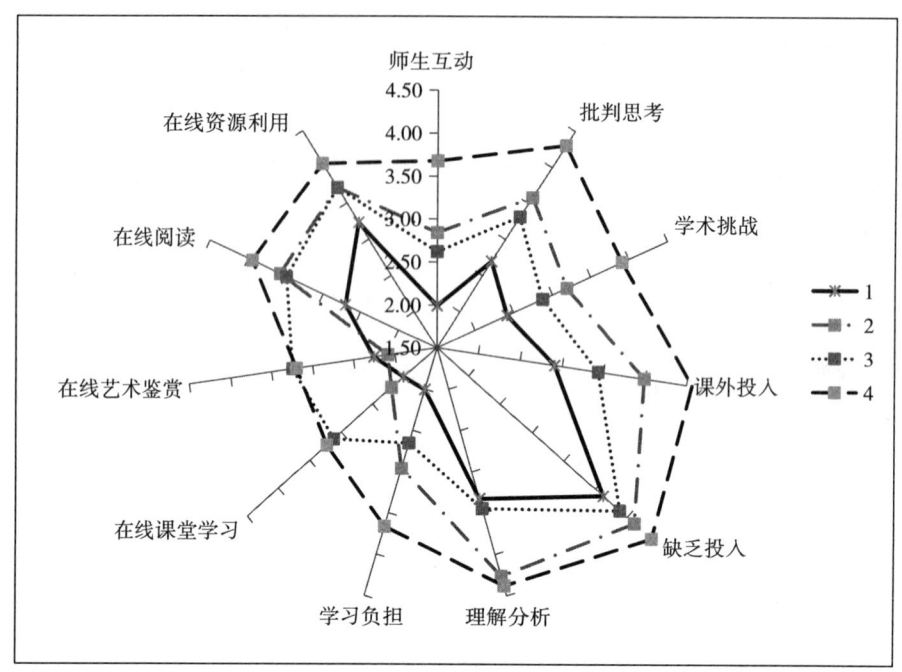

图 2 四类学生的投入特征比较

在上述四类学生占学生总数的比例分别为：第一类学生 24.56%，第二类学生 19.49%，第三类学生 35.96%，第四类学生 19.99%。

第一类学生的投入水平总体比较低，在常规和在线学习情景下学生投入各维度上的得分都低于均值水平。该类学生总体处于被动投入状态。

第二类学生在常规学习情景下各投入维度上的得分高于均值，但在在线学习情景下的"在线课堂学习"和"在线艺术鉴赏"两个维度上的投入水平低于均值，在"在线阅读"和"在线资源利用"两个维度上的投入水平略高于均值。该类学生倾向于常规学习情景下的投入。

第三类学生在常规学习情境下各维度上的得分低于均值，但在在线学习情境下各维度上的得分高于均值。该类学生倾向于在线学习情景下的投入。

第四类学生的投入水平总体较高，在常规和在线学习情景下各维度上得分都高于均值。该类学生总体上处于积极投入状态。

如果以常规学习情景下的学生投入作为横坐标，以在线学习情景下的学生投入作为纵坐标,并让它们垂直相交于均值点,那么在这样一个坐标系中,聚类结果中的第一类学生将坐落在第三象限,可称之为"被动型"学生投入类;第二类学生坐落在第四象限,可称之为"传统型"学生投入类;第三类学生坐落在第二象限,可称之为"网络型"学生投入类;第四类学生坐落在第一象限,可称之为"积极型"学生投入类(详见图3)。

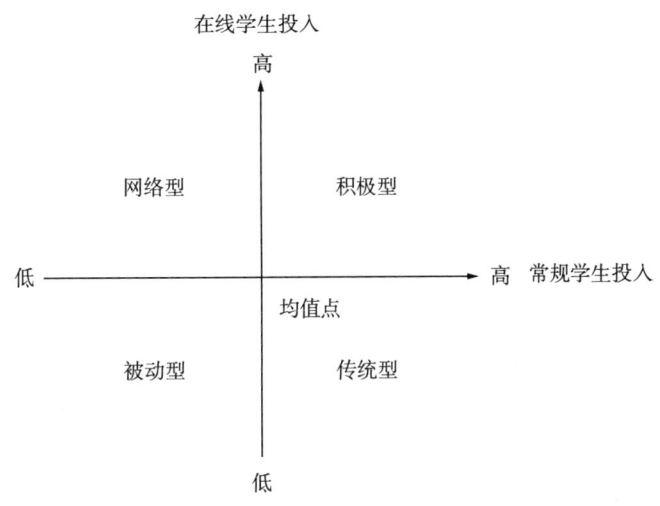

图 3　学生投入分类模型

五、结论及启示

根据上述分析,本研究的主要结论有:

首先,在常规与在线学习情景下的学生投入各具特色。在常规学习情景下,学生缺乏投入情况比较少,在批判思考、理解分析和课外投入的时间和精力较多,师生互动较少,学习负担相对较轻。在在线学习情景下,学生在线阅读、在线利用资源较多,利用在线课堂学习和进行艺术鉴赏的较少。

其次,常规和在线学习情景下的学生投入维度之间相似程度较低,两者之间的可替代性较弱。因此,只有同时考察学生在常规学习情景下的投入状态和在线学习情景下的投入状态,才能比较全面地把握学生投入特征。

第三,根据常规和在线学习情景下学生投入的11个维度指标,可以将学生聚类为四种类型,即"被动型"、"传统型"、"网络型"和"积极型"学生投入类。这四类学生分别占调查学生总数的 24.56%、19.49%、35.96% 和 19.99%。"被动型"学生在常规和在线学习情景下的投入水平都低于均值水平;"传统型"学生在常规学习情景下的投入水平要高于均值,但在在线学习情景下的投入水平要低于均值。"网络型"学生在常规学习情景下的投入水平都低于均值,但在"在线阅读"和"在线资源利用"两个在线学习情景下的投入维度上的水平要略高于均值。"积极型"学生在常规和在线学习情景下各维度上得分都高于均值。

  本研究结果表明,在线学习情景下的学生投入与常规学习情景下的学生投入的相互替代性较低,而且在研究样本中偏好在线学习情景下投入时间和精力的学生占总样本总人数的比例达 35.96%,在四类学生中所占的比例最高。这一研究结果说明,随着大学生在学习过程中使用网络技术和电子资源越来越频繁,加强在线学习情景下学生投入行为的研究既是非常必要的,也是非常重要的。

(原载《高等教育工程研究》2017 年第 3 期。原文题目为"常规和在线学习情景下学生投入特征及类型——基于西安交通大学大学生学习经历调查数据")

第五篇/调查研究结果应用案例

本科生就读经历调查结果应用：
湖南大学的探索与实践

徐 丹

湖南大学本科生就读经历调查始于2011年，借助"研究型大学本科生就读经历(SERU)调查联盟"推进。SERU联盟汇集了一批不甘沦为"本科教育的重灾区"的全球顶尖研究型大学，这些大学竭力在追求科研卓越的环境中，为本科生提供一流的成长环境。这些顶尖的研究型大学共同采集本科生学习过程数据，分析院校环境对学生学习行为的影响，分享改进本科教育的经验。

2011年的湖南大学还在努力从教学研究型大学转型为研究型大学。作为SERU联盟第一批吸纳的四所中国大学中唯一一所C9之外的大学，从微观层面观察人才培养过程，发现和一流研究型大学间的差距，为学校的教学管理和教学改革提供可靠证据，是湖南大学推动这个项目的初心。从调查组提交给学校的调查数据分析中，我们既可以看到学校本科教育改革的一些举措（例如推进师生互动）对学生学习过程和学习效果的切实改进，也可以看到本科教学状况中某些侧面状况的固化。国际国内数据比较将不均衡的差距微观地展现出来，推动了学校以更客观、更科学的方式理解和评价本科人才培养过程，推动了基于证据的院校决策和追求卓越的质量文化渐成风气。

一、"湖南大学本科生就读经历调查"简介

2011—2018年，湖南大学一共采集了四轮调查数据，调查工具采用模块化构成，核心问题与SERU美国高校成员一致，同时，该问卷还包括专题模块、中国问题和校本模块。专题模块是SERU团队编制，中国问题在SERU中国成员内统一采用，校本模块则针对本校关注的问题设计而成。四轮调查基本情况如下：

	调查时间	调查对象	有效问卷及回收率	专题模块	中国问题	校本模块
2011	2011.11.24—2012.1.8	2—4年级本科生	4853（31.5%）	信息技术的使用	通识教育和专业教育的投入与评价	专业选择、社团活力
2013	2013.11.29—2014.1.6	1—4年级本科生	8338（39.1%）	全球化经历与技能	通识教育和专业教育的投入与满意度	学生对教学管理、教学改革和学生服务的满意度
2015	2015.6.8—2015.7.20	1—4年级本科生	9194（44.5%）	国际化学习经历参与和效果、技术与学习		通识教育和专业教育的投入和满意度、理论课程和实践教学的满意度、学生服务满意度
2017	2017.12.29—2018.4.3	1—4年级本科生	5181（24.6%）	国际化学习经历参与与效果、技术与学习		通识教育和专业教育的学生投入与满意度、理论课程和实践教学的满意度、学生服务满意度

二、项目目标

加入 SERU 国际联盟,目的在于服务湖南大学内部质量保障体系建设,促进学校本科生教育质量的保障和提高,推进院校决策和学生管理的科学化信息化进程,带动院校研究,同时为学校的高等教育国际化提供一个新的交流平台。

首先,通过普查的形式搜集有关全校学生就读经历的长效性、可比的信息,有助于学校深入了解学生学习状况,从而为学校各部门决策所需要的实证性的院校研究提供数据基础,这将大大提高院校决策的科学化水平。调研的数据可以作为院校研究数据库的数据来源。

其二,如果加入调查联盟,学校可以利用联盟的合作机制,分享世界一流研究型大学的教学管理实践、调查数据以及信息,参与联盟会员内部在院校内部教育质量评价和提升方面的深度合作。

其三,根据联盟合约,加入研究型大学学习经历调研国际联盟之后,学校研究人员可以获取所有的调研数据,并可以获取院校内和院校间的比较报告,有助于学校及时发现学生在教育过程中的新动向和新问题,改善专业课程教学、提高学生服务水平,为改进本科教育质量、向世界知名的研究型大学迈进提供了重要的信息基础。

三、"湖南大学本科生就读经历调查"数据应用及案例

每轮调查数据采集工作结束之后,调研组在来年为学校提供一份完整的研究报告,内容涵盖所有调查数据的概况,此外,在关键指标上呈现国际比较结果。同时,视情况做出院系比较分析。数据也部分应用于学生学习效果评估、招生政策运行效率评估。例如:2012年为学校"提高行政管理服务质量会议"撰写专题报告《校园氛围及本科生满意度——基于"2011湖南大学学生就读经历调查"数据》;2014年采用SERU数据比较分析自招生与统招生基本特征及学习过程,为湖南大学本科生自主招生实施成效分析提供数据支撑;2017年为《湖南大学2016—2017学年本科教学质量报告》提供本科教学基本状态纵向数据(2011—2015学生课程投入比较)和学生学习满意度数据等。

案例一:自主招生成效评估

自主招生是扩大高校自主权、深化高校招生录取制度改革的重要举措。湖南大学从2002年起实施自主招生的试点工作,经过十余年的摸索,到2014年,自主招生规模稳定在250人左右(严格控制在年度本科招生计划的5%以内)。从2013年开始,学校自主招生政策有较大调整,从不限定专业招生更改为限定在数学、应用物理学、化学、生物技术、工程力学、汉语言文学、历史学及英语八个基础专业,自招生进校后不能转换专业。新的自主招生政策实施成效如何?2013年的改革是否进一步加剧了不同社会阶层子女受教育机会的不平等?是否真正遴选了一批面向基础专业的拔尖创新人才?学校组织课题组就学校本科生自主招生政策的实施成效进行了深入的调研分析,以期为学校自主招生政策效率评估和人才培养模式改革提供信息支持。调研部分地利用2013年湖南大

学本科生就读经历调查数据，对自招生与统招生家庭背景、学业与生活目标、学习投入与学习效果等方面进行了比较分析。

统计结果显示，从背景来看，自招生比统招生更多来自教育资源更丰富的城市，更少来自农村，而且从纵向数据看，自招生中来自地级以上城市的学生比例逐年增长，来自农村的学生比例总体呈下降趋势。此外，自招生比统招生更多来自更高社会和经济阶层。自招生父母受教育水平远远高于统招生。63.12%的自招生父亲受过大专以上教育，其中研究生以上学历的父亲占10.61%；而统招生平均只有33.69%的父亲受过大专以上教育，父亲为研究生以上学历的只有3.65%。自招生比统招生更多来自地位较高的经济阶层，中等收入阶层是自招生生源主体。虽然自招生与统招生的择校动机及生活目标无显著差异，但学业目标总体高于统招生。77.63%的自招生计划获得硕士学位和博士学位，统招生中这一比例是67.1%。课题组从不同维度考察了自招生与统招生群体在学习过程中的投入状况，包括学生对课程目标的感知、学生课程参与度、师生互动频度、学生投入课外学习的时间等。研究发现，自招生比统招生接受学业挑战度的水平更高，对专业课程的兴趣更大、认可度更高，在专业课程学习上实际投入的时间和精力更多。自招生与统招生在学习过程中表现出显著差异的是师生互动。自招生与专业课教师互动比统招生更频繁，在课堂内外更积极地与授课教师或者助教进行学术交流、寻求学术帮助，更频繁地参与教师组织的小型研讨，更频繁地与教师通过电子邮件或面对面进行交流。总之，自招生比统招生更善于利用教师资源，在学习过程中积极获取学术帮助的能力更强。

与投入程度匹配的是，自招生学习满意度显著高于统招生。具体来讲，26.4%的自招生对所获平均绩点分满意或非常满意，统招生中这一比例只有20.0%；32.9%的自招生对整体学术经历满意或非常满意，统招生中只有25.6%有此感受；29.3%的自招生对整体社交经历满意或非常满意，统招生只有28.2%满意或非常满意；33.1%的自招生考虑到学费和收益的比率还对湖南大学就读经历满意或非常满意，只有21.8%的统招生在这种情况下感觉满意或非常满意。此外，自招生在二十个领域的入学水平均略高于统招生，尤其在计算机技能上自招生水平远高于统招生，这二十个领域的优势基本得以保留到调查进行之时。

然而,从水平增长的角度看,在多个领域例如国际领导能力、计算机技能、网络技能、欣赏和理解种族差异的能力上,自招生水平增长的幅度反而小于统招生。这就是说,自招生在就读期间得到的发展总体反而不如统招生。

总体而言,自招生作为通过特殊选拔方式入学的学生群体,他们在校的许多表现呈现出了不同于统招生的特殊性。如何使得人才培养工作更好地契合自招生的特点而做到因材施教,从而最大限度地发挥自招生的潜能,是一个有待持续关注和深入探讨的问题。为此,研究认为,有必要建立常态化的自主招生跟踪机制,通过各种方式与途径监控和评价自招生生源质量和培养质量及存在的问题,特别是与统招生进行全方位的对比分析。

案例二:"一体四基"教学质量标准建设成效评价

2010 年开始,湖南大学以"本科教学质量标准建设"国家教育体制改革试点项目、卓越计划以及系列国家本科教学工程项目为基础,结合学校工程教育专业认证、专业评估建设,以培养一流人才为目标,构建了一套符合学校定位、科学合理的课程体系,和课程建设、教学过程管理、教学运行组织、教学质量评价四维基本标准共同构成了"一体四基"教学质量标准建设综合性成果。学校建立学生、督导、同行、教学规范"四维度"课程教学质量评价体系,出台各项评价实施细则,多方面反馈教学效果,促进教学质量提升。同时构建了"大班授课、小班研讨"的教学组织运行基本标准,有效调动学生参与教学的积极性与主动性;推行"大班授课、小班研讨"的教学组织模式;扩大优秀教师大班授课受益面,促进小班课堂研讨,强调师生互动、生生互动。我们采用 2015 年、2011 年本科生就读经历调查数据,验证上述改革的成效,数据显示通过"大班授课、小班研讨"教学组织方式的创新,师生互动频次和水平均得到了有效提升。例如:经常或频繁"参加老师组织的小型学术研讨课"的学生从 8.2% 上升到 9.6%,经常或频繁"在课堂上或课件与教师进行互动交流"的学生从 12.4% 上升到 18.8%;经常或频繁"在需要时寻求授课老师或助教的学术帮助"的学生从 13.1% 提升至 20.4%;经常或频繁"和老师通过电子邮件或面对面进行交流"的学生从 8.6% 上升到 14.9%。

八年来,在 SERU 数据应用上,我们喜忧参半。一方面,我们发现,大学管理层对数据有着一定的热情和需求；另一方面，其对数据的理解和需求还停留在较低水平。正如屈琼斐在《信息管理与我国大学开展院校研究的实践环境》中指出的那样，与美国大学对于大批量的办学信息的利用和分析相比，我国大学的信息使用方式还处于零星的初级管理阶段。所以，要真正实现将学生学习过程和学习效果的数据应用于常规的院校研究，还有很长的路要走。

南京大学 SERU 调查的应用与实践简介

从 2011 年开始,南京大学在加入 SERU 调研联盟之后,共举行了四次全校性调研。调研得到了南京大学全校上下的积极支持,取得了很好的效果,每次的问卷回收率都在 25% 以上。

问卷调研的结果不但用于学术研究,更用于反哺学校的本科教育改革实践,为学校出台更加精准、更加有效的教育改革政策提供数据依据。接下来,笔者列举几例来说明。

第一,"三三制"本科教育模式的效果证明。从 2009 年开始,南京大学开始新一轮的本科教育改革,并提出了"三三制"本科教育模式。所谓"三三制"中的第一个"三"是指,大类培养、专业培养和多元培养三个阶段;第二个"三"是指,在多元培养阶段,设计了专业学术类、就业创业类和复合交叉类三条发展路径。"三三制"设计的根本目的,就是努力使学生形成扎实的知识基础和强健的理性思维,发展自主学习能力,提升学生的综合素养和品质。那么,"三三制"在人才培养上是否达到了预期的目的呢?我们利用 SERU 调查数据,进行了"三三制"培养前后学生的学习参与度、思维发展度、素养生成度的比较,结果表明,在控制了各个因素之后,参加"三三制"教学改革的学生比没有参加的学生,取得了更好的发展效果。另外,需要说明的是,"三三制"本科教育模式还获得了首届国家高等教育教学改革成果奖的特等奖。

第二,推动南大思考本科课堂教学模式的改革。SERU 调查的结果表明,包括南大学生在内的中国本科生在课堂讨论与互动、师生交流和研讨、生生互动与交流等方面,都与西方大学生存在着明显差异。这里的差异既有"技术"方面的归因,也有"文化"方面的归因。因此,基于这样的调查结果,南京大学在推动课堂互动、小组研讨、班级项目制学习等方面都做出很多尝试,既有技术方面的改良,也有克服文化固有障碍的深层变革。南京大学教师教学发展中心也经常利用 SERU 调查数据,组织南大校内教师的研讨,分析课堂教学中的问题,找出改进的路径和方案。随着探究的深入,越来越多的激活学生积极参与课堂的教学方法、路径、策略在南大的课堂上不断涌现,南大的本科教育实践呈现出日趋活跃的面貌。

第三,积极展开南大通识课程的教学改革。历次 SERU 调查都得到一个明显的结果,即南大本科生对通识课程的学习投入度、满意度等方面,都弱于对专业课程的投入度和满意度。鉴于通识课程在整个大学人才培养体系的重要性,南京大学对通识课程展开了更加深入的研究。通过两轮《南大通识课程的学情调查》问卷发放,南大本科生的通识课程的学习动机、学习方式、学习结果等,都得到了更深入的分析和探讨。基于 SERU 调查和通识课程的专项调查,相关的通识课程的改进建议(如缩小班级规模、增强通识课的互动和研讨、设计通识课中的问题研究等)也逐渐出台并在实践中落实。

第四,积极推动专业课程的教学改革。近年来,SERU 调查板块中设置了专业课程学习的调查内容,南京大学基于该板块的国际比较发现:一方面,学生在"专业课程深度学习"上与美国高校存在着较大的差异;另一方面,南京大学的各个专业在"专业课程"的学习要求度上还比较低,特别是学习思维的高阶性亟待进一步提升。因此,在南京大学"三元四维"本科教育改革模式的建构中,进一步提升专业课程的思维挑战度,提升学习的深度,就成为重要的改革方向。

SERU 调查是一个本科教育的院校研究的有力工具,通过调查,院校可以循证的方式透视学校本科教育中存在的问题,精准把脉,找到问题解决的方向和途径。南京大学参与 SERU 调查并基于数据改进学校本科教育的实践经验,可供更多高校借鉴。

西安交通大学 SERU 调查的
应用与实践简介

西安交通大学从 2011 年开始参加 SERU-I 的调查,面向全校本科学生连续进行了四轮问卷调查。在开展相应问卷调查时,我们结合以往研究工作基础,增加了与大学生学习经历、课程学习经历相关的校本调查内容。该调查得到学校主管校领导、教务处、学生处等的大力支持,以及全体本科生的积极配合,取得了很好的调查效果,调研结果为分析本校本科学生的学习特征、他们的学习参与和学习经历、学校本科教育教学状态提供了重要的数据基础,对评价和改进学校的本科教育教学工作产生了一定的积极影响。

该调查的应用与实践情况主要包括如下几个方面:

一是利用调查数据开展相应的学术研究。 例如,应用对西安交通大学学生的调查数据,从学习环境、学生学术参与、学生发展三个维度建构了大学生学习经历概念模型,相关讨论也引起一些学者的关注[1][2];比较了第一代和非第一代大学生在师生互动、同伴互动及能力发展水平上的差异,以及第一代和非第一代大学生的师生互动、同伴互动与其能力发展的关系[3];探讨了在常规学习情景下与在线学习情景下大学生的投入行为类型,发现根据大学生在常

---

[1] 陆根书、胡文静、闫妮:《大学生学习经历:概念模型与基本特征》,《高等教育研究》2013 年第 8 期。

[2] Lu G., Hu W., Peng Z., and Kang H, "The Influence of Undergraduate Students' Academic Involvement and Learning Environment on Learning Outcomes," *International Journal of Chinese Education* 2013, 2 (2), 265 - 288.

[3] 陆根书、胡文静:《师生、同伴互动与大学生能力发展》,《高等工程教育研究》2015 年第 5 期。

规与在线学习情景下的投入行为,可以将大学生分为"被动型"、"传统型"、"网络型"和"积极型"四种不同类型,他们分别占调查样本的24.56%、19.49%、35.96%和19.99%,凸显了加强在线学习情景下大学生投入行为研究的必要性和重要性[①]。

  二是利用调查数据分析学校大学生学习经历的基本特征并提出相应的优化改进建议。例如,研究发现西安交通大学本科学生的学术参与水平较高,智慧能力发展状态较好,对自身的教育经历比较满意,感知的课堂学习环境和校园氛围较好,大学生学习经历的这三个维度之间存在显著的联系[②];借鉴比彻(T. Becher)的学科分类方法,分析了不同学科学生学习经历的基本特征及其差异状况,发现纯硬科学、纯软科学、应用硬科学和应用软科学四类学科的学生在学术投入、人际投入、智慧能力发展和专业课程学习经历与体验等方面均存在显著差异[③];分析了西安交通大学大学生能力发展状态,以及学生个体及家庭背景、学生投入和学习环境因素对其发展的影响[④];探讨了大学生参与服务学习活动的状态及其对学生发展的影响[⑤⑥];分析了西安交通大学本科生的全球化学习经历及其对全球化能力发展的影响[⑦⑧]。在这些研究的基础上,提出了一系列优化、改进西安交通大学大学生学习经历,促进大学生发展的政策建议。有的建议被

---

  ① 陆根书、刘秀英:《常规和在线学习情景下学生投入特征及类型——基于西安交通大学大学生学习经历调查数据》,《高等工程教育研究》2017年第3期。
  ② 陆根书、胡文静、闫妮:《大学生学习经历:概念模型与基本特征》,《高等教育研究》2013年第8期。
  ③ 陆根书、彭正霞、胡文静:《不同学科大学生学习经历差异分析》,《苏州大学学报(教育科学版)》2014年第1期。
  ④ 陆根书、刘秀英:《大学生能力发展及其影响因素分析——基于西安交通大学大学生就读经历的调查》,《高等教育研究》2017年第8期。
  ⑤ 陆根书、李丽洁、陈晨:《服务学习与学生发展》,《中国高教研究》2019年第3期。
  ⑥ 陆根书、李丽洁、陈晨:《服务学习与学生发展——对西安交通大学本科生的调查分析》,《西安交通大学发展研究报告》2019年第6期。
  ⑦ 陆根书、李丽洁:《大学生全球化学习经历与全球化能力发展》,《北京工业大学学报(社会科学版)》2020年第3期。
  ⑧ 陆根书、李丽洁:《我校本科生全球化学习经历与全球化能力发展调查研究》,《西安交通大学发展研究报告》2020年第7期。

学校有关部门采纳,用于学校改进和提高本科教育教学质量。

三是用于对学校有关教改项目成效的评价。例如,钱学森之问的提出引发了全社会广泛的关注,如何培养拔尖创新人才成为全社会讨论的一个热点问题。西安交通大学作为钱学森的母校,为了回答钱学森之问,专门成立了钱学森实验班探索拔尖创新人才培养之道。之后,更进一步成立钱学森学院,将学校各种教改探索汇聚其中。为了评估钱学森实验班教学改革的成效,在钱学森实验班教改试验进行了一个培养周期(四年)之后,学校教务处委托高等教育研究所对这一教改试验的成效进行了评价。高等教育研究所应用学校参与 SERU-I 调查中有关课程学习经历的数据,以及钱学森实验班学生及其近似配对样本学生的问卷调查数据,分析了钱学森实验班学生及其近似配对样本学生课程学习经历的特征,在此基础上对钱学森实验班教改实验的效果进行了评价,并提出了进一步改进的建议[①]。

四是利用调查数据及后续研究推动学校专业结构调整与优化。学生学习经历是学校关注的一个重点研究与实践领域,学校在进行专业综合水平评估过程中,引入了对学生学习经历的调查数据,通过应用学生参与 SERU-I 调查以及后续相关调查研究的数据,对不同专业学生的学习经历进行系统的分析、比较,从学生视角反映各专业人才培养的质量。学生学习经历作为专业综合水平评估的一个重要维度,对评价专业人才培养质量产生了重要作用。目前全校已经对所有专业进行了一轮评估,对专业结构的优化调整、专业人才培养质量的提升起到了重要的促进作用。

五是推进相关高等教育研究与实践工作。结合原有的研究基础和参与 SERU-I 调查的经验,在后续的高等教育研究与实践中,我们借鉴 SERU-I 调查的一些思想与做法,面向特定的学生群体,如来华留学生群体开展了来华留学

---

① 陆根书、潘娇、邱捷:《钱学森实验班学生课程学习经历调查分析》,《中国大学教学》2011 年第 11 期。

生学习经历调查研究[1][2][3];在陕西省域范围内,对不同层次、不同类型高校学生的学习经历、科研经历进行了调查研究。例如,在接受陕西省教育厅委托对陕西高校全体毕业生就业创业进行跟踪调查研究时,我们引入了大学本专科毕业生对学校课程学习经历的评价,以及研究生对在校期间科研经历的评价,从学生视角评估陕西各高校不同层次人才培养的质量[4][5][6][7][8]。

以学生学习与发展为中心,通过实证调查研究,为本科教育教学改革提供重要的数据支撑,是国际高等教育界的一个重要经验。从参与 SERU-I 调查研究的经历与体会看,开展理论导向的实证研究,不仅可以为高等教育理论发展提供重要的经验基础,用以检验、发展相关的理论与模型的科学性与效用,而且可以为高等教育教学改革实践与评估提供重要的支撑,让相应的改革举措既能够建立在扎实的理论之上,又具有坚实的实证基础。

---

[1] Tian M, Lu G,"Intercultural Learning, Adaptation, and Personal Growth: A Longitudinal Investigation of International Student Experiences in China," *Frontiers of Education in China*, 2018, 13, 56 - 92.

[2] Lu G., Tian M., & Li L, "Learning Environment, Academic Engagement and Personal Development: A Survey Study of International Undergraduate Students in China," In Mei Tian, Fred Dervin, & Genshu Lu(Eds.), *Academic Experiences of International Students in Chinese Higher Education*, London: Routledge, 20 February, 2020.

[3] Tian M., Lu G., Yin H., & Li L, "Student Engagement for Sustainability of Chinese International Education: The Case of International Undergraduate Students in China," *Sustainability*, 2020, 12(17), 6831.

[4] 陆根书、李丽洁:《大学生课程学习经历:测量工具设计与基本特征分析——基于陕西高校 2018 届本科毕业生调查数据的分析》,《华东师范大学学报(教育科学版)》2020 年第 11 期。

[5] 陆根书:《如何看待本科教育:专家与学生的视角》,《大学教育科学》2019 年第 2 期。

[6] 陆根书:《从学生课程学习经历看本科教学质量》,《苏州大学学报(教育科学版)》2018 年第 4 期。

[7] 陆根书、马舒宇:《硕士研究生的科研经历及其对就业质量影响的研究》,《教学研究》2020 年第 3 期。

[8] 陆根书、刘秀英:《优化研究生科研经历 提高研究生教育质量——基于陕西省高校 2017 年度毕业研究生的调查分析》,《研究生教育研究》2019 年第 1 期。

加州大学在学科评估中应用调研结果的案例

常桐善

内容提要：文章阐述了加州大学学科评估聚焦的问题，以及利用本科生就读经历调研结果深刻分析学科评估问题的实践经验。分析认为，调查问卷是细听学生声音的重要和有效途径，有利于不同群体的学生表达自己的声音；调查结果可以为学科评估提供学校、学院、系和学科层面的参照常模，也可以与学生的课程学习、个人发展以及毕业后的就业等数据整合起来，帮助辨析学科之间质量差异的原因。研究建议中国大学为了在学科评估中细听学生声音，需要拓展学生表达声音的渠道，充分利用调查结果细听学生声音，构建整合型的学生声音数据库。

一、研究背景

学科评估是保障和提升大学学科质量的重要举措。美国大学的学科评估包括专业认证（program accreditation）、专业评估（program review）等活动。其中专业认证通常是由具备认证资格的区域认证机构或专业学会负责实施，其目的是确保授予学位的学科达到最基本的质量标准，包括师资力量、教学质量、持续性发展能力、学习成果评估方法等。尽管大学有权利选择是否参加专业认证，但由于联邦政府提供的学生资助仅仅限于通过认证的大学和专业；另外，很多雇主也往往要求雇员是毕业于经过认证的大学，所以基于内外部力量的驱动，正规大学都自愿参加大学和专业认证。而专业评估则是由大学内部组织的评估活动，其涵盖的评估内容更加广泛，也更加聚焦于对专业质量水平的评价和对存在问题的探究。当然，也有大学管理部门以及学者认为目前开展的专业认证和专业评估仍然存在不足之处，但不可否认的是专业认证和评估从基本标准到质量水准两个方面为专业建设提供了保障,确实对美国大学的学科建设发挥了巨大作用。加州大学前教务长 Judson King 就认为,"学科评估是加州大学保障学科质量、探究学科问题以及确定学科发展方向最有效的机制"[①]。

虽然美国大学的专业认证和学科评估的出发点和目标并不完全一致,但二者的共同之处是都非常重视学生在评估中的参与以及他们关于教学质量的反馈信息。认证和评估人员通过多种途径听取学生的意见和建议,其中最常用的途径就是通过调查问卷结果了解学生对教学质量的评价。目前,认证部门普遍认可的调查工具包括"美国全国性学生参与调查问卷"(National Survey of Student Engagement,NSSE),加州大学开发的"本科生就读经历调查问卷"(University of California Undergraduate Experience Survey,UCUES)。UCUES 聚焦于研究型大学本科学生就读经历调查,问卷是由加州大学伯克利分校高等教育研究中心领导开发的,第一次调查是 2004 年。在 2010 年之前,只有加州大学的九所分校参加调查。但从 2010 年开始,该项目推广至美国三十多所研究型大学;从 2013 年开始,推广至全球五十所研究型大学,包括中国先后或正在参加的六所大学。问卷调查的内容涵盖学生的学业发展经历、对教育质量的满意度、学习参与程度、社会活动参与程度以及核心能力提升等。大学在制定预算、设置课程、评价教师教学绩效、学科评估等领域都会广泛使用调查结果,细听学生的声音。

中国大学的学科评估是由教育部学位与研究生教育发展中心负责实施的,从 2002 年开始,截至 2017 年已完成了四轮,2020 年已经启动第五轮学科评估。中国大学的学科评估主要是在一级学科范围内开展。本科教育主要是通过学校层面的质量审核等评估形式完成。中国第四轮学科评估也明确提出了"人才为先、质量为要"的价值导向。其实,早在 2011 年教育部就明确了本科教学评估的意义和目的,即提高人才培养质量。[②] 这些要求都说明教学质量在学科建设以

---

① C. Judson King, *The University of California: Creating, Nurturing, and Maintaining Academic Quality in a Public University Setting*, Center for Studies in Higher Education, University of California, Berkeley CA, 2018, 446.

② 《教育部关于普通高等学校本科教学评估工作的意见》,中华人民共和国教育部,2011 年 10 月 31 日,http://www.moe.gov.cn/srcsite/A08/s7056/201802/t20180208_327120.html.

及学科评估中的重要地位。为了获取学生对教育质量的评价,很多大学参加了对学生和用人单位进行大规模网络问卷调查的项目。这在一定程度上也反映了学科评估对学生声音的重视程度。另外,在评估专家进校进行实地评估时,也会访谈学生,效果都备受肯定。笔者在参加相关评估时,从学生访谈中发现,学生的参与积极性非常高,对所在专业的本科教学质量有很多独到见解,并能提出很多切实可行的建议。记得有一次访谈后,一位参加访谈的学生在网上发了一个帖子,在感谢评估活动给学生提供了表达自己声音的机会的同时,也表达了自己对学校教学质量的担忧。所有这一切都说明学生是希望有机会参与学校的评估活动的,也希望自己的声音能为教学质量改进发挥作用。但对于大规模网络调查来说,面临的主要问题是大学还没有比较统一的调查工具,也很难持续性地开展调查,导致无法进行长效性的比较研究,也就很难基于学生声音来判断质量的变化和改进情况。

本文将阐述加州大学在学科评估中通过使用学生就读经历调查结果细听学生声音的实践经验,旨在为中国高校有效地使用类似的调查结果,重视学生的学习经历以及对学科建设的建议,加强学科评估内涵质量提供参考借鉴。文章包括四个方面的内容:(1)通过简单介绍与学生声音有关的研究成果,解答学生声音在大学质量改进中的意义;(2)通过阐述加州大学学科评估的质量维度与聚焦的问题,解答学生声音在学科评估中的必要性;(3)通过阐述加州大学伯克利分校在学科评估中应用本科生就读经历调查结果的经验,根据指标体系、数据分析和结果汇报方法以及具体案例分析回答在学科评估中如何使用调查结果的问题;(4)基于上面几个方面的分析以及笔者对中国高校教学现状和学科评估的粗浅了解,对中国高校在学科评估中如何利用调查研究结果细听学生声音、融入学生评价,提出一些建议,供参考借鉴。

二、加州大学学科评估以及聚焦的问题

加州大学保障办学质量最重要的途径之一就是专业审核(Program Review)。根据这项评估所设计的内容以及评估对象,"Program"是"专业"的意思,比如经济学专业、心理学专业、计算机科学专业等。但加州大学也要求对研究机构进行

审核，所以"Program"实际上也包括了"研究机构"。考虑到国内通常称之为"学科评估"，而且评估目的和程序与加州大学的专业审核非常相似，所以为了与国内的提法保持一致，本文统一用"学科评估"，但要从专业层面来理解加州大学的"Program Reivew"，才能更加全面了解"Program Review"涵盖的内容、聚焦的问题以及采纳的程序。

加州大学每 8—10 年对所有的专业和研究机构进行一次评估，这是由教务长办公室和学术委员会联合开展的对专业和研究机构的教学、科研和服务质量的评估活动，是大学内部负责实施的评估工作。它与外部开展的专业认证和学校层面的认证是不一样的。学科评估是教师自己要做的事情，旨在诊断专业和学科发展进程中存在的问题，并提出有针对性的改进措施。加州大学总校学术委员会制定大学系统的学科评估制度，各分校制定具体实施办法和评估指标体系，并负责开展具体工作。

表 1 展示了伯克利分校学科评估所涵盖的五个维度：愿景和优先发展战略规划，科研、教育、教师录用战略计划以及学科资源分配。由于伯克利的学科评估以问题导向为主，所以在其评估指南中对每一个维度都列出了评估时要讨论和解决的问题①，如果按照单个问题计数，总共有两百多个问题。由于本文主要分析学校在学科评估中如何使用本科生调查结果来细听学生声音，所以表 1 只展示了与本科教育和学习指导有关的问题。从这些问题可以看出，伯克利的学科评估非常重视本科教育，要想回答好这些问题，必须用有学生声音的证据。例如，关于学生参与研究的问题是："学科如何支持本科生的研究活动？学科是否给本科生提供参与研究的机会？"为了有足够的证据回答这个问题，学科部门必须用事实来说话，比如学生对研究机会的满意度、学生实际参与教师研究项目的程度、学生发表研究成果的情况。如果没有这些证据，无论学科部门怎样描述"支持活动"的功绩和提供"机会"情况，都不足以说明问题。最有说服力的证据就是学生的声音！

---

① UC Berkeley Academic Program Review. (2020). Guide for the Review of Existing Instructional Programs. https://vpap.berkeley.edu/sites/default/files/apr_guide.2020.pdf.

表1 加州大学伯克利分校学科评估需要讨论和解决的有关本科教育方面的问题

维度	评估聚焦的问题
本科教育	该学科是如何界定本科教育质量的？在该学科，本科生的学习目标和学习成果是什么？课程和专业要求（如顶点课程、档案袋、毕业论文/成果展示等）是如何帮助他们实现教育目标和成果的？学科最近几年是否有重新修订学习目标和成果？如果有，基于什么？学科如何向学生宣传学习目标和成果？学科怎么评价学生的学习成果？有何指标体系？谁参与改进学生学习过程的评估活动？有何经验教训？基于评价结果，是否已经或者计划在近期/长期做出相应的改进？学科如何将学校本科教育核心能力（如创新）和情感（开放、参与等）培养融入专业教育之中？学科如何支持本科生的研究活动？学科是否给本科生提供参与研究的机会？学科如何奖励指导本科生研究活动的教师？学科如何监测学生开展的独立研究和其他顶点课程的质量？专业教育是如何满足博雅教育要求的？学科如何为核心课程教学服务？如何为学生学习其他专业的课程或者为没有确定专业的学生选择专业做准备？学科是否开设专门拓展知识领域的课程？学科在努力让学生完成通识教育课程的同时，如何尽量提供丰富的专业课程？学科是否开设了完成美国文化要求的课程，或者包括与公平、包容、族裔/性别/同性恋/文化等多元化有关的课程？学科是否提供参与社区活动的奖学金？教师的专业技能在多大程度上与本科专业课程以及非专业的公共课程教学要求匹配？如果存在难以匹配的问题，如何解决？学科是怎样培训和评价教学助理对本科生课程教学的影响？如果学科提供的入学机会供不应求，通过什么标准招收学生？是否定期审核招生限额和标准？招生标准对学生、学科以及学校发展有何益处？招生限额是否影响学生多元化？如果注册课程的人数超过限额，如何处理？如果学生获取学位的时间超过期待的时间，采取什么措施保证学生按时毕业？系上的哪些活动或者委员会包括学生成员？如何选择学生成员？教师参加学生组织活动的程度如何？学科是如何对待社区学院转学学生的需求？学科是否开设特别的专业吸引或者保留来自少数人口群体的学生？是否考虑设置新的学位专业或者启动新的教学项目？
本科生服务和指导	学科学生指导部门担负什么职责？是否与学校学生指导委员会的原则相符？学科部门期待学生通过接受指导获得什么成果？指导活动和资源如何帮助学生达到学习成果？如何制定，并向学生宣传相关指导政策和程序？学科有何措施保证少数人口群体的学生和国际生获得全面的指导服务？学科资助的指导项目和活动是否涵盖所有学生？指导服务与教师辅导员辅导学生学业之间的协调合作架构如何？教师、行政人员以及同伴是如何参与学业指导、就业指导等活动的？本科生是否有机会参与指导服务活动？学生和指导人员比例是否合适？学科指导人员是否参加学校层面的相关培训和支持活动？如何制定和具体使用评价指导员的标准？有何监测和确保指导项目效果的评价机制？基于对指导工作的评价，近期是否对指导项目进行改进和调整？评价结果如何用来制定学科指导部门或者专业的战略发展规划？预测在下次学科评估中会遇到什么挑战？有何处理计划？

续　表

维度	评估聚焦的问题
教学质量	用什么方法评价教学质量？如何将教学质量评价搜集到的数据反馈给教师，如何利用这些数据评价教师的教学效果以及制定教学计划和相关政策？如何激励教师开发有利于提升教学工作的项目？用什么方法激励和认可教师在教学上的公平、辅助、包容表现？利用什么资源提升教学质量（如教学助理培训、网络资源、教学法咨询等）？针对教学质量，在校友调查方面做了哪些努力？有何收获？有哪些教学革新计划？制定这革新计划的原因何在？如何执行？需要得到学校的什么支持？
教师学习指导	教师指导本科生专项研究课程的程序是什么？终身制/终身轨制教师如何监督讲师、兼职教师以及非终身制教师的课程教学工作？他们是如何指导非终身制教师的？教师参与指导教学助理以及相关教学准备活动的程度如何？是否有监督教学助理表现的程序？教师如何通过以身作则、指导以及提供研究机会，来鼓励少数群体学生积极出席学科领域的各项活动？来自少数群体的教师是否在这方面提供了更多的指导服务？如果是，学科如何合理调整他们在其他领域的服务工作量？

三、本科生就读经历调查结果在学科评估中的应用

综上所述，加州大学这种基于问题导向，并重视学生参与的学科评估需要大量的数据支撑。加州大学总校以及分校院校研究办公室承担了数据搜集、整理和分析的工作。加州大学本科生就读经历调查结果是最重要的数据来源之一，也是加州大学在学科评估中细听学生声音的最佳途径。下面以加州大学伯克利的学科评估为例，阐述其利用本科生就读经历调查结果，细听学生声音的实践经验。

（一）学科评估所涵盖的学生声音指标

如前所述，加州大学本科生就读经历调查问卷包含学习投入、社会活动参与、专业满意度等方面的将近四百个问题。加州大学校长办公室院校研究部门在调查数据搜集完成后，都会将所有数据汇总展示在信息中心的网站。[①]各分校也会根据自己的需要，汇总调查结果，并在各自的网站公布。在学科评估时，

---

① UC Undergraduate Experience Survey (UCUES) Data Tables. University of California System Information Center. https://www.universityofcalifornia.edu/infocenter/ucues-data-tables-main.

这些公开发布的数据都可以用来对学科质量进行评价。但为了在评估期间,更具有针对性地回答上面列出的评估问题,各分校院校研究办公室也会从将近四百个问题中选取最能反映学科质量的问题,并为评估专家组成员、学术委员会、被评估专业所有人员提供相关数据分析结果。表2展示了伯克利学科评估聚焦考察的学生就读经历的指标,可以简单归类为五项一级指标:学生的总体就读经历满意度、对教学与指导的满意度、课程质量、科研资源和机会以及核心能力。每个一级指标又包括不同数量的二级指标。表2也展示每一项一级指标所对应的表1所展示的学科评估问题。需要说明的是,这些指标仅仅从一个方面展示了学生的声音。学科在自评报告以及回答评估专家的相关问题时,也要通过其他信息渠道展示学生、教师、校友的声音,以便提供更加全面的信息供评估专家综合评价学科的质量。

表2 学科评估中学生就读经历评价指标体系

一级指标	二级指标	与学科评估基本对应的问题
总体经历	学术经历的总体满意度 社会经历的总体满意度 学生对大学的归属感 如果有机会再次选择大学,是否仍然会选伯克利	用什么方法评价教学质量?采取什么措施保证学生按时毕业?
教学与指导	对教师提供的学业指导的满意度 对学院行政人员提供的学业指导的满意度 对系行政人员提供的学业指导的满意度 对教师教育质量的满意度 对研究生助教提供的教学质量的满意度	学科部门期待学生通过接受指导获得什么成果?指导活动和资源如何帮助学生达到学习成果?教师、行政人员以及同伴是如何参与学业指导、就业指导等活动的?教师参与指导教学助理以及相关教学准备活动的程度如何?是否有监督教学助理表现的程序?
课程	对低年级专业课程质量的满意度 对高年级专业课程质量的满意度 是否开设足够的毕业所要求的完成的课程 是否开设足够的通识教育课程 课外与教师交流的机会 小班上课的机会 能进入自己期待专业学习的情况	学科在努力让学生完成通识教育课程的同时,如何尽量提供丰富的专业课程?如何将教学质量评价搜集到的数据反馈给教师,如何利用这些数据评价教师的教学效果以及制定教学计划和相关政策?如果注册课程的人数超过限额,如何处理?如果学科提供的入学机会供不应求,通过什么标准招收学生?

续　表

一级指标	二级指标	与学科评估基本对应的问题
科研资源和机会	对图书馆研究资源的满意度 参与教师研究项目的程度 对参与研究和完成创新项目机会的满意度	学科如何支持本科生的研究？学科是否给本科生提供参与研究的机会？
核心能力	批判性思维能力 清晰有效的写作能力 阅读与理解学术资料的能力 定量分析能力、交流能力 准备和做课程学习/研究成果汇报的能力 图书馆/网络信息研究能力 设计、实施和评价研究的能力 专业理解能力、领导能力、社交能力 理解国际观点的能力	在该学科，本科生的学习目标和学习成果是什么？学科怎么评价学生的学习成果？有何指标体系？学科如何将学校本科教育核心能力（如创新）和情感（开放、参与等）培养融入专业教育之中？

（二）就读经历数据分析和展示方法

如图1所示，伯克利学科评估主要使用常模参照方法分析和展示就读经验调查结果。也就是说，院校研究部门展示学校、学院、系以及学科（专业）层面的平均结果。这样通过层层比较，可以看出不同层次学术机构的学生在每一项指标上的异同。当然，不同的学科、不同的专业由于专业属性和课程教学特征不完全相同，也可能会导致学生学习参与、核心能力等方面的差异，但同一个系不同专业的课程结构以及教学目标相同之处应该大于不同之处，所以专业之间的比较就可以避免上面提到的这个问题。

另外，数据分析包括三个体系。首先是展示学生回复调查问卷的情况（图1中显示的问卷邀请/回复人数/回复率）。众所周知，调查研究面临的最大挑战之一是问卷回复率低，回答问卷的学生可能不具备代表性，最终导致结果偏差。特别是将回复问卷的学生根据其特征划分成若干亚群体时，部分群组出现结果偏差情况的可能性更大。所以在使用调查数据时，分析和汇报问卷回复率是常见的做法。2018年伯克利学校层面的回复率是34%，而且不同背景的学生在回复问卷时不存在显著的差异。当然，不同学院、专业之间的回复率由于在学人数不同，可能会存在一定差异，所以了解回复问卷的人数以及回复率是决定如何使用

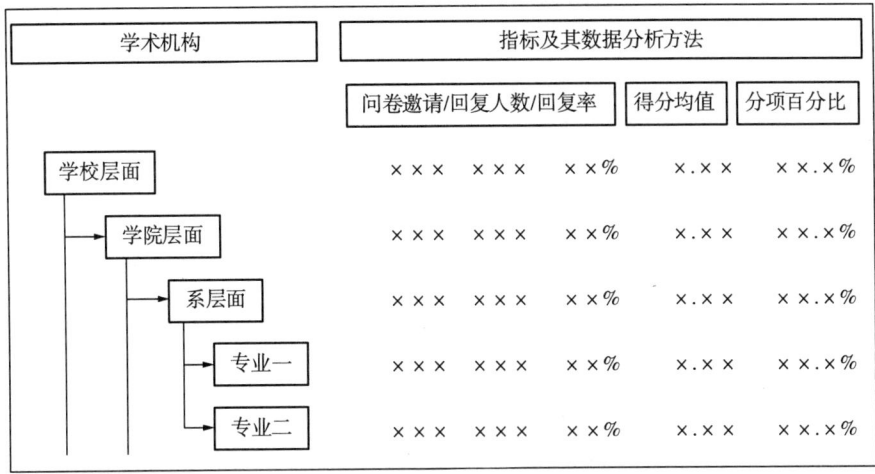

图 1　加州大学伯克利分校在学科审核中展示学生就读经验调查结果示意图

数据结果的第一步。

伯克利学科审核包括的大多数问题的选项都是六级李克特(Likert)选项,比如"非常不满意"、"不满意"、"有点不满意"、"有点满意"、"满意"、"非常满意"。伯克利在分析数据时,按照这个顺序分别赋予"1"到"6"的分数值,然后按照回复问卷学生的实际选项计算均值(图1中显示的得分均值),并从图1展示的四个层面进行比较。对回复结果的第二种比较方法是计算回答每一级选项的学生占所有回答问题学生的百分比(图1中显示的分项)。这种比较结果更加全面地展示了学生评价是否具有同步性,比如针对同样的问题,不同学科的学生选择"非常满意"选项的比例是否相同,选择"非常不满意"选项的比例是否相同。

(三) 就读经历调查结果在学科评估中的应用案例分析

伯克利院校研究与规划办公室网站展示了所有专业高年级学生回复调查问卷的结果[①],而且标明了学院、系和专业名称。由于受篇幅限制,本文仅选五个案例简单分析结果,学院、系和专业用序号代表。另外,需要说明的是,加州大学的本科学生调查是实名制的,所以在搜集数据后,我们可以把学生的回复与课程

---

① Office of Analysis and Planning at UC Berkeley. Departmental Results and Summary of UCUES. https://opa.berkeley.edu/sites/default/files/2018_ucues_departmental_report_for_web.pdf.

学习、个人发展以及毕业后的就业、入读研究生院的数据整合起来对学科质量做更加深层次的分析。下面的案例主要展示问卷调查数据的应用。

案例一:学生对学术经历的总体满意度。图2显示了大学、学院、系和专业层面学生学术经历满意度的均值。学院、系和专业是按照均值由低到高排列。数据显示,学校层面的学术经历满意度均值是4.18;而学院之间的均值区间是3.80—4.48,系和专业之间的均值区间更大。即便是同一个学院、同一个系的不同专业之间,学生的满意度差异也非常显著。利用第二种方法,也就是学生选项所占百分比方法比较,全校学生中有10%的学生对总体经历不满意或者非常不满意,但在有些专业,有28%的学生不满意或者非常不满意。这个结果足够说明,不同专业的学生对学习经历的满意度是不同的,无论是与学校的总体结果相比,还是与同等专业相比,都需要引起高度重视。

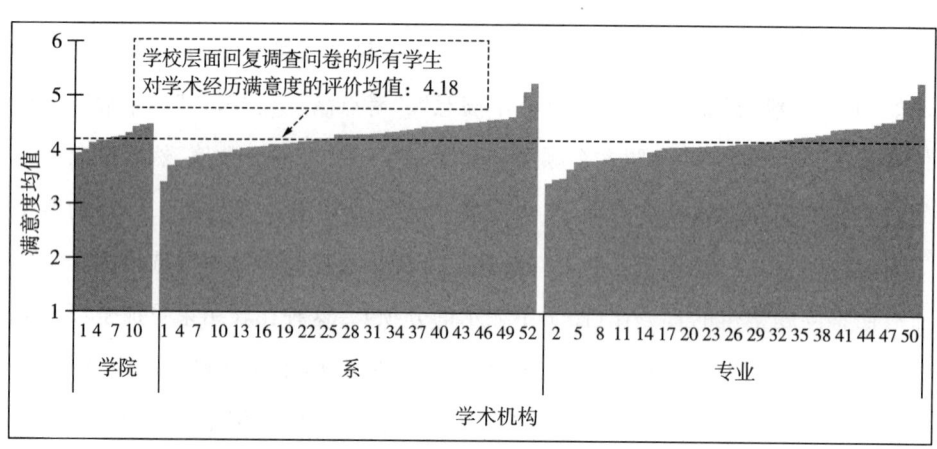

图2 加州大学伯克利分校本科生对学术经历的满意度

案例二:学生对教师教学质量的满意度。从图3可以看到,学校层面的教师教学质量满意度均值是4.67。但学院、系以及专业之间的变化非常显著,学院最高均值为5.03,最低均值为4.28,相差0.75分;系最高均值是5.43,最低均值为4.04,相差1.39分;专业之间的差异最大,最高满意度均值是5.56,而最低满意度仅为4.01,相差1.55分。当然,也许这两个专业的学生可能在个人背景、学习期待等方面存在差异,而这些差异也可能会影响他们对教师教学质量的评价,但无论如何,这样大的差异不能不引起专业教师的检讨。事实上,即便是非常相似的专业,学生对教师教学质量的满意度也存在差异,例如,生化工程专业学生与能源工程专业的学生对教师教学质量的满意度的差距也将近1分。总体上来说,人文学科专业的学生对教师教学质量的满意度高于工程、科学专业学生的满意度。这个结果其实是有点让人感到意外的。伯克利以工程和科学专业见长,但这些专业的学生对教师的教学质量的满意度反而较低。其中的原因仍然需要进一步研究。这也是学科评估时需要探讨的问题。

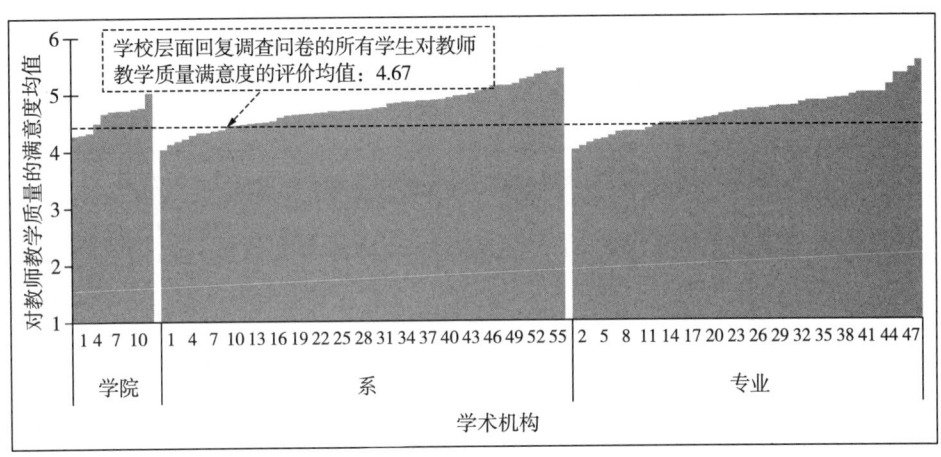

图3 加州大学伯克利分校本科生对教师教学质量的满意度

案例三:学生对参与研究和创新项目机会的满意度。这部分用数据分析的第二种方法展示了学生对研究机会不满意或者非常不满意的百分比。图4展示的学院、系以及专业之间,学生对研究机会满意度的差异程度非常显著。很多专业学生的不满意或者非常不满意的比例都低于10%,但个别专业学生的不满意或者非常不满意的比例达到了30%或者更高。无论如何,后面这些专业都需要有一个说法。

案例四:学生对课外与教师互动机会的满意度。总体来说,学生对课外与教师互动机会的满意度比较高,学校层面的均值达到4.58。这也许与教师有相对固定的接待学生的工作时间有直接关系。一般来说教师每周要安排两次答疑的时间,每次至少一小时。当然,图5所展示的数据也显示,不同学院、系和专业的学生对课外与教师互动机会的满意度存在显著的差异。学院之间的最大差异是

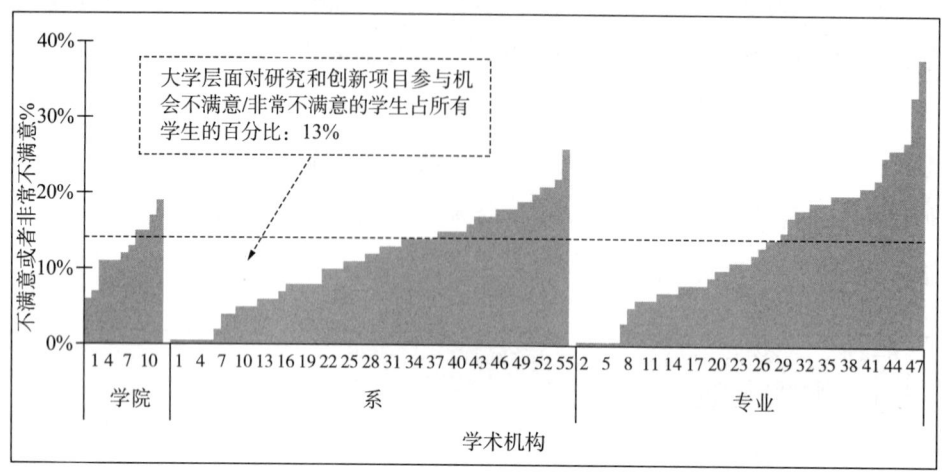

图4 加州大学伯克利分校本科生对参与研究和创新项目机会的满意度

1.45分,系之间的最大差异是1.61分,专业之间的最大差异是1.95分。令人非常惊讶的是伯克利的土木工程专业是全球顶级专业之一,但学生对与教师课外互动机会的满意度上的得分仅为3.61,是所有专业中最低的,而景观建筑专业学生的满意度则达到5.56,差距是1.95。需要反思的问题是,为什么学院、系和专业之间存在如此之大的差距?学生对这个问题的评价应该不受或者很少受学科特征的影响,所以学科评估时,评审专家会对这些差距进行深入分析。

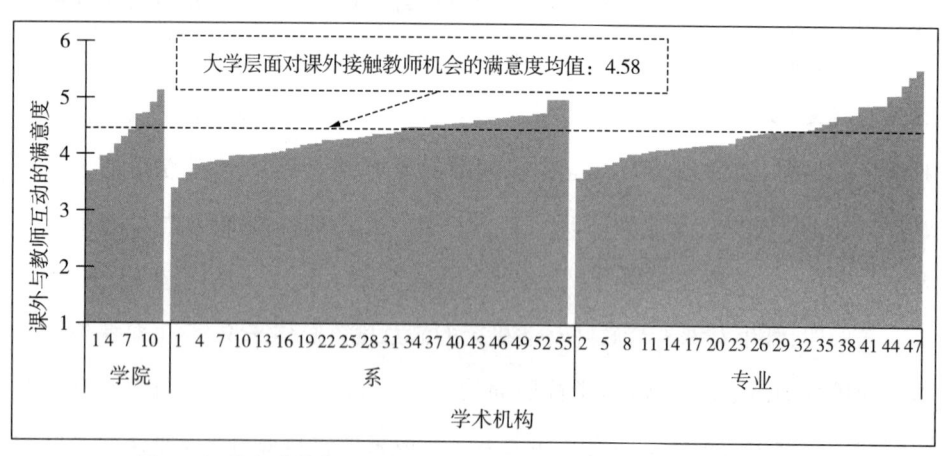

图5 加州大学伯克利分校本科生对课外与教师互动机会的满意度

案例五:本科生批判性思维能力自评结果。图6展示的数据包括学生通过回顾式方式自评的进入大学时的批判性思维能力(图中用深黑色标识)以及在回答调查问卷时批判性思维能力的增值(图中用浅黑色标识)。所有学生在入学时的批判性思维能力均值是3.81,但不同学院、系和专业的学生入学时的批判性思维能力是很不一样的。截至学生回复调查问卷时,学校层面的平均增值大约是1分,比入学时的能力提升了26%;但有的学院、有的专业的学生在这项能力上的增值达到2分,而有的专业的学生的增值只有0.7分。这样的结果不能不引起学科部门的反思。尤其是在回答"学科如何将学校本科教育核心能力(如创新)和情感(开放、参与等)培养融入专业教育之中"这个问题时,需要检讨学科在提升学生的核心能力方面做出了什么工作、面临什么挑战、有何解决措施。

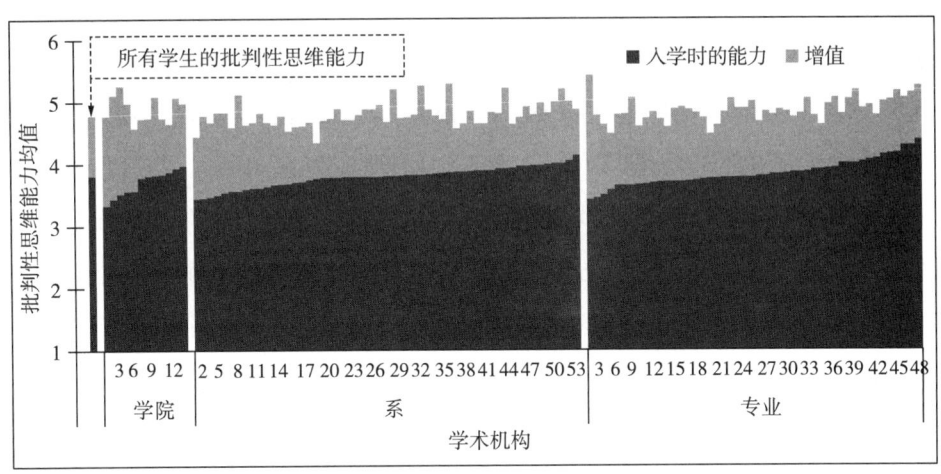

图6 加州大学伯克利分校本科生批判性思维能力自评结果

四、总结以及对中国大学学科评估的启示

综上所述,学科评估是大学保证教育质量的重要举措之一,需要细听学生声音。加州大学的实践经验充分证明,调查问卷是细听学生声音的重要和有效途径,有利于不同群体的学生表达自己的声音;调查结果可以为学科评估提供学校、学院、系和学科层面的参照常模,也可以与学生的课程学习、个人发展以及毕业后的就业等数据整合起来,帮助辨析学科之间质量差异的原因。加州大学的实践经验对中国大学开展学科评估或许有一定参考价值和借鉴意义。

首先,大学要拓展学生表达声音的渠道,并鼓励学生表达自己的声音。大学规模扩张后对学生管理造成的最严重的影响之一是学生与教师以及管理人员的沟通渠道变得狭窄了。这种情况类似于美国高等教育从"精英"模式向"大众化"模式过渡之后所发生的师生互动弱化、学生管理松散的情况。当时,"二战"后学生规模急速上升,而教师和管理人员的配置完全滞后,本来教师和学生通过课堂教学以及学生事务管理就可以进行交流的畅通渠道瞬间受阻,学校不得不采取其他办法解决这些问题,所以后来出现了学生调查项目、焦点访谈(focus group)、学校管理委员会设置学生席位等细听学生声音的形式。但非常遗憾的是,这些形式都未能完全弥补大学教学和学生事务管理的"熟知细听"模式。中国的大学正在发生着巨大的变化,如何建设"双一流"、提升大学排名都是热门话题,似乎也是大学目前发展的聚焦点。大学还并没有把人才培养放在首要位置去考虑,当然更谈不上细听学生的声音。事实上,现在各种社交媒体为学生表达声音提供了很好的工具,只要学校、系和专业能够很好地利用这些工具,是很容易细听到学生声音的。当然,本文所阐述的学生就读经历调查有其独特的细听学生声音的功效,如果能够结合其他途径,一定能得到事半功倍的效果。

第二,大学要更好地利用学生调查问卷获取的学生声音。中国相当一部分大学都不同程度地开展了本科学生学习参与以及就读经历的调查工作,有的大学参加清华大学史静寰教授负责的调查项目,北京市的高校参加了由北京大学鲍威教授负责的调查项目,也有很多高校参加了厦门大学史秋衡教授负责的调研项目,也有很多高校如华中科技大学、中山大学利用自己开发的问卷进行常规性调研,也有高校参加了加州大学伯克利高等教育研究中心负责实施的"研究型大学本科生就读经历调研"项目。这些调查都包括了学生对学校教学以及自己学习经历的评价。我们知道,在大学里,学生与自己专业的关系是最为密切的,所以学生对问卷问题的回复在很大程度上是基于他们对专业或者学科的认知、情感以及质量的判断。如果大学能够合理组织调查活动,有效地分析数据,相信调查结果对学科评估是非常有用的,可以弥补评估专家通过访谈学生所得信息的不完整性和不足之处。更重要的是,评估人员可以利用调查问卷结果确定的常模标准,例如大学层面的结果、学院层面的结果等,甚至是其他学校同专业的结果,来评判学科教学质量。

  第三,大学要构建整合型的学生声音数据库,让学生声音在大学和学科发现存在的问题、总结经验教训、制定战略发展规划等方面发挥持续性的作用。大学应该充分利用计算机和网络技术开发搜集和储存学生声音的数据,来积累学生在不同时期为大学发展所表达的声音。前面已经提到,目前搜集学生声音的渠道非常多。关键问题是大学如何能够采取有效措施,把学生声音以及与学生的发展经历相关的数据整合在一起。这些声音对学科分析发展中存在的问题以及逐步发生的变化会非常有价值。最近几年,笔者率领团队对加州大学从2006年以来通过 UCUES 搜集的数据进行了梳理,并将学生课程学习、就业、社会贡献等相关数据整合起来做了分析,很多数据很好地反映了十五年来加州大学在本科教育方面发生的巨大变化,在专业供求、课程质量等方面敲响了警钟。[①] 众所周知,教育质量的提升需要较长的周期,学生教育经历的变化趋势也可能需要很长时间才能显现出来,所以在重视当前学生声音对学科评估的重要价值的同时,也要积累学生声音,为学科的长期发展和质量改进服务。

---

① The University of California Undergraduate Experience Survey Data. UC Information Center. https://www.universityofcalifornia.edu/infocenter/ucues-data-tables-main.